CONNEXIONS
*... sind alles.*
DEUTSCHE ZENTRALE FÜR
GLOBETROTTER (DZG)

☀ **pmv**
*5. Auflage*
*Frankfurt am Main 2012*
PETER MEYER VERLAG

# WELTREISE

*Fakten, Adressen und Tipps
zur Reisevorbereitung*

DEUTSCHE ZENTRALE FÜR GLOBETROTTER (HRSG.)
ERSTELLT VON NORBERT LÜDTKE

W0061175

# INHALT

**IMPRESSUM**

Unsere Inhalte werden ständig gepflegt, aktualisiert und erweitert. Für die Richtigkeit der Angaben übernimmt der Verlag jedoch keine Haftung. | © 5. Auflage 2012 | **Umschlag- und Reihenkonzept** sowie Text, Gliederung und Layout, Karten, Tabellen, Piktogramme und Illustrationen sind urheberrechtlich geschützt. | Abdruck und Einspeisung in elektronische Medien, auch auszugsweise, nur mit Genehmigung des Verlags. | **Druck & Bindung:** AZ Druck und Datentechnik GmbH, Kempten; www.az-druck.de | **Umschlaggestaltung:** Agentur 42, Mainz, www.agentur42.de; Annette Sievers | **Fotos:** Alle Rechte beim Verlag, Nachweis siehe beim jeweiligen Bild. | **Karten:** pmv. | **Lektorat & Layout:** Annette Sievers | **Bezug:** über Prolit, Fernwald-Annerod, oder über den Verlag, vertrieb@PeterMeyerVerlag.de, ℡ 069/40562 57-0. **ISBN 978-3-89859-507-0**

pmv Peter Meyer Verlag
Schopenhauerstraße 11
60316 Frankfurt a.M.
www.PeterMeyerVerlag.de
info@pmv-Verlag.de
Unsere Verlagsphilosophie
und Nachhaltigkeits-
erklärung finden Sie auf
unserer Internetseite
unter »Verlag«.

Klimabewusstes Handeln wird in Zeiten von Klimawandel und globaler Erwärmung immer wichtiger. Beim Druck ist das Entstehen von $CO_2$ jedoch unvermeidlich. Das schädliche Kohlendioxid ist für den vom Menschen verursachten Treibhauseffekt verantwortlich. Deshalb unterstützt der Peter Meyer Verlag bei allen seinen Reiseführern und Werbemitteln mit einer freiwilligen Ausgleichszahlung klimafreundliche Projekte in Entwicklungsländern, um $CO_2$-Emissionen bei der Stromerzeugung von vornherein vermeiden zu helfen.

ClimatePartner
**klimaneutral gedruckt**

MIX
Papier aus verantwortungsvollen Quellen
FSC® C008457

# VORWORT

**Individualreisende wissen: Was ich nicht tue, tut auch sonst niemand für mich. Daher planen die meisten Globetrotter vorausschauend und handeln selbstständig. Denn sie wollen ihre Ziele erreichen. Dabei hilft diese »Ratgebersammlung für Aussteiger und Weltreisende« (Stern). Dazu gehört jedoch auch Neugier und die Lust aufzubrechen, der Mut sich hinauszuwagen, das Bedürfnis nach authentischer Erfahrung ebenso wie die Fähigkeit, das Schöne in der Welt zu entdecken und gerne heimzukehren ... Für manche bietet dieses Handbuch daher auch »Einführungen in die Kunst des Reisens« (FAZ).**

Orientierungswissen für die Reisevorbereitung: **10.000 reiserelevante** Fakten von Profis ausgewählt, präzise formuliert und übersichtlich strukturiert. Zusammenhänge helfen, neue Fakten einzuordnen. Hunderte von Suchbegriffen für das Web sowie Literaturverweise ermöglichen die Vertiefung. Eine solches Expertenwissen wurde nie zuvor zusammengetragen, denn das Handbuch bündelt die Erfahrungen der **Deutschen Zentrale für Globetrotter** aus mehr als 40 Jahren! Selbst versierte Reiseprofis finden Neues darin.

> »Have a plan and stick to it.«
> Heinrich Harrers Antwort auf unsere Frage nach seinem Rezept für erfolgreiche Reisen.

Neugier und Abenteuerlust ziehen Reisende ins Unbekannte. Reisen kann Fähigkeiten freilegen, aber auch die Kräfte überfordern. Das Konzept des Abenteuers ist riskant für den Reisenden, doch nach seiner Rückkehr profitieren er und vielleicht sogar seine Mitmenschen von seinen Erfahrungen. Sicherheit und Besitz sind zwar wichtig, doch ohne Neugier und Mut erstarrt eine Gesellschaft.

▶ **Bleiben Sie neugierig und reisen Sie vorsichtig!** Reisende verändern sich und andere, das ist unvermeidbar. Die Lust am Entdecken fremder Kulturen, die Begegnung mit Andersdenkenden – das verändert unterwegs die Natur und die Menschen. Vielleicht verändern einzelne Reisende nur wenig, doch der Touristenstrom wirkt zerstörend.

 Peter Stark, **Zwischen Leben und Tod.** Extreme Erfahrungen, letzte Abenteuer. Rowohlt.

Justin Stagl, **Geschichte der Neugier.** Reisekunst und Sozialforschung 1550 – 1800. Böhlau.

▶ **Finden Sie Ihre eigenen Wege.** Große Reisen bemessen sich nicht nach Kilometern, sondern wie sie unser Leben beeinflussen. Mit bedeutenden Reisen verbinden sich immer tiefe Eindrücke, bleibende Erinnerungen und nachhaltige Wirkungen.

▶ **Reisen Sie langsam.** Sie werden gelassener und stoßen weniger an, sehen mehr und fordern weniger. Ansprüche und Aufwand sinken, Kasse und Umwelt werden geschont.

▶ **Reisen Sie bescheiden.** Genießen Sie, was kommt. Unzufriedenheit zeigt vielleicht an, dass Sie am falschen Platz sind.

## Mehrfach gut

**Band 1** des vormals Selbstreise-Handbuch genannten »Weltreise«-Buches hilft **vor der Reise** mit Tipps, Fehler zu vermeiden und mit Checklisten, an alles zu denken. Vor allem aber will es helfen, sich in der Informationsflut zurechtzufinden. Wo einfache Antworten nicht möglich sind, zeigt es Ihnen Wege, die richtigen Antworten zu finden:

▶ 1. führt Sie das Inhaltsverzeichnis in die sachlogisch aufeinander folgenden Kapitel;

▶ 2. hilft Ihnen das alphabetische Sachregister, Suchbegriffe in den Kapiteln zu finden.

▶ 3. führt Sie die nachfolgende Checkliste in zeitlicher Folge durch die Reisevorbereitung und

▶ 4. verweist Sie das Kapitel »Informationen finden« ab Seite 250 zu den vielfältigen Informationsquellen.

**Band 2** heißt seit der 2. überarbeiteten Auflage »Outdoor« und enthält alles, was **unterwegs und draußen** für Sie wichtig werden könnte. Rat und Tat für 136 typische Reisesituationen, von der Einreise bis zur Ersten Hilfe. Kompakte und präzise Checklisten, Tipps, Informationen und Links.

Die beiden Reisesachbücher »Weltreise« und »Outdoor« entstanden aus den Beiträgen vieler erfahrener Reisender. Alle Hinweise wurden sorgfältig zusammen-

**Outdoor.** Tipps, Tricks & Kniffe für Abenteurer auf Weltreise. Deutsche Zentrale für Globetrotter (Hrsg.). 2. überarbeitete Auflage, 256 Seiten, 23 Fotos, ganz in Farbe, hunderte Checklisten, 38 Tabellen für alle Reisesituationen, Lesezeichen. Umweltfreundliche Herstellung, klimaneutraler Druck, made in Germany ISBN 978-3-89859-506-3 19,95 Euro [D]

Hans Magnus Enzensberger, **Nie wieder!** Die schlimmsten Reisen der Welt, Eichborn.

Michael Nerlich, **Abenteuer oder das verlorene Selbstverständnis der Moderne.** Gerling Akademie, München 1997.

# Ihre Reise beginnt jetzt!

Glückwunsch! Sie haben begonnen die Reise zu planen und Ihren Traum zu verwirklichen. Machen Sie das nicht halbherzig, schließlich geht es um Ihre »Große Reise«. Die Vorbereitungen sind auf ihre Art ebenso aufregend wie das Unterwegssein. Die folgende Tabelle im Zeitschema wird Ihnen helfen, Schlüsselstellen frühzeitig zu erkennen.

## Wie reisen?

- ▶ Ist Ihnen klar, worauf Sie sich einlassen? ↗ Erfahrungsbericht Seite 13.
- ▶ Die Voraussetzungen: Zeit & Geld, ↗ Seite 203, 245.
- ▶ Bestimmen Sie Wunschziel und -route, ↗ Seite 13.
- ▶ Informationen zur ersten Orientierung besorgen, ↗ Seite 250.
- ▶ Allein oder in Gesellschaft? ↗ Seite 169.
- ▶ Wählen Sie Verkehrsmittel & Reiseform, ↗ Seite 121 bzw. 147.

## 3 Monate vor der Abreise:

- ❑ Prüfen Sie Pass, Zweitpass, Kinderpass, ↗ Seite 275.
- ❑ Informieren Sie sich über An-, Ein- und Weiterreise, ↗ Seite 254.
- ❑ Reiseführer & Literatur besorgen, ↗ Seite 265.
- ❑ Karten bestellen, ↗ Seite 268.
- ❑ Anträge & Formulare für Visa, ↗ Carnet de Passage, ↗ Impfpass, ↗ Internationaler Führerschein, Bankbürgschaften, Kreditkarten etc.
- ❑ Anschaffungen planen, ↗ Outdoor-Buch.
- ❑ Budget planen, ↗ Seite 296.
- ❑ Wohnung kündigen oder untervermieten, ↗ Seite 238.

## 2 Monate vor der Abreise:

- ❑ Versicherungsanträge besorgen, Leistungen vergleichen, ↗ Seite 206.
- ❑ Preise für Flug- und Fährverbindungen bei An- und Abreise ermitteln, Alternativen prüfen, eventuell reservieren und anzahlen, ↗ Seite 121.
- ❑ Gesundheits-Check bei Hausarzt, Zahnarzt, Augenarzt: Ersatzbrille, Kontaktlinsenersatz, Reiseapotheke, Dauermedikation, ↗ Seite 230.
- ❑ Impfberatung und Impfprogramm beginnen, ↗ Seite 222, 228, 285.
- ❑ Visa, ↗ Seite 281, Grüne Versicherungskarte, Intern. Führerschein, Carnet de Passage, Internet-Banking etc., ↗ Seite 275, beantragen.

## 1 Monat vor der Abreise:

- ❑ Mit der Bank Geldtransfer im Notfall klären, ↗ Seite 303.
- ❑ Versicherungen abschließen, ↗ Seite 206.
- ❑ Devisen und Reisechecks bestellen, Kreditkarte beantragen, ↗ S. 297.
- ❑ Ausrüstung optimieren, Schuhe einlaufen, ↗ Outdoor-Buch.
- ❑ Auto oder Motorrad: Schutzbrief, Inspektion, Ersatzteile, Werkzeug besorgen, ↗ Seite 161.
- ❑ Fahrrad checken, Probe packen, Tagestour mit Gepäck versuchen, Ersatzteile, Werkzeug besorgen, ↗ Outdoor-Buch.
- ❑ Beantragte Papiere auf Vollständigkeit prüfen.

## 2 Wochen vor der Abreise:

- ❑ Infopaket für daheim mit allen Checklisten, Dokumentkopien, Reiseroute Listen zusammenstellen, ↗ Seite 240.
- ❑ Freunde und Verwandte informieren: Wer macht wann was? ↗ Seite 235.
- ❑ Schulden begleichen, Verpflichtungen überprüfen.
- ❑ Nachsenden und Lagern von Post beantragen, Zeitung abbestellen, Vermieter informieren, ↗ Seite 235.

## 1 Woche vor der Abreise:

- ❑ Sind die Dokumente vollständig? Kopieren und eventuell beglaubigen lassen.
- ❑ Ist die Ausrüstung vollständig? Listen und Fotos machen. Gewicht ermitteln.
- ❑ Nummern der Schecks, Karten, Dokumente notieren.
- ❑ Literatur, Sprachführer, Karten zusammenstellen, evtl. kopieren, verkleinern, folieren.
- ❑ Generalprobe für den Abreisetag: alles packen, Haus verlassen. Gepäck zur Probe tragen.

## Unmittelbar vor der Abreise:

- ❑ Haus oder Wohnung sichern, ↗ Seite 239.
- ❑ Schlüssel- und Dokumentenübergabe.
- ❑ Abschied nehmen und unbesorgt abreisen.

All diese Adressen und Informationen zu gewinnen, hat viel Zeit und Mühe erfordert. Doch trotz aller Sorgfalt können sich Fehler einschleichen. Daher freuen wir uns, wenn Sie uns auf Fehler und Veränderungen aufmerksam machen. Auch zusätzliche Tipps sind jederzeit willkommen!

**Leserzuschriften an:**

vorstand@globetrotter.org

gestellt. Es sind Erfahrungen beschrieben, die in Einzelfällen nützlich waren, doch es gibt immer Alternativen. Benutzen Sie die Angaben maßvoll, handeln Sie frei und eigenverantwortlich.

Wir freuen uns über jeden Hinweis, auf Anregungen, Lob und Kritik. Ihre Erfahrungen sind uns willkommen.

Viel freien Raum vor den Füßen
wünscht Ihnen Norbert Lüdtke
Herbst 2011

## Die Autoren

Jan Balster, Klaus B. Bartels, Alexander Barth, Hermine und Walter Behrens, Dirk Bindmann, Hans Jürgen Birringer, Dietmar Boyks, Moni und Helgo Bretschneider, Ludwig Bünder, Sibille Burkhardt, Elena Erat, Jürgen Erdmann, Lutz Fehling, Gabi Goll, Manfred Hoffmann, Rudi Kleinhenz, Claudia Klein-Hitpass, Walter Knörzer, Ed Kreutzer, Dieter Leonhard, Norbert Liebeck, Joachim van der Linde, Wolfgang Lofi, Christel Loock, Norbert Lüdtke, Michael Malburg, Dr. Meyer, Peter Meyer, Claus Michelfelder, Jörn Möller, Hermann Neidhard, Peter Neuber, Wolfgang Pabst, Sonja Roschy, Uwe Rotter, Claus Ruhe, Dr. Jean-Claude Schmit, Klaus Schütz, Matthias Schupp, Udo Schwark, Ina Seeger, Ulla Siegmund, Thomas Simoneit, Andres Sommer, Kemal Temizyürek, Will Tondok, Horst Walter, Dr. Alain Weber, Jens Weber, Roland Wiegold

www.globetrotter.org
www.reisegeschichte.de
www.petermeyerverlag.de

# WELT & KARTE

**»Ich leide, wenn ich länger als drei Monate an einem Ort verweilen muss. Ich leide, wenn ich in Wohnungen leben muss. Ich möchte die ganze Welt sehen, erleben, entdecken und vielleicht sogar verstehen. Wie kann ich das mit einem kleinen Geldbeutel umsetzen?« (Aus einer eMail an den Club der Globetrotter)**

Fremde Länder kennenlernen, die Welt entdecken – davon träumen viele. Manche machen es auch. Und einige stellen fest, dass die Welt zu groß ist für nur eine Reise und immer größer wird, je mehr man reist.

Viele Wege führen in die Welt, doch alle benötigen Zeit und Geld. Kreuzfahrtschiffe umrunden sie in 100 bis 200 Tagen, das kostet zwischen 10.000 und 20.000 Euro. Teurer geht natürlich auch. Wer auf Animation und organisierte Ausflüge verzichten kann, fährt auf Frachtschiffen günstiger, jedoch zeitlich unberechenbarer für deutlich unter 10.000 Euro (↗ »Auf Schiffen«). In ähnlicher Preislage und mit dem Flugzeug lassen sich in nur vier bis sechs Wochen pauschal Weltreisen buchen.

Wer jedoch mehr Zeit als Geld hat, nimmt die Sache selbst in die Hand. Ein RTW-Ticket für zwei- bis viertausend Euro mit 365 Tagen Gültigkeit ist deutlich preiswerter (↗»Round-the-world-Ticket«), hinzu kommen die Kosten für den Alltag unterwegs: essen, trinken, schlafen … Es hängt vom Lebensstil ab, ob man monatlich beispielsweise 500 Euro oder 2000 Euro verlebt (↗»Die große Reise planen«). Jochen van der Linde (dzg) hat die Welt ohne Flugzeug umrundet, in drei Jahren, drei Monaten und drei Tagen und darüber ein Buch geschrieben. Thomas Niemetz wiederum hat es geschafft, in 40 Tagen mit nur 1000 Euro (für Verkehrsmittel) um die Welt zu kommen, mit Bus, Bahn, Billigflug, ersteigerten Tickets und als Kurier mit Gratisflug.

Was aber tun, wenn man noch weniger Geld hat und noch mehr Zeit? Wer alle Papiere und Formalitäten gesichert hat (↗»Papiere & Geld«), kann daheim Kostenverursacher (Wohnung, Auto, Versicherungen …) still-

WELT & KARTE

**Woher und wohin: Ekkis VW-Bulli im Ruhrpott**
Foto: Foto: Jürgen Erdmann

Connexions Outdoor
Tipps, Tricks & Kniffe für
Abenteurer auf Weltreise,
ISBN 3-89859-506-3
19,95 Euro (D)

legen oder kündigen (↗»Gesund & Versichert«), seine überflüssigen Habseligkeiten verkaufen. Loslassen-können ist wichtlg für Reisende (↗»Unbesorgt abreisen«). Alles Weitere findet sich. Mit dem Fahrrad als billigstem und flexibelstem Verkehrsmittel verlässt man das »teure« Europa via Marokko, Türkei oder Russland. Oder man nimmt ein billiges One-way-Ticket nach Bangkok. Unterwegs finden sich »Reiseabschnittsgefährten« (↗»Reisepartner wählen«). Dann zeigt sich schnell, was passt oder was gar nicht geht. Unterwegs Geld zu verdienen ist allerdings problematisch (↗»Der ideale Beruf für den Globetrotter«).

Dieses Buch hilft, die Reise vorzubereiten. Nach dem Aufbruch, unterwegs, ist Erfahrung wichtiger als Planung. Das über Jahrzehnte hinweg gesammelte Wissen erfahrener Globetrotter findest Du im zweiten Band, dem *Outdoor-Buch*.

## Weltreisen — so oder so?

Die Einen möchten die bekannte Welt erkunden und das wiederfinden, was sie zuvor im Internet, in Büchern, in Fernsehsendungen gesehen und gelesen haben. Die Anderen möchten die unbekannte Welt entdecken und sich überraschen lassen. Und wir alle möchten mal das eine, mal das andere. Nervenkitzel und Abenteuer, aber den Sundowner auf der insektensicheren Terrasse nach einem ausgiebigen Bad vor einem opulenten Mahl. Wer selbständig reist, wird feststellen, dass beides möglich ist und dass sich beides nicht immer planen lässt, denn unverhofft kommt besonders oft dort, wo alles fremd und anders ist. Leidenschaftlich Reisende mögen das.

Im antiken Griechenland hatte eine Weltreise gemacht, wer mit dem Schiff die bekannten Küsten von Schwarzem Meer und Mittelmeer rundum befahren hatte. Dahinter lag die unbekannte Welt. Dass sie sich umrunden lässt, haben Reisende erst in den vergangenen 500 Jahren erfahren. Die erste Weltumsegelung unternahm die *Magellansche Expedition*. Magellan selbst erlebte das nicht, er wurde 1521 auf den Philippinen ermordet. So wurde das Buch des Expeditionsteilnehmers Antonio Pigafetta zum ersten Weltreisebericht.

*Ida Pfeiffer* umrundete als **erste Frau** allein die Welt (1842 – 1858). In nur 80 Tagen, also sozusagen als **erster Tourist,** schaffte *George Francis Train* 1870 seine Weltumrundung und wurde zum Vorbild für *Jules Vernes* Roman. Dessen Helden, Phileas Fogg und sein Diener Passepartout, wählten die Strecke London – Brindisi – Suez – Aden – Bombay – Allahabad – Kalkutta – Singapur – Hong-

kong – Shanghai – Yokohama – San Francisco – New York – Queenstown – Dublin – Liverpool – London.

Die **ersten Weltumwanderer** waren *Friedrich Gustav Kögel* und *Fred Thörner* 1894 – 1896. 1895 – 1898 **umsegelte** *Joshua Slocum* als erster alleine

Hier werden Lokalpatrioten in die Wüste geschickt: Hinweis zur Farm Rostock in Namibia
Foto: Jürgen Erdmann

die Welt; 1924 wurde die Welt erstmals umflogen, 1929 umfuhr die *Graf Zeppelin* als bisher einziges Luftschiff die Erde. Die **erste Umfahrung** mit einem Serien-Pkw leisteten 1927 – 1929 *Clärenore Stinnes* und *Carl-Axel Söderström.* Dass es möglich ist, alle 194 Länder in 365 Tagen zu bereisen, zeigte der Schweizer *Roman Brühwiler* 2006/07.

## Die »Um-die-Welt-Reise«

Manche meinen, eine Weltreise berühre alle Kontinente, gemeinhin also Europa, Asien, Afrika, Amerika und Australien. Aber wie zählt man nun richtig? Europa und Asien bilden ja eigentlich eine zusammenhängende Landmasse, Eurasien. Andererseits fehlt die Antarktis, und was ist mit Ozeanien?

Im Lauf der Zeit entwickelte sich eine Übereinkunft, dass eine »richtige« Weltreise mindestens 40.000 km lang sei und den Äquator zu kreuzen habe. Und so erkennt man eine Weltreise:

- Sie endet dort, wo sie begann (Geschlossener Kreis).
- Sie berührt zwei auf dem Globus gegenüber liegende Punkte (Antipoden).
- Sie folgt einer Hauptrichtung.

Für **Bergsteiger** verbindet eine Weltreise die sieben höchsten Gipfel der Erde *(Seven Summits): Kibo* (5895 m) im Kilimandscharo-Massiv von Tansania; *Mount Vinson* (4892 m) in der Sentinel Range in der Antarktis, *Mount Everest* (8848 m) im Himalaya im Grenzgebiet von Tibet und Nepal; *Carstensz-Pyramide* (4884 m) in der Sudirman Range von Indonesien; *Mount Kosciuszko* (2228 m) in der Great Dividing Range von Australien; *Mont Blanc* (4810 m) in den Alpen im Grenzgebiet von Frankreich und Italien; *Elbrus* (5642 m) im Kaukasus von Russland; *Mount McKinley* (6195 m) in der Alaskakette der USA; *Aconcagua* (6962 m) in den Anden von Argentinien.

Dennoch fällt es schwer, die folgenden Reiserouten nicht als Weltreise zu betrachten:

▶ Entlang dem **Wendekreis des Krebses** bei 23° 26' 22'' nördlicher Breite, das führt zu einer Route von der Südspitze Niederkaliforniens bei La Paz (Mexiko), nördlich von Kuba über den Atlantik zur Westsahara, Mauretanien, Mali, Algerien, Libyen (der nördlichst Punkt des Tschad ist durch den Wendekreis definiert), berührt Ägypten, quert die Arabische Halbinsel bei Medina und durch die Vereinigten Arabischen Emirate, Oman, nach Pakistan, Indien, Bangladesch, Myanmar, Südchina, Taiwan und quert den Pazifik in Sichtweite von Hawaii.

▶ Entlang dem **Wendekreis des Steinbocks** bei 23° 26'22'' südlicher Breite auf einer Linie durch Namibia, Botswana, Südafrika, Mosambik, Madagaskar, den Indischen Ozean, Australien, den Pazifik südlich von Tubuai, Chile, die Nordspitze Argentiniens, Paraguay, Brasilien und quert den Südatlantik.

▶ Auch eine **Reise von Pol zu Pol** ist also nur eine halbe Weltreise. Michael Palin reiste 23.000 Meilen durch siebzehn Länder entlang dem dreißigsten Längengrad: Flug Nordpol – Grönland, Flug nach Svalbard (Nye Alesund, Kap Wik, Longyearbyen), Flug nach Tromsö, über Land durch Finnland, Russland, Weißrussland, Ukraine, mit dem Schiff übers Schwarze Meer in die Türkei, dann inselhüpfend per Schiff (Marmaris – Rhodos – Zypern – Ägypten) und wieder über Land Ägypten – Sudan – Äthiopien – Kenia – Tansania – Sambia – Simbabwe – Südafrika, von Kapstadt mit dem Schiff nach Brasilien, über Land durch Chile bis Punta Arenas, von dort mit dem Schiff zur Antarktis.

Ausguck für Querulanten: Auf einer quer gewachsenen Palme in Ilha Grande, Brasilien, haben sich Geier niedergelassen
Foto: Jürgen Erdmann

## Konkurrierende Welten

Für Globetrotter ist Reisen eine einfache Sache, sie bewegen sich wie ein Fisch im Wasser. Ähnlich geht es Büchernarren beim Lesen und Nerds beim Surfen. Wer reisen will, dem können Buch und Internet nützlich sein, wenn er sie überlegt einsetzt. Doch beim Aufbruch und unterwegs bleiben Reisende auf sich gestellt.

Die Welt zu erleben, sein Weltbild zu erweitern, sein Selbst in der Welt zu behaupten – dieses Erleben und Erfahren bildet eine eigene Welt, die ihrerseits den Umgang mit virtuellen Welten verändert. Aus manchen »Armchair-Travellern« werden später Globetrotter – oder umgekehrt. Fiktion und Wirklichkeit faszinieren beide, nur verwechseln darf man sie nicht.

# WIR SIND NICHT ALLEIN AUF DER WELT

**»Wer die Enge seiner Heimat ermessen will, reise. Wer die Enge seiner Zeit ermessen will, studiere Geschichte … Man sollte jedem Deutschen noch fünfhundert Mark dazu geben, damit er ins Ausland reisen kann. Er würde sich manche Plakatanschauung abgewöhnen, wenn er vorurteilslos genug ist, die Augen aufzumachen.« Kurt Tucholsky, um 1930**

Jährlich werden etwa 800 Millionen Auslandsreisen gezählt, davon mehr als die Hälfte in Europa. Die größten außereuropäischen Reiseziele sind USA, China, Mexiko, Kanada, Karibik, Hongkong, Türkei, Thailand, Malaysia, Singapur, Indonesien, Südafrika, Marokko und Australien.

## Selbstbestimmt reisen

Der Tourismus zerstört, was er vorgibt zu lieben. Freizeitaktivitäten wie Golf oder Ski verändern die Natur, weil viele Menschen am selben Ort die Natur verbrauchen.

»Ich mache immer und aus jeder Reise, aus jedem Spaziergang etwas Außergewöhnliches.« Wer wie Elly Beinhorn selbstbestimmt reist, findet oft andere Wege und neue Ziele **abseits des Massentourismus.** Selten hat man etwas verpasst, wenn man nicht dort war, wo alle waren. Entdeckungen warten eher in Nebenstraßen als auf der Einkaufsmeile. Zwei Buchten weiter ist der Strand vielleicht leer und auch das überlaufene Highlight haben Sie morgens um sieben Uhr wahrscheinlich für sich allein. Wenn die Masse geradeaus läuft, biegen Sie zwei mal links ab. Stellen Sie sich nicht in die Warteschlange, sondern gehen Sie nach vorne gucken. Sich so zu verhalten, verändert nicht nur das Reisen, sondern auch den Lebensstil. Fragen Sie einfach: Gibt es auch eine Alternative?

2008 sank die Zahl der weltweiten Auslandsreisen erstmals seit Beginn der Statistik. Das hilft dem Klima, kostet aber Arbeitsplätze. Erdbeeren aus Südafrika, Blumen aus Kenia und der Wochenendtrip auf die Kanaren fördern die Wirtschaft, blasen aber reichlich Kerosinabgase in die Stratosphäre. Hier kann man sich fragen: Gibt es keine Alternative? Wer in Südostasien überwintert, fährt zu Hause kein Auto und hat die Heizung nicht an. Wer versucht, mit möglichst wenig Geld möglichst lange zu reisen, zügelt auch seine Bedürfnisse, nutzt öffentliche Verkehrsmittel, übernachtet in Unterkünften, die von Einheimischen betrieben werden…

Massentourismus ist selten umwelt- und meist auch nicht sozialverträglich. Wenn Sie abseits der Massen reisen, sind Sie auch ein Tourist, doch nicht Teil der Horde. Selbstbestimmt können Sie die Welt mit anderen Augen betrachten, besonders wenn sie nicht durch Lärm, Müll und Werbung verstellt ist. Die Welt ist schön – sie entspannt zu genießen, hilft auch, der Natur und anderen Kulturen Respekt entgegenzubringen.

**www-Einstieg:** Globetrotter, dzg, Weltenbummler, Traveller, Naturfreunde

## Ökobilanz

Sie überlegen, ob für eine Fahrt Auto, Flug oder Bahn besser sind? Nutzen Sie den **Vergleichsrechner** auf www.bahn.de (Mobilcheck). Sie erhalten für alle drei Verkehrsmittel die Kosten, Fahrzeit und $CO_2$-Bilanz. Außerdem können Sie die Voreinstellungen verändern, etwa die Art des Pkw oder des Motors.

Dort finden Sie zudem ausführlich beschrieben, wie verglichen und bewertet wird. Meist schneidet die Bahn besser ab als das Flugzeug, doch schrumpft der Vorsprung, wenn man den Aufwand für das Schienennetz und die Bahnhöfe mit einbezieht.

Der Emissionsrechner von atmosfair.de berechnet, wie stark eine bestimmte Flugreise das Weltklima belastet. Darüber hinaus bietet er die Möglichkeit zu berechnen, wie viel es kostet, eine vergleichbare Menge Klimagase in Klimaschutzprojekten einzusparen, den Flug also auf andere Art zu kompensieren.

☀**pmv:** Für den Druck dieses Buches sind etwa 4,5 kg $Co_2$-Emissionen entstanden, für die der Verlag über Climate Partner eine freiwillige Ausgleichszahlung an ein Energieprojekt in Indien zahlt. Die Menge ist deshalb so gering, weil Verlag und Druckerei von vornherein ressourcenschonend arbeiten. Das Zertifikat dazu finden Sie unter www.PeterMeyerVerlag.de beim Weltreise-Buch, weitere Infos unter www.climatepartner.com.

# Sanft Reisen

**www-Einstieg:** Tourism Watch (EED), Sympathie-Magazine, Studienkreis für Tourismus und Entwicklung, Verträglich reisen (Zeitschrift), nachhaltiger-, sanfter -, integrativer -, Öko-Tourismus, Arbeitskreis Tourismus und Entwicklung, Webseite von atmosfair

*Tabi-ni haji-o tsutete* – Auf Reisen braucht man kein Schamgefühl, sagt ein japanisches Sprichwort. Ein »sanftes Reisen« wäre sicher nötig. Aber wie macht man das? Und warum sollte sich jemand im Himalaya benehmen, wenn er auch zu Hause eine Umweltsau ist? *Denis Diderot* erkannte vor 250 Jahren: »Bevor wir die Reise um die Welt beginnen, sollten wir die Reise um uns selbst beendigen.« Zu gleicher Zeit hält *Goethe* ihm entgegen: »Die beste Bildung findet ein gescheiter Mensch auf Reisen.« Das Dilemma scheint also nicht neu zu sein. Vielleicht helfen vier Leitlinien:

▶ Bleiben Sie neugierig und reisen Sie vorsichtig!
▶ Finden Sie Ihre eigenen Wege.
▶ Reisen Sie langsam und gelassen.
▶ Reisen Sie bescheiden, genießen Sie Vorhandenes.

Den einfachen und wirkungsvollen Tipp (»Lassen Sie jeden Ort etwas schöner zurück, als Sie ihn vorgefunden haben«) befolgt man nur widerwillig, wenn dieser Ort von tausend anderen ringsum verunstaltet wird. Vielleicht wäre es dann besser, einen solchen Ort gar nicht erst zu besuchen – gibt es keine Alternativen?

## Zeitlos reisen

Zurück von einer langen Reise wird man oft gefragt: »Wie war's?« Dann, seufzend: »Ach ja, das würde ich auch gerne machen, aber: Ich habe nicht so viel Zeit (wie Du).« Der Gründer des Sierra Club, *John Muir* (1838 – 1914), beschrieb solche Leute als »the 'time-poor' – people who were so obsessed with tending their material wealth and social standing that they couldn't spare the time to truly experience …« Zeitverschwendung sei die einzige Todsünde, soll Goethe gesagt haben. Der globale Flaneur gönnt sich die Muße zu verweilen, und weil der Augenblick so schön ist, lässt er die Welt passieren. Reisen wird zum Mantra von Aufbrüchen und Ankünften, im ganz eigenen Rhythmus. Muße ist eine Zeit, die man dem Dasein widmet, kreativ, selbstbestimmt, in der man das Eigene tut.

# Staunend reisen

Gewohnheiten anderswo aufrechtzuerhalten, kann sich sehr aufwändig gestalten. Deswegen gibt es eine touristische Infrastruktur. Es geht auch anders: Reisende, die sich auf das Fremde einlassen, stellen ihre Gewohnheiten, Bedürfnisse und Einstellungen in Frage, passen das eigene Lebenstempo an.

Zweckfrei und staunenswert: Drei von 638 Moais der Osterinseln
Foto: Jürgen Erdmann

Das Reisen der Globetrotter sucht Anlässe zum Staunen, ist ein **entdeckendes Reisen.** Wer »sein eigener Columbus« ist *(Heinz Rox-Schulz),* ist auch fähig, zu staunen. Wer müßig verweilt, ist gewillt das Besondere zu erkennen, das Schöne in der Welt zu genießen. Sobald wir uns mit dem Bestaunten beschäftigen, verändern wir unsere Sicht auf die Welt, also auch uns selbst. Jede solche Reise führt zu Erfahrungen, Erkenntnissen und Eindrücken, die uns bereichern. »Nichts ist verblüffender als die einfache Wahrheit, nichts ist exotischer als unsere Umwelt, nichts ist phantasievoller als die Sachlichkeit. Und nichts Sensationelleres gibt es in der Welt als die Zeit, in der man lebt!« Wer die Welt sehen kann wie der »rasende Reporter« *Egon Erwin Kisch,* Anfang des 20. Jahrhunderts, findet auch im Alltag Fremdartiges.

Das Andere löst besonders bei der ersten, unvermittelten, plötzlichen Begegnung heftige Gefühle aus: Man kann erschrecken, erstaunen, verwundern, wird hin und her geworfen zwischen Angst und Interesse, Widerwille und Faszination, eher angezogen oder abgestoßen. Bei den meisten Globetrottern überwiegt die Faszination, interessiert wenden sie sich dem Fremdartigen zu. Das Eintauchen in befremdliche Si-

**Tipp:** Der Augenblick, in dem wir dem Anderen begegnen, das Fremde spüren und uns ihm überrascht zuwenden, bietet uns die Gelegenheit, über die Welt zu staunen. Neugieriges Interesse und Offenheit kann zum Genuss erfüllter Gegenwart führen: in der Stille der Wüste, an den Ghats von Varanasi, auf fremden Märkten, am Lagerfeuer, auf See, im Kloster, …

WELT & KARTE

**www-Einstieg:** Völkerkunde, Ethnologie, ethnische Minderheiten, indigene Völker, Amnesty International, Gesellschaft für bedrohte Völker, Pogrom (Zeitschrift), ↗ Museen

☀ **Tipp:** Nehmen Sie sich Zeit (↗ »Den Reiseablauf planen«). Die Reisestrecke sollte in einem angemessenen Verhältnis zur Reisedauer stehen (↗Tabelle Ökobilanz).

tuationen gilt ihnen als erstrebenswert: öffentliche Verkehrsmittel benutzen, in Garküchen essen, bei Nomaden übernachten, zu Gast in einer Familie sein …

## Einfach reisen

Wer meint »Ich kann nicht leben ohne …« muss diese Päckchen auch tragen. Reisen bieten Anlass, sich von solchen Päckchen zu befreien. Je mehr Reisende das zurücklassen, was sie zu brauchen glauben, desto freier werden sie. Es ist eine **Grunderfahrung des Reisens,** wie wenig man eigentlich zum Leben benötigt, ohne dies als Askese oder Verzicht zu empfinden. Ballast abzuwerfen, kann ein Glücksgefühl auslösen, das andere fastend oder laufend erleben. Dafür benötigt man Zeit, sie lässt sich durch nichts ersetzen. Die Reise ausschließlich mit dem Ausrüstungskatalog vorzubereiten, ist ein teurer und oft begangener Weg. Doch der voll gepackte Rucksack bedrückt. Geld macht vieles bequemer, mindert daher jedoch neue Erfahrungen. Der massive Einsatz von Geld und Ausrüstung verringert letztlich den nachhaltigen Wert einer Reise.

## Frei reisen

Die Wahl zu haben und sich zwischen Alternativen entscheiden zu können, empfinden Globetrotter als Freiheit. Wer behauptet, keine Wahl zu haben, erklärt sich selbst als beschränkt und akzeptiert die Unfreiheit. »Ich bin, was ich tue«, meint Reinhold Messner. Reisen bilden im Lebenslauf temporäre autonome Zonen, in denen wir unser Leben in einem besonderen Maße selbst bestimmen und verantworten und **den Anteil fremdbestimmter Zeit minimieren.** Reisende suchen bei jedem Aufbruch einen Ausweg aus dieser selbstverschuldeten Unfreiheit, sind selbstreisend und handeln frei. Die dabei gewonnenen Erfahrungen ermöglichen es wiederum, in der heimatlichen Umgebung souveräner zu denken, zu entscheiden und zu handeln als zuvor und sich damit auch zu Hause von äußeren Zwängen zu befreien.

# WIR SIND GLOBE-TROTTER

**»Wer nie geht, kehrt nie heim«, meinte der 2004 verstorbene »König der Globetrotter« (Spiegel) Heinz Rox-Schulz. Für viele wird das Unterwegssein zum Lebensstil. Wer die Welt intensiver als andere angeschaut und sein Weltbild erweitert hat, fühlt sich unter Globetrottern zu Hause.**

»Wer zugibt, viel Zeit zu haben, der disqualifiziert sich selbst und scheidet aus der Gesellschaft derer, die etwas leisten, die etwas fordern, etwas erhalten können, aus.« Niklas Luhmann beschreibt eine Erfahrung, die viele Globetrotter kennen. Man fühlt sich nicht verstanden, entscheidet sich anders als die anderen, fällt aus dem Rahmen. Als extreme Individualisten leben sie einen »psychischen Nomadismus« (Hakim Bey), sind soziale Grenzgänger. So lässt sich nur leben, wenn andere Werte hintangestellt werden.

Globetrotter schaffen sich eine Situation, in der sie niemanden zu fragen brauchen. Dazu müssen Bindungen gelöst werden. Das, was für sie ein gelöster Knoten ist und befreiend wirkt, erscheint von außen oft als Bruch im Lebenslauf. Globetrotter wissen oft nicht, ob sie an die Stelle in der Gesellschaft zurückkehren wollen, die sie verlassen haben. Aufzubrechen, weil man will: Unbändige Reiselust und wilde Freude am Unterwegs-Sein zu empfinden, ist das Privileg einer Minderheit, wird jedoch von der Mehrheit kritisch oder neidisch beäugt. Sie träumt von Reisen und Abenteuern, wir leben sie. Wir haben gelernt Ziele zu erreichen, weil sie ent-rückt sind, aber eben auch, weil sie ver-rückt sind. In jedem Fall weg-führend ist der Moment des Aufbruchs, denn »Wer nie geht, kehrt nie heim«.

Für viele Reisende mündet solch ein Reisen in einem **vollständigeren Bewusstsein der eigenen Identität.** Wer sich beispielsweise in unserer wenig religiös geprägten Gesellschaft leichthin als Atheist bezeichnet, wird beim Eintauchen in eine andere, extrem religiös geprägte Gesellschaft sehr genau auf sein religiöses Selbstverständnis hin befragt und erhält Gelegenheit, sich damit intensiver auseinanderzusetzen als er

**Von Norbert Lüdtke**
Norbert Lüdtke reist seit 1975 besonders gerne durch die einsamen, wüsten oder gebirgigen Gebiete Afrikas und Asiens. Wenn er nicht gerade das Forsthaus restauriert, in dem er mit Sonja Roschy lebt, arbeitet er als Publizist an Reise- und Chemiebüchern oder beschäftigt sich mit seinem Archiv zur Geschichte des Individuellen Reisens agir, www.reisegeschichte.de. Er ist Mitglied der dzg, war 1985 – 89 und ist seit 1999 wieder im Vorstand, nun als 1. Vorsitzender.

»Die Welt ist meine Universität, die Völker sind meine Lehrer.«
Heinz Rox-Schulz, Ehrenmitglied der dzg.

**Deutsche Zentrale für Globetrotter e.V. DZG**, Postfach 22, 66284 Quierschied, Forsthaus Fischbach, Rußhütter Str. 26, 66287 Quierschied, ✆ 0700/45623876 (6 Cent/Min, Mo – Fr 9 – 18 Uhr 12 Cent/Min, max. 42 Cent/Min aus dem Mobilfunknetz), vorstand@globetrotter.org, www.globetrotter.org

dies je zu Hause tun würde. Die Welt erscheint dort, wo man war und in dem, was man selbst erlebt hat, nicht mehr völlig fremd. Die Grenze zwischen dem Eigenen und dem Anderen wird diffus. Das Eigene tritt deutlicher hervor, weil es sich immer und immer wieder mit dem Anderen auseinandersetzt und sich von ihm abgrenzen muss. Diese Präsenz der Persönlichkeit spüren auch andere.

## Der Club der Globetrotter

Globetrotter reisen leidenschaftlich, lassen sich vom Reisen immer wieder einmal hinreißen, auch wenn in jahrelangen Pausen etwas anderes wichtiger wird: Beruf, Haus, Heim, Familie. Die Erfahrung des Reisens bestimmt für viele die Berufswahl (↗ »Der ideale Beruf für den Globetrotter«). Doch selbst über diese Lebensphasen hinweg bildet die Erfahrung des Reisens einen roten Faden im Lebenslauf. Dann bietet der **Club der Globetrotter** einen Hafen fürs Fernweh. Hier fühlen sich individuell Reisende verbunden. Verbunden aber mehr durch ein Gefühl als durch eine Definition, denn jeder reist anders. Man fühlt sich verstanden, auch ohne gemeinsam zu reisen, ist unter Gleichgesinnten und Teil einer Gemeinschaft.

### Was bietet der Club?

▶ Einen Hafen fürs Fernweh zwischen den Reisen. Wir sind immer unterwegs, auch wenn wir nicht reisen. Hier finden Sie Gleichgesinnte, fühlen sich verstanden und gehören zur **Gemeinschaft der Globetrotter.** Nach langen Reisen hilft diese Gemeinschaft, sich wieder zurechtzufinden und den Schock der Sesshaftigkeit zu dämpfen.

▶ Ein **Sprungbrett** für alle, die aufbrechen möchten und denen Bücherwissen zu trocken ist, denen Google-Orgien nicht helfen, die das Foren-Geschnatter auf Webseiten verwirrt …

▶ Ein **Netzwerk** erfahrener Weltentdecker. Mit der Mitgliederliste und dem Reiseländerregister bieten Mitglieder einander ihr Expertenwissen für jeden Winkel der Erde an.

▶ **Globetrottertreffen,** die zweitschönste Art, unterwegs zu sein. Hier begegnen Sie den Reisenden persönlich, lauschen am Lagerfeuer Geschichten und Tipps.

▶ Das einzige **Fachblatt für Globetrotter,** der **TROTTER,** erscheint etwa fünfmal jährlich und enthält neben Reiseberichten und Hintergrund-Infos alles, was Globetrotter interessiert: Termine, Einladungen zu Treffen, Berichte von Veranstaltungen, Rezensionen …

▶ www.globetrotter.org: Unser **Globetrotterforum** für alle Individualisten, mit Reisepartnersuche und Tipp-Börse, mit hunderten Buchrezensionen, Dutzenden von Hintergrundberichten und einem Mitgliederbereich, der Zugriff auf das Reiseländerregister und die anderen Mitglieder bietet.

Seit 1974 ist der Club das Zentrum für alle, die individuell reisen und in denen die Leidenschaft des Reisens glüht. Ob mit Rucksack, Zelt oder Fahrrad, Fernreisemobil oder Motorrad, in die Sahara oder nach Sibirien, in die Südsee oder in die Alpen. Jeder reist anders, doch alle teilen das Gefühl des Unterwegsseins und finden hier verwandte Seelen.

Unter www.globetrotter.org können Sie ein Infopaket bestellen, mit einem Kalender der Globetrottertreffen, einem Probeheft des Trotters, Aufnahmeformular und Satzung. Letztere werden auch als Download angeboten.

Die Deutsche Zentrale für Globetrotter wurde 1974 gegründet. Sie ist mit etwa 800 Mitgliedern in rund 20 Ländern und mit mehr als 3000 Mitgliedern seit der Gründung die größte ideelle Gemeinschaft von Globetrottern in Europa. Die dzg veranstaltet die ältesten und die meisten Globetrottertreffen, der Trotter ist nach Merian die zweitälteste Reisezeitschrift Deutschlands.

Als **neues Mitglied** helfen Sie indirekt, die Treffen zu organisieren, den Trotter zu erstellen und unser Forum im Internet aufrechtzuerhalten, also öffentlich die

**www-Einstieg:** Deutsche Zentrale für Globetrotter dzg, Sahara-Club, Euro-Arabischer Freundschaftskreis EAF, Wegwijzer (Belgien), Aventure du Boute du Monde ABM (Frankreich), Globetrotters Club (Großbritannien), Royal Geographical Society (Großbritannien), Totem e Tabù (Italien), De Wereldfietser (Niederlande), Travel Bit Centrum (Polen), The Explorers Club (USA), South American Explorers (Lima, Buenos Aires)

Interessen der Globetrotter zu vertreten. Jedes Mitglied stärkt unsere Glaubwürdigkeit und unsere Unabhängigkeit. Die dzg arbeitet ehrenamtlich, alle Ausgaben werden von Mitgliedsbeiträgen bezahlt. Ihr aktives Mitwirken ist erwünscht, vom Erfahrungsbericht für den Trotter bis zur Organisation von (regionalen) Treffen.

**www-Einstieg:** Globetrottertreffen, Der Trotter (Zeitschrift), Heinrich-Harrer-Museum Hüttenberg (Österreich), Centre Culturel Alexandra David-Néel Digne-les-Bains (Frankreich), Messner Mountain Museum Project Juval, Sulden, Monte Rite, Bozen (Italien)

**Kontakt:** Deutsche Zentrale für Globetrotter e.V. DZG, Postfach 22, 66284 Quierschied, Forsthaus Fischbach, Rußhütter Str. 26, 66287 Quierschied, ✆ 0700/ 45623876 (6 Cent/Minute, Mo – Fr 9 – 18 Uhr 12 Cent/Minute, max. 42 Cent/Minute aus dem Mobilfunknetz), vorstand@globetrotter.org, www.globetrotter.org. Alle Angaben mit Stand 2011.

## Reisende und ihre Museen

**Heinrich-Harrer-Museum,** A-9375 Hüttenberg, www.harrer-museum.at.

**Haus der Völker,** Gert Chesi, A-6130 Schwaz/Tirol, ✆ 0043/5242/66090, www.hausdervoelker.com

**Centre Culturel Alexandra David-Néel,** 27 avenue du Maréchal Juin, F-04000 Digne-les-Bains, www.alexandra-david-neel.org.

**Messner Mountain Museum-Projekt,** www.reinhold-messner.de, umfasst vier Standorte:

**MMM Schloss Juval** im Vinschgau mit einer Tibetica-Sammlung;

**MMM Ortles** in Sulden am Ortler als Eis-Museum,

**MMM Dolomites** auf dem Monte Rite hoch über Cibiana;

**MMM Burg Sigmundskron** am Stadtrand von Bozen.

»Ich bin, was ich tue.«
Reinhold Messner

Mit dem Finger auf der Landkarte: Auf den folgenden Seiten haben die Reiseprofis der dzg die schönsten Reiserouten zusammengetragen
Foto:Jürgen Erdmann

PERU

BRASIL

RONDÔNIA

MATO GROSSO

BOLIVIA

SUCRE

PARAGUAI

ASSUNÇÃO

MATO GROSSO DO SUL

CAMPO GRANDE

SANTA CATARINA
FLORIANÓPOLIS

PORTO ALEGRE

URUGUAI

BUENOS AIRES

MONTEVIDEU

ARGENTINA

RIO NEGRO

PENINSULA VALDES

Chile Chico

ILHAS FALKLAND
(OU MALVINAS)

STANLEY

Calafate

TORRE DEL PAINE

Punta Arenas

Ushuaia

ILHAS JUAN FERNANDES

ILHAS DESVENTURADAS

OCEANO PACIFICO

OCEANO ATLÂNTICO

**Asien**

40°  Arctic Circle  Vorkuta  CENTRAL SIBERIAN PI

FINLAND
Helsinki
St.Petersburg
ESTONIA
Kingisepp
LATVIA
LITHUANIA  Moscow
Warsaw  BELARUS
POLAND
SLOVAKIA  UKRAINE
MOLDOVA
ROMANIA
BULGARIA  GEORGIA
MAC.  BLACK SEA  CAUCASUS
İstanbul
GREECE  ARMENIA  AZERBAIJAN
TURKEY
CYPRUS  SYRIA  Baghdad
LEBANON
ISRAEL  IRAQ
JORDAN  IRAN
Alexandria  ZAGROS MTNS
Cairo  Suez  KUWAIT  Kerman
LIBYA  SAUDI  QATAR
EGYPT  ARABIA  UNITED
Riyadh  ARAB
EMIRATES
Jeddah  OMAN
Khartoum  ERITREA
SUDAN  YEMEN  Gulf of Aden
Addis Ababa
ETHIOPIA
ETHIOPIAN
HIGHLANDS  SOMALIA
Congo  UGANDA
DEM.REP  KENYA
CONGO  Victoria  Nairobi
RWANDA
BURUNDI  Kilimanjaro
TANZANIA  Dar es Salaam
L. Tanganyika
ZAMBIA  MALAWI
L. Nyasa
MOZAMBIQUE
ZIMBABWE  MADAGASCAR  MAURITIUS
BOTSWANA  RÉUNION
Johannesburg

Urengoi  Tura
Nizhnyaya Tunguska
SIBERIAN
LOWLAND  RUSSIA
Surgut
Pechora
URAL MTNS
Ob
Dvina
Volga  Tyumen  Tobolsk
Kazan  Angara
Samara  Omsk  Novosibirsk  Taischet  Bratsk  Sever
Krasnoyarsk  Lake Baykal
Don  Ural  Tobol  Ishim  Irtysh  Ob  Irkutsk  Ust-Barg
Volgograd  SAYAN MTNS  Ulan Ude
Orenburg  KAZAKHSTAN  ALTAI  Ulaanbaatar
Rostov  Aral  Balkhash  Belukha  MONGOLIA
CASPIAN SEA  Almaty  Ürümqi  Turpan  GOBI
TURANIAN  Tashkent  Bischkek  DESERT
PLATEAU  KYRGYZSTAN  Dunhuang
TURKMENISTAN  Nary  Aqsu  Jiayuguan
Samarkand  Kashi  TARIM BASIN  Haixi
Ashgabat  Buhara  Kargilik  Golmud  CHINA
TAJIKISTAN  Lanzhou
Mashhad  Dushanbe  KUNLAN SHAN  Huang He
Tehran  HINDU KUSH  Hunza  Xi'an
AFGHANISTAN  Nanga  PLATEAU  Chengdu
Parbat  Leh  OF TIBET
Lahore  Ngari  Lhasa  Chongqing
Quetta  Mt.Everest  Shigatse
PAKISTAN  NEPAL  Kunming  Guilin
Bandar Abbas  (New)Delhi  Katmandu  BHUTAN
Karachi  RAJASTAN  Ganges  BANGLADESH  Macau
Ahmedabad  Bhopal  Varanasi  Mandalay
DECCAN  Kolkata
INDIA  Mandu  MYANMAR  LAOS  Hanoi
Bombay/  Hyderabad  Chiang Mai  Vientiane  SO
Mumbai  Yangon  THAILAND  CHI
ARABIAN  Hampi  Bay of  Bangkok  VIETN
SEA  GOA  Madras  Bengal  CAMBODIA
Bangalore  /Chennai  Phnom Penh
KERALA  Pondicherry  Saigon
Trivandrum  Andaman Is
Colombo  SRI LANKA
INDIAN OCEAN  Kuala Lumpur  BRUN
Äquator  MALAYSIA  Singapur
Sumatra  Malakka  INDO
BOR
N  Yogyakarta  Java
1 cm
1000 km
www.PeterMeyerVerlag.de
© 2012
Coober Exmouth

## Die Karten

… sind Englisch beschriftet, da dies Ihre Stichwortsuche im Internet erleichtert. Alle erwähnten Länder und Routen sind übers Register zu finden.

### Bedeutung der Linien:

**Große Eisenbahnstrecken**

**Große Reiserouten**

**Fähr-/ Schiffspassagen**

Ilja Trojanow, **An den inneren Ufern Indiens**. Eine Reise entlang dem Ganges, Hanser.

Uwe Pfullmann, **Durch Wüste und Steppe**. Entdeckerlexikon arabische Halbinsel. Biografien und Berichte. Trafo Verlag 2001.

WELT & KARTE

31

Jojo Cobbinah, **Ghana**. Reisehandbuch an die »Goldküste« Westafrikas. Separate Reisekarte, beides vor Ort aktualisiert. pmv 2012, ISBN 978-3-89859-155-3

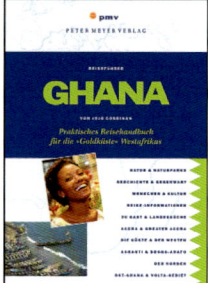

# Südamerika

NORTH ATLANTIC OCEAN

PACIFIC OCEAN

*Caribbean Sea*

*Gulf of Mexico*

*Gulf of California*

AMAZON BASIN

*Amazon*

ANDES

PATAGONIA

PAMPAS

PANTANAL

BRAZILIAN HIGHLANDS

GUIANA HIGHLANDS

TIERRA DEL FUEGO

*Strait of Magellan*

*Drake Passage*

BELLINGSHAUSEN SEA

WEDDELL SEA

ANTARCTICA

ANTARCTIC PENINSULA

DECEPTION

PARADISE BAY

KING GEORG I

FALKLAND/MALVINAS ISLANDS

Äquator

Galapagos Islands

Easter Islands

**UNITED STATES OF AMERICA**

Denver · Kansas City · St Louis · New York · Philadelphia · Washington DC
ROUTE 66 · Memphis · Atlanta
Phoenix · Tucson · Dallas
New Orleans · Jacksonville
Chihuahua · Houston · Orlando · Miami
Nuevo Laredo · Monterrey · Havana
La Paz · Los Mochis
Guadalajara · **MEXICO** · Cancún
Mexico City

Vegas · GRAND CANYON · SIERRA MADRE · Rio Grande
fornia

**BAHAMAS**
**CUBA**
**JAMAICA** · **HAITI** · **DOMINICAN REPUBLIC**
San Juan · **PUERTO RICO**
**BELIZE**
**GUATEMALA** · **HONDURAS**
**EL SALVADOR** · **NICARAGUA**
Managua · Cartagena · Caracas · **TRINIDAD & TOBAGO**
**COSTA RICA** · Colón · Turbo · **VENEZUELA**
**PANAMA** · Medellín · **GUIANA** · **SURINAM** · **FRENCH GUIANA**
Bogotá · Santa Elena de Uairén · **GUYANA**
Cali · **COLOMBIA** · Boa Vista
Quito · *Negro* · *Orinoco*
Guayaquil · **ECUADOR** · Manaus · Belém
**PERU** · Trujillo
Huancayo · Machu Picchu · **BRAZIL** · Recife
Lima · Cuzco · Brasilia · Salvador
La Paz · Arequipa · **BOLIVIA** · Corumba · Belo Horizonte
Calama · Uyuni · Rio de Janeiro
Antofagasta · **PARAGUAY** · São Paulo
Salta · Iguaçu · Pôrto Alegre
**CHILE** · Tucuman · Cordoba · **URUGUAY**
Aconcagua · Mendoza · Montevideo
Santiago de Chile · Buenos Aires · Bahia Blanca · 40°
San Carlos de Bariloche · Valdes
Puerto Montt
Chaiten
Puyuhuapi · **ARGENTINA**
Mt. Fitz Roy
Puerto Natales
Punto Arenas · Ushuaia
CAPE HORN

*Rio Negro* · *Madeira* · *Xingu* · *Paraná* · *São Francisco* · *Amazon*

N
1 cm
1000 km

www.PeterMeyerVerlag.de
© 2012

WELT & KARTE

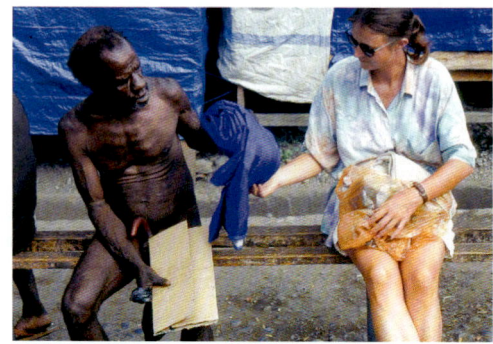

Einkaufen in West-Papua:
Tauschgeschäfte mit
einem Dani-Mann in
Wamena

Foto: Rolf Scheyer

**Australien**

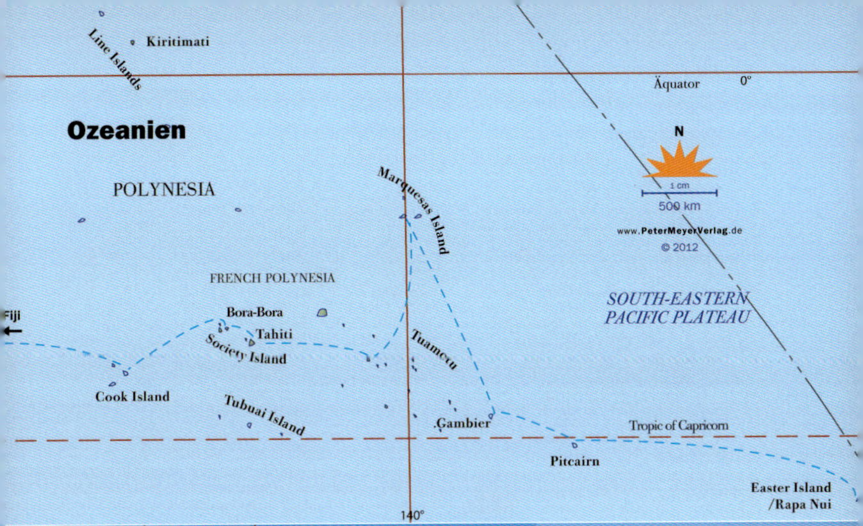

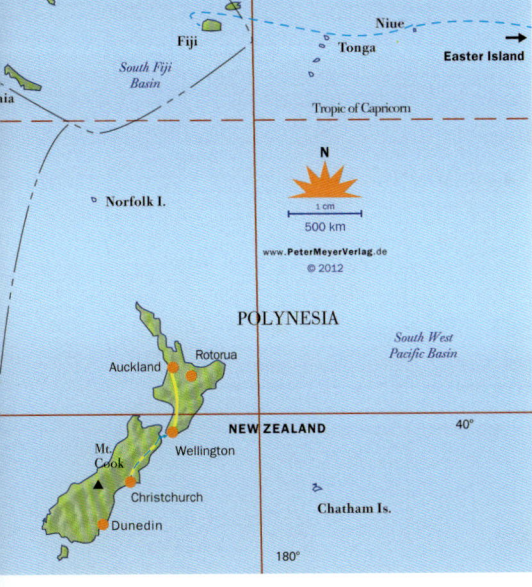

# Ozeanien

Line Islands
Kiritimati

Äquator 0°

N
1 cm
500 km
www.PeterMeyerVerlag.de
© 2012

POLYNESIA

Marquesas Island

FRENCH POLYNESIA

SOUTH-EASTERN
PACIFIC PLATEAU

Fiji

Bora-Bora
Tahiti
Society Island

Tuamotu

Cook Island

Tubuai Island

Gambier

Tropic of Capricorn

Pitcairn

Easter Island
/Rapa Nui

140°

Wallis &
Futuna

North Fiji
Basin

Vanuatu

Niue

Fiji

Tonga

Easter Island

South Fiji
Basin

Tropic of Capricorn

N
1 cm
500 km
www.PeterMeyerVerlag.de
© 2012

Norfolk I.

POLYNESIA

South West
Pacific Basin

Rotorua
Auckland

Mt.
Cook
Wellington

NEW ZEALAND 40°

Christchurch

Chatham Is.

Dunedin

180°

Georg Forster, **Ent-
deckungsreise
nach Tahiti und in die
Südsee 1772 – 1775.**

Paul Theroux, **Die
glücklichen Inseln
Ozeaniens**, Erlebnisse
und Betrachtungen eines
Pazifikpaddlers. dtv.

# Nordpolargebiet

# ZIELE & ROUTEN OST

# ROUTEN DURCH EUROPA

Mit einem 2000-km-Radius um Frankfurt am Main wird Europa von Gibraltar bis Nordschweden, von Moskau bis ans südliche Mittelmeer erfasst. In diesem Raum reist es sich bis an die russische und weißrussische Grenze einfach, der formale Reiseaufwand ist gering. Weder für das Auto noch für die eigene Person sind besondere Papiere nötig, die üblichen Versicherungen gelten in allen diesen Ländern, es wird keine zusätzliche Impfung benötigt etc. Grenzkontrollen sind in den Schengenländern abgeschafft, darüber hinaus für EU-Staatsangehörige meist lasch. Der Euro wird auch außerhalb seines Währungsgebietes mehr oder weniger als Zahlungsmittel akzeptiert.

Das Flugzeug ist hier unnötig: Trampend, mit dem Reiserad unterwegs, dem (unauffälligen) Transporter als Wohnmobil oder mit öffentlichen Verkehrsmitteln (Interrail) lassen sich alle Ziele erreichen. Der Transporter als Wohnmobil ermöglicht geringe Kosten für Verpflegung und Unterkunft. In manchen Ländern darf ein Wohnmobil nicht in die Innenstädte oder muss nachts Wohnmobilstellplätze nutzen.

Die **Reiseplanung in Europa** wird weitgehend durch die Jahreszeiten bestimmt, also zu kurze Tage im skandinavischen Winter, zu heiß am Mittelmeer im Sommer; den Regenmassen der atlantischen Tiefs entkommt man Richtung Osten ins Kontinentalklima. Der Nachteil: Warme Wintermonate finden sich manchmal in Spanien, manchmal sind diese Monate aber auch bis Südmarokko verregnet. Garantiert sommerlich warm wird es erst ab Mauretanien oder im südlichen Ägypten.

Im Altertum bezeichneten die Phönizier Europa als *ereb,* »Land im Dunkeln«. Von Asien aus gesehen erscheint es als kleine Halbinsel am Rande des Kontinents Eurasien, dort wo die Sonne untergeht. Umgekehrt leitet sich der Name Asien, *aszu,* vom Sonnenaufgang ab. Wo beginnt Europa? Die Übergänge zwischen Kulturen und Sprachen, Ländern und Völkern sind flie-

ZIELE & ROUTEN OST

Hoffnung: South meets North in Dakar, Senegal
Foto: Jürgen Erdmann

41

ßend. Jahrtausende alte Wege und Wanderungen ließen die Gebiete rund ums Mittelmeer zusammenwachsen, die Völker verschmelzen. Daher finden Sie Ähnlichkeiten in den Hafenstädten und Küstenregionen rund ums Mittelmeer. Wer von einer langen und weiten Reise zurückkehrt, verspürt beim Übergang von Marokko nach Spanien oder aus der Türkei nach Griechenland heimische Gefühle, plötzlich wirkt vieles vertraut. Umgekehrt betrachtet, beginnt das »wirkliche« Afrika erst südlich der Sahara, das »wirkliche« Asien östlich und südlich der vorderasiatischen Wüsten.

☀ **Tipp:** ↗»Dem Fremden begegnen« im pmv-Outdoor-Handbuch.

Südrussland ist europäisch, weil Asien definitionsgemäß hinter einer Linie liegt, die vom Nordpolarmeer über das Ural-Gebirge bis zur Mündung des Ural ins Kaspische Meer reicht. Doch der Ural zeigt sich eher als Welle in der endlosen Steppe, denn als abgrenzendes Gebirge. Auch zwischen Kaspischem und Schwarzem Meer ist die Grenzdefinition nicht eindeutig: Ist es die Manytsch-Niederung oder die Wasserscheide des Kaukasus, eine hoch aufragende Barriere? Aus diesem Raum stammt die indoeuropäische Sprachenfamilie. Der Bosporus markiert die Grenze zu Asien geografisch eindeutig, doch liegt die Türkei auf beiden Kontinenten und das griechische Volk ist historisch dort gewachsen, wo heute die Türkei ist. Die Wiege der abendländischen Kultur liegt im Anatolien der griechischen Antike.

Das **Reisen in Europa** ist leichter geworden, allerdings ist vieles unübersichtlich. 30 Staaten haben sich zum **Europäischen Wirtschaftsraum, EWR,** zusammengeschlossen. Sie bilden damit die größte zusammenhängende Einheit in Europa (↗ Karte Europa), rund ein Dutzend Staaten wartet bereits auf den Beitritt. Für Reisende bedeutsam: Im EWR gelten die vier Freiheiten freier Personen-, Waren-, Dienstleistungs- und Kapitalverkehr.

Der EWR besteht aus den 27 Staaten der **Europäischen Union, EU,** plus Island, Liechtenstein und Norwegen, faktisch gehört auch die Schweiz dazu. Integraler Bestandteil der EU sind die Überseegebiete Französisch Guayana, Martinique, Guadeloupe, Réunion, Kanaren, Ceuta, Melilla, Azoren, Madeira. Die EU legt die vier Freiheiten noch weiter aus (z.B. Zollunion). Für die EU-Mitgliedsstaaten gelten zwingend Freiheit, Demokratie, Rechtsstaatlichkeit, Menschenrechte.

Die 28 sogenannten **Schengenstaaten** heben die stationären Grenzkontrollen an den Binnengrenzen auf. Derzeit sind das alle Mitgliedstaaten der EU (ohne Großbritannien und Irland) sowie Norwegen, Island und die Schweiz. Faktisch gehören vier weitere Kleinstaaten dazu, nämlich Liechtenstein, Monaco, San Marino und Vatikanstadt – nicht jedoch Andorra und Athos. Ebenso gehören faktisch dazu die Azoren, die Färöer, Grönland, Kanaren, Madeira – nicht jedoch Ceuta und Melilla. Zypern stellt wegen des ungelösten Konflikts über den Grenzverlauf einen Sonderfall dar. Zum Schengengebiet gehört grundsätzlich nur das europäische Territorium der Mitgliedsstaaten.

Der **Euro** als gemeinsame Währung gilt in 17 EU-Staaten, der **Europäischen Wirtschafts- und Währungsunion EWWU.** Außerdem wurde der Euro als gesetzliches Zahlungsmittel einseitig übernommen in Andorra, Vatikanstadt, Monaco, San Marino, Montenegro, Kosovo, Simbabwe. An einen festen Wechselkurs mit dem Euro haben sich gebunden: Bosnien und Herzegowina, Bulgarien, die französischen Übersee-Territorien, Französisch-Polynesien, Neukaledonien, Wallis und Futuna, Komoren, Kap Verde sowie Äquatorialguinea, Benin, Burkina Faso, Côte d'Ivoire, Gabun, Guinea-Bissau, Kamerun, Republik Kongo, Mali, Niger, Senegal, Togo, Tschad, Zentralafrikanische Republik. Nicht zum Euro-Raum gehören die EU-Staaten Bulgarien, Tschechische Republik, Dänemark, Lettland, Litauen, Ungarn, Polen, Rumänien, Schweden und das Vereinigte Königreich.

Ein **Sozialversicherungsabkommen** besteht mit allen 30 EWR-Staaten sowie Bosnien-Herzegowina, Kroatien, Mazedonien, Montenegro, der Schweiz, Serbien und mit den außereuropäischen Ländern Austra-

**www-Einstieg:** Schengengebiet, Europäische Union EU, Eurozone EWWU, Sozialversicherungsabkommen, Östliche Partnerschaft, Europäische Nachbarschaftspolitik ENP

Homer, **Odyssee,** und von Armin und Hans-Helmut Wolf, **Die wirkliche Reise des Odysseus**, Langen-Müller 1990.

lien, Chile, Israel, Japan, Kanada und Quebec, Marokko, Republik Korea, Tunesien, Türkei, USA.

Weitere EU-Beitritte sind absehbar: Kroatien, Island, Mazedonien, Serbien, Bosnien und Herzegowina, Montenegro, Albanien und Türkei.

Langfristig könnte sich der für EU-Bürger einfache Reiseraum noch vergrößern. Die Östliche Partnerschaft soll die sechs Länder Armenien, Aserbaidschan, Georgien, Moldawien, Ukraine und Weißrussland an die EU heranführen. Die Mittelmeerunion umfasst neben den EU-Staaten alle Mittelmeerländer sowie Mauretanien und Jordanien.

### Die großen Routen

Die alten internationalen und transkontinentalen Reisewege entstanden durch Händler, Pilger und Heerzüge und orientierten sich an geografischen Notwendigkeiten wie Pässen, Furten, Flüssen und dergleichen. Alle »**Altstraßen**« – Königswege *(via regia)*, Reichsstraßen, Heerstraßen, Hellwege – bilden ein Wegenetz mit Städten als Knotenpunkten. Teils sind sie bis heute bedeutsam, teils erlauben sie ein Reisen abseits der großen Straßen mit intensiven kulturellen Erlebnissen.

- Die **Wege der Jakobspilger** bilden das vielleicht weitverzweigteste Wegenetz in Europa, das sich hier nicht annähernd beschreiben lässt. Es ist die erste europäische Kulturstraße und Weltkulturerbe. Die Hauptwege bündeln sich im französischen Camino Francés und führen nach Santiago de Compostela im nordwestlichen Spanien.
- **Eine Königsstraße,** *via regia,* führte von Paris nach Kiew in der Ukraine. In Deutschland verläuft die »Hohe Straße« von Aachen entlang der alten **Reichsstraße** über Köln, Limburg, Frankfurt am Main, Eisenach, Gotha, Erfurt nach Leipzig und ins schlesische Görlitz, dann an Wroclaw und Krakow vorbei, durch Galizien und Shitomir in der Ukraine, ↗ »Europas Osten«.
- **Eine alte Handelsroute** verband Brügge und Antwerpen über Aachen mit dem russischen Nowgorod. Als so ge-

☀ **Tipp:** Dauer der **Mitternachtssonne** in
Spitzbergen 20.4. – 20.8.
Nordkap 14.5. – 29.7.
Hammerfest 16.5. – 27.7.
Tromsø 20.5. – 22.7.
Narvik 25.5. – 18.7.
Lofoten und Vesterålen
Ende Mai – Mitte Juli
Polarkreis 21. Juni.
Auch in Oslo und St. Petersburg wid es in der zweiten Junihälfte nicht richtig dunkel.

nannter *Hellweg* quert sie Westfalen von Duisburg nach Soest, heute die B1. Dann führte sie weiter über Paderborn – Goslar – Lüneburg zur Ostsee. Dort verband sie die Hansestädte Wismar, Rostock, Stralsund, Danzig, Stettin, Königsberg, Riga, Dorpat.

Moderne Nomaden: Auf einem einsamen Platz in der Nähe des spanischen Almería

Foto: Klaus Schütz

Heute durchquert man so Polen, die russische Exklave Kaliningrad und die baltischen Staaten Estland, Lettland, Litauen.

- Die zuvor beschriebene Route kann weiter nördlich geführt werden, also rund um die Ostsee *(Baltic Sea)*, durch Russland, Finnland, Schweden und Dänemark wieder nach Deutschland. Dieser **Baltische Ring** kann mit Fahrrad, Motorrad, Auto befahren werden und berührt auf dem Land St. Petersburg, Helsinki, Nystad, Lulea, Umea, Stockholm, Oslo, Kopenhagen, Kiel. Auf dem Seeweg bieten sich die Inseln Rügen, Ösel, Dagö, Åland, Öland, Bornholm und Lolland als Stationen an.
- **Auf den Spuren der Normannen** entlang der nordatlantischen Küsten: Von den Kanalinseln Guernsey, Jersey oder Sark nach Südengland, von Harwich nach Esbjerg in Dänemark, von Hanstholm nach Bergen in Norwegen. Oder gleich von Hammerfest, der nördlichsten Stadt Europas, nach Sagres in Portugal, dem südwestlichsten Punkt. Am Nordkap beginnt der **Europäische Fernwanderweg E1.**
- Die **Bernsteinstraße** verband als Handelsweg über Jahrtausende die Gestade der Ostsee mit den Häfen des Mittelmeers, etwa über Riga, Königsberg, Danzig, Marienburg, Thorn, Kalisch, Breslau, Wien, Olmütz, Celje, Ljubljana, Venedig.

☀ **Tipp:** Die **Europäischen Fernwanderwege** (z.B. E1 oder Grande Randonée, GR) orientieren sich vielfach an alten Strecken und erlauben es, Europa aus historischer Perspektive neu zu entdecken. Ein Beispiel dafür ist der Kungsleden (Königspfad) in der historischen schwedischen Provinz Lappland, der über fast 800 km von Abisko im Norden nach Sälen im Süden führt. Weniger anstrengend führt die Inlandsbahn (Inlandsbanan) 1288 km von Gällivare im Norden nach Kristinehamn im Süden.

- **Durch den Balkan** nach Istanbul: Die traditionelle Route führt über den **Autoput** knapp 1200 km durch Slowenien, Kroatien, Serbien, Montenegro bis an die griechische Grenze in Gevgelija/Evzoni, über Ljubljana, Zagreb, Županja, Šid, Belgrad, Paraćin, Niš, Kumanovo und durchs Vardartal.
- Geschichtsträchtig ist die **Via Francigena** bis Rom, dann die altrömische **Via Appia** (SS7) bis Brindisi, mit der Fähre nach Igoumenitsa und weiter auf der A2 *(Egnatia Odos)*, die weitgehend der antiken **Via Egnatia** folgt und als solche bereits in der Antike bis Istanbul führte.

Angelika Gutsche, **Auf den Spuren der antiken Via Egnatia vom Weströmischen ins Oströmische Reich.** Wiesenburg 2010.

## So wird in Deutschland Europa eingeteilt

| | |
|---|---|
| **Nordeuropa:** | Norwegen, Schweden, Dänemark, Finnland, aber auch Island. |
| **Skandinavien:** | Norwegen und Schweden, oft auch Dänemark, selten auch Finnland. |
| **Nordosteuropa:** | Baltikum (Litauen, Lettland, Estland) und nördliches europäisches Russland. |
| **Westeuropa:** | Großbritannien, Irland, Frankreich und BeNeLux. |
| **Mitteleuropa:** | Deutschland, Polen, Schweiz und Liechtenstein, Österreich, Tschechien, Slowakei, meist Slowenien, oft Ungarn und Kroatien. |
| **Ostmitteleuropa:** | Ukraine (auch Osteuropa), Polen, Tschechien, Slowakei; ferner Ungarn, Slowenien, Kroatien und Rumänien, die aber auch Südosteuropa zugerechnet werden. |
| **Südeuropa:** | Portugal, Spanien, Italien, Malta, San Marino, Andorra und Vatikanstadt; im weiteren Sinne auch die Länder in Südosteuropa. |
| **Südosteuropa:** | zwischen Adria, Ägäis und Schwarzem Meer, manchmal auch Slowenien, Ungarn, Moldawien und Zypern (Letzteres eigentlich Westasien). |
| **Osteuropa:** | Weißrussland, Ukraine, Moldawien, Baltikum und europäisches Russland sowie der Westzipfel von Kasachstan. |

Die Definitionen in anderen Ländern und Sprachräumen weichen davon oft ab. So sagt man in England zu Ostmitteleuropa *Central Europe*.

- Eine **Inlandsroute** quert Ungarn oder Kroatien nach Rumänien und Bulgarien und weiter nach Griechenland oder direkt in die Türkei. Die schönere Variante führt von Slowenien entlang der kroatischen Adria, durch Serbien und Montenegro und Albanien nach Mazedonien oder Griechenland. Wer Albanien umgehen möchte, der nimmt ab Dubrovnik oder Bar/Montenegro die Fähre über Bari nach Igoumenitsa.
- Schneller und komfortabler ist die Route über Italien, dann mit der Fähre ab Venedig, Ancona oder Bari nach Griechenland.
- Der **Orientexpress** von Paris nach Istanbul ist Geschichte. Heutige Nostalgiezüge mit diesem Namen werden als teures Touristen-Event angeboten.
- In Istanbul haben Sie die Wahl: quer durch Anatolien über Iran und Pakistan nach Indien? Oder lieber entlang der Schwarzmeerküste via Armenien und Aserbaidschan per Fähre über das Kaspische Meer nach Zentralasien? Oder durch die Täler der kaukasischen Republiken nach Russland? Oder doch lieber südlich auf die Arabische Halbinsel, nach Syrien und Jordanien?
- Eine Tour rund **ums Mittelmeer** berührt 20 Staaten auf drei Kontinenten und war noch nie einfach. Schwierig sind die Grenzen zwischen Marokko und Algerien, nach Libyen sowie zwischen Israel und Jordanien, ↗ »Afrika«.
- Mit dem Zug **vom Atlantik bis zum Pazifik,** also von Lissabon über Paris, Berlin, Warschau nach Moskau. Dort steigen Sie um in die Transsibirische Eisenbahn, ↗ »Zentralasien«.
- Mit norwegischen Postschiffen zwischen Bergen und Kirkenes 2920 km auf der **Hurtigroute** *(hurtigruten)*, dabei werden 34 Häfen in 12 Tagen angelaufen, u.a. Hammerfest und die Lofoten. In Hanstholm oder Bergen finden Sie Anschlussfähren nach Island mit Stopp auf den Färöern. Schließlich können Sie von Island nach Grönland fliegen oder von Tromsø nach Longyearbyen, ↗ »In die Arktis und zum Nordpol«.

☀ **Tipp:** Zwischen Italien und Griechenland verkehren Fähren folgender Gesellschaften: Minoan -, Anek -, Agoudimos Lines, European Seaways, Superfast.

Michael Möbius, Annette Ster, **Hurtigruten**. Die schönste Seereise der Welt. DuMont.

# EUROPAS MITTE & OSTEN

**von Jan Balster**

Jan Balster (dzg) arbeitet als freier Autor, Bild- und Reisejournalist für in- und ausländische Verlage. Während er anfangs mit dem Fahrrad unterwegs war, reiste er 1998 zu Fuß und ohne Geld 3100 km von Dresden via Mittelmeer nach Dublin. Am liebsten bewegt er sich wie die Einheimischen: zu Pferd, Esel, als Tramp, mit Bus und Bahn. Immer wieder zieht es ihn nach Russland und Zentralasien.

www.auf-weltreise.de

**Es ist leicht geworden, die Ostsee zu umfahren, die baltischen Länder zu bereisen, entlang der Donau die Schwarzmeerküste zu erreichen oder sich im Balkan zu verlieren. Die einst aus politischen Gründen sogenannten osteuropäischen Länder sind ins Zentrum Europas gerückt, dorthin, wo sie in der (mittelalterlichen) Geschichte schon waren. Dass Europa sich im Osten bis an das Uralgebirge erstreckt, dringt jedoch nur langsam ins Bewusstsein.**

Das **Baltikum,** Litauen, Lettland, und Estland sind am einfachsten zu bereisen. Schiffe verkehren von Lübeck und Rostock nach Petersburg direkt oder via Helsinki, täglich verbinden Fähren diese Staaten entlang der Ostseeküste (teilweise UNESCO Kulturerbe). Die Züge von Warschau führen durch transitvisumspflichtige Gebiete (Russland oder Weißrussland). Von Berlin fahren wöchentlich Busse (Eurolines) nach Tallin in Estland, über Polen (Ogrodniki) nach Litauen (Lazdijai) und mit Zwischenstopp in den sehenswerten Altstädten von Vilnius und Riga.

**Polen** ist landschaftlich sehr reizvoll, besonders das Seengebiet der Masuren und die Ostseeküste (Busse mehrmals täglich von Warschau). Durchgehende Zugverbindungen bestehen von Berlin nach Stettin, von Frankfurt an der Oder nach Warschau und von Görlitz nach Krakau.

**Tschechien:** Prag ist das Paris Mitteleuropas. Das Riesengebirge ist die Ski-Alternative zu den Alpen. Gute Zugverbindungen Berlin – Dresden – Prag – Wien und Nürnberg – Prag. Busverbindungen bestehen überall dorthin, wohin kein Zug fährt. Leider werden aus wirtschaftlichen Gründen immer noch Buslinien eingestellt.

Die **Ukraine** war die Kornkammer der Sowjetunion. Grün ist ihre Hauptstadt Kiew, berühmt die Treppe in Odessa und romantisch eine Schifffahrt auf dem Dnjepr. Für Ausländer gibt es extra Schalter, sie zahlen dort für die Zugfahrkarten 2 bis 3 mal soviel wie Ukrainer. Das Bussystem ist noch gut ausgebaut. Zweimal wöchentlich verkehren Schiffe von Kiew nach Odessa, ebenso Fähren zwischen Odessa und Sewastopol, von dort weiter nach Istanbul. In Odessa starten die meisten Kreuzfahrtschiffe zur Krim mit seiner »Perle« Jalta. Zur Krim fährt auch täglich ein Bus von Odessa.

**Weißrussland** wird meist als Transitland genutzt. Obgleich Minsk äußerlich nicht ansprechend ist, bietet seine Umgebung doch Natur pur. Zum Minsker See verkehren achtmal täglich Busse hin und zurück. Wer ein Transitvisum erstanden hat, sollte dies ernst nehmen, selbst wenn der Zug sechs Stunden in Minsk verweilt. Wer den Zug verlässt, riskiert verhaftet zu werden.

**Moldawien**, einst Puschkins Verbannungsland und heute Weinlieferant Europas (Keltereien: Mileschti und Krikowa-Weki). Wie in allen ehemaligen Staaten der Sowjetunion ist das Busnetz erstklassig ausgebaut. Zugverbindungen bestehen von Moskau (22 h), Kiew (10 h) und Odessa (3 h) nach Chisinau, der Hauptstadt der Republik Moldawien.

Alle ehemaligen Staaten der Sowjetunion, außer Lettland, Litauen, Estland, verlangen zwingend eine Auslandskrankenversicherung für das Visum.

**www-Einstieg:** Eurasisches Magazin; Osteuropa-Netzwerk
**www-Einstieg:** Baltic Times, The Baltics Today; Eurolines, Latvia Tourism, Eesti Turismi; Fähren: Superfast, Silja, Finnlines, www.skandinavien.de
**www-Einstieg:** polskieradio, polen-rundschau, www.virtualpolen.de, poland.pl
**www-Einstieg:** www.czech.cz/de, ukraine.com, belarus.net, uazone.net, moldova.md

## Der vergessene Südosten

▶ Der **Kosovo** ist ohne ausgeprägte Reiseerfahrung, viel Geduld und 20 bis 30 Worte Albanisch nicht zu bereisen. Hier treffen vier Religionen aufeinander: Judentum, Islam, Orthodoxie und Katholizismus. Mehr noch als in anderen Ländern muss man den Glauben achten und dessen Regeln befolgen, etwa wenn man eine serbische Enklave betritt. Eine starke Präsenz der Polizei sorgt für Ruhe und Sicherheit. Außer mit dem Flugzeug über Albanien oder Serbien gibt es Busse von Frankfurt am Main nach Prishtina. Oder man fährt über Italien nach **Albanien**, mit der Fähre von Bari oder Ancona nach Durrës. Wichtig: Busse halten nicht in Albanien, man versucht die Grenze immer vor Einbruch der Dunkelheit zu erreichen. Individualreisende sollten nur tagsüber auf den Hauptverkehrsstraßen fahren. ◀

# REISE-ROUTEN IN ASIEN

☀ **Tipp:** Jeden Samstag fährt ein Zug von Berlin über Saratow an der Wolga und erreicht dienstags Samara.

**www-Einstieg:** www.trans-sib.ru, Moskauer Deutsche Zeitung, Lernidee Erlebnisreisen, www.in-russland.net

Die Transsib wurde 1891 – 1916 gebaut, ist 9288 km lang und die Fahrt dauert 7 Tage. Sie gehört zum längsten Schienennetz der Welt, das Russland noch immer erweitert.

## Durch Russland nach Zentralasien

»In Russland gibt es alles, man muss nur wissen wo«, sagen die Russen und tatsächlich sind sie Meister im Beschaffen, Improvisieren und Reisen: Wandern auf Olchon, Fischen im Baikal, Eisbrecher fahren im Nordmeer, Kreuzfahrten auf der Wolga, reiten wie die Kosaken, Vulkane erkunden auf Kamtschatka oder Bergwandern im Altai.

Die schönste Anreise aus Deutschland führt mit der Bahn nach Kiel, von dort mit der Ro-Ro-Fähre über die Ostsee nach St. Petersburg.

Sankt Petersburg ist als der europäische Hafen Russlands reich an Geschichte, besitzt einen Hauch französischen Charmes und italienisch beeinflusste Architektur.

Russland verbindet Europa mit Asien, vereint klirrende Kälte in den Tiefen Sibiriens mit sengender Hitze der kasachischen Steppe und paart Melancholie mit herzlicher Gastfreundschaft. St. Petersburg und Moskau sind europäisch, der »Goldene Ring« mit seinen altrussischen Städten rund um Moskau »echt« russisch und Sibirien schon deutlich asiatisch. Die Städte im Goldenen Ring sind von Moskau aus bequem per Bahn (*Elektritschnaja*) oder Bus zu erreichen. Von Moskau aus gehen im Wechsel alle zwei bzw. drei Tage Passagierschiffe auf der Wolga nach Astrachan am Kaspischen Meer oder St. Petersburg und von dort weiter über die Ostsee nach Mukran (Saßnitz), Kleipeda (Litauen) oder Karlshamn (Schweden).

Die **Transsibirische Eisenbahn** führt von St. Petersburg und Moskau über Novosibirsk – Ulan Ude nach Wladiwostok und Nachodka (Fähre nach Japan) oder via Mandschurei bzw. Ulaanbaata (Ulan Bator) in der Mongolei nach Beijing (Peking) und Hongkong (weiter nach Südostasien). Die klassische Route der Transsib von Moskau nach Wladiwostok ist sowohl im Sommer als auch im Winter sehr reizvoll. Von Irkutsk gelangt man mit dem Bus oder sehr schön mit Taxi und Boot zum Baikalsee, ins 80 km entfernte Listwjanka und in das sehenswerte Ethno-Museum Talcy, auf dem Weg liegend. Ebenfalls mit dem Bus fährt man von Ulan Ude zum 40 km entfernt gelegenen größten lamaistischen Kloster Russlands, Iwolginsk.

Die nördliche Route der Transsib, *Baikal-Amur-Magistrale BAM,* beginnt in Taischet, führt über Bratsk, Severobajkalsk (Baikalsee, unregelmäßige Fährverbindungen nach Ust-Barguzin und Irkutsk, nur im Sommer), Tynda (letzte Möglichkeit mit dem Zug zur Transsib-Hauptroute nach Tschita zurückzukehren), Komsomolsk am Amur (Schiff und Bahn nach Chabarowsk) nach Sowjetskaja Gawan am japanischen Meer.

Andreas Wenderoth, **Mit Ach und Krach nach Wladiwostok**. Transsibirische Reise, Picus.

Hans Engberding, Bodo Thöns, **Transsib-Handbuch**, Trescher.

Die Bücher von Kai Ehlers, Gerd Ruge, Klaus Bednarz.

**Samarkand, Buchara, Chiwa, Taschkent und Osch – die Städte an der Seidenstraße sind auch Namen aus Tausendundeiner Nacht und ein Muss für Reisende. Zentralasien erstreckt sich zwischen dem Kaspischen Meer und den Ausläufern des Tien-Shan Gebirges im Nordwesten Chinas, zwischen der kasachischen Steppe und dem afghanischen Norden. Dieses Gebiet vereint nicht nur die ältesten Kulturen, sondern auch die ältesten Religionen unserer Welt.**

# REISEN IN ZENTRAL-ASIEN

von Jan Balster

In erster Linie verbinden wir Zentralasien mit der **Seidenstraße,** deren wichtigste Abschnitte hier zusammenführen. Jenes weit verzweigte Wege- und Straßennetz war nicht bloß Handelsstraße, hierüber verbreiteten sich Religionen, Kunst und Wissenschaft.

**Kasachstan** ist für Wüsten- und Bahnfreunde ein Leckerbissen. Eine schöne Route führt mit dem Kasachstan-Express von Orenburg in Russland über Almaty (Alma-Ata) nach Semei (Semipalatinsk) in Nordkasachstan. Für Städtereisen ist Kasachstan ungeeignet, mal abgesehen von Almaty. Kulturell hat lediglich der Süden etwas zu bieten. Dafür gibt es für Bergfreunde reichlich zu erkunden. Eine der schönsten Strecken für Wanderer und Bergfreunde führt von Almaty nach Kirgisien.

☀ **Tipp:** Für Kasachstan gibt es ein Transitvisum in Verbindung mit dem Bahnticket für den Kasachstan-Express. Dieses Visum sollte zwei Tage länger gelten, als der Zug unterwegs ist, also meist 3 plus 2 Tage.

**Kirgisien** ist das Traumland der Bergwanderer, Pferdefreunde, Naturmenschen und Geologen. Die schönsten Gegenden liegen um den Song-Kul, der am besten zu Pferd zu entdecken ist. Nahe der russischen Garnisonsstadt Naryn befindet sich die älteste und besterhaltenste Karawanserei Zentralasiens. Der Tien-Shan ist ein Paradies für Natursportarten. Über den Torugartpass gelangen Sie nach Kashgar, der Oase im chinesischen Westen.

**Usbekistan** ist das Land der alten Städte und das einzige Land Zentralasiens, welches sich für Städtereisen eignet. Taschkent ist russisch und usbekisch geprägt, Buchara und Samarkand bieten Moscheen und Altstädte. Durch das Ferghanatal führen die Wege durch den Tien-Shan nach Kirgisien und nach Tadschikistan zum Pamir.

Die **Mongolei** ist ein Naturparadies für Langstreckenwanderer, Rad- und Motorradfahrer sowie Pferdenarren. Die schönsten Routen liegen im Zentral-Aimak und um Tereldsh. Die Mongolen sind ein sehr gebildetes Nomadenvolk. Beinahe die Hälfte der Bevölkerung spricht Russisch und ein Viertel Deutsch. Mit Englisch kommt man allenfalls durch Ulaanbaatar.

Gemeinsam sind den hier lebenden Menschen ihr Glaube und die türkischen Sprachwurzeln. Selbst im chinesischen Kashgar wird Türkisch noch gut verstanden.

Das Reisen mit der **Bahn**, dem billigsten Verkehrsmittel, ist in Zentralasien anstrengend, bietet allerdings bei den üblich langen Wartezeiten reichlich Möglichkeiten zum Kontakt mit der Bevölkerung. Geduld und Sprachkenntnisse sind unabdingbar, dafür bekommt der Reisende Gastfreundschaft und Vertrauen geschenkt. Für die Länder Zentralasiens benötigt man mindestens drei Wochen pro Land oder Region.

Eine Bahnlinie verbindet die Städte Turkmenbashi am Kaspischen Meer, Aschgabat (Turkmenistan), Buchara, Urgenč (mit dem Bus nach Chiwa), Samarkand, Taschkent (Usbekistan), Almaty (Kasachstan), Bisch-

---

☀ **Tipp:** Wer reiten möchte, bringe einen Sattel mit oder kaufe einen russischen in Ulaanbaatar, denn der mongolische Sattel ist nichts für unser europäisches Gesäß.

📖 Werner Beck (dzg): **Auszeit am Baikalsee.** Ein Jahr am Limit. Delius Klasing 2011.

kek, Issyk-Kul (Kirgisien) und Duschanbe (Tadschikistan). Ab Taschkent bietet der *Kasachstan Express* die einzige Verbindung zum europäischen Eisenbahnnetz über Samara und Kazan, zum Anschluss an die südliche Route der Transsib. Durch die Dsungarische Pforte, eine Talebene und ein Gebirgspass, führt heute die Eisenbahn von Kasachstan nach China.

Im **Regionalbus** können Sie Ihre Fahrt häufiger unterbrechen. Damit erreichen Sie mit viel Geduld alle abgelegenen Orte im Vorderland. Doch Busse, die bei nahe jeden Ort anfahren, erfordern Zeit, da sie oft erst abfahren, wenn sie ausgebucht sind.

Das Gebiet des nördlichen Aralsees wird nur noch zwei Mal wöchentlich mit dem Bus von Aralsk bedient. Aralsk erreicht man mit dem Kasachstan-Express.

Auch wenn der Irkeshtan-Pass (Kirgisien – China) seit 2004 geöffnet ist, besteht die einzige Möglichkeit, nach Kashgar zu gelangen, über den Torogart-Pass mit dem Bus von Naryn (Kirgisien). Die Busse verkehren jeweils nur bis zur Grenze, über den Grenzstreifen selbst muss man laufen.

Die besten Busverbindungen bestehen in Taschkent und Bischkek (hohe Kriminalität am Busbahnhof). Von Taschkent verkehren täglich zwei bis drei Busse nach Chiwa (umsteigen in Urgenč), Duschambe, Aschgabat, Turkmenbashi (weiter mit Fähre nach Baku in Aserbaidschan) und Almaty (umsteigen in Bischkek). Es ist in Zentralasien üblich, dass Busse erst abfahren, wenn sie gut belegt sind. Wartezeiten von drei bis vier Stunden für Busse in entfernt liegende Orte sind normal.

**Tipp:** Mit dem Schnellboot von Irkutsk nach Olchon, der größten Insel im Baikalsee. Die Anreise über Land und mit der Fähre dauert doppelt so lange. Unweit der Nordspitze Olchons befindet sich mit 1600 m die tiefste Stelle im Baikal. Beste Reisezeit für die Region Baikal ist Ende Mai bis Anfang September, dann setzen Nachtfröste ein.

Michael Yamashita, Gianni Guadalupi, **Marco Polo**. Eine wundersame Reise. Frederking & Thaler.

**www-Einstieg:** Freunde des Altai e.V., uzreport.com, uzbekistan.de, ferghana.ru, Alter Cherusker, pamirs.org

ZIELE & ROUTEN OST

## Was der Philosoph sagt

▶ Wenn die Zeit doch zu lang wird, denken Sie an *Tu Long* (16. Jahrhundert): »Wer reist, der tut es, um Augen und Ohren zu öffnen und seine Seele zu erleichtern.« ◀

Die Bücher von Tschingis Aitmatow, Gasan Tschinag, N.M.P. Stanley Stewart, Philippe Valéry, Ella Maillart.

# Zentralasien mit dem eigenen Wagen

Erfahrungsbericht von
Klaus Bartels

Technisch ist die Anfahrt bis **Moskau** weitgehend problemlos, mal von den zermürbenden Grenzübergängen abgesehen. Dann hat man die Wellen, Schlaglöcher und Querrinnen der Straße Moskau – Ural – Nowosibirsk zu überstehen und kann sich entscheiden:

Nach **Westen** durch Kasachstan, Kirgisien, Usbekistan, Turkmenistan und über das Kaspische Meer nach Baku, **Aserbaidschan.** Hier wollte man pro WoMo 500 $ Straßenbenutzungsgebühr kassieren. Das führte bei uns zum Zwergenaufstand. Wir baten die Deutsche Botschaft um Hilfe und blockierten mit den quer gestellten Wagen die Zufahrt zum Hafen. Mittags diskutierte dann der aserbaidschanische Ministerrat über das Problem und ermäßigte die Maut auf 30 $. In vielen zentralasiatischen Staaten werden bei der Einreise eine ganze Reihe von Gebühren fällig, etwa Dieselsteuer, Straßenbenutzungsgebühr, Gesundheitsgebühr … Was davon legitim oder nach Ermessen variabel ist, wo Korruption oder persönliche Bereicherung beginnt, ist kaum zu durchschauen und letztlich Verhandlungssache.

Die Weiterfahrt durch Georgien nach Abchasien ist problematisch bis unmöglich. Ob man durch Südossetien nach Russland kommt, muss aktuell erfragt werden. Ein Ausweg führt sonst in die Türkei. Alle diese Staaten erteilen Visa nur in Verbindung mit Stellplätzen (meist an Hotels), Folklore-Veranstaltungen, Stadtführungen usw. – also sehr teuer. Mit Transitvisa oder in einer Gruppe kann es deutlich billiger werden.

Biegt man in Nowosibirsk nach **Osten,** kommt man auf weiterhin miserablen Straßen am Baikalsee vorbei in die **Mongolei.** Von der Grenze bis Ulan Bator gibt es eine hervorragende Straße. In der Hauptstadt hingegen fällt man von einem Schlagloch ins nächste. Die Gobi auf eigener Achse zu durchqueren, ist nur etwas für wüstenerfahrene Abenteurer mit viel Zeit. Es gibt bereits einige befestigte Teilstrecken; wer allerdings einen sandigen Abschnitt bei Regen erlebt, hat sehr schlechte Karten. Normalerweise verlädt man also in Ulan Bator auf die Bahn bis zur chinesischen Grenze. Die Waggons sind so schmal, dass man während der insgesamt viereinhalb Tage das Wohnmobil nur verlassen kann, wenn der Zug hält.

Die **Immigrationskarte** ist ebenso wie die Zollerklärung bis zur Ausreise aufzubewahren, sonst begeht man eine Straftat. Als Ausländer darf man sich nicht länger als zwei Nächte in einer Stadt aufhalten, ohne sich bei der Polizei zu melden (Hotels übernehmen bei längeren Aufenthalten diesen Service). Im Pass müssen bei der Ausreise alle Unterkünfte durch Stempel (eingeheftete Zettel) lückenlos nachgewiesen werden. Sollten sich dennoch Lücken ergeben, so können diese durch Zugtickets für Nachtfahrten nachgewiesen werden. Von einem Business-Visum, erforderlich bei mehrmaliger Einreise im selben Jahr, ist als unerfahrener Reisender ohne Sprachkenntnisse abzuraten, da man nicht weiß, wo die Stempel hingehören bzw. mit welchem Stempel das Visum geschlossen wird. Geschlossen ist geschlossen, auch wenn man erst zum zweiten Mal einreisen möchte.

## Südasien

### Asien ist widersprüchlich.

Unser Asienbild ist von Armut, Enge und Naturkatastrophen geprägt. Die größten Widersprüche vereint wohl die Republik **Indien** in sich: Auf 3,3 Mio qkm lebt 1,2 Milliarde Menschen; sie sprechen etwa 250 Sprachen (davon 21 Amtssprachen) und sind zu fast 8 % vom größten Arbeitgeber der Welt abhängig, der Indischen Eisenbahn. Einige indische Städte zählen zu den herausragenden Hightech-Zentren der Welt, doch die Baumaterialien dafür wurden mit Bastkörben auf dem Kopf transportiert. Die Rakete für den Wettersatelliten wird mit dem Ochsenkarren zum Startplatz gebracht …

# SÜD- & SÜDOST-ASIEN

von Peter Meyer

**Peter Meyer** beschäftigte sich 30 Jahre lang als Autor und Verleger hauptberuflich mit dem Thema Reise. In Nepal begann er Reiseführer zu schreiben, nachdem er viele Jahre in Europa und Südasien unterwegs gewesen war, als Tramper oder mit dem Mini-Wohnmobil, heute hauptsächlich mit öffentlichen Verkehrsmitteln und dem Fahrrad. Seit 1981 ist er Mitglied der dzg, war 4 Jahre deren 1. Vorsitzender und weitere 2 Jahre im Vorstand tätig. Heute beschäftigt er sich mit dem Vertrieb naturreiner Leinölprodukte. www.petermeyerverlag.de und www.connexions.de. www.leinoelpro.de.

### »Take it as a meditation!«

Sich an die Maxime des Reisens in Asien zu erinnern, hilft Ihnen bei jeder Herausforderung. Wer stets den billigsten Weg sucht, wird die Anstrengung noch verstärken – es sei denn, Sie haben unendlich viel Zeit und sind schon gut angepasst. Am besten gelingt dies in »Anfängerländern« wie Thailand, Sri Lanka oder auf Bali. Erst wenn Sie schon etwas (v)ertragen können, sollten Sie sich nach Indien oder Bangladesch wagen. Zentralasien und China sind hauptsächlich wegen der schwierigen Verständigung anstrengend, hingegen gilt von West- über Süd- und Südost- bis Ostasien Englisch als *lingua franca*. In ländlichen Gebieten werden Sie damit allerdings häufig scheitern. Die meisten Länder des asiatischen Südrandes sind ein Paradies für Vegetarier – und wer es noch nicht ist, der wird es wahrscheinlich, wenn er einmal über einen Markt geschlendert ist oder in eine Küche geschaut hat.

### India overland

Die 10.000 km der **Südroute über Land nach Indien** sind zwar nicht durchgängig mit der Eisenbahn, wohl aber mit dem Bus zu bewältigen, davon entfällt gut ein Drittel auf den ersten Streckenabschnitt bis Istanbul, ↗ »Europa«. Diese Tour sollte so geplant werden, dass das anatolische Bergland vor November, Pakistan und Nordindien aber frühestens im Oktober passiert werden. Sie dauert an reinen Fahrzeiten und Zwangspausen zwei Wochen, wer unterwegs etwas sehen will, braucht ein Vielfaches. Der Rückweg kostet bei Benutzung der jeweiligen nationalen Verkehrsmittel nur die Hälfte, meines Wissens immer noch die billigsten 10.000 km auf dem Weg um den Globus:

- Istanbul – Teheran – Kerman – Quetta – Lahore – Delhi.
- Abzweigung nach Syrien, Jordanien, Israel, Ägypten.
- Oder ab Damaskus über die *Weihrauchstraße:* Petra, Medina, Sana'a, Schabwa bis Muskat in Oman.
- Abzweigung über die *Seidenstraße* nach Turkmenistan, Usbekistan, Kirgisien, Kasachstan, China.

- Abzweigung über den *Karakorum-Highway* und den Khunjerab-Pass (Mai – November) nach China.

Technisch sind diese Routen einfach zu befahren, mit öffentlichen Verkehrsmitteln, per Fahrrad oder Motorrad oder auch per Pkw und Fernreisemobil. Die Straßen sind meist gut, die Versorgung ist immer gewährleistet. Dennoch findet man nur wenige Reisende abseits der Studienreise-Stationen wie etwa in Esfahan oder Buchara. Der »Hippie-Trail« zwischen Istanbul und Teheran hat kaum Spuren hinterlassen, den »Magic Bus« sucht man vergebens.

Mal ist die eine, mal die andere Region politisch instabil. Widerstand geht oft den Weg des Terrors und der Gewalt oder mündet in Staatsterror. Daher versucht auch der Staat allgegenwärtig zu sein. Die Grenzübergänge sind nie ganz einfach, es gibt mehr oder weniger Straßenkontrollen und Sperrgebiete, ganze Landstriche gelten als No-Go-Area. Von diesen Gefahren bekommen die meisten Reisenden kaum etwas mit. Das Bild dieser Länder in den deutschen Medien und die anspruchsvolle Vorbereitung bilden jedoch für unerfahrene Reisende eine hohe Hürde: der Dresscode im Iran, Visa und Transitvisa, Carnet de Passage

**Mehr Information**
**Südasien-Institut, Asienhaus,** Essen, Asien-Stiftung, Korea-Verband, Philippinen-, Südasien-büro, Südostasien-Info-stelle, Tibet-Initiative Deutschland. **Deutsch-Arabischer Freundes-kreis,** DAFK, Ulm **Deutsch-Arabische Gesellschaft e.V.,** Berlin **Gesellschaft der Freunde Islamischer Kunst und Kultur e.V.,** München.

| Reiseweg nach Indien für die Überlandreise | |
|---|---|
| **Abschnitt** | **Reisetage** |
| München – Istanbul (*Balkanroute*) | 2 (Bus) |
| Istanbul via Italien – Griechenland | 3 (Zug, Bus) |
| Istanbul – Teheran | 2 – 3 (Zug, Bus) |
| Teheran – Isfahan | 1 (Bus) |
| Isfahan – Zahedan | 1 (Bus) |
| Zahedan – pakistanische Grenze | 1 (Bus) |
| pakistanische Grenze – Quetta | 2 (Bus) |
| Quetta – Lahore | 2 (Bus) |
| Lahore (Pakistan) – Amritsar (Indien) | 1 (Zug, Bus) |
| Amritsar – Delhi | 1 (Zug) |

**☀ Tipp:** Fahrzeuge kann man von Port Kelang in Malaysia nach Perth in Australien verschiffen.

und Straßenbenutzungsgebühren … Der Reisealltag zeigt meist ein freundlicheres Bild. Reisende schwärmen von der Herzlichkeit der Menschen, von der Eindrücklichkeit der Landschaften, von der Geschichtsträchtigkeit der Städte. Daher treffen Sie in diesen Regionen auf einen anderen Typus von Reisenden als in Südostasien oder Amerika.

Die klassischen Trampelpfade **durch den Indischen Subkontinent** führen von Delhi über Agra (Taj Mahal) und Varanasi nach Pokhara und Kathmandu in Nepal. Von da zurück ins Gangestal nach Kalkutta und vielleicht noch nach Darjeeling und Sikkim oder südwärts zu den Tempeln und Stränden Orissas. Durch den zentralen Dekkan über Hyderabad nach Bangalore reisen noch immer sehr wenige Traveller, obwohl sich dann der Süden sehr schön von unten aufrollen lässt: Bangalore – Chennai (Madras) und Tamil Nadu – Kerala – Goa – Mumbai (Bombay) – Rajasthan – Delhi.

**Elefant mit Freund auf den Andamanen, Indien**
Foto: Jürgen Erdmann

Lebhafter geht es im Westen zu: Von Agra über Fatehpur Sikri in den Wüstenstaat Rajasthan, wegen seiner Paläste für viele Reisende der kulturelle Höhepunkt. Südwärts geht es – eventuell mit einem Schlenker über die Höhlentempel von Ajanta und Ellora – nach Mumbai und weiter nach Goa, immer noch das herausragende Strandziel in- und ausländischer Touristen.

In Goa teilen sich die Wege wieder: Strandfans zieht es auf einer neuen Bahnlinie südwärts nach Kerala, wer den Süden intensiver kennen lernen will, fährt ostwärts über die Ruinenstadt Hampi ins Hightech-Zentrum Bangalore. Südwestlich davon ist die Maharaja-Stadt Mysore unbedingt einen Besuch wert, von wo man sich durch das Nilgiri-Hochland hinunter nach Kerala bewegen kann. Über das Südkap Kanya Kumari (Vollmondfest) geht es in die tamilischen Tempelstädte Madurai und Tiruchirappalli sowie ins französisch geprägte Pondicherry. Hier und in Mahabalipuram bieten sich die letzten erholsamen Tage vor dem Rück- oder Weiterflug ab Chennai (Madras) an.

Überland oder mit dem Schiff kommt man von Indien schwerlich nach Südostasien. Die Grenzen sind geschlossen, von Madras und Kalkutta gibt es lediglich eine Sackgassenverbindung per Schiff oder Flugzeug auf die Andamanen. Aber nach Sri Lanka gibt es günstige Flugverbindungen, preiswerte Linienflüge bedienen die Strecken von Colombo nach Singapur, Kuala Lumpur und Bangkok.

**☀ Tipp:** Die genannten Stationen sind nur eine spärliche Auswahl aus den sehenswerten Punkten an der Route. Man sollte für diese Indienreise etwa drei Monate einplanen, so lange gilt auch das Visum.

## Südostasien

Welches ist das Land des Lächelns? Diesen Wettstreit könnte jedes Land Südostasiens gewinnen: Die Menschen lächeln gern, sind freundlich und Besuchern gegenüber neugierig, manchmal auch ein wenig schüchtern und zurückhaltend, doch nur selten wird man sich nicht willkommen fühlen. Die für Europäer fremdartige Kultur ist stark durch den Buddhismus geprägt: Allgegenwärtig glänzen Tempel, werden kleine Kultstätten mit Räucherstäbchen und Opfergaben bestückt, bitten Mönche in safrangelben Kutten um Lebensmittelspenden.

Südostasien bietet sich als Reiseziel für Menschen an, die sich gern mit fremden Kulturen auseinandersetzen. Ein dickes Fell gegen Lärm, Schmutz und Menschenmassen ist dabei von Vorteil. Einsamkeit, eine unberührte Natur und große, weite Landschaften finden sich hier kaum. Es sind vor allem die Menschen, die Südostasien zu einem besonderen Erlebnis werden lassen.

**Thailand** ermöglicht einen sanften Einstieg ins Reisen durch Südostasien. Die Thai-Küche gehört zu den Besten der Welt. Bangkok ist eine Art Touristenum-

**Von Claudia Klein-Hitpass und Uwe Rotter**

Claudia Klein-Hitpass und Uwe Rotter reisen am liebsten mit dem Fahrrad. Nachdem viele Teile Europas erkundet waren, brachen sie 2002 in fernere Gefilde auf und radelten bis 2004 durch 14 Länder. Von Indien ging es durch Südostasien über Hawaii/USA nach Südamerika und ins südliche Afrika. Die Begegnungen mit verschiedenen Kulturen und Lebensweisen faszinierten sie. Während der Reise machten sie Interviews mit Menschen, die sie unterwegs trafen. www.albumamicorum.de, www.thailandsun.com

Durch den großflächigen Einsatz von **Umweltgiften** durch die USA während des Vietnamkrieges sind Mangrovensümpfe und ganze Waldstriche abgestorben. Bis heute erodieren vormals fruchtbare Hänge. Über die Nahrungskette und das Trinkwasser lösen diese Gifte bis heute Krebs, Fehl-, Miss- und Todgeburten aus. Hilfsorganisationen und Informationen u.a. unter www.vietnam-freunde.net.

Marc Frey, **Geschichte des Vietnamkriegs**. C.H. Beck.

Heinz Kotte, Rüdiger Siebert, **Laos**, Aufbruch am Mekong. Horlemann.

☀ **Tipp:** Wie in Vietnam sind auch in Laos und Kambodscha **Landminen** und Blindgänger aus den Kriegen immer noch ein Problem. Wer jedoch auf den befahrenen Straßen und Wegen bleibt und nicht über minengekennzeichnete Felder läuft, ist vor Landminen sicher.

schlagplatz mit allem, was das Reiseherz begehrt und für die Weiterreise braucht. In einer der vielen sauberen Kliniken können Sie mitgebrachte Parasiten zählen lassen und einer Dauerdiarrhö ein Ende bereiten. Strand- und Partyliebhaber sowie Freunde geführter Touren werden die gute Infrastruktur und Touristenzentren von Thailand schätzen.

Die Kontaktfreudigsten freuen sich auf **Vietnam,** hier klopft man den fremden Besucher herzlich auf die Schulter, knufft ihn in die Seite und flechtet spontan Haare. Auch für Fotografen ist Vietnam ein Paradies: eine schöne Küste, bunte Märkte und die traditionelle Kleidung der Frauen sind die beliebtesten Motive. Vietnam hat sich längst auf Touristen eingestellt. Open-Tour-Busse bedienen die gesamte Strecke zwischen Hanoi und Ho-Chi-Minh-City (Saigon). Sie holen Rucksackreisende an ihrem Hotel ab und bringen sie direkt ins nächste Hotel am nächsten Ort. Man muss in ein für Touristen lizenziertes Hotel einkehren. Zelten und Übernachten bei Privatpersonen ist verboten. Doch die Reglementierungen werden von Jahr zu Jahr lockerer.

Abenteurer finden ihr Glück in **Laos** und **Kambodscha.** Ob mit dem Boot über den Mekong oder auf der Ladefläche eines Treckers über Staubpisten, hier bietet das Reisen mitunter Überraschungen und direkten Kontakt mit der asiatischen Lebensweise. Selbst Kulturmuffel zeigen sich beeindruckt von den Tempeln von Angkor in Kambodscha.

Viele Menschen in Laos und Kambodscha leben in sehr einfachen Verhältnissen. Aber selten hat man das Gefühl, dass sie darunter leiden, denn die Menschen, allen voran die Kinder, strahlen eine ansteckende Lebensfreude aus, manche abgelegenen Dörfer wirken unglaublich idyllisch. Für uns Außenstehende ist es schwer abzuschätzen, mit welchen Problemen die Bevölkerung wirklich zu kämpfen hat. Die Kindersterblichkeit ist hoch, Mangel- und Unterernährung erkennbar. Die medizinische Versorgung ist schlecht, die Straßen auch und es gibt kaum Verkehr. Was für Radfahrer ein

Traum ist, stellt Rucksackreisende oft auf eine Geduldsprobe. Insbesondere auf Nebenstraßen ist das Vorwärtskommen in der Regenzeit ein kleines Schlammabenteuer.

**Myanmar,** vormals *Burma* oder *Birma,* fasziniert viele Reisende aufgrund der Freundlichkeit der Menschen

## Beste Reisezeiten für Asien

| Ziel | beste Reisezeit |
|---|---|
| **Nepal** | Oktober – April (Schnee oberhalb 2500 m zwischen November und Januar) |
| **Pakistan:** Norden | März – Mai, August & Oktober |
| **Pakistan:** Süden | September – März |
| **Kaschmir, Ladakh** | Mai – September für Wandertouren November – April für Skitouren |
| **Bhutan,** Sikkim | Februar – April, Oktober & November |
| **Bangladesch, Indien:** Norden | Oktober – März (Tiefland) |
| **Indien:** Südwesten | Oktober – Februar |
| **Indien:** Südosten | November – April |
| **Sri Lanka:** Westen | November – März |
| **Sri Lanka:** Osten | März – November, im Bergland ganzjährig |
| **Malediven** | Dezember – April |
| **Myanmar** | Oktober – März |
| **Thailand** | November – März, im Norden bis August |
| **Vietnam** | November – März (Bergland ganzjährig) |
| **Kambodscha, Laos** | November – April |
| **Südkorea** | April – Juni, September & Oktober |
| **Malaysia** | Juni – August (Westküste ganzjährig) |
| **Malaysia:** Penang, Singapur | ganzjährig feucht und heiß |
| **Borneo:** Sarawak, Sabah, **Brunei** | März – September |
| **Indonesien** | Mai – Oktober |
| **Philippinen** | Dezember – Mai |
| **Tibet, China:** Westen | Mai & Oktober |
| **China:** Zentral-, Süden | Mai – Juni, September – Oktober |
| **Hongkong** | Oktober – April |
| **Taiwan** | April – Mai, September – Oktober |
| **Japan:** Mitte und Süd | April – Mai, September – November |

**Tipp:** Einen guten Überblick über die für Touristen offenen Grenzübergänge bietet www.gt-rider.com.

Ma Thanegi, **Pilgerreise in Myanmar**. Unionsverlag.

und ihrer sehr traditionellen Lebensweise. Die nahezu einzige Möglichkeit, nach Myanmar zu reisen, ist per Flugzeug direkt oder als Stop-Over von Kalkutta via Rangun nach Bangkok. Die Einreise von Thailand über Land ist schwierig, die von China extrem schwierig.

In Myanmar ist Tourismus nur in bestimmten Regionen und auf festgelegten Routen erlaubt. Für einige Gebiete ist eine Genehmigung erforderlich, andere Gebiete sind völlig gesperrt. Die aktuellen Bestimmungen müssen zeitnah recherchiert werden.

Seit 1990 das Militär die Wahlen für ungültig erklärte, beherrscht es Myanmar totalitär. Die immer wieder unter Hausarrest stehende Oppositionsführerin und Friedensnobelpreisträgerin *Aung San Suu Kyi* ruft daher zum Tourismusboykott auf. Denn am Tourismus verdient die Militärdiktatur. Andere Stimmen meinen, dass Tourismus dazu beitragen kann, die Öffnung des Landes zu fördern. Eine Reise nach Myanmar ist umstritten, zumal die derzeitige Lage instabil ist.

Der **Pancake Trail** durch Südostasien führt von Bangkok durch Süd-Thailand und Malaysia (Penang) nach Singapur und weiter über die indonesischen Inseln Sumatra (Natur) und Java (Kultur) nach Bali (Kultur, Natur und Baden). Dafür benötigt man mindestens sechs Wochen. Die anderen Inseln sind mit weit mehr Aufwand zu besuchen, nur die gut erschlossenen Philippinen bilden da noch eine Ausnahme; erst wer mehr als drei Wochen zur Verfügung hat, sollte sich hier mehr als eine Rundfahrt über Nord-Luzón vornehmen. Wer in eine große Rundreise auch noch Hongkong und Taiwan einbeziehen möchte, wird mit einem halben Jahr kaum noch auskommen.

## Sicherheit

Südostasien ist für Reisende relativ sicher. Die Kriminalitätsrate ist gering, Überfälle und Diebstähle sind selten, nehmen allerdings in touristischen Zentren zu. Das lässt sich schon daran erkennen, dass in Lebensmittelbuden das Wechselgeld gern in aufgehängten Ei-

Das Auswärtige Amt warnt für **Thailand** z.B. vor Banden und korrupten Polizisten, die in Phuket Touristen Bagatelldelikte (Klau von Uhrenimitaten) unterstellen. Auf der Khao San Road wird heftig gedealt; gut zu wissen, dass auf Rauschgiftkonsum und -handel lange Freiheitsstrafen und sogar die Todesstrafe stehen.

mern oder in offenen Schubladen aufbewahrt wird. Der Reisende wird lieber durch viel Geschwätz und Handel um sein Geld erleichtert als durch heimlichen Diebstahl oder gar Überfall. Vorsicht jedoch in Touristen-Zentren vor K.O.-Tropfen im unbeaufsichtigten Glas und vor untergeschobenen Drogen. Die größte Gefahr stellt der Straßenverkehr dar, insbesondere in Vietnam. Alte Lkw rasen überladen und zu schnell über den asphaltierten Highway Nr. 1, es gibt kaum Ausweichstrecken und viele Unfälle. Die vietnamesischen Hupen sind die lautesten der Welt und scheinen statt der Bremsen genutzt zu werden.

☀ **Tipp:** Kleine Haken mitnehmen, um fehlende Befestigungspunkte für das Moskitonetz ersetzen zu können.

## Wo das Haupt betten und den Magen füllen?

Südostasien ist dicht besiedelt, überall gibt es zahlreiche und sehr günstige **Unterkünfte** mit Deckenventilator und der Möglichkeit, ein Moskitonetz zu befestigen. Ein **Zelt** ist nur für besondere Unternehmungen notwendig, sonst nicht sinnvoll. Es entwickelt sich in der tropischen Hitze zur Sauna. Ein Moskitonetz, eventuell mit Hängematte, ist die leichte Alternative für alle, die doch mal draußen übernachten wollen.

**Lebensmittelbüdchen** und **Mini-Garküchen** gibt es in allen dicht besiedelten Gebieten. Oft wird in mobilen

Lauter leckere Sachen: Getrocknete Algen, frische Schnecken, geröstete Heuschrecken ... auf dem Markt in Phnom Penh
Foto: Christel Loock

☀ **Tipp:** Garküchen bieten frisch zubereitete kleine Mahlzeiten, oft kann man sich die Zutaten aussuchen. Das ist hygienischer als die meisten Hotelküchen und billiger als selbst zu kochen.

Loung Ung, **Der weite Weg der Hoffnung**. Fischer Taschenbuch.

Graham Greene, **Der stille Amerikaner**. dtv.

Florian Hanig, **Der Buddha in der 42. Etage**. Asiatische Metropolen, Picus Verlag.

Heinz Kotte, Rüdiger Siebert, **Der Traum von Angkor**. Horlemann.

Daniel Mason, **Der Klavierstimmer ihrer Majestät**. Roman. Blessing.

Garküchen Nudelsuppe, frisches Gemüse oder Fisch zubereitet und dazu Reis serviert. Auch die Vielfalt an frischen Früchten ist herrlich. Besonders in Thailand scheinen die Menschen gern und oft zu essen. Abgepacktes Wasser, Cola, meist auch Bier sind fast überall erhältlich. In den ländlichen Regionen kann die Versorgungslage allgemein schwieriger sein.

**Übrigens:** Das Handeln gehört in Südostasien zum Kaufen und Verkaufen dazu. Ausländische Reisende, die ohne Handeln den erstgenannten Preis zahlen, erscheinen als ungeheuer reich. Das kann dazu führen, dass in touristischen Gegenden Waren nicht mehr an Einheimische, sondern nur noch an reiche Ausländer verkauft werden. Also: Handeln muss sein, doch den letzten Dong, Kip, Riel oder Baht muss man dabei auch nicht herausschinden. Schließlich soll das Handeln Spaß machen, dem Käufer wie dem Verkäufer.

## Sprache

In Südostasien kommt man in der Regel mit Englisch durch die Länder. In Laos, Vietnam und Kambodscha verstehen einige ältere Bewohner Französisch. In Laos und Vietnam sprechen manche sogar deutsch, weil sie als Gastarbeiter oder Austauschstudenten in der DDR gewesen sind. Es ist trotzdem ratsam, einen kleinen Sprachführer mit den Landessprachen mitzunehmen oder sich die gängigsten Fragen und Sätze zu notieren. Auch ein »Ohnewörterbuch« mit Bildern oder Fotos kann hilfreich sein. Da alle Sprachen der Region Tonsprachen sind, kann ein und dasselbe Wort je nach Betonung und Melodie eine völlig andere Bedeutung erhalten und zu verständnislosen bis entsetzten Gesichtern führen. Die ungewohnten Schriftzeichen werfen weitere Rätsel auf. Im Notfall helfen Hände und Füße. Fotos von zu Hause sind hilfreich für den Small Talk und erklären sich selbst, auch dort, wo sprachlich nichts mehr geht. Ein paar Fotos von einem selbst sind beliebte Geschenke für Gastfamilien oder nähere Kontakte auf der Reise.

## Keine Kugelschreiber für Kinder

»Pen, pen, pen! Give me a pen!« – Horden von Kindern, die dem Reisenden mit diesen Rufen entgegenrennen, zeugen davon, dass hier schon eine Langnase war, die an die Kinder Kugelschreiber verteilt hat. Was als nette Idee begann, den Kindern Materialien für die Schule zu geben, hat ganze Bettlerhorden heranwachsen lassen und lässt auch die Kleinen schon das Gefälle zwischen arm und reich spüren. Wie schön ist es da, wenn man in einem Dorf mit »Hallo, guten Tag« und echter Neugier und Interesse begrüßt wird. Damit es dort so bleibt, sollte man vom Verteilen von Geschenken an Kinder absehen. Wer Gutes tun will, kann Hilfsorganisationen unterstützen.

☀ **Tipp:** In Südostasien radelt es sich gut von November bis März. In der Regenzeit können unbefestigte Straßen unpassierbar werden.

## Von Südostasien mit dem eigenen Wagen zurück nach Europa

Kein ausländisches Auto darf nach Myanmar. Da auch die Nordumfahrung Myanmars auf primitiven Pisten praktisch unmöglich ist, bleibt nur die Verschiffung von **Kuala Lumpur** (Hafen Klang) nach Chennai, Indien, im Container oder Flat Rack für etwa 5000 $ plus fast 1000 $ Abzocke in Chennai, oder ab Singapur nach Mumbai, Ro-Ro. Visa für Indien und Pakistan bekommt man in Kuala Lumpur mit einer Wartefrist von etwa drei Tagen. Die Seefrachtversicherung ist unerlässlich: Unsere beiden (hohen) Fahrzeuge wurden beim Entladen in Chennai ziemlich schwer beschädigt. Die Singapurer Versicherung hat nach unserer Heimkehr nach einigem Schriftwechsel alles korrekt bezahlt.

Fahren in **Indien** ist der absolute Horror; dagegen ist Ostasien zivil. Straßenbau wird dergestalt praktiziert, dass eine Fahrbahnhälfte beseitigt wird; die zu erneuernde Trasse liegt dann 30 oder mehr Zentimeter tiefer als der befahrbare Rest, dessen Breite gerade noch für Lkw ausreicht. Bei Gegenverkehr muss also einer in den Abgrund – es sei denn, der andere wiche auf einen befahrbaren Seitenstreifen aus. Positiv ist, dass man problemlos an einer der zahllosen Tankstellen,

Erfahrungsbericht von
**Klaus Bartels**

die 24 Stunden dienstbereit sind, gratis über Nacht stehen kann. In den größeren Städten gibt es gut ausgerüstete Kfz-Werkstätten, insbesondere für Mercedes beim früheren Kooperationspartner Tata. Für Stadtbesichtigungen lässt man zweckmäßigerweise das Wohnmobil gut verschlossen stehen und vertraut sich einem Tuk-Tuk an.

In Neu Delhi beantragt man das Visum für **Iran.** Das wird für den nächsten Tag mit einer Woche Gültigkeit ausgestellt. Wenn man sich auf sein Alter beruft, um ein Vier-Wochen-Visum zu bekommen, muss man etwa

eine Woche Wartezeit einrechnen. Bester Stellplatz für diese Zeit, mit Strom, Wasser und Fressbuden, ist der Garden of Five Senses unweit der sehenswerten Tempelruine Kutab Minar. Vor dem Grenzübertritt nach **Pakistan** darf man den abendlichen Wachwechsel an der Grenze bei Amritsar nicht versäumen – wir haben drei Tage lang darüber gelacht. Um die Zahlung von fünf oder zehn US-Dollar an den pakistanischen Grenzabfertiger kommt man kaum umhin. In Lahore konnten wir, nach Diskussion mit dem Sicherheitschef, für fünf Dollar auf dem Parkplatz des Luxushotels Pearl Continental stehen. Das Restaurant ist spitze zu sehr niedrigen Preisen, auch in Peshawar und Karachi. In Islamabad sollte man sich bei der Deutschen Botschaft nach der aktuellen Sicherheitslage erkundigen und danach handeln. Zwangsläufig fährt man Richtung Iran, in der Nähe der Grenze zu **Afghanistan.** Der angedrohten Polizeibegleitung kann man entgehen, indem die mitreisende Frau auf ihr Schlafgemach verweist oder der Fahrer auf den fehlenden Versicherungsschutz. Etwa 100 km vor der Grenze sollte man tanken, da die folgenden Stationen häufig leer gepumpt sind, denn der Dieselpreis ist in der Türkei vielfach höher!

Bunt, bunter, Indien: Lampenschirm-Laden in Goa
Foto: Christel Loock

# Reisen in Japan

**Japan** erstreckt sich über eine Länge von mehr als 300 km von Nordosten nach Südwesten. Das Land besteht aus mehreren tausend Inseln, wobei mehr als 75 % der Bevölkerung auf den vier großen Hauptinseln Hokkaido, Honshu, Kyushu und Shikoku leben.

Japan erstreckt sich über 20 Breitengrade, deshalb hat jede Region ihre eigene beste Reisezeit. Da die meisten Attraktionen auf der Schiene Tokio – Kyoto – Osaka – Hiroshima – Nagasaki liegen, bietet sich eine Reise in die eine oder andere Richtung vor allem im Frühjahr (mit der von Süden aufkommenden Kirschblüte von Nagasaki oder Hiroshima Richtung Tokio) oder im Herbst (mit der Laubverfärbung von Nord nach Süd) an. Im Sommer wird es auf der Hauptinsel **Honshu** heiß und stickig, die Regenzeit beginnt im Juni. Die Nordinsel **Hokkaido** bietet im Hochsommer gute Wandermöglichkeiten, einige Straßen und Berge sind erst ab Juni schneefrei. Im Winter dagegen sind die Wintersportmöglichkeiten dort und auch auf Honshu, in den japanischen Alpen, hervorragend. Auf den südlichen Inseln herrscht auch im Winter ein wunderbar mildes Klima, sie sollten allerdings von August bis Oktober in der Taifun-Saison gemieden werden. Die Golden Week Ende April – Anfang Mai, die Zeit um das Lichterfest Mitte August und die Zeit rund um Neujahr sind die Hauptreisezeiten in Japan, hier sollte man auf jeden Fall Reservierungen für Unterkunft und Transport vorab regeln.

Informieren Sie sich über die aktuelle Lage bezüglich des **Kernkraftwerkes Fukushima.** Voraussichtlich wird noch lange unsicher bleiben, inwieweit die Reaktoren stabilisiert und deren Auswirkungen auf die Umwelt minimiert werden können.

Es gibt mehrere günstig gelegene Flughäfen zur Einreise, am günstigsten kommt man nach Tokio, Osaka oder Sapporo. Innerhalb des Landes kann man sich sehr gut mit öffentlichen Verkehrsmitteln bewegen, das Schienennetz ist hervorragend ausgebaut. Mit

**von Sibille Burkhardt und Michael Malburg**

Sibille ist dzg-Mitglied und war unter anderem als Berufsskipperin mehrere Jahre auf den Weltmeeren unterwegs. Verschiedene längere Reisen über Land durch die UdSSR und Amerika, zuletzt Südafrika, Australien und Japan. Michael Malburg zog es 1988 zum ersten Mal nach Japan, um dort seine japanischen Freunde zu besuchen, die 11 Jahre später auf eine 6-köpfige Familie angewachsen waren. Er bereiste außerdem Südamerika, Australien, Neuseeland und die pazifische Inselwelt.

**ZIELE & ROUTEN OST**

**Tipp:** www.jnto.de bietet Informationsschriften, Karten, den U-Bahn-Plan von Tokio, Kontaktadressen für den Japan-Rail-Pass und anderes mehr.

**Tipp:** Eine Reihe buddhistischer Tempel haben sich zu Temple Inns umfunktioniert und bieten zahlenden Gästen Unterkunft, oft zu humanen Preisen.
**www-Einstieg:** shukubo temple lodging

Martin Lutterjohann, **Kulturschock Japan**. RKH.

Coulmas, Florian, **Die Kultur Japans**. C.H. Beck.

Pohl, Manfred, **Japan**. Beck'sche Länderreihe.

dem **Japan Rail Pass** kann man sich unbegrenzten Transport für 7, 14 oder 21 Tage erkaufen. Das Ticket muss im Voraus in Deutschland gekauft werden. Züge sind sauber, pünktlich und verkehren regelmäßig. Autofahren ist ein eingeschränktes Vergnügen. In Japan herrscht Linksverkehr, die Geschwindigkeitsbegrenzungen sind eng und es gilt die Null-Promillegrenze. Der deutsche Führerschein wird nicht ohne offizielle Übersetzung anerkannt, diese bekommt man gegen eine Gebühr von etwa 3300 Yen bei der jeweiligen Botschaft.

Japan kann teuer oder billig sein, je nach eigenem Anspruch. Westliche Hotelketten sind in der Regel sehr teuer, Backpacker- und Jugendherbergen dagegen sind zu moderaten Preisen überall im Land zu finden. Je weiter nördlich man sich bewegt, desto geringer wird auch die Infrastruktur. **Ryokans** sind typisch japanische Gästehäuser, oft mit angeschlossenem *Onsen* (Badehaus). Unterkünfte aller Art findet man über das Internet, auf gut Glück suchen ist schwierig, da die Unterkünfte von außen oft nicht als solche erkennbar sind. Auf jeden Fall immer eine Wegbeschreibung ausdrucken oder zeichnen, da es so gut wie keine Straßenschilder gibt und Adressen nicht immer ohne Weiteres zu finden sind.

Die japanische Währung ist der **Yen.** Zahlung per Kreditkarte ist meist nur in großen Hotels oder Restaurants üblich, es wird fast ausschließlich Bargeld akzeptiert. Mit der EC-Karte kann man an Geldautomaten in den Postämtern und in den Filialen der Citibank problemlos Bargeld bekommen. Feilschen ist nicht üblich und Trinkgeld wird in der Regel nicht erwartet – guter Service gilt als Selbstverständlichkeit und ist keiner besonderen Belohnung würdig.

Einige Grundbegriffe sollte man auf **Japanisch** schon beherrschen. Vor allem in den Städten beherrschen zwar sehr viele Leute Englisch, da Japaner aber oft einen Hang zum Perfektionismus haben, antworten sie auf entsprechende Fragen zunächst mit Nein. Danach geht die Unterhaltung dann in Englisch weiter. Japaner schrecken oft erst mal zusammen, wenn man sie unvermittelt anspricht, sind dann aber ausgesprochen hilfsbereit und ziehen oft noch andere Umstehende zu Rate, wenn es darum geht, weiterzuhelfen. In Städten sind die meisten Ausschilderungen zweisprachig, je weiter man sich hinaus aufs Land begibt, desto weniger englische Schilder findet man.

☀ **Tipp:** Hilfreich ist eine vergleichende Übersicht der Ortsnamen in beiden Schriftsystemen.

In allen Unterkünften gilt: Schuhe am Eingang ausziehen. Für die Benutzung im Haus stehen Hausschlappen bereit, die man allerdings bei der Toilettenbenutzung wieder gegen Toilettenschlappen eintauschen muss. Schuhe mit Klettverschluss oder zum Reinschlüpfen sind daher praktisch auf einer Japanreise. Beim Kontakt mit Japanern ist Höflichkeit oberstes Gebot, ein Lächeln hilft überall weiter. Man verbeugt sich voreinander, je höher der gesellschaftliche Rang des Gegenüber, desto tiefer die Verbeugung. Als westlicher Besucher (gaijin) tritt man hier öfter ins Fettnäpfchen, dies wird einem aber lächelnd nachgesehen.

So findet sich der Globetrotter mangels eindeutiger Symbole auf der Damentoilette wieder, verbeugt sich nicht tief genug oder gar nicht, putzt sich die Nase in Gegenwart anderer, überflutet die quadratische Badewanne oder trinkt sein Glas aus und wundert sich, warum der japanische Gastgeber immer und immer wieder nachschenkt.

☀ **Tipp:** Man sollte sich vor der Reise auf jeden Fall mit diversen Eigenheiten der japanischen Kultur vertraut machen, die wichtigsten Wörter lernen: Begrüßung, Danke und Bitte und natürlich die Zahlen. Um nicht den vorzeitigen Hungertod zu erleiden, ist der Umgang mit Stäbchen auch ein Projekt der Reisevorbereitung.

**Restaurants** und Nudelsuppenküchen gibt es überall in großer Auswahl. Bessere Restaurants stellen in Vitrinen Plastikmodelle der angebotenen Gerichte aus, man braucht also nur darauf zeigen. In den Städten gibt es oft Speisekarten mit Abbildungen, kleine Restaurants haben vor der Türe einen Ticketautomaten mit bebilderten Tasten, das Ticket wird dann einfach an der Theke präsentiert. Westliche Restaurantketten haben sich in den großen Städten natürlich auch bereits niedergelassen.

Gerhard Dambmann, **Gebrauchsanweisung für Japan**. Piper.

# Reisen in China

Köln – Moskau – Irkutsk – Ulan Bator – Beijing. Wer sich montags in die Bahn setzt, hat bis zum Wochenende Eurasien in seiner ganzen Breite durchquert und an den meisten Tagen vor dem Einschlafen Birkenwälder gesehen und Birkenwälder nach dem morgendlichen Erwachen. Sibirien und Gobi trennen **China** so sehr von Europa, dass hüben und drüben die Menschen glauben, in einem je eigenen Kontinent zu leben.

China wird begrenzt durch den Amur und die sibirische Tundra, die Sandwüsten der Gobi, die gigantischen Gebirgszüge von Himalaya, Karakorum, Tien-Shan … und durch das Meer. Entsprechend unterschiedlich ist das Klima: sibirische Winter im Norden, ein Hauch von Tropen im äußersten Süden, Taifune im Südosten und Sandstürme aus der Gobi.

Im 15. Jahrhundert stellte China den Schiffbau ein – es war sich selbst genug. Die Geschenke, mit denen die Gesandten Japans, Koreas, Südostasiens an den kaiserlichen Hof kamen, wurden als Tributzahlungen untergeordneter Reiche aufgefasst. Die Welt des »einfachen« Chinesen ist chinesisch, der Staat sieht sich eben als *Zhongguo,* als »**Reich der Mitte**«. Das Weltverständnis europäischer Reisender ist anders geprägt: Europa ist – außer im Osten – von Meeren umgeben. Kein anderer Kontinent ist so stark von den Meeren geprägt, weist so vielfältige Halbinseln, Inseln und Fjorde auf. Historisch richtete sich das Sinnen und Trachten der Europäer meist aufs Meer.

China ist etwas kleiner als Europa – ja, tatsächlich. Und es hat knapp doppelt so viele Einwohner: 1330 Mio Einwohner auf knapp 10 Mio qkm gegenüber 739 Mio Einwohner auf gut 10 Mio qkm. Doch halbieren Wüsten und Gebirge die bewohnbare Fläche Chinas, und so drängt die Bevölkerung im Osten in 40 der weltweit 300 Millionenstädte.

Das Verkehrsmittel der Wahl für Reisende ist die **Eisenbahn,** ländliche und gebirgige Regionen sind

☀ **Tipp:** Planen Sie Ihre Chinareise mit dem Eisenbahnfahrplan und reservieren Sie Ihren Platz im Schlafabteil mehrere Tage vorher.

durch Busse erschlossen und alle Verkehrsmittel sind meist sehr voll. Die großen Entfernungen zwischen den touristischen Highlights führen in der Regel zu Nachtfahrten im Schlafwagen.

China können Sie auch in mehreren Monaten nicht kennen lernen. Setzen Sie daher Schwerpunkte für Ihre Reise. Die Reiseplanung bleibt überschaubar, wenn Sie sich auf den Osten Chinas beschränken, also etwa den Bereich zwischen Beijing und Guilin. Neben der Chinesischen Mauer bieten sich an.

- das **historische China,** etwa Kaiserpalast in Beijing, Xi'an, Konfuzius-Tempel in Qufu, Dai Miao Tempel in Tai'an;
- das **moderne China,** natürlich wieder Beijing, Shanghai, Hongkong, Kanton;
- das **idyllische China,** etwa Huang-Shan-Gebirge, Guilin und Li-Fluss, die fünf heiligen Berge des Daoismus, Yangtsekiang-Schifffahrt bis Chongqing

Für zeitlich ausgedehnte Reisen bieten sich an:

- die An- oder Abreise mit der transsibirischen Eisenbahn über Ulan Bator und Irkutsk.
- die Einreise über Pakistan, Kirgisien oder Kasachstan mit einem Besuch der Oase Kashgar und der Weiterfahrt südlich oder nördlich der Gobi, über Urumqi, Dunhuang, Turfan.

**Peking trifft Beijing**
Foto: Norbert Lüdtke

ZIELE & ROUTEN OST

mit Hinweisen zur chinesischen Schrift von Norbert Liebeck

- die Ein- oder Ausreise über Vietnam oder Laos mit ausgedehnten und zeitlich langwierigen Erkundungen per Bus in Yunnan, der gebirgigen Provinz mit den meisten Minderheiten Chinas.

Auch für Reisen nach **Tibet** ist mehr Zeit nötig:

- Wer in China ist, kann auch einfach nach Tibet reisen – entweder mit dem Flugzeug nach Lhasa oder mit der Eisenbahn via Golmud. Genehmigungen sind dafür nicht nötig, allerdings kann die schnelle Anreise aus dem chinesischen Tiefland nach Lhasa (3600 m) zu Problemen mit der Höhenkrankheit führen.
- Sowohl von Kunming als auch von Kashgar aus gelangt man über Land ins tibetische Hochland, teils per Bus, teils per Lkw, teils per Anhalter. Das ist nicht gern gesehen, wird jedoch mal mehr, mal weniger toleriert. Sowohl Unterkünfte als auch Verkehrsmittel sind sehr einfach, die Strecken sind oft (wetterbedingt) schlecht, die Fahrt ist zeitraubend, die Versorgung mit Nahrung kann sehr eintönig werden.
- Die Ausreise von Lhasa nach Kathmandu in Nepal via **Mount Everest Basecamp** ist einfach. Umgekehrt empfiehlt sich die Einreise von Kathmandu nur, wenn man schnell nach Tibet möchte, nur kurz bleiben kann und Kosten zweitrangig sind.

China mit dem eigenen Fahrzeug zu bereisen, ist in jedem Fall anspruchsvoll. Relativ häufig sind Fahrradreisende in Tibet unterwegs, die mit einem qualitativ guten Reiserad problemlos einreisen können. Motorisierte Reisende dagegen erhalten eine Einreisegenehmigung nur in einem aufwändigen Verfahren mit monatelanger Vorbereitung. Ein chinesischer Führerschein muss beantragt werden, außerdem muss ein chinesischer Begleiter mitfahren. Wenn das nicht im eigenen Fahrzeug möglich ist, kommt ein Begleitfahrzeug hinzu. Dadurch können Kosten im fünfstelligen Bereich entstehen.

Die größte Schwierigkeit für europäische Reisende ist die Kommunikation. 55 anerkannte Minderheiten sprechen ein Dutzend unterschiedlicher Sprachen mit zahllosen Dialekten. Selbst das Hochchinesische wird nicht in allen Landesteilen und erst recht nicht von allen Bevölkerungsgruppen verstanden. Da ist es natürlich gut, dass die **Schriftzeichen** von allen Sprachgruppen gelesen werden können. Nun muss der Reisende nicht die 6000 Zeichen beherrschen, die zur Grundschulausbildung gehören. Etwa auf Bahnhöfen oder für Fahrpläne ist es jedoch wichtig, sich das Schriftzeichen des Reiseziels einzuprägen.

Die chinesische Schrift kann mit dem sogenannten **Pinyin** lateinschriftlich wiedergegeben werden und orientiert sich dabei an der Aussprache (phonetisches Transkribieren). Während in der Volksrepublik China seit 1956 die Schriftzeichen vereinfacht wurden *(jiantizi)*, werden in Taiwan nach wie vor die traditionellen Zeichen *(fantizi)* verwendet.

Die chinesische Sprache ist relativ einfach. Eine Grammatik fehlt weitgehend: Konjugationen, Deklinationen und Zeiten müssen nicht gelernt werden. Zudem gibt es nur 450 verschiedene Silben als Grundelemente. Als eine tonale Sprache kann jede der Silben mindestens vier unterschiedliche Bedeutungen erhalten, je nachdem ob sie gleichbleibend hoch, ansteigend, niedrig-fallend-steigend oder fallend ausgesprochen wird: *mā* (妈, Mutter) -*má* (麻, Hanf) -*mǎ* (马, Pferd), -*mà* (骂, schimpfen). Wie in allen Kulturen freut es die Einheimischen, wenn Reisende zumindest einige Worte zu lernen versuchen: Guten Tag (你好, *Nihao),* Danke (谢谢, *Xiexie),* Was kostet das? (多少钱, *Duoshao qian?),* Auf Wiedersehen! (再见, *Zaijian!),* die Zahlen ...

Zudem erschwert eine kulturelle Besonderheit die Kommunikation. Wir Europäer halten es für selbstverständlich, in einem Gespräch zu interpretieren und beispielsweise Alternativen anzubieten. Die Verantwortung dafür zu übernehmen, fällt uns nicht schwer. Beispiel: Der Reisende will für morgen früh ein Zweite-Klasse-Ticket von Wuhan nach Beijing kaufen. Der Zug fällt aus, hat Verspätung, ist voll – jedenfalls

*** Tipp:** Lernen Sie die Fingerzeichen für die Zahlen, die Zahlen eins bis zehn werden mit einer Hand gezeigt.

*** Tipp:** Erlernen Sie die Ausspracheregeln des Pinyin, denn diese Umschrift erleichtert den nicht-chinesischen Reisenden auf Straßenschildern oder Fahrplänen zunehmend den Alltag.

*** Tipp:** Lernen Sie die Alltagszeichen, etwa für Toilette (厕所, *cesuo,* oder vornehmer 卫生间, *weishengjian),* Mann (男子, *nanzi),* Frau (女子, *nüzi),* Ausgang (出口, *chukou),* Hotel (宾馆, *binguan),* oder, wenn das Haus etwas höheren Standart besitzt (旅馆, *lüguan)* ... oder auch das Zeichen für Deutsch. Wer ehrgeiziger ist, lernt die 214 Grundformen (Radikale).

ist der Wunsch so nicht erfüllbar. Nach dem traditionellen chinesischen Verständnis ist es unverantwortlich, stattdessen ein Erste-Klasse-Ticket oder ein Ticket für den Mittagszug anzubieten. Sollte das nicht zur Zufriedenheit des Reisenden ausfallen, fällt die Schuld auf ihn, er verliert das Gesicht und lädt Schande auch auf seinen Arbeitgeber, für den er ja das Ticket ausstellt. Sicherer ist es daher, dem Reisenden kein Ticket zu verkaufen. Ohne hinreichende Diskussion, die wir als Reisende nur selten führen können, werden solche Situationen schwierig.

# REISEN IN AFRIKA

Für **Radler** sind die Infrastruktur und Straßen- bzw. Pistenverhältnisse im tropischen Afrika sehr herausfordernd. Am Ende sind dann aber Erfolgserlebnis und Euphorie groß, wenn man sich nach schwierigen Passagen ein Bier gönnen kann, welches auch in den entlegensten Teilen Afrikas oft erhältlich ist. Kleinere und größere Abenteuer muss man in Afrika nicht suchen, die kommen ganz von selbst, und trotz aller Probleme gibt es auch immer was zu lachen.

»Die Sahara ist ein magischer Ort. Einerseits der horror vacui, andererseits die Verheißung, sich von jeder Regel freizumachen, sich wie in einem riesigen Ozean treiben zu lassen, um Antworten auf die eigene Existenz zu finden.« Uwe George, Expeditionsleiter der Zeitschrift Geo in der ZEIT.

15 % der Menschen wohnen in Afrika, nur 3 % aller Touristen fahren dorthin. Doch fast jeder hat ein Bild von Afrika – meist kein gutes, und meist kein zutreffendes. Dunkle Dschungel, Bürgerkriege und Hungersnöte am Rande der Wüste bestimmen unser Bild von Afrika. Dennoch, Afrika ist ein lohnendes Reiseziel. Es stimmt nicht, dass es stets und überall sehr heiß ist. »In Afrika sind schon mehr Leute erfroren als verdurstet«, behaupten erfahrene Afrikareisende. Afrika besteht eben nicht hauptsächlich aus Wüste und Trockengebieten und auch der dampfende Urwald mit brütender Hitze ist nicht überall anzutreffen. Afrika wird zum überwiegenden Teil aus einem Plateau gebildet, mit Höhen zwischen 500 und 1000 m, wobei einige Gebirgszüge (Atlas, Ahaggar, Tibesti, Kamerunberge, Äthiopisches Hochland, Ruwenzori, Mount Kenia, Mount Kilimanjaro, Drakensberge) oftmals die Alpen überragen. Der höchste Berg Afrikas ist der Mount Kilimanjaro (5895 m) in Tansania.

## Die Anforderungen

Afrika stellt häufig höhere Ansprüche an den Reisenden als Asien, Australien oder Amerika. Das liegt zum einen an den **Transportproblemen** in vielen Gebieten. Es gibt nur wenige Eisenbahnlinien, und in vielen Gebieten ist auch Busverkehr unbekannt. Häufig bleibt dem Reisenden nur die Ladefläche eines Lkw oder die Pritsche eines Pick-ups. Abgefahren wird erst, wenn das Fahrzeug ausreichend überfüllt ist. Wer in die Fahrerkabine eingeladen wird, darf sich glücklich schätzen und eventuell einen etwas höheren Preis zahlen. Stromschnellen und Wasserfälle, Sümpfe und der Wasserstand in der Trockenzeit begrenzen die Möglichkeiten des Schiffsverkehrs auf den Flüssen, selbst auf dem Niger (4180 km) und dem Sambesi (3540 km).

Kulinarische Genüsse kann der Reisende außerhalb der Großstädte und Touristenzentren vielerorts nicht erwarten. Die **Nahrungsversorgung** ist oft genug schwierig. Essen bedeutet für viele Afrikaner zunächst, einmal pro Tag überhaupt satt werden. Die Grundlage einer Mahlzeit bilden stärkereiche Produkte aus Hirse, Mais, Reis, Bohnen oder Knollenfrüchten wie z.B. Maniok. Gemüse beschränkt sich häufig auf Paprika, Zwiebeln und Grünpflanzen (Spinat). Fisch und Fleisch sind fern der Küsten und der Viehzuchtgebiete rar und hoch geschätzt. Auch Obst ist nur saisonal und nicht in allen Gebieten zu bekommen. Wegen der verbreitet schlechten Verkehrsverbindungen kann überregional manchmal nicht mit den regional durchaus im Überfluss vorhandenen Agrarprodukten gehandelt werden. So müssen sich Reisende in abgelegenen Regionen wochenlang von Reis mit Soße und vielleicht hin und wieder einem Ei und Erdnüssen ernähren, andernorts gibt es wiederum nur Bananen mit Maniok und Ziegenfleisch. In den größeren Städten gibt es hingegen in der Regel ein reichhaltiges, europäisch geprägtes Angebot, das insbesondere im Osten und Süden Afrikas durch indische Restaurants ergänzt wird.

**Von Thomas Simoneit**

Thomas Simoneit ist Mitglied der dzg, war 2 Jahre deren 1. Vorsitzender und weitere 2 Jahre im Vorstand tätig. Mehrere Jahre verantwortete er als Redakteur den Trotter, die Mitgliederzeitschrift der dzg. Die erste Auslandsreise führte ihn 17-jährig mit dem Fahrrad nach Holland, dann folgten viele, teilweise auch mehrmonatige Abenteuer in Zentral- und Südamerika, Afrika und Zentralasien, sowie Reisen mit Frau und Sohn. Sein besonderes Interesse gilt Afrika und seinen Menschen, afrikanischer Musik und Literatur.
www.simoneit.de

ZIELE & ROUTEN OST

**www-Einstieg:** The African Courier, www.allafrica.org, Deutsch-Maghrebinische Gesellschaft, Namibiana-Buchdepot, Hupe Verlag München, Horlemann Verlag, Wüstenschiff-Forum, Afroport, africa-positive.de, africa-live.de

Südlich der Sahara werden 1700 eigenständige **Sprachen** gesprochen. Amtssprache ist in vielen Ländern deshalb die Sprache der mächtigsten Volksgruppe oder der ehemaligen Kolonialmacht, also neben Französisch und Englisch auch Portugiesisch, Deutsch ist nur in Namibia nützlich. Wer einen Spaß in der jeweiligen Sprache machen oder verstehen kann, hat immer gute Karten und die Sympathien der Einheimischen auf seiner Seite.

Besondere **gesundheitliche Risiken** in Afrika bestehen durch Parasiten (Leishmaniose, Bilharziose, Wurmerkrankungen, Malaria), Gelbfieber, Tollwut, Hepatitis A und B, Hirnhautentzündung, Fleckfieber und AIDS. Die medizinische Versorgung ist nur in den Großstädten als gut zu bezeichnen.

Im Unterschied zu den soeben beschriebenen Problemen können Reisende den **politischen Problemen** und deren Folgen nicht vorbeugen. Hier hilft es ein wenig, sich gut zu informieren. Doch werden sich sehr verschiedene Bilder zeigen, je nachdem, ob man sich bei Bürgern des betreffenden Landes, über Medien oder bei den Auswärtigen Ämtern informiert. Reisenden ist natürlich die Perspektive anderer Reisender am nächsten, aber deren Erfahrungen sind nur eine Momentaufnahme entlang einer Reiseroute. Letztlich müssen Reisende ihre Risikobereitschaft vorab genau prüfen. Doch um welche Gefahren handelt es sich dabei?

Wenn Staaten sich nicht selbst regieren können, wenn ein Staat weder sein Volk noch sein Gebiet kontrollieren kann, dann gehen Herrschaft und Gewalt auf andere über: Regionalfürsten, *war lords,* Bürgerkriegsarmeen. Bei weiterer Auflösung drängen aggressive Mächte ins Land: Terroris-

Das Herz des kleinen Jägers: San-Buschmann mit Tochter auf Jagd in der Kalahari, Namibia
Foto: Ulla Siegmund

ten, Waffenhändler, Kriminelle. Auffällig ist die Häufung solcher Staaten zwischen der Demokratischen Republik Kongo und der ehemals Spanischen Sahara im Westen sowie Sudan und Somalia im Osten. Die staatliche Macht wird auch im Arabischen Kulturraum zwischen Marokko und Syrien zunehmend durch nichtstaatliche Kräfte in Frage gestellt. Wohin dies dort führen wird, ist nicht absehbar. Nach 1990 erstmals benannt wurde der Typus der gescheiterten Staaten, *failed state*. Das Konzept des Nationalstaates funktioniert bei diesen schlecht.

Für Reisende steigen die Risiken in Ländern mit schwachen Regierungen, mindestens die Freizügigkeit des Reisens leidet. Landesteile und Routen können gesperrt sein, andere Routen dürfen nur im Konvoi mit militärischer Eskorte passiert werden. Dort, wo der Staat nicht respektiert wird, kontrollieren und bereichern sich bewaffnete Kräfte in oft unberechenbarer Weise, korrupt und vielleicht Schutzgeld erpressend. Touristen haben den Vorteil, dass sie zu keiner ansässigen Volksgruppe gehören, weder politische noch gesellschaftliche Interessen vertreten. Das schützt ein wenig vor der Gewalt gegen Leib und Leben. Es wird jedoch dort zum Nachteil, wo terroristische Gewalt gezielt gegen Touristen eingesetzt wird, etwa von *Al Qaida Maghreb AQM* in und um Algerien.

## Große oder kleine Tour?

Wer noch nie auf großer Tour war und Afrika noch nicht kennt, sollte für die erste Reise ein Land auswählen, in dem viele Bewohner europäische Fremdsprachen sprechen, die Fortbewegung einigermaßen organisiert möglich ist und in dem der Reisende von der Bevölkerung und offiziellen Stellen zumindest nicht mit Widerwillen empfangen wird. Auf solche »Anfängerländer« weisen wir im Folgenden hin. Die oftmals schnell wechselnden politischen Verhältnisse verändern ebenso schnell die Sicherheitslage. Wie überall auf der Welt sind Sie auch in Afrika tendenziell in den großen Städ-

**Tipp:** Der Fund for Peace erstellt gemeinsam mit der Zeitschrift Foreign Policy den jährlichen Failed States Index. Die Top Ten waren 2010: Somalia, Tschad, Sudan, Simbabwe, Kongo (DR), Afghanistan, Irak, Zentralafrikanische Republik, Guinea, Pakistan.
**www-Einstieg:** failed states, failing states, Fund for Peace

Hinweise von Roland Wiegold (dzg), der mehrere Jahre in Äthiopien reiste und arbeitete

## Beste Reisezeiten für Afrika

| Ziel | beste Reisezeit |
| --- | --- |
| **Nordafrika**, Küstenregionen | Juni – Oktober |
| **Ägypten** | September – Oktober |
| **Sahara** | März – Juni, September – Oktober |
| **Westafrika** | November – April |
| **Ostafrika** | Dezember – März, Juli – Oktober |
| Äthiopien, Eritrea | Oktober – Mai |
| Madagaskar | Mai – November |
| **Indischer Ozean** | November – April |
| **Südliches Afrika** | Mai – September |
| **Südafrika** | September – Oktober |

☀ **Tipp:** In Westafrika, Ägypten und Sudan radelt es sich gut von November bis März. Ostafrika kann ganzjährig befahren werden, Nordafrika von Oktober bis Mai, die Berge Marokkos nicht von Dezember bis Februar.

**Hinweise von Will Tondok (dzg), der seit vielen Jahren das Reiseführer-Standardwerk über Ägypten herausgibt.**

ten und den Touristengebieten in größerer Gefahr beraubt zu werden, als auf dem Land, wo die gesellschaftlichen Strukturen intakt sind und noch starke soziale Kontrolle herrscht.

Wer große Routen in Afrika plant, muss dessen Geografie und Klima verstehen. Die besten Reisezeiten in Afrika werden fast ausnahmslos durch Regen- und Trockenzeiten bestimmt. In der Regenzeit sind die Naturstraßen meist schwer befahrbar und die angeschwollenen Flüsse können kaum überquert werden. Andererseits wird die Durchquerung der Sahararegion in der heißen Jahreszeit zur fast unerträglichen Belastung für Mensch und Fahrzeug. Für jede längere Reise durch größere Teile Afrikas müssen daher die einzelnen Reisephasen jahreszeitlich durchdacht werden.

Viele Rucksackreisende fliegen nach **Ägypten** und beginnen dort ihre Afrikareise. Per Charter ab 250 € oder mit Linienflügen nach Kairo für bis zu 500 €. Neben Kairo werden angeflogen: Hurghada und Marsa Alam am Roten Meer, Sharm El-Sheikh und Tabah auf dem Sinai sowie Alexandria und el-Alamein am Mittelmeer.

Mit vier bis sechs Tagen Zeit und etwas mehr Geld kann man mit der Bahn nach Istanbul und weiter bis

Damaskus fahren. Von dort nimmt man einen Direkt-
bus nach Amman/Jordanien mit Anschluss nach Kairo.

Eine der landschaftlich faszinierendsten Gegenden
des Vorderen Orients ist die **Sinai-Halbinsel** mit ihren
Sandstränden am Mittelmeer, der Korallenküste am
Golf von Aqaba und den Ölbohrinseln im Golf von Suez.
Ein ganz besonderes Erlebnis ist ein Kamelritt in die
Einsamkeit der Berge, etwa von Nuveiba oder Dahab
aus. Die Oase Feiran und ein Besuch im Katharinen-
kloster werden gekrönt von einer Übernachtung auf
dem Mosesberg.

Von Suez führt eine Straße entlang dem **Roten
Meer** zur sudanesischen Grenze, man berührt das An-
tonius- und das Pauluskloster, den Touristenort Hurghada und Safaga mit ihren Tauchbasen.

Busse fahren durch bizarre Wüstengebirgsland-
schaften zum **Niltal.** Im Niltal verkehrt die Bahn von
Assuan bis Kairo, alles andere wird durch Busse bedient. Die Libysche Wüste durchquert man auf der
asphaltierten Oasenstraße von Kairo bis Luxor über

☀ **Tipp:** Insbesondere für
»Anfänger« sind Touren
mit overland trucks zu
empfehlen. Diese starten
meist ab London und dau-
ern bis zu 40 Wochen.

Viel Wasser gibt's wenig:
Die höchsten Sanddünen
der Welt türmen sich in
der Namib-Wüste
Foto: Ulla Siegmund

ZIELE & ROUTEN OST

die Oasen Al-Bahariyya, Farafra, Dachla und al-Charga. Weitere Ausflüge z.B. ins Gilf el-Kebir sind nur mit wüstentauglichen Fahrzeugen möglich.

## Die Regionen

Die das Gesicht Afrikas prägenden Landschaftsformen können oft nur in Superlativen beschrieben werden. Ihre Eigenschaften bestimmen vielfach die möglichen Reiserouten. Die **Sahara** auf der nördlichen Hälfte Afrikas ist etwa 8 Millionen Quadratkilometer groß und erstreckt sich von der Atlantikküste im Westen bis zum Roten Meer im Osten.

Nur auf wenigen Routen lässt die Sahara eine Nord-Süd-Durchquerung zu. Einfach sind diese nie und meist nur mit dem eigenem Fahrzeug machbar, ↗ »Mit dem eigenen Wagen durch Afrika«. Die mittleren Routen über Algerien nach Niger oder durch Libyen in den Tschad sind technisch schwierig, politisch unberechenbar und können gefährlich sein. Die westliche Nord-Süd-Route führt von Marokko über Mauretanien bzw. die Republik Sahara nach Senegal und Mali. Die östliche Nord-Süd-Route verbindet Ägypten mit Sudan, entweder mit der Fähre über den Assuan-Stausee und weiter mit dem Zug nach Khartum, oder im Konvoi über Pisten längs des Nils. Der Nil ist mit 6671 km der längste Fluss der Welt und wird lediglich zwischen Kai-

☀ **Tipp:** ↗ »Unruhen und Terrorismus« im pmv-Outdoor-Buch

**Am Wasserbüdchen: Elefant, Oryx-Antilopen und Thomson-Gazellen (im Hintergrund) teilen sich das kostbare Nass in Namibia**

Foto: Ulla Siegmund

ro und Luxor, auf dem Assuan-Stausee sowie in Friedenszeiten in Südsudan befahren.

Im **nördlichen Afrika**, in den Staaten rings um die Sahara, dominiert die arabische Kultur, ⌐ Seite 198. Obwohl jedes Land einen eigenen arabischen Dialekt spricht, kann man sich mit Hocharabisch oder Französisch gut verständigen, in Ägypten auch mit Englisch. Tunesien, Marokko und Ägypten sind leicht zu bereisen, Mauretanien und Libyen stellen höhere Anforderungen, Algerien ist durch seine politischen Verhältnisse unsicher, zeitweise gefährlich zu bereisen.

Autoren aus Nordafrika: Yusuf Idris, Naguib Mahfouz.

In **Westafrika** gehören Senegal und Gambia, Burkina Faso und Ghana sowie die Städte und Orte Malis am Niger zu den »Anfängerländern«. Höhere Anforderungen stellen Liberia, Guinea, Sierra Leone und Gabun, die aber auch gegebenenfalls mehr Erlebnisse bieten; Côte d'Ivoire und Togo sind derzeit nicht zu empfehlen. In Westafrika sind zahlreiche Routenvarianten möglich, ⌐ beispielsweise »Mit dem eigenen Wagen nach Westafrika«.

Autoren aus Westafrika: Chinua Achebe, Mariama Bâ, Ama Darko, Ama Ata Aidoo, Kofi Awoonor, Meshack Asare, Florence Mahoeney, Lenrie Peters, Wole Soyinka, Léopold Sédar Senghor, Sembène Ousmane.

Die ostwärts führenden Routen über den Tschad oder die Zentralafrikanische Republik in den Sudan sind nur eingeschränkt, äußerst schwierig und mit hohem Risiko befahrbar. Das gilt ebenso für die einzige **Route nach Süden**. Sie führte früher durch Kamerun, die Zentralafrikanische Republik und weiter durch Kongo nach Angola, Ruanda oder Burundi.

Das Flusssystem des 4670 km langen **Kongo** mit seinen zahlreichen Zuflüssen nimmt etwa die achtfache Fläche Deutschlands ein. Es entwässert ein riesiges Gebiet, dass sich im wesentlichen mit den Staatsgebieten der beiden Kongo-Republiken deckt. Dieses Gebiet ist in weiten Teilen nicht zu bereisen, Gefahr geht vor allem von bewaffneten Auseinandersetzungen aus. Von Kinshasa verkehren Schiffe unter primitiven Bedingungen den Kongo flussaufwärts. Die ausgedehnten Urwälder, zahlreiche Flüsse und die Sturzregen in der Regenzeit machen die Durchquerung auf dem Landweg zeitweise unmöglich. In politisch sicheren Zeiten

☀ **Tipp:** Die Bezeichnung Schwarzafrika wird als diskriminierend verstanden. Besser ist tropisches Afrika oder Afrika südlich der Sahara oder eben gleich, was man sagen will: Westafrika, Zentralafrika, Ostafrika, südliches Afrika.

Acht westafrikanische
Länder bilden die *West-
afrikanische*, 6 andere die
*Zentralafrikanische Wäh-
rungsunion*, **Communauté
Financière Africaine**, deren Zahlungsmittel der
CFA-Franc ist. Er ist an
den Euro gebunden.

Autoren aus Ost-
afrika: Meja Mwan-
gi, Nuruddin Farah, Ngugi
wa Thiong'o, Waris Dirie.

☀ **Tipp: Das Afrika-Bild in
Reiseführern**, UNESCO-
Studie in Zusammen-
arbeit mit der Initiative
Pro Afrika e.V., gegen
5 € bei pmv, Schopenhau-
erstraße 11, 60316
Frankfurt a.M.

kann der Osten des Landes technisch einfach von Uganda, Ruanda oder Burundi aus bereist werden.

Durch das **östliche Afrika** führen zwei anspruchsvolle Routen nach Süden. Die Route Ägypten – Sudan – Kenia könnte sich nach jahrzehntelanger Unterbrechung bald wieder öffnen, falls die beschlossene Teilung des Landes friedlich umgesetzt werden kann. Weite Teile des Landes sind vermint, Darfur, der Süden und Osten nicht bereisbar. Befahrbar ist die Variante Ägypten – Sudan – Eritrea – Äthiopien – Kenia.

Die Zentralroute über Addis Abeba ist fast durchgehend asphaltiert. Überlandbusse starten meist sehr früh morgens und fahren selten nachts.

Die Menschen sind sehr freundlich und hilfsbereit, allerdings wird selten Englisch oder eine andere europäische Sprache gesprochen.

Auf dem Land gibt es kaum eine Unterkunft ohne Flöhe und Wanzen.

Im Grenzgebiet Äthiopien/Kenia, insbesondere zwischen Moyale und Marsabit, ist wegen der Gefahr von Überfällen durch Somalis die Fahrt im Konvoi zu empfehlen.

In **Ostafrika** sind Kenia, Ruanda und Uganda leicht zu bereisen, Tansania ist etwas anspruchsvoller. Die weltberühmten Nationalparks Ostafrikas zu besuchen, ist teuer, doch technisch einfach. Das Reisen in Somalia ist lebensgefährlich. Seit 1993 gibt es keine international anerkannte Regierung, es herrscht Chaos.

Südlich der Staatsgebiete von Kongo, Sudan, Somalia wird das Reisen wieder leichter mit Ausnahme des instabilen Simbabwe; rund ein halbes Dutzend Staaten fordern nicht einmal ein Visum. Botswana und Sambia setzen auf wenige, aber zahlungskräftige Touristen, was der Natur zu Gute kommt. Der Okavango, aus Angola kommend, bildet in der Kalahari-Wüste Botswanas das größte Binnendelta der Welt, dort versickert das Flusswasser in einem Sumpfgebiet von der Größe Schleswig-Holsteins und bildet ein nur mit Einbäumen und Kleinflugzeugen zugängliches Tier- und

Vogelparadies. Weltbekannt sind die 120 m hohen Viktoria-Fälle des Sambesi an der Grenze zwischen Simbabwe und Sambia. Simbabwe hat sich, aufgrund der politischen Lage und der zunehmenden Isolierung des Landes, vom einfachen zum schwierigen Reiseland entwickelt. Mosambik empfängt dagegen nach langem Bürgerkrieg langsam wieder Touristen, dort ist im Süden das Reisen leichter als im Norden.

Hängt ein bisschen ab: Chamäleon am Strand von St. Augustin an der Westküste Madagaskars
Foto: Norbert Lüdtke

Im **südlichen Afrika** kann man den Kontinent relativ einfach in West-Ost-Richtung durchqueren, vom Atlantik zum Indischen Ozean, etwa: Swakopmund (Namibia) – Windhoek – Botswana – Pretoria (Südafrika) – Swasiland – Maputo (Mosambik).

Rucksackreisen sind möglich, es wird jedoch schwierig, in die Parks oder in abgelegene Gebiete zu kommen (Kaokoveld, Etoshapfanne). Dies ist mit (Miet-)Geländewagen möglich, auch von Südafrika oder Namibia aus, allerdings teuer. Offroader, Kulturfreunde und Naturliebhaber kommen gleichermaßen auf ihre Kosten – nur die Wassertemperaturen der südlichen Meere wirken abschreckend.

Von Johannesburg, Durban, Kapstadt in Südafrika bestehen Flug- bzw. Schiffsverbindungen nach Südamerika oder Asien. In Kapstadt kann man auf Mitsegelgelegenheiten nach Südamerika hoffen.

**Südafrika** ist das wirtschaftlich potenteste Land des Kontinents, die Infrastruktur ist ausgezeichnet. Hier geht alles leicht, wer sich aber nicht bemüht, kommt über Kontakte mit Dienstboten und Hotelangestellten nicht hinaus und erhält nur einen oberflächlichen Eindruck von Afrika und »den« Afrikanern.

Autoren aus Südafrika: Nadine Gordimer, Bessie Head, Laurens van der Post, Richard Rive, Steve Biko, Ezekiel Mpahlehle, Nelson Mandela, Jean Marie Coetzee, Gcina Mhlophe.

**Tipp:** Eine der schönsten Routen im südlichen Afrika ist die 850 km lange Cape Route 62 von Kapstadt nach Port Elizabeth.

## Literatur & Belletristik

**Microsoft Encarta Africana** (Multimedia).

Walter Schicho, **Handbuch Afrika**. 3 Bd., Brandes & Apsel.

John Iliffe, **Geschichte Afrikas**. Beck.

Leonhard Harding, **Geschichte Afrikas im 19. und 20. Jahrhundert**. Oldenbourg.

John Middleton, **Encyclopedia of Africa South of the Sahara** (4 Bde.) Charles Scigners' Sons, New York.

Carol Beckwith, Angela Fisher, **Afrika**. Kulte, Feste, Rituale (2 Bde.) Bucher.

Gert Chesi, **Afrika im Herzen**. Erinnerungen, Reflexionen, Fotografien. Haymon.

Gert Chesi, **Voodoo in Afrika**. Menschen im Banne der Götter. Haymon.

Sven Lindqvist: **Wüstentaucher**. Auf den Spuren von Dichtern, Träumern und Generälen. Haymon.

Michel Leiris, **Phantom Afrika**. Tagebuch einer Expedition von Dakar nach Djibouti 1931 – 1933. Suhrkamp.

Heinrich Barth, **Im Sattel durch Nord- und Zentralafrika 1849 – 1855**. Edition Erdmann.

Jean de la Guérivière, **Die Entdeckung Afrikas**. Knesebeck.

Michael Obert, **Regenzauber**. Droemer. Eine Fahrt auf dem Niger von der Quelle bis zur Mündung.

## Afrika mit dem eigenen Wagen

Erfahrungsbericht von Klaus Bartels mit Hinweisen von Wil Tondok

Afrika bleibt für Reisende der abenteuerlichste Erdteil. Seine Durchquerung muss penibel vorbereitet werden und ist auch dann nicht ohne Risiken.

Seit Sommer 2010 können Autofahrer oder Einzelpassagiere einmal wöchentlich von Venedig nach Alexandria verschiffen. Die Hin- und Rückreise für ein normales Wohnmobil und zwei Personen kosten etwa 1500 €; ein Passagierbett in einer 4-Personen-Kabine rund 300 €. Bedingung für die Autoeinreise nach Ägypten – einerlei auf welchem Weg – ist ein **Carnet de Passage.**

Der übliche **Landweg** für Autofahrer führt von Genua per Fährschiff nach Tunis und auf guten Straßen zur libyschen Grenze. Von dort mit offiziellem Begleiter zur ägyptischen Grenze, die man nach sechs Tagen und etwa 2200 km von Tunis aus erreichen kann. Zurück kann man über Jordanien (Fähre nach Aqaba), Syrien und die Türkei fahren, wobei man am besten von Cesme bei Izmir zur Insel Chios und von dort nach Piräus verschifft. Von Aqaba nach Cesme ist man rund 2400 km unterwegs.

Wer große Erfahrung und eingehende Fähigkeiten als Automechaniker hat, kommt auf der **Ostseite** ohne Allradantrieb, wenn auch nicht ohne Anstrengungen durch. Die weitere Strecke nach Äthiopien ist schwierig, dort im Lande ebenfalls. In Kenia wird Polizeischutz angeboten und ist wohl auch notwendig. Ab Tansania geht es besser, Südafrika und Namibia bieten keine Probleme, wenn man sich vor der Großstadt-Kriminalität hütet.

Manche haben auch die **Westroute** mit Allrad-Camper befahren: Von Namibia durch Angola problemlos, die beiden Kongo-Zipfel nicht ohne Schwierigkeiten, ab Gabun ging es dann wieder. In Kamerun ist man so gut wie in der Zivilisation. In Nigeria tut man gut daran, sich abseits von Lagos zu halten. Die technisch am schwersten zu meisternden Länder sind dann Sierra Leone und Guinea: Hier sind die Pisten großenteils so steinig, dass man selbst mit dem Land-Rover kaum über Schrittgeschwindigkeit kommt. Man kann aber die Guinea-Länder leicht umfahren – nach Niger und

☀ **Tipp:** Bevor Sie Ihre Pläne konkretisieren, informieren Sie sich stets aktuell über die politische Lage der Länder, die Sie durchqueren wollen!

☀ **Tipp:** ↗»Auf Straßen und Pisten« im pmv-Outdoor-Buch.

**ZIELE & ROUTEN OST**

Déjà-vu: Unterwegs in Senegal stößt man allenthalben auf den König der Savanne, den Baobab
Foto: Rudi Kleinhenz

weiter nach Algerien, oder aber durch Burkina Faso nach Côte d'Ivoire und nach Senegal. Mauretanien hat sein Straßennetz ausgebaut. Wenn man den dortigen Wegelagerern entkommen ist, sind nur noch etwa 4 km Sandpiste bis zur Grenze der Westsahara (Marokko) zu bewältigen.

Für den gesamten Kontinent gilt: Unerlässlich ist komplettes, gutes Werkzeug und die wichtigsten Ersatzteile sowie reichlich Wasser – das heißt: fünf Liter pro Person und Tag. Solange die **Hoggar-Piste** nicht bis In-Guezzam asphaltiert ist, muss man ab Tamanrasset mindestens Vorrat für die doppelte normal zu veranschlagende Zeit mitführen, ebenso Signalmittel, wie man sie auch für jede der früher als B- und C-Pisten bezeichneten unbedingt braucht. Die Meldepflicht bei der Polizei für diese Pisten gibt es wohl nicht mehr. Die Gefahren, etwa durch Al Qaida Maghreb, sind regional und je nach Route unterschiedlich (Hoggar-Piste, Tanezrouft-Route nach Gao, Wege nach Menaka).

### Mit dem eigenen Wagen nach Westafrika

Grundsätzlich gibt es drei Möglichkeiten seinen Wagen nach Westafrika zu bringen: per **Containerschiff** von Europa nach Dakar sowie über Land, dann aber entweder mit der **Autofähre** von Südfrankreich nach Tanger oder von Algeciras nach Ceuta. Die letzte Variante ist die billigste, wenn man die teuren Mautautobahnen meidet. Die **Fähren** von Algeciras nach Ceuta fahren mehrmals täglich, reservieren ist nicht nötig. Ein Pkw mit zwei Insassen kostet zur Zeit weniger als 150 € für die Überfahrt. Das Carnet de Passage ist in vielen Ländern Westafrikas nicht mehr zwingend erforderlich, doch die Situation wechselt häufig. Soll der Wagen aber in Gambia übers Jahr geparkt werden, ist es zolltechnisch unumgänglich.

Sieht man vom Grenzübergang Marokko – Mauretanien ab, so sind Banjul in Gambia und sogar Bissau in Guinea-Bissau mit einem Pkw oder einem Wohnmobil

**Erfahrungsbericht von Rudi Kleinhenz**

auf guten Teerstraßen zu erreichen. Auf Nebenstrecken, vor allen Dingen in Regenzeiten, stößt man mit solchen Fahrzeugen schnell an Grenzen. Dann kommen Geländewagen oder Allrad-Lkw zum Einsatz.

**Marokko** hat ein sehr gutes Verkehrsnetz mit neuen mautpflichtigen Autobahnen. Auch die Nebenstraßen sind meist gut. Wichtig bei der Einreise ist die Grüne Versicherungskarte. Hier muss Marokko eingetragen sein, sonst gibt es Schwierigkeiten. Den sogenannten Fiche-Zettel sollte man ausgefüllt bereithalten. Am besten gleich vor Reiseantritt mindestens 20 Kopien des ausgefüllten Scheines machen. Das verkürzt das Warten bei Kontrollen erheblich. Das Gebiet um Tetuan sollten Autofahrer aufgrund Drogenschmuggels meiden. Vorsicht vor Radarfallen in ganz Marokko, einschließlich West-Sahara. Bei Ausreise nach Mauretanien müssen alle Fahrzeuge durch ein hochmodernes Röntgengerät. Waffen- und Drogenschmuggel sind unmöglich!

»Tropische Sensation«:
Waschmittelwerbung in
Südafrika
Foto: Norbert Lüdtke

Das fahrtechnisch schwierigste Stück ist das 4 km lange, unbefestigte Sandstück beim Grenzübertritt nach **Mauretanien.** Fahrzeuge ohne Allrad sollten sich einem Geländefahrzeug anschließen. Einheimische Führer bieten ebenfalls ihre Dienste an. Das Visum für Mauretanien erhält man nur noch an der Botschaft in Rabat oder vor der Abfahrt in Deutschland. Für alle Fahrzeuge muss eine mauretanische Kfz-Versicherung abgeschlossen, außerdem Kfz-Zoll bezahlt werden. Die Teerstraße von Nouadhibou nach Nouakchott wird militärisch gesichert, doch auf Abstecher in die Sahara sollte verzichtet werden! Vor der Weiterreise nach Senegal mit der Fähre bei Rosso wird oft gewarnt. Erkundigen Sie sich vorher nach der aktuellen Situation. Alternativ etwa 1,5 km vor dem Fährhafen rechts abbiegen, auf den Damm nach Diama. Auf dieser Strecke muss Nationalparkgebühr, Ausreise und Brückenmaut bezahlt werden, doch kann dies billiger sein, als die Fähre zu nehmen.

Bei der Einreise nach **Senegal** wird Autozoll fällig, außerdem muss eine Kfz-Versicherung für mindestens einen Monat abgeschlossen werden, die für alle Länder Westafrikas gilt. Manchmal wird ein Carnet benötigt, manchmal nicht. In Senegal werden gesetzlich zwei Warndreiecke verlangt. Gleich an den ersten Kontrollen wird danach gefragt und eine entsprechende Strafe kassiert.

Beliebt bei gestressten Afrikareisenden ist der von Schweizern geführte Campingplatz Zebrabar in der Nähe von St. Louis. Ich habe dort schlechte Erfahrungen gemacht und empfehle für eine längere Auszeit Camping Sukuta in Gambia. Er ist nur einen Tag Fahrt entfernt und man ist in guten Händen.

Der Grenzübertritt nach **Gambia** ist relativ problemlos. Das Carnet wird hier benötigt. Das Ticket für die Fähre über den Gambiafluss wird etwa 2 km vor dem Hafen links an der Straße verkauft. Es werden nur ausländische Währungen (€, US$, CFA) in passenden Noten akzeptiert. In Gambia gibt es relativ viele Polizeikontrollen, meist jedoch harmlos. Auf dem Campingplatz Sukuta von Claudia und Joe kann man sein Auto für 26 € pro Monat überwintern, Kontakt campingsukutagambia@yahoo.de. In Gambia gibt es nur zwei nennenswerte Straßen, eine neue gute nördlich und die alte, extrem schlechte südlich des Flusses. Der Fluss lässt sich nur an zwei Stellen überqueren.

# ZIELE & ROUTEN WEST

von Peter Meyer
www.petermeyerverlag.de

Der Doppelkontinent ist besonders geprägt durch seine koloniale Vergangenheit und die kulturelle Vielfalt, die regional in unterschiedlichem Maße eher indigen, europäisch und afrikanisch geprägt ist. Man sieht es den Menschen an, man hört es in der Musik, schmeckt es in den Speisen. Selbst Religionen wurden gemischt, neue Sprachen sind entstanden.

**Ost-West-Routen** durch **Nordamerika** können die *Trans Canadian Railway* von Toronto nach Vancouver oder die Bahnfahrt durch den Süden von Orlando in Florida nach Los Angeles in Kalifornien sein, über New Orleans, Houston, Tucson, Phoenix, Las Vegas. Beide Kontinentdurchquerungen lassen sich zu einer Nordamerika-Rundreise verbinden.

Eine klassische **Nord-Süd-Route** durch **Nord- und Mittelamerika** verläuft von Alaska über den *Alaska Highway* durch die kanadischen Rocky Mountains zur kanadischen Pazifik-Metropole Vancouver. Durch die US-Bundesstaaten Washington, Oregon und Kalifornien auf die mexikanische Halbinsel Baja California. Nach einer Fährfahrt über den Golf von Kalifornien bietet sich eine Eisenbahnfahrt durch den Kupfercañon nach Chihuahua und südwärts durch das koloniale Mexiko in die größte Stadt der Welt an: Ciudad de México. Autofahrer müssen darauf verzichten. Nach einem Abstecher zu den Mayastätten und Badeparadiesen Yucatáns folgt der *Gringo Trail* nun der *Panamericana* durch Guatemala, Honduras (oder El Salvador) und Nicaragua nach Costa Rica. Von Panama gibt es keine Straße nach Kolumbien, der sumpfige Dschungel des Darien Gap bildet ein kaum zu durchdringendes Hindernis. Viele Globetrotter beenden deshalb hier ihre Reise.

Die Karibischen Inseln umfassen den großen Bogen der Westindischen Inseln, die Bahamas und die Inseln vor der venezolanischen Küste: Isla Margarita und die »ABC-Inseln« Aruba, Bonaire und Curaçao. So haben sich insbesondere in der Karibik neue Sprachen gebildet: *Patois* enthält französische, afrikanische und eng-

☀ **Tipp:** ↗ »Strand, Meer und Ufer« im pmv-Outdoor-Buch.

📖 Wolfgang J. Helbich, **Alle Menschen sind dort gleich**. Die deutsche Amerikaauswanderung im 19. und 20. Jahrhundert. Schwann 1988.

📖 Max Mittler, **Eroberung eines Kontinents**. Der große Aufbruch in den amerikanischen Westen. Atlantis 1968.

Staubig, weit und hoch: Mit dem Pickup auf gravel roads entlang den Anden durch Patagonien
Foto: Jürgen Erdmann

 Andreas Boueke, **Kaleidoskop Mittelamerika**. Reportagen und Informationen. Horlemann 1999.

David Halberstam (Hg.), **Defining America**. Führende amerikanische Intellektuelle erklären den Charakter ihrer Nation. Gruner & Jahr. www.mesoamerican-archives.com.

**Erfahrungsbericht von Klaus Bartels**

**www-Einstieg:** www.doring2000.de, **Mit dem Wohnmobil in Amerika,** von Richard Doring (dzg)

lische Vokabeln, *Créole* hat englische, spanische, afrikanische und französische Wurzeln.

Die Westindischen Inseln gliedern sich geografisch in die *Großen Antillen* mit Jamaika, Hispaniola (Haiti, Dominikanische Republik), Kuba und Puerto Rico in der nördlichen Karibischen See sowie in die *Kleinen Antillen* in der südlichen Karibischen See. Letztere werden unterteilt in die »Inseln unter dem Winde« (*Leeward*) und die »Inseln über dem Winde« (*Windward*) sowie Trinidad und Tobago. Zu den Windward-Inseln gehören unter anderem Grenada und die Grenadinen.

Die größeren und von Touristen besuchten Inseln sind mit Flugzeugen erreichbar und durch Fähren untereinander verbunden. Kleinere, bewohnte Inseln können mit Postschiffen erreicht werden. In den Yachthäfen lässt sich oft eine Mitsegelgelegenheit finden.

## Mit dem eigenen Wagen durch Amerika

In Nordamerika gilt ein WoMo als Pkw. Straßenbenutzungsgebühren richten sich dort allein nach der Zahl der Achsen, Zwillingsbereifung spielt in den USA keine Rolle – wohl aber in Mexiko.

Wer ein Fahrzeug mietet, sollte die Routen mit dem Vermieter besprechen. Viele verbieten die Fahrt ins Death Valley oder generell das Befahren von Wüstenpisten; manche erlauben die Fahrt nach Kanada, andere sogar nach Mexiko.

Fast jeder **Campingplatz** hat Schwimmbad und Clubhaus, meist auch einen kleinen Laden. Man wird zweckmäßigerweise gleich am Anfang der Reise Mitglied bei einigen Ketten wie *KOA* und *Good Sam*. Dann bekommt man jeweils 10 % Rabatt, und die haben bei der dritten Übernachtung den Jahresbeitrag schon amortisiert. Noch besser, wenn auch seltener, ist *Camping Coast to Coast*. Man wird dazu Mitglied in einem der etwa 500 angeschlossenen Plätze und kann im Heimatpark kostenlos 14 Tage stehen, nach einer Woche Abwesenheit wieder 14 Tage usw. Für 1 $ pro Nacht steht man auf den anderen angeschlossenen

Plätzen. Die Campingplätze in den USA sind durchweg parzelliert, und jeder Platz bietet Anschlüsse für Strom, Wasser, Abwasser, oft auch Kabel-TV. Billiger, wenn auch nicht so komfortabel, sind die Campingplätze in National-, Staats- und Stadtparks. Sowohl in Me-

## Beste Reisezeiten für beide Amerikas

| Ziel | beste Reisezeit in Nordamerika |
|---|---|
| **USA:** Alaska, **Kanada** | Juni – September |
| **USA – Nordwesten:** von Seattle bis San Francisco | Mai – Oktober |
| **USA – Norden:** mit Colorado, Montana, South-Dakota, Idaho | April – August |
| **USA – Nordosten:** mit den Neuengland-Staaten, Ost-Kanada | Sommer, *Indian Summer* Sept – Mitte Okt |
| **USA – Westen:** mit Südkalifornien | September – Mai |
| **USA – Südwesten:** mit New Mexico Utah, Nevada, Arizona | April – Oktober |
| **USA – Osten:** mit Chicago, New York | Frühling & Herbst |
| **USA – Südstaaten:** Florida | Winter |
| **USA:** Hawaii | April – November |

| Ziel | beste Reisezeit in Mittel- & Südamerika |
|---|---|
| **Mexiko, Guatemala** | Oktober – April |
| **Karibik** | Dezember – Juni |
| **Venezuela:** Küstengebiet, Anden | ganzjährig |
| Dschungel, Llanos, Orinoco-Delta | Oktober – März |
| Gran Sabana | April – Oktober |
| **Bolivien, Peru, Ecuador** im Hochland | Mai – Oktober |
| Küste | Dezember – Mai |
| Urwald | Mai – September |
| Galapagos | Juni – Dezember |
| **Brasilien:** Nordosten | September – Februar |
| Amazonien | Juli – Oktober |
| Süden | September – April |
| **Argentinien, Chile** | Oktober – April |
| Patagonien, Feuerland | Dezember – Februar |

☀ **Tipp:** Die Route 66 *(Mother Road, America's Mainstreet)* führte einst als Transkontinentalverbindung fast 4000 km von Chicago nach Los Angeles. Die einfachen Landstraßen (keine Highways) verliefen in etwa südwestlich, aber selten geradlinig, und berührten viele kleine Städte, wie Joliet, Springfield, Amarillo, Albuquerque, entlang dem Colorado, durch die Mojave-Wüste nach San Bernardino und endeten in Los Angeles an den Piers von Santa Monica.

**www-Einstieg:** RV Recreational Vehicle (Campingfahrzeug), Stellplätze: reserveusa.com, RV Park & Campground Directory, Automobilclub AAA, KOA campgrounds, Good Sam RV Club

xiko als auch in Mittelamerika gibt es Campingplätze für Wohnmobile, gut, jedoch nicht so luxuriös wie in den USA.

Wer **ADAC-Mitglied** ist, wird vom *AAA* wie ein dortiges Mitglied behandelt und erhält Straßenkarten, Tour Books, Camp Books etc. Die sind allerdings sehr lückenhaft. In den Südstaaten gibt es zahlreiche Vertretungen von *Sanborn's.* Das ist eine große Versicherungsagentur, die für Mexiko und einige mittelamerikanische Staaten die Versicherung abschließt. Gratis bekommt man einen RV-Guide für die vorgesehene Reisestrecke.

Auch die größten Lkw oder WoMo dürfen so schnell fahren wie Pkw, in den meisten Bundesstaaten 55 oder 65 Meilen pro Stunde. Vor Schulen und Kindergärten ist die Höchstgeschwindigkeit meist 5 Meilen, sobald das gelbe Licht am Verkehrszeichen leuchtet. Dies wird streng überwacht, ebenso Überhol- und Begegnungsverbote, wenn der Schulbus hält. Der zeigt dann große rote Blinkleuchten und ein ausgeklapptes Stop-Schild. Außerorts gilt »keep your lane« – halte deine Spur. Da auch *Interstates* oder *Freeways,* im Prinzip

unseren Autobahnen entsprechend, Ausfahrten nach rechts oder links haben können, ist es manchmal ein Problem, auf die richtige Spur zu gelangen. Allradantrieb ist nicht erforderlich, auch nicht in Mittelamerika. In Südamerika hingegen hat er deutliche Vorteile, weil etliche wichtige Andenüberquerungen in schlechtem Zustand sind.

Mehr Sein als Schein: Eine der vielen abenteuerlichen Brücken entlang der BR 319 zwischen Humaitá und Manaus, Brasilien
Foto: Gabi Goll

# Durch die USA

**Landschaftlich** bieten die USA für jeden etwas. Sie können Großstädte besichtigen oder wochenlang einsam durch endlose Nationalparks wandern. Hier darf man sein Leben noch aufs Spiel setzen. Wer an den Hängen des *Grand Canyon* klettern möchte, die Sandsteinbögen des *Arches National Parks* in Utah erklimmen oder kreuz und quer durch die Sümpfe der riesigen *Everglades* in Florida waten will, um das Leben und Treiben von Alligatoren zu studieren, ist herzlich willkommen.

Von Christel Loock
Christel Loock ist Mitglied der dzg und unternahm 1989 – 2004 zehn Reisen in die USA, meist mehrere Monate und mit Kindern.
Mit Hinweisen von Uwe Sell und Andres Sommer

Der *Lincoln Highway* verband als erste Straße die Ost- und Westküste der USA, vom Times Square in New York bis zum Lincoln Park in San Francisco. Er führt heute in 5454 km durch 14 Bundesstaaten.

Die *Pony Express Route* verband 157 Stationen auf einer Länge von 3200 km zwischen Missouri und Kalifornien in Ost-West-Richtung. Diese und zahlreiche weitere Routen gehören zum *National Trails System,* in dem Wanderwege und historische Routen der USA gepflegt werden, etwa Lewis and Clark National Historic Trail mit rund 6000 km Länge.

Der *Iditarod Trail* ist ein rund 1600 km langes Wegesystem in Alaska und bekannt durch das gleichnamige Hundeschlittenrennen. Der Trail verläuft quer durch Alaska, von Seward über Iditarod nach Nome.

Kaum ein **Amerikaner** spricht eine Fremdsprache, dafür sind die meisten recht nette Zeitgenossen, hilfsbereit und aufgeschlossen. Man sollte jedoch niemanden überfordern und etwa voraussetzen, dass er weiß, wo Deutschland auf der Weltkarte zu finden ist. Globales Denken ist hier ziemlich fremd, Zeitungen und Fernsehen beschäftigen sich fast ausschließlich mit amerikanischen Problemen. Wer etwas aus Europa erfahren möchte, ist auf das Internet angewiesen.

Insbesondere bei Gesprächen über Religion oder Politik ist Zurückhaltung angebracht.

Jeder **Bundesstaat** hat eigene Gesetze, ebenso verschieden sind die Anschauungen und Moralvorstellungen. Das betrifft nicht nur die Todesstrafe, sondern im

Alltag insbesondere den Umgang mit alkoholischen Getränken oder den Dresscode.

Um Probleme auf jeden Fall zu vermeiden, sollten auch kleinste Kinder immer Badekleidung tragen, Männer knielange Badehosen. Das Trinken von Alkohol in der Öffentlichkeit und sogar das Aufbewahren von solchem im Innenraum des Autos werden in einigen Bundesstaaten streng geahndet. Besser die Flaschen immer in Packpapiertüten verpacken und unbedingt im Kofferraum verstauen. Besonders in Kalifornien gibt es Innenstädte, in denen das Rauchen in der Öffentlichkeit nicht gestattet ist.

Auch der Besucher aus Kentucky weiß nicht, wie er sich in der Bourbon Street in New Orleans benehmen darf und wird schauen, was die anderen machen. Deshalb fragt auch der Sheriff: »Do you come from?«, um zu wissen, aus welcher moralischen Ecke der Sünder kommt. Also achte – wie überall in der Welt – auf die Gepflogenheiten der anderen, sei bescheiden und nimm dich etwas zurück.

Vor dem Abflug wird am **Flughafen** nicht nur das Handgepäck durchleuchtet, sondern auch alle Schuhe. Taschen mit Laptops müssen vollständig entleert werden. Selbst kleinste Nagelscheren werden konfisziert. Bei der Ankunft in den USA nimmt man Ihren Zeigefingerabdruck und macht Passfotos – dann dürfen Sie ins Land der unbegrenzten Möglichkeiten einreisen, ↗ Seite 277, »Reisedokumente«.

Nehmen Sie genügend **Dollar,** US-$-Reiseschecks, Kreditkarte und/oder Maestrokarte mit, ↗ Seite 297. Das Wechseln von Fremdwährungen ist schwierig, in jedem County gibt es nur eine zuständige Bank.

Wenn Sie ein **Fahrzeug kaufen**, ↗ Seite 155, sollten Sie sich nicht scheuen, beim Department of Motorvehicles (DMV, US-Straßenverkehrsamt) einen Führerschein zu machen (ab 16 Jahre). Der Führerschein gilt als Hauptausweis, Personalausweise gibt es nicht. Der Vorgang kostet nicht viel, geht schnell und ist viel einfacher als in Deutschland. Motels bieten günstige

Meriwether Lewis, William Clark, **Tagebuch der ersten Expedition zu den Quellen des Missouri,** sodann über die Rocky Mountains zur Mündung des Columbia in den Pazifik und zurück 1804 – 06. Zweitausendeins.

**Guide to Free Campgrounds,** in zwei Bänden für den Westen und den Osten der USA.

**Übernachtungen** gegen Vorlage eines Coupons an; Coupon-Hefte erhalten Sie an den Tankstellen.

Falls Ihnen ein Streifenwagen mit Blaulicht/Sirene folgt, an den Rand fahren, Motor ausschalten und die Hände aufs Lenkrad legen und warten was passiert. Niemals nach hinten umdrehen! Auf dem Rücksitz transportieren viele Einheimische ihre Waffen und amerikanische Polizisten schießen erst und fragen dann.

Die USA sind ein Paradies für **Weißbrot-Liebhaber**. Jeder Supermarkt bietet Hunderte verschiedene Sorten, auch »Schwarzbrot«, entpuppt sich als weiches Weizenbrot. Mac Donald's, Burger King, Denny's, Subway, Wendy, Carls', Pizza Hut usw. gibt es an fast jeder Ecke. »Wiener Schnitzel« ist bekannt als größte Hot-Dog-Kette der USA, Schnitzel bestellt man hier allerdings vergebens.

## Einreise in die USA

Innerhalb der USA gibt es keine Melde- und Ausweispflicht, daher werden seit 2001 die Einreisekontrollen erheblich verschärft und ständig verändert. »Open doors, but secure borders« ist die Aufgabe des Heimatschutzministeriums der USA.

Eine Reihe von Ländern (auch Deutschland, Österreich, Schweiz) sind von den USA zum **Visa Waiver Programm** zugelassen. Deren Staatsbürger dürfen prinzipiell visumsfrei einreisen, müssen sich jedoch online unter https://esta.cbp.dhs.gov im **Electronic System for Travel Authorization ESTA** mindestens 72 Stunden vor der Abreise registrieren. Dort wird ausführlich über die Detail-Anforderungen informiert. Eine ESTA-Genehmigung ist kein Visum, jedoch kostenpflichtig.

Nur mit ESTA-Genehmigung darf der Passagier an Bord, diese wird den Airlines vom Heimatschutzministerium mittels APIS (*Advance Passenger Information System*) mitgeteilt. Ablehnungen werden nicht begründet. Doch auch mit ESTA-Genehmigung kann die Einreise in die USA nach der Landung immer noch ver-

**Tipps zur Wohnmobilreise Mexiko — Kanada**
**Verschiffung** eines Wo-Mos von Emden mit der Emder Verkehrsgesellschaft, www.evag.com, nach Veracruz, dauert 3 – 4 Wochen. Dort ist für die Hafenformalitäten ein Custom Broker (*Agencia Aduanal*) erforderlich.

 **Traveler's Guide To Mexican Camping,** Mike & Terri Church, Rolling Homes Press, Kirkland.
**USA:** Auf den Parkplätzen der 24 Stunden geöffneten Wal-Mart-Supercenters kann man kostenlos übernachten. Einen **Rand McNally-Atlas** gibt es dort für rund 5 US$. Er enthält die Adressen der Wal-Marts.
**Rückverschiffung** von Halifax nach Bremerhaven mit Reederei Wallenius Wilhelmsen, www.walleniuslines.com.

ZIELE & ROUTEN WEST

wehrt werden. Die ESTA-Genehmigung gilt zwei Jahre für beliebig viele Einreisen, solange derselbe Reisepass benutzt wird.

Reisende, deren Länder nicht am Visa-Waiver-Programm teilnehmen, oder andere Anforderungen nicht erfüllen, etwa weil sie länger als 90 Tage einreisen wollen, benötigen ein Visum, dann jedoch keine ESTA-Genehmigung.

## Durch Südamerika

Vielleicht hat dich ein Film oder ein Reisebericht auf den Geschmack gebracht. Jetzt bist du von Südamerika fasziniert und planst eine Reise dorthin? Dann empfehle ich dir den besten Reiseführer für alle südamerikanischen Länder – dich selbst!

Lerne Spanisch oder Portugiesisch. Jede ernst genommene Volkshochschulstunde bringt dir das hundertfache Reiseglück zurück. Der Reichtum und die Schönheit dieser Länder liegen nicht nur in den grandiosen Landschaften mit ihren Gletschern und Wüsten, Urwäldern und Stränden oder in der Geschichte ihrer Bauwerke. Sie liegen viel mehr in den Menschen, die dort leben. Latinos sind lebhaft, kommunikativ, neugierig und hilfsbereit (in dieser Reihenfolge). Ich war gut beraten, zunächst Portugiesisch (Brasilianisch) zu lernen, denn von dort kann ich immer eine Brücke zum Spanischen schlagen. Doch umgekehrt ist das portugiesische Hörverständnis für den Spanischschüler gleich Null.

Einen Reiseverlauf grob abzustecken, ist sicher für jede Reise vorteilhaft. Doch gerade in Südamerika bedeutet weniger oft mehr. Ich kenne Leute, die ihr Fahrzeug von Europa aus verschifft haben, sieben Länder in drei Monaten durchrasten und nun zu Hause die Stempel im Pass anstaunen: Da war ich? Wer sich sechs Reisewochen abknapsen kann, verschafft sich einen ersten Eindruck von einem (!) Land, mehr nicht.

**Von Jürgen Erdmann**
Jürgen Erdmann ist Mitglied der dzg. Er arbeitete 1976 als 22-Jähriger nach dem Fachhochschulstudium als Vermessungsingenieur in Venezuela. Seither gilt: »America do Sul, te amo.« Spätere Reisen nach Asien, USA, Neuseeland, Australien, Namibia und andernorts sind für ihn nie so intensiv gewesen, wie die Reisen durch den südamerikanischen Kontinent.
www.zwergenfreiheit.de

## Unterkunft

Vorzügliche Busse für alle Fernstrecken erlauben es, die eine oder andere Übernachtung zu sparen. Im Umkreis der City-Busbahnhöfe finden sich zudem Billighotels, die meist in keinem Reiseführer aufgeführt sind. Ich empfehle allerdings, nicht gepäckbeladen und desorientiert durch die Gassen zu laufen. Geh in eine Kneipe, trink ein Bier, bitte den Wirt um Hilfe und lagere das Gepäck vorübergehend hinter der Theke.

Morgens um 5 ist die Welt nicht mehr in Ordnung: Unterm Pão de Açúcar in Rio de Janeiro, Brasilien
Foto: Jürgen Erdmann

Ein Kuppelzelt ist nicht nur für das Outdoorwandern in den Andenregionen zu empfehlen. In manchen 2- bis 3-Dollar-Hotels habe ich es mit seinem dichten Moskitonetz auch schon mal auf oder neben dem Bett aufgebaut. Und auf dem Land erlaubt man dir gerne, das Zelt auf einem Hof aufzustellen. Eine große **Hängematte** (Marke Casal) ist gerade in Brasilien Übernachtungsgold wert. Dann wirkt an geeigneter Stelle der Zaubersatz: »Por favor dar un jeito, não tem lugar para pindura minha rede?« und du darfst deine Matte aufhängen. Selbst wenn alle Hotels voll und alle Betten belegt sind: Auf einer Hotelterrasse, auf einem Balkon, im Kinderzimmer, auf einem Boot oder in der Ecke eines Stundenhotels findet sich bestimmt ein Platz.

☀ **Tipp:** Leg dich diagonal in die Hängematte, sonst wachst du als Fragezeichen auf!

## Sicherheit

Schlafe gut, doch halte die Augen auf! Eine Sicherheitsparanoia darf man nicht entwickeln, doch eine gesunde Wachsamkeit ist unverzichtbar.

Als Grundsatz gilt: Jeder Reisende ist jederzeit für sich und seine Sachen selbst verantwortlich, ein »Pass mal eben auf« ist verantwortungslos. Sträflich leichtsinnig ist es, sich mit Geld, Kreditkarten und Fo-

☀ **Tipp:** Zeige deine Wert-sachen möglichst nie öf-fentlich, trage Papier und Geld immer in eingenäh-ten Taschen verdeckt am Körper.

☀ **Tipp:** Besonders in Pe-ru und Bolivien wird der Rucksack von innen mit Kaninchendraht ausge-kleidet – das vereitelt den Schlitzern das Handwerk. Wenn Menschen auf der Straße näher kommen und fragend Körperkon-takt suchen oder leicht schubsen – Vorsicht, Trickdiebstahl.

☀ **Tipp:** In vielen Klein-städten Südamerikas gibt es Stadtbusse mit der Aufschrift »Circular«. Da fährt man einfach mit, bis die Ausgangshaltestelle wieder erreicht ist und hat eine sehr günstige Stadt-rundfahrt hinter sich.

toausrüstung beladen in den Straßenkarneval von Rio, Recife oder Bahia zu stürzen. Zum Vergnügen wird der Fotoausflug, wenn man die »location« vorher erkundet, Kontakte knüpft, dann die Kamera holt und im Kreise der nun bekannten Karnevalisten fotografiert. Und wenn zuviel Alkohol im Spiel war, ist ein Taxi kein Lu-xus, sondern eine geeignete Sicherheitsmaßnahme.

Das Überfallrisiko sinkt auf dem Land, steigt in der Stadt. In Brasilien wird man erst mit 15 Jahren straf-mündig – sei also zuvorkommend zu Straßenkindern. Ein Portemonnaie mit abgelaufenen Kreditkarten, bil-ligen Geldscheinen von Inflationswährungen und die Tagesration der einheimischen Währung stellt manch einen »Bittsteller« zufrieden. Bevor der das Kuckucksei erkennt, solltest du allerdings schon einen Ortswech-sel vorgenommen haben … Falls es noch schlimmer kommt, spiele niemals den Helden. Eine »Ganzkörper-massage« wäre dann noch das geringste Übel.

### Öffentliche Verkehrsmittel

Die Transportkosten empfinden wir als äußerst güns-tig, doch steigen sie häufig auf dem letzten Abschnitt vorm Ziel, etwa wenn es sich um »top-need-to-see«-Highlights handelt oder wenn die Gegend durch ver-breitete Reiseführer wie Lonely Planet oder South Ame-rican Handbook »verbrannt« ist. Dann hilft nur eins: warten und mit anderen Travellern als Minigruppe bes-sere Konditionen aushandeln. Vorsicht, wenn dir auf der Straße ein Ticket für Bus, Bahn, Pickup oder Flug-zeug angeboten wird – sie sind selten gültig. Besser, man schleppt Mann und Ticket zur Verkaufsstelle und lässt die Gültigkeit vor dem Kauf bestätigen.

Wer genug hat von den Einheits-Rucksacktravellern mit ihren immer gleichen Fragen, der sollte den Reise-führer beiseite legen und sich irgendein Ziel auf der Landkarte suchen. Es fahren garantiert öffentliche Verkehrsmittel hin! Falls doch nicht, schließe dich »Locals« an, was Sprachkenntnisse, viel Zeit und Gast-geschenke voraussetzt. Touristen zahlen für solche

Transportgelegenheiten mit Boot, Esel etc. etwa den doppelten Tagesverdienst plus Spritkosten.

In den ländlichen Regionen sollte man nach Rodeo- und Markttagen, Folklore- und Wallfahrtsveranstaltungen fragen. Daran teilzunehmen lohnt sich immer. Anders als in Brasilien gilt in den Andenstaaten der alte Schlager »Kreuzberger Nächte sind lang, erst fang'se ganz langsam an – aber dann …«

☀ **Tipp:** An den meisten Tankstellen in Brasilien gibt es billige und gute Restaurants mit Buffet und Rodizio, kostenlose warme Duschen sowie natürlich Toiletten.

## Meine persönlichen Highlights

**Venezuela:** Orinoco-Delta, Goldsucher besuchen bei Kilometer 88, Tafelberg besteigen.

**Brasilien:** Iguaçu-Wasserfälle, Tiere beobachten im Pantanal zur Trockenzeit, die Küste zwischen Santos und Rio, Dünennationalpark Lençois Maranhese, Boot fahren im Amazonasgebiet, Karneval in Rio (wegen der bunten Bilder) und in Salvador (zum Mitfeiern).

**Peru:** Arequipa mit der weißen Stadt, Titicaca-See mit den Inseln, alle Eisenbahnfahrten, Macchu Picchu.

**Ecuador:** Quito und Umgebung.

**Bolivien:** Salar de Uyuni, Cochabamba.

**Paraguay & Uruguay:** Chaco-Besuch mit Ortskundigen

**Argentinien:** Península Valdez, Wandern im Fitzroy-/Cerro Torré-Gebiet, Perito Moreno-Gletscher, die argentinische Schweiz um Bariloche, Zeltwandern im Feuerland-Nationalpark, Rodeo-Veranstaltungen in der Pampa.

**Chile:** Torres del Paine, Vilha Rica mit Vulkanaufstieg, Schiffspassagen, Punta Arenas/Natales durch den Beagle-Kanal nach Puerto Williams, Carretera Austral zwischen Puerto Montt und Chile Chico, das Seengebiet, Chiloé-Archipel, San Pedro de Atacama.

**Inselwelten:** Galapagos, Osterinsel, Fernando de Noronha, Robinson Crusoe im Juan Fernandez Archipel, Ilha de Bananal.

📕 Stephen Greenblatt, **Wunderbare Besitztümer.** Die Erfindung des Fremden: Reisende und Entdecker. Wagenbach.

📕 **Guia de quatro rodas** (Praia). Satellitenkarten 1:50.000 ganz Brasiliens mit Straßen(zuständen), Wegen, Orten, Infrastruktur, Strandqualitäten, Wellenhöhen u.v.m. Wird jährlich aktualisiert und ist an jedem Kiosk zu erhalten.

📕 **Lateinamerika,** Informationen 244. Bundeszentrale für politische Bildung, Bonn, www.bpb.de.

📕 **South and Middle American Handbook**.

## Tipps in Stichworten

Die **Fähre** von Panama nach Ecuador läuft nun Manta an und nicht mehr den gefährlichen Hafen von Guayaquil. Zwischen dem panamaischen Puerto Obaldía und

von Hermine und Walter Behrens, dzg-Mitglieder

**www-Einstieg:** www.cari-lat.de, www.latin-world.com, Latin American Network, Panamaricanaforum, Fähren: Comapa, Informationsstelle Lateinamerika

dem kolumbianischen Turbo bei Cartagena kann man sein Fahrzeug verschiffen. Mindestens wöchentlich fährt ein Personenschiff der Kuna nach Colón. Von Süden nach Norden ist die Passage nicht zu empfehlen, da sie als Drogenroute gilt.

Autofahrer können ihren Wagen von Miami nach Venezuela verschiffen. *Jürgen Erdmann* (dzg) empfiehlt: »Die große Südamerika-Rundreise beginnt bei der Anreise aus Europa am besten in Venezuela. Von Caracas bis Manaus (Brasilien) über Santa Elena Boa Vista ist die Straße durchgängig asphaltiert. Während der Trockenzeit von Juni bis September ist die Verkehrsinfrastruktur besser nutzbar. Wer allerdings mit der beliebten Grimaldi-Linie verschifft, beginnt die Reise in Buenos Aires. Dort sind die Hürden der Einreisebürokratie niedriger und es werden Haftpflichtversicherungen für die ABC-Staaten (Argentinien, Brasilien, Chile) angeboten. Der direkte Weg nach Süden folgt der Panamericana. Die meisten queren in den Anden nach Kolumbien und schlängeln sich mehr oder weniger weit von der Pazifikküste durch Ecuador und Peru nach Chile. Von dort gelangt man über den Andenkamm nach Argentinien, beispielsweise von Santiago de Chile nach Mendoza und weiter nach Buenos Aires, von wo sich ein Abstecher oder die Weiterreise nach Uruguay lohnen.

Die **Straße der sieben Seen** auf der Grenze von Chile und Argentinien führt an Gletschern und Fjorden vorbei: San Carlos de Bariloche – Villarica – Osorno – Puerto Montt – Chaiten – Villa San Lucia – Puyuhuapi – Puerto Chacabuco – Coihaique – Perito Moreno – Tres Lagos – Fitz Roy – El Chaltén – Perito Moreno Gletscher – El Calafate – Torres del Paine – Puerto Natales. Alles zusammen fast 3000 km.«

Die **Carretera Austral,** offiziell Ruta CH-7, verläuft von Puerto Montt nach Villa O'Higgins im Süden der Región de Aisén, rund 1350 km.

Wer **Brasilien,** das fünftgrößte Land der Erde, in eine Rundreise integrieren will, muss bedenken, dass der Grenzwechsel zwischen Venezuela einerseits und Brasilien und den Guyanas andererseits nur sehr mühsam bzw. gar nicht möglich ist. Reisende mit öffentlichen Verkehrsmitteln können sich vom venezolanischen Grenzort Santa Elena de Uairén mit Bussen über Pisten nach Boa Vista und weiter nach Manaus am Zusammenfluss von Rio Negro und Rio Solimões durchschlagen, umgekehrt genauso. Auf diese Art ist der relativ preiswerte An- und Abflughafen Caracas zu benutzen. Idealerweise bereisen Leute mit eigenem Fahrzeug das Land im Rahmen einer Südamerika-Rundreise, also von Süden aus, und verschiffen ihr Gefährt dann von Brasilien nach Hause. Die Ostumfahrung Südamerikas ist seit 2002 einfacher, nachdem zwei Pisten von Brasilien nach Guyana gebaut wurden.

## Wandern in den Anden

Die **Anden** sind weitläufig, rau, wild, eine großartige Landschaft meist ohne jede Infrastruktur. Sie sind daher oft auf sich allein gestellt und können nicht in jeder Gegend auf Hilfe hoffen. Sie können Tageswanderungen unternehmen, aber auch für 3 Wochen im Busch verschwinden, ohne jemandem zu begegnen.

Wer plant, in den Anden zu wandern, sollte sich auch im Hochsommer auf extreme Kälte vorbereiten. Ein Temperatursturz von 40 °C in wenigen Stunden ist nicht selten und es kann in 1700 m Höhe nachts unter

**von Andres Sommer**

☀ **Tipp:** Bolivien: vom Salar de Uyuni/Incahuasi zur Laguna Verde entlang der Salzlagunen (Landschaft satt!), die Felsen von Tupiza, den Camino Takesi in die Yungas (zu Fuß) und über den Cumbre Pass auf der alten Straße zurück (mit dem Auto/Bus), der Pass am Huayna Potosi und der Blick ins Zongo Tal, der Sajama Nationalpark (Therme, Vicuñas, Nandus).

**Warten auf das Streiflicht: Auf dem Salar de Uyuni, der größten Salzfläche der Welt**

Foto: Tanja Sommer

ZIELE & ROUTEN WEST

☀ **Tipp:** Argentinien: Bosques Petrificados de Sarmiento, Valle de la Luna nahe Salta, Mendoza (Wein), von Uspallata zum Aconcagua, die Landschaften nördlich von Tucumán.

☀ **Tipp:** Chile: Rodeo in Rancagua, die Geysire von El Tatio ganz früh am Morgen, der Lago Fagnano mit den zwei schönsten Vulkanen Chiles (Pomerape und Parinacota).

Für Wanderer in Chile und Argentinien: Clem Lindenmeyer **Trekking in the Patagonian Andes.** Lonely Planet.

-15 °C kalt werden. In Patagonien und Feuerland kämpft man im Sommer sehr häufig mit starkem Wind und horizontalem Regen, im Herbst dann mit klirrender Kälte. Daher regenfeste und warme Kleidung mitnehmen und die Sachen im Rucksack gegen Nässe schützen. Es gibt nichts Schlimmeres, als nach einem durchweichten Tag in einen durchweichten halb gefrorenen Schlafsack zu kriechen. Wegen der unberechenbaren Witterung ist bei längeren Touren ein Kocher ratsam. Wasser filtern, abkochen oder mit Micropur behandeln, da viel Landwirtschaft betrieben wird.

In den Bergen läuft man überwiegend auf Dreck, Schlamm, Kiesel, Fels, Geröll und vulkanischer Asche. Festes Schuhwerk mit Gamaschen gegen Sand, Steine und Nässe ist empfehlenswert.

Die Beschilderung in den Nationalparks ist selten so gut wie in Europa üblich und besteht meist aus ein paar orangenen Farbklecksen auf irgendwelchen Steinen. Es kann sehr schnell passieren, dass man bei aufkommendem Nebel die Orientierung verliert. Karte, Kompass und Höhenmesser tun gute Dienste. Beim Kompass unbedingt darauf achten, dass Sie einen für die Südhalbkugel geeigneten mitnehmen, damit die Nadel nicht an der Kompassdose klebt. Die Missweisung im Süden kann bis zu 15 Grad betragen!

# REISEZIELE UM AUSTRALIEN & NEUSEELAND

**Australien ist das einzige Land der Erde, das größer als ein Kontinent ist, da es auch Tasmanien sowie etliche weit entfernte Inseln umfasst. Von Touristen besucht und infrastrukturell einigermaßen erschlossen ist hauptsächlich das südöstliche, gemäßigte bis subtropische Drittel des australischen Kontinents. Es ist sinnvoll, sich innerhalb einer mehrwöchigen Reise darauf zu beschränken. Perth an der Westküste bildet wegen seines mediterranen Klimas eine Ausnahme.**

Eine **beliebte Reiseroute** führt von Sydney durch die Blue Mountains zur Hauptstadt Canberra. Weiter durch den Süden nach Melbourne und über Mount Gambier und Adelaide mit einem Abstecher zum Ayers Rock nach Alice Springs. Von da entweder Flug oder monotone Fahrt nach Townsville an der Nordostküste und über Brisbane mit seinen Traumstränden zurück nach Sydney. Das berühmte Great Barrier Reef ist ökologisch stark gefährdert. Auf Tasmanien ließ das gemäßigte Klima eine große landschaftliche Vielfalt entstehen: In Regenwäldern, Mooren und Eukalyptushainen lässt sich wunderbar wandern.

Der **Bicentennial National Trail (BNT),** früher *National Horse Trail,* soll der längste markierte Trail weltweit sein und führt 5300 km an der Ostküste Australiens von Cooktown im Norden nach Healesville im Süden, 60 km nordöstlich von Melbourne. Der Weg kann zu Fuß, mit dem Rad oder per Pferd zurückgelegt werden.

**Neuseeland** liegt auf dem Globus Europa genau gegenüber. Die Nordinsel besitzt ein milderes Klima als die polnähere Südinsel. Die herausragenden Natursehenswürdigkeiten der *Nordinsel* sind die Bay of Islands, der Waipoua Kauri Forest, die Waitomo Caves und das Geysir-Gebiet um den Badeort Rotorua. Wanderer zieht vor allem der Tongariro-Nationalpark an. Auf der *Südinsel* ist die Westküste besonders rau, doch nirgendwo auf der Erde liegen Gletscher, Meer und subtropische Regenwälder dichter beieinander. Bergwanderer und andere Sportbegeisterte zieht es daher in diesen südlichen Teil Neuseelands.

In Australien, mehr noch in Neuseeland, ist der Reisende zwar geografisch »am anderen Ende der Welt«, doch kulturell ist er zu Hause. Technisch ist das Reisen dort einfach, besondere politische oder gesundheitliche Risiken gibt es nicht und klimatisch ist es dort gerade dann besonders angenehm, wenn es in unseren Breiten besonders unangenehm ist. Nachteilig ist der hohe Zeit- und Kostenaufwand für den Flug und auch der Lebensstandard ist ähnlich kostenintensiv wie bei uns.

**www-Einstieg:** www.australia.com, www.outback-guide.de, www.australien-info.de, Neuseeland News

☀ **Tipp:** Pitcairn Island, Zuflucht für die Meuterer der Bounty, wird nicht nur 5 – 6 Mal jährlich von Frachtschiffen angesteuert. Jeden dritten Monat gibt es regelmäßige Fährverbindungen von einer der abgelegensten Inseln Polynesiens, Mangareva. Mangareva wird wöchentlich von Tahiti aus angeflogen.

 Edgar P. Hoff (dzg), **Australien Handbuch**. RKH.

 Gilissen, E. H. M., **KulturSchock Australien.** RKH.

 Lutz Fehling (dzg), **Australien Natur-Reiseführer**. Tiere und Pflanzen am touristischen Wegesrand. Ilona Hupe Verlag.

 Smitz, P., **Tasmania**. Lonely Planet.

ZIELE & ROUTEN WEST

**☀ Tipp:** In den tropischen Norden Australiens sollten sich Radler nur im australischen Winter begeben, also von Juni bis September, während sich der Süden ganzjährig für Touren eignet, obwohl er im australischen Sommer etwas angenehmer ist.

| Reisezeiten für Ozeanien & Australien | |
|---|---|
| **Ziel** | **beste Reisezeit** |
| **Australien:** Süd und West | Oktober – Mai |
| Nord | April – Oktober |
| Outback | April – September |
| **Papua-Neuguinea** | April – September |
| **Neuseeland** | Dezember – April |
| **Südpazifik** | Mai – Oktober |
| **Mikronesien** | November – April |

**Erfahrungsbericht von Klaus Bartels**
Seit fast 40 Jahren erprobt die Familie Bartels Reisemobile aller Art. Angefangen haben sie mit einem VW-Bus, der mit seinen damals fortschrittlichen 50 PS die Hoggar- und die mauretanischen Pisten recht ordentlich bewältigte. Inzwischen haben sie (jetzt 83-Jährig) rund 600.000 km in 102 Ländern aller fünf Kontinente bereist.

## Mit dem eigenen Wagen durch Australien

Die Fracht nach Australien ist außerordentlich teuer. Das Wohnmobil muss am Heck zur Zierde eine große Tafel tragen mit der Aufschrift »Caution – Left Hand Drive«. Für einen mehrmonatigen Aufenthalt könnte es interessant sein, dort ein Fahrzeug zu kaufen; möglichst den Rückkauf bereits vereinbaren. Wohnmobile sind in Australien selten zu sehen, werden fast ausschließlich vermietet; Australier bevorzugen den Caravan, auch fünfachsig mit 11 m Länge. Die etwa dem VW entsprechenden Toyota-Kleinbusse sind sehr einfach ausgestattet. So kann etwa die Zündsicherung am Gasherd fehlen, das ist gefährlich. Die Hochdachmodelle eignen sich zum Schlafen im Dach nur für Superschlanke. Gemietete Geländewagen (etwa Toyota Land Cruiser) haben weder die nötige Ausrüstung (Schaufeln, Sandbleche, Wasser- und Treibstoffkanister) noch Ersatzteile, daher ist das Befahren der Wüstenpisten kaum zu verantworten. In unbewohnten Gebieten ohne Handy-Netz wäre die Pistenfahrt nur von mindestens zwei ausgerüsteten Fahrzeugen gemeinsam zu verantworten.

Einreisende nach Australien dürfen nicht das kleinste bisschen Lebensmittel mitführen. Auch die Tafel Schokolade oder das Frühstücksbrötchen aus dem Flieger müssen vor der Kontrolle in den Abfall entsorgt werden, denn man muss dann erklären, dass man nichts Verbotenes dabei hat. Das gilt auch innerhalb des Landes. Die einzelnen Bundesstaaten verbieten in unterschiedlicher Weise die Einfuhr von Obst und Gemüse, Blumen, Pflanzen oder Honig und kontrollieren das. Wer in Australien nach sechs Monaten sein Visum verlängern möchte, muss eine Krankenversicherung nachweisen.

**www-Einstieg:** Pacific Crest Trail (PCT), The Long Riders' Guild, Confederation of Bushwalking Clubs NSW, Guide to Australia (CSU)

## Mit dem Rad von Perth nach Melbourne

Australien ist nur dünn besiedelt. Verlässt man Perth und radelt Richtung Esperance bzw. Norseman, dehnen sich die Entfernungen zwischen den Ortschaften bald bis zu 100 km aus. Hat man erst den durch die Nullarbour Plains führenden Eyre Highway erreicht, liegen mittlerweile bis zu 240 km zwischen den einzigen Versorgungsstellen, den *Roadhouses*. Dies macht nun gleichzeitig auch den Reiz des Radelns in Australien aus, das Erleben der Weite des Landes und des freien Buschcampens, wo immer man am Ende eines anstrengenden Tages landet. Da die Strecken generell flach sind, kann man durchaus größere Distanzen zurücklegen. Wenn die Verhältnisse (Temperaturen und Windrichtung) nicht allzu schlecht sind, genügt ein Wasservorrat von etwa 5 Litern.

In Ceduna ist dann das gröbste geschafft und hinter Port Augusta sollte man nicht den Aufstieg zu den Southern Flinders Ranges scheuen. Es erwarten einen nette Städtchen (Ortschaften mit 50 Einwohnern nennen sich hier »town«), irgendwie eine Mischung von englischer Provinz und Wild West in hügeliger Farmgegend.

Weitere Highlights auf dem Weg nach Osten sind die oasenartige Murray-River-Gegend um Mildura und das waldreiche Mittelgebirge The Grampians. Von dort kann man die spektakuläre *Great Ocean Road* ansteuern, die zwischen Portland und Lorne am schönsten ist, allerdings auch recht stark befahren. Melbourne erreicht man am besten, indem man um die Port Philip

Von Wolfgang Pabst
Wolfgang Pabst war Mitglied der dzg und als Statistiker an der Uni Gießen tätig. Seinen Jahresurlaub nutzte er seit Jahren dazu, den europäischen Winter mit Solo-Fahrradreisen in Afrika, Asien oder Australien zu verkürzen. Im Sommer 2011 starb er in Gambia.

Bay herumfährt. Im innerstädtischen Melbourne ist das Radeln angenehmer als an der Peripherie.

In Australien ist die Mentalität der Bewohner europäisch, vielleicht eine Spur lockerer, Kontakte zu Aborigines sind aus diversen Gründen eher unrealistisch.

# REISEN IN DEN POLARGEBIETEN

## In die Arktis und zum Nordpol

Nördlich der Baumgrenzen Eurasiens und Nordamerikas, genauer: nördlich der 10-Grad-Celsius-Juli-Isotherme, liegt die **Arktis** mit Tundren, Ausfluss-Gletschern, Fjorden und mehr oder weniger treib- und packeisbedecktem Nordpolarmeer. Vier Millionen Menschen leben in der Arktis, 30 indigene Volksgruppen wie Inuit, Jakuten und Evenken sind dort beheimatet. Die größte Stadt der Arktis ist Murmansk mit mehr als 300.000 Einwohnern.

Im arktischen *Frühsommer* von Mitte Juni bis Mitte Juli sind die Tundren meist noch von Schnee, das Meer noch von Eis bedeckt, jedoch lassen sich auf dem Eis Robben und Eisbären beobachten. In Svalbard ist zunächst nur die Westküste befahrbar.

Im arktischen *Hochsommer* von Mitte Juli bis Mitte August sind die Tundren schneefrei, jedoch noch sehr nass. Spitzbergen kann bis etwa 80° Nord umfahren werden, Sjuøyane und Kvitøya liegen noch im Eis. Das Packeis gibt dann den Archipel Franz-Josef-Land langsam frei. In Westgrönland wird Thule erreichbar. In Ostgrönland sind die Gebiete südlich von etwa 70° Nord meist eisfrei. Die Kanäle des nordkanadischen Archipels werden nur langsam von Osten her eisfrei.

Im arktischen *Spätsommer* von Mitte August bis Ende September ziehen von Süden her die ersten dunklen Stunden ins Reich der Mitternachtssonne. Das Treibeis ist fast überall verschwunden, die Packeisgrenze erreicht zwischen 81° und 82° ihre geringste Ausdehnung. Umfahrungen von Inselgruppen sind meist möglich, mit Eisbrechern lässt sich auch die Nordwestpassage befahren. Lediglich der Treibeisgürtel vor Ostgrönland bleibt in seiner Ausdehnung unberechenbar.

Eine handvoll Ausgangspunkte eignet sich besonders für Touren in die Arktis. Das nördlichste dauerhaft bewohnte Dorf der Erde ist **Nye Ålesund** auf Spitzbergen, dort leben ausschließlich Wissenschaftler. Hier landen Flugzeuge auf dem Weg nach Thule und der Hafen ist viele Monate eisfrei, die Temperaturen steigen bis auf zehn Grad Celsius.

Nach **Grönland** gelangt man per Flug von Kopenhagen nach Kangerlussuaq. Entlang der südlichen Ost- und Westküsten gibt es Inlandsflüge und Schiffspassagen. Grönland besitzt eisfreie Gebiete in der Größenordnung Deutschlands, das nördlichste dieser Gebiete, Peary Land, ist nur 700 km vom Nordpol entfernt und kaum zugänglich.

Ausgangshäfen für Routen in der **nordamerikanischen Arktis** sind St. John's auf Neufundland, Pond Inlet und Iqaluit auf der Baffininsel, Kangerlussuaq in Westgrönland sowie Anadyr auf der Tschuktschen-Halbinsel. Touren mit Expeditionscharakter starten häufig ab Resolute im kanadischen Territorium Nunavut.

**Spitzbergen** ermöglicht in erster Linie Tierbeobachtungen, in Ostgrönland beeindrucken die monumentale Landschaft und die Einsamkeit. In Spitzbergen ist es immer möglich, Eisbären zu begegnen, in Grönland sind es eher Moschusochsen, Schneehasen und -Eulen, die Westküste Grönlands ist für Buckel-, Zwerg- und Finnwale in einzigartiger Vielfalt Lebensraum. Hier findet sich auch der ergiebigste **Gletscher** der Erde: Der Jakobshavn-Gletscher schiebt sein Eis als schnellster Gletscher der Welt täglich bis zu 35 Meter in die Diskobucht bei Ilulissat und kalbt unentwegt. 40.000 Eisberge treiben jährlich zwischen Grönland und der Baffin Bay.

Etwa 20.000 Belugas leben in der Baffin Bay, hier und in Westgrönland stößt man immer wieder auf die Kultur der Inuit. Die Durchfahrt der Nordwestpassage

☀ **Tipp:** Salzwasser-»Eisberge« bilden flache Schollen, Süßwasser-Eisberge sind hochgetürmt – nur die letzteren liefern schmackhaftes Eis für den Whisky.

dauert etwa drei Wochen, doch sind Route und Zeitbedarf unberechenbar.

Zum **Nordpol** läuft man. Ausgangspunkt dafür ist die 195 km entfernte russische Barneo Station, 88°11' N, 2°53' E. Dorthin gelangt man per Flug von Longyearbyen oder aus Russland, von Norilsk über Khatanga und Sredny auf Sewernaja Semlja. Bei der Anreise aus Russland sind zahlreiche Sondergenehmigungen nötig.

Der April bietet die besten Bedingungen für eine Wanderung zum Nordpol, denn es ist mit minus 20 Grad relativ warm, dennoch ist die Eisdecke belastbar und die Sonne bietet 24 Stunden Licht für viele Wanderstunden. Dafür sollte man vor der Reise mit 7- bis 10-stündigen Schneeschuhwanderungen trainieren. Für Touren per Schiff ist die Zeit von Juni bis August besser geeignet.

Die Luft ist zwar kalt, jedoch extrem trocken. Textilien werden so gewählt, dass man möglichst wenig schwitzt, denn der Schweiß setzt sich als Eis in der Kleidung fest. Diese muss aber möglichst trocken bleiben: Schlafsäcke mit Kunstfasern statt Daunen, Unterwäsche aus Wolle statt Kunstfasern, Segeltuchschuhe statt Bergstiefeln und Plastiktüten über den Socken, ein Wolfsfell an der Kapuze.

## Spezialthema: Arktisches Trekking in Spitzbergen

Der Reisende findet im kurzen arktischen Sommer eine unbeschreibliche Farbenpracht, Blüten in allen Variationen neben grünem Moos inmitten von Steingeröll und auf kargem Dauerfrostboden. Unendliche Weite, Wind und Sonne, endlose Moränenfelder und treuherzig blickende Rentiere vor einer Kulisse spitzer schneebedeckter Berge, die Gischt des eisigen Meeres. Das ist die prachtvolle und traumhafte Arktis! Daneben gibt es riesige militärische Sperrgebiete etwa in Nordwest-Grønland (Thule), lebensgefährliche Begegnungen mit Eisbären, extreme Wetterwechsel.

☀ **Tipp:** Bevor Sie sich für arktisches Trekking entscheiden, machen Sie eine ganztägige Probetour mit vollem Rucksackgewicht während der Schneeschmelze auf Geröll, etwa auf der Lawinen-Schneise am Südhang des Guffert in Tirol, Aachensee-Gebiet, Nähe Rofan.

Dennoch kann man die Arktis individuell bereisen, nicht nur mit einer Luxus-Kreuzfahrt an die Packeisgrenze. Den einfachsten **Zugang zur Arktis** bieten Spitzbergen, Kamtschatka und das kanadische Yukon-Territorium. Besonders gut eignet sich der Archipel Svalbard. Das »Land der kalten Küste« liegt komplett in der Hocharktis. Die größte Siedlung des Archipels, das norwegische Longyearbyen, ist von Tromsø aus per Flugzeug oder Schiff zu erreichen. Übernachtungen und Dienstleistungen sind teuer. Outdoor-Ausrüstung ist jedoch günstig, da das Gebiet zollfrei und steuerbegünstigt ist.

**Voraussetzungen** für individuelles arktisches Trekking sind:

▶ Eine sehr gute **sportliche Kondition** und der unbändige Wille, sein Ziel zu erreichen;

▶ Sicheres **Beherrschen der Ausrüstung,** also Kompass, Karte, GPS, Satellitentelefon …;

▶ Ein **Waffenschein** und der geübte Umgang mit einer großkalibrigen Waffe;

▶ Gute **Recherche** über Info-Material, Kontaktadressen, Karten, Experten-Tipps;

▶ Einholen der **Genehmigungen** für Touren, etwa beim norwegischen Gouverneur auf Spitzbergen.

Unwegsames arktisches Gelände ist viel schwieriger als nördliches Trekking in Lappland oder Kanada. Lang gezogene Schotterhänge und sumpfige Flächen erfordern viel Kraft. Markierungen, die etwa in Lappland noch gelegentlich zu finden sind, gibt es auf **Spitzbergen** nicht. Unmittelbar hinter dem letzten Haus der kleinen Siedlungen beginnt die pfadlose arktische Wildnis. Flüsse müssen durchwatet, tiefer Morast und Schneefelder zeitraubend umgangen werden. Plötzlicher Nebel verhindert dann sogar die Nah-Orientierung. Daher sollte der arktische Wanderer mit kleineren Tagestouren vom Lager aus beginnen und seine Fähigkeiten erproben. Stets sollte irgendjemand informiert werden, wohin man aufbricht und wann die Rückkehr geplant ist. Allein-

**von Hans Peter Neuber**
Meine Lebensgefährtin und ich beschlossen 2001 trotz aller Widrigkeiten, die arktische Insel Svalbard (ca. 1000 km nördlich der nordnorwegischen Küste) auf eigene Faust zu besuchen und hatten hierbei sogar unsere einjährige Tochter in der Trage dabei.

**www-Einstieg:** Svalbard, Spitsbergen, Pyramiden, Petuniabucht, Frankonia (Jagdausrüstung), Iridium-Satelliten-Telefon: Applied Satellite Technology, Croydon Surrey, England, Flüge nach Spitzbergen: Braathens Airline, Oslo

reisende ohne Erfahrung mit großkalibrigen Waffen sollten sich einen Führer nehmen oder sich einer Reisegruppe anschließen, denn ein Eisbären-Angriff ist auch in den unvergletscherten Gegenden immer möglich.

**Lebensmittel** sollten in ausreichender Menge mitgenommen werden, die letzte Versorgungsmöglichkeit bietet Longyearbyen. Essbare Pflanzen gibt es in der Arktis praktisch nicht, von Gräsern und Moos abgesehen. Die Küste ist zum Fangen von Fischen nur schwer zugänglich. Bei einem Sturz ins eiskalte Wasser tritt nach einigen Minuten der Tod ein. Die Jagd auf Seevögel ist streng reglementiert und nur mit norwegischem Jagdschein möglich. Die Jagd auf Robben kann ohne besondere Erlaubnis möglich sein, die aktuellen Bestimmungen müssen erfragt werden. Allerdings finden sich die Robben hauptsächlich am Rande von Eisschollen und an vereisten Küstenabschnitten. Diese sollte der Trekker meiden, auch wegen der erhöhten Eisbärengefahr, denn Robben sind deren Leibspeise.

**Wasser** kann aus fast allen Flüssen und Bächen problemlos getrunken werden, wenn man sich nicht am erdigen Geschmack des Gletscherschmirgels stört. Gewässer in Siedlungsnähe (auch in der Nähe verlassener Siedlungen) können jedoch mit Parasiten verseucht sein.

Die Sturmsicherheit des Zeltes ist wichtiger als Wasserdichtheit, da Svalbard sehr wenige Niederschläge hat, jedoch mit heftigen Winden gesegnet ist. Gute Wander-Gummistiefel mit hochziehbaren Verlängerungen (ähnlich Fischerstiefeln) helfen beim Durchwaten der Flüsse und in sumpfigem Boden.

Zu empfehlen ist die Mitnahme einer guten **Signalpistole,** Kaliber 4, die in Deutschland erlaubnispflichtig, in Norwegen jedoch frei verkäuflich ist. Diese Signalpistole nach Deutschland einzuführen wäre ein Verstoß gegen das geltende Waffenrecht. Die roten Leuchtkugeln steigen etwa 300 m hoch. Ein Satelliten-Notsender sendet im Notfall eine Positionsbestim-

☀ **Tipp:** Beim Einkaufen und Verpacken beachten: Müll muss wieder mitgenommen werden, soweit er nicht rückstandsfrei verbrannt werden kann.

☀ **Tipp:** Kocher müssen bei Kälte funktionieren und windsicher sein, das trifft auf Benzinkocher nicht immer zu; Spirituskocher sind eine brauchbare Alternative.

mung. Wer ganz sicher gehen möchte, der besorge sich ein Iridium-Satelliten-Handy, das auch in polaren Regionen funktioniert. Eine Stolperdraht-Alarmanlage wird am Abend um die Zelte herum aufgebaut. Berührt Meister Petz den Draht, so gibt es einen starken Knall, der den Herrn der Arktis oft vertreibt.

Bewaffnung unumgänglich: Eines der beiden weltweit einzigen Eisbärwarnschilder, an der Ortsausfahrt Longyearbean, Spitzbergen

Foto: Rudi Kleinhenz

Auf Spitzbergen ist es Pflicht, eine **großkalibrige Waffe** mit sich zu führen, wenn der unmittelbare Bereich einer Siedlung verlassen wird. Es geht dabei nicht darum, einen Eisbären zu erschießen, sobald er sich nähert. Diese wunderbaren Tiere stehen unter Naturschutz und jeder Abschuss wird polizeilich untersucht. Es geht vielmehr darum, einen allzu neugierigen Bären zunächst durch Warnschüsse in die Luft, dann vor seine Füße, zu vertreiben. Nur wenn der Bär wirklich angreift, was leider nicht allzu selten vorkommt, darf gezielt geschossen werden. Ein angreifender Eisbär ist etwa 60 km/h schnell. Ein bewegliches Ziel in solch einer Stresssituation sicher beim ersten, spätestens mit dem zweiten Schuss zu treffen, ist nicht einfach und geht nicht ohne langes Training. Man sollte mindestens zwei Jahre vor der geplanten Tour in einem Großkaliber-Schützenverein regelmäßig üben. Nach einem Jahr Mitgliedschaft kann der Verein eine sogenannte Bedürfnis-Bescheinigung für eine großkalibrige Waffe ausstellen, die dann dem Ordnungsamt zur Erteilung einer waffenrechtlichen Erlaubnis, der Waffenbesitzkarte, vorgelegt werden muss. Man muss noch ein polizeiliches Führungszeugnis vorlegen, möglicherweise auch ein psychologisches Gutachten. Eine Waffe erst in Norwegen zu leihen und ein bisschen zu üben, ist keine vernünftige Alternative.

☀ **Tipp:** Arktische Trekker sollten möglichst viele Kontakte mit sich führen und umfassend über ihre Route informiert sein.

📘 Spitzbergen-Handbuch, Detailkarten, Campingplatz am Flughafen von Longyearbyen sowie Individualtouren: **Spitzbergen Tours terrapolaris,** Andreas Umbreit.

In 9171 Longyearbyen finden Sie das Büro des norwegischen Gouverneurs auf Svalbard, Sysselmann-Kontor (aktuelle Bestimmungen und Tourengenehmigungen), Svalbard Wildlife Service, Spitzbergen Travel Jan Sverre Sivertsen, Schiffsfracht Nor Cargo; Arktische Outdoor-Kleidung: Jakob Andersen, Sport & Våpen.

Als minimales Kaliber für die Verteidigung gegen einen Eisbär-Angriff wird die Größe .308 Win. empfohlen, besser wäre ein .338 Kaliber oder .375 H&H Mag. oder gleich ein echtes Großwild-Kaliber wie *.416 Rem.Mag* oder *.416 Rigby* oder eine *Mossberg-Mariner-590* im Kaliber 12/76 mit 9-Schuss-Röhrenmagazin. Gefüllt mit guten Flintenlaufgeschossen, den sogenannten Slags, ist genügend Reserve vorhanden, um nach einigen Warnschüssen im Notfall auch noch einige scharfe Schüsse zur Verfügung zu haben. Eine Flinte trifft im Nahbereich der Notwehrsituation ebenso sicher wie eine Büchse, deren höhere Reichweite überflüssig ist. Die eigene Waffe kann problemlos nach Norwegen eingeführt, muss aber natürlich beim Zoll deklariert werden, wobei als Grund der Mitnahme die Spitzbergen-Reise ausreicht. Beim Einchecken in Tromsø für den Flug nach Svalbard wird die Waffe als Fluggepäck aufgegeben. In Longyearbyen darf das Gewehr nicht ungeschützt am Campingplatz bleiben. In der Siedlung darf es nur ungeladen getragen, in einen Shop oder ein Restaurant überhaupt nicht hineingenommen werden.

Von Longyearbyen fährt regelmäßig ein Boot über den Isfjord nach Pyramiden, dort kann man sich absetzen lassen und das Abholen vereinbaren.

## Antarktis

Der **Antarktisvertrag** definiert das gesamte Gebiet südlich 60° südlicher Breite als Antarktis, d.h. den Kontinent, die Inseln, die Schelfeisflächen und den Ozean. Es ist der einzige Kontinent ohne indigene Völker, doch arbeiten im Sommer rund 4000 Menschen in 80 **Forschungsstationen** in der Antarktis, davon etwa 40 ganzjährig. Die deutsche Neumayer-Station III befindet sich auf dem Ekström-Eisschelf (Atka Bay, Weddell-See) 70° 41'' S, 8° 16'' W.

Touristen gelangen in der Regel an Bord eines Kreuzfahrtschiffes mehr oder weniger luxuriös dorthin, die einfachsten Angebote beginnen bei etwa 5000 €.

Ausgangshäfen sind Punta Arenas in Chile sowie in Argentinien Buenos Aires, Puerto Madry und Ushuaia. Je nach Jahreszeit braucht man Kreuzfahrtschiffe besonderer Eisklassen. In der Regel ist die Region der Kaiserpinguine nur mit einem zusätzlichen Helikopterflug vom Schiff aus zu erreichen. Im Südsommer, also von Ende November bis Mitte März, bedienen diese Schiffe im Wesentlichen **drei Routen:**

- direkt zur Antarktischen Halbinsel, entweder westlich bis zum südlichen Polarkreis oder östlich ins Weddell meer (8 – 14 Tage)
- Falkland, Südgeorgien und Antarktische Halbinsel (3 Wochen)
- eine halbe Umrundung der Antarktischen Halbinsel mit unterschiedlichen Ausgangs- und Zielhäfen, begleitet von einem Eisbrecher (3 Wochen)

**Rundflüge** über die Antarktis sind möglich (z.B. Antarctica Sightseeing Flights Croydon Travel), mit einem Kleinflugzeug kann die US-amerikanische Amundsen-Scott-Südpolstation besucht werden und es besteht eine Flugverbindung zur einzigen Basis in privater Trägerschaft, dem Patriot Hills Base Camp. Dieses ist Ausgangspunkt für Inlandexpeditionen und befindet sich im Ellsworthland im Westen der Antarktis. Es wird betrieben von Adventure Network International (Antarctic Logistics & Expeditions LLC).

Eigenverantwortlich Einzelreisende – Touristen, Journalisten oder Wissenschaftler – müssen beim Umweltbundesamt in Dessau-Roßlau einen **Antrag auf Genehmigung der geplanten Aktivität** stellen, etwa für eine Fahrt mit einer Yacht in die Antarktis, den Besuch einer Station, eine

☀ **Tipp:** Leitfaden für Besucher in der Antarktis. www.umweltdaten.de, 2009. (Download).

**www-Einstieg:** Antarctica, Umweltbundesamt, IAATO, Polar Adventures, Antarctica Sightseeing Flights Croydon Travel, Patriot Hills Base Camp, Adventure Network International, Antarctic Logistics & Expeditions LLC

Blue Ice on the Rocks: Paradisebay in der Antarktis

Foto: Martin Niemand

Bergbesteigung, eine Filmdokumentation usw. Das gilt auch, wenn diese Reise von einem Drittstaat aus organisiert wird, denn alle Reisen in das antarktische Gebiet unterliegen den Bestimmungen des 1991 in Kraft getretenen Umweltschutzprotokolls, einem Bestandteil des internationalen Antarktisvertrages.

Die antarktischen Lebensgemeinschaften sind sehr fein auf die extremen ökologischen Bedingungen abgestimmt. Bereits geringe Störungen können sich erheblich auswirken. Daher haben die Antarktis-Vertragsstaaten für Tourismusveranstalter und Besucher verbindliche Regelungen zum Schutz der Flora und Fauna formuliert. Darüber hinaus gelten an den wichtigsten Anlandestellen bindende Richtlinien für umweltbewusstes Verhalten, Visitor Site Guidelines.

# REISEN AUF DEN OZEANEN

von Sibille Burkhardt, Michael Malburg

☀ **Tipp:** ↗ »Auf dem Wasser« im pmv-Outdoor-Buch.

**www-Einstieg:** www.finda-crew.net, www.7knots.com, Mare, South Pacific Tourism Organisation, Deutsch Pazifische Gesellschaft, worldcruising, Seglermagazin

**Zum Bereisen der Ozeane bieten sich viele Möglichkeiten an, doch sind die wenigsten preisgünstig. Fahrpläne, falls überhaupt vorhanden, sind wie immer bei Seereisen wetterabhängig und können sich jederzeit ändern.**

**Frachtschiffreisen** sind in den letzten Jahren sehr populär geworden, es gibt viele kommerzielle Anbieter (↗ Seite 141). Zwischen Inseln verkehren Fähren, in abgelegenen Gegenden gibt es oft die Möglichkeit, auf einem der Versorgungsschiffe mitzufahren, die die Inseln mit Waren beliefern, etwa in der Südsee. In inselreichen, bewohnten Gebieten bieten Postschiffe auch Kabinen an, etwa in Norwegen oder Neuseeland. In abgelegenen Gebieten besuchen vielleicht Missionare regelmäßig einzelne Inseln und nehmen Reisende mit. Vorsicht: Piraten stellen in manchen Gebieten der Welt wieder zunehmend eine Gefahr dar, z.B. in der Straße von Malakka oder rund um das Horn von Afrika.

Bei **Ozeanüberquerungen** sind Fahrtroute und günstigste Reisezeit von den vorherrschenden Winden bestimmt. Ohne eigenes Boot bleibt die Möglichkeit, gegen Bezahlung auf einem Segelschiff mitzufahren. Mit dem Anheuern auf einem Schiff Geld zu verdienen, ist in der Regel ausgebildetem Personal vorbehalten, Ausnahmen sind möglich. Zur Ozeanüberquerung bietet sich auch die Möglichkeit, mit einem privaten Segelschiff **»Hand-gegen-Koje«** mitzufahren. Viele Weltumsegler suchen vor allem

Mit der Nase im Wind: Überfahrt mit den Fischern von Madagaskar
Foto: Norbert Lüdtke

für lange Überfahrten zusätzliche Crew-Mitglieder, die die Besatzung bei den Wachen entlasten. Kontakt findet man im Internet über Crew-Börsen, Crew-Agencies oder in den Yachthäfen über das Schwarze Brett.

Alle Schifffahrtsrouten richten sich nach Passatwinden und Hurricanesaison, sind also nicht das ganze Jahr über befahrbar. Die klassische **»Barfußroute«** führt über die Kanaren, die Karibik, die Südsee, Australien und Neuseeland, Thailand und durch den Suez-Kanal zurück zum Ausgangshafen. Der Abschnitt von den Kanaren bis zu den Westindischen Inseln ist identisch mit der Regattastrecke der Atlantic Rally for Cruisers ARC.

Die **großen Segelrouten** führen von Spanien, speziell den Kanarischen Inseln, in die Karibik. Die beste Zeit dafür sind November und Dezember. Zu Jahresbeginn eignen sich Südostasien und Indonesien als Zusteigegebiet, im März/April die Karibik Richtung Europa via Azoren sowie im März/April die Häfen im Norden und Nordwesten von Australien und Neuseeland Richtung Südsee.

Dort werden manchmal mehrwöchige Schiffstouren angeboten, etwa in drei Wochen zu Pitcairn Island, Marotiri, Rapa, Raivavae, Tubuai Islands. Die **Inseln der Südsee** liegen zwischen Äquator und Südlichem Wendekreis auf einer Fläche, die dreimal so groß ist wie

Cap. James Cook, **Entdeckungsfahrten im Pacific**, Die Logbücher der Reisen 1768 – 1779. Erdmann Verlag.

**☀ Tipp:** Wegen der zweitägigen Fluganreise, den weiten interinsularen Strecken und der Zeit- und Klimaumstellung sind kurze Reisen aus Europa nicht zu empfehlen. Der Jet-Lag ist geringer, wenn Sie über Amerika und Hawaii hin und über Südostasien zurückfliegen, also immer in Richtung Westen! Die umgekehrte Richtung bietet den Vorteil eines gewonnenen Reisetages, ↗ Seite 133.

☀ **Tipp:** Schnorchelaus-rüstung für die fantasti-sche Unterwasserwelt und Lesestoff für ruhige Tage mitnehmen!

 Donald S. Johnson, **Fata Morgana der Meere**. Die verschwunde-nen Inseln des Atlantik. Diana 1999.

 Christoph Colum-bus, **Das Bordbuch 1492**, Leben und Fahrten (…) in Dokumenten und Aufzeichnungen. Erdmann Verlag.

Hannes Linde-mann, **Allein über den Ozean**, Im Einbaum und Faltboot über den At-lantik.

Caroline Alexander, **Die Bounty**. Die wahre Geschichte der Meuterei auf der Bounty. Berlin Verlag.

Philipp Plisson, **Das Meer Tag für Tag**. Knesebeck.

Sibille Burkhardt: **Suche Schiff … egal wohin.** Delius Kla-sing 2004.

Europa, werden aber nur von einer Million Menschen bewohnt und die Landfläche ist gerade mal so groß wie Hessen. Nach ihrer ursprünglichen Bevölkerung unter-scheidet man Melanesier, Mikronesier, Polynesier, Ozeanier. Leicht zu bereisen sind Tahiti, Tonga, Sa-moa, Fidschi, Niue und die Cook-Inseln. Alle sind von Südostasien, Neuseeland und den USA aus gut anzu-fliegen.

Beim **Mitsegeln bei privaten Seglern** sind einige Dinge zu beachten:

▶ Man sollte vorher austesten, ob man seetauglich ist. Wem schon auf der Fähre schlecht wird, der ist auf ei-ner kleinen Nussschale fehl am Platz.

▶ Vor der Reise alle Kostenpunkte festlegen und verein-baren, wer sich woran beteiligt. Der Begriff »Hand-gegen-Koje« ist nicht geschützt und wird inflationär be-nutzt. Was zunächst nach einer preiswerten Reise aus-sieht, wird schnell zum teuren Spaß, wenn der Schiffseigner neben den Kosten für die Mahlzeiten auch noch Hafengebühren, Treibstoff, Reparaturen, Anmeldegebühren etc. auf die Mitfahrenden umlegt.

▶ Besser vor der geplanten langen Überfahrt an Bord ge-hen und beim Inselhopping ausprobieren, ob die Che-mie zwischen den Crew-Mitgliedern stimmt. So kann man gegebenenfalls noch rechtzeitig aussteigen.

▶ Als Alleinreisende/r besser bei einer gemischten Crew einsteigen – Einsamkeit auf mehrwöchigen Seereisen kann manchmal Bedürfnisse wecken.

▶ Ausreichend Zeit einplanen. Ozeanreisen können wet-terbedingt viel länger dauern als geplant, oder der Starttermin kann sich durch das Warten auf ein pas-sendes Wetter erheblich verschieben. Wenn dann am Zielort der Flieger nach Hause startet, während man noch auf halber Strecke auf dem Atlantik ist, hat man ein Problem.

# MOBIL MIT ÖFFENTLICHEN VERKEHRSMITTELN

Natürlich können Sie schon mal für 20 Euro nach London oder für 50 Euro nach Istanbul fliegen. Doch Low-Cost-Airlines und Lockvogelangebote finden Sie bislang nur innerhalb Europas. Eine Fernreise können Sie mit solchen Flügen nicht planen. Nichtsdestotrotz gibt es billige und teure Flüge.

## Round the World

Ein echtes **Round-the-World-Ticket, RTW,** gilt im Streckennetz einer Allianz. Je mehr Fluggesellschaften zur Allianz gehören, desto variabler lässt sich die Route gestalten. Die Streckennetze weisen aber zum Teil erhebliche »weiße Flecken« auf. Viele RTW-Tickets umgehen Afrika oder bieten allenfalls Kairo, Nairobi, Dar-es-Salaam oder Johannisburg an. Zum anderen gibt es Knotenpunkte, die als Schikane oder Nadelöhr wirken. In Richtung Osten fliegt man von Australien oder Neuseeland in der Regel nach Buenos Aires, Santiago de Chile oder Los Angeles.

Fast immer gilt dabei:

- Sowohl Atlantik als auch Pazifik müssen überquert werden.
- Die Gültigkeit ist auf maximal 365 Tage begrenzt.
- Die Route muss zum Ausgangsland zurückführen.
- Die Route muss immer einer Richtung folgen (Ost-West oder umgekehrt).

Für die Auswahl sind folgende Kriterien maßgeblich:

▶ Wie viele **Stopps** sind erlaubt?

▶ Ist **Richtungsumkehr** *(Backtracking)* in bestimmten Regionen erlaubt (z.B. USA, Australien)?

▶ Kann man uneingeschränkt über Land zu einem anderen Flughafen reisen und von dort den Flug fortsetzen **(Surface-Etappe)**?

▶ Ist das Ticket **meilen- oder zonenbasiert?** Zonenbasierte Tickets sind flexibler, aber auch teurer.

▶ Welche **Gesamtlänge** ist meilenbasiert erlaubt? Werden Surface-Etappen mit berechnet?

▶ Wie viele **Flüge** sind in den Zonen erlaubt?

▶ Welche **Buchungsklasse** wird dem Ticket zugeordnet?

**Mit zahlreichen Hinweisen von Ulla Siegmund**
Ulla Siegmund ist Mitglied der dzg und war 1999 – 2004 deren 1. Vorsitzende. Sie reiste seit Anfang der 70er Jahre zunächst durch Asien, später folgten Reisen durch viele Länder Afrikas. Ganz besonders interessieren sie ethnische Minderheiten. Sie arbeitete als Managerin im Airline-Geschäft an den Flughäfen Frankfurt und Düsseldorf.

MOBIL MIT ÖFF. VERKEHRSMITTELN

**Luxus pur: Schubkarrentaxi in Ilha Morro de Sao Paulo, Brasilien**
Foto: Jürgen Erdmann

**☀ Tipp:** Wer flexibel ist, kann sich mit einem Preisverlauf über einen Monat den günstigsten Tag aussuchen: swoodo.com, skyscanner.de, kayak.com

**☀ Tipp:** Es kann günstiger sein, One-way-Langstreckenflüge mit Airpässen zu kombinieren und so zeitlich flexibel und mit Richtungsumkehr eine Weltreise zu gestalten.
**www-Einstieg:** Star Alliance, oneworld, Skyteam, Reisebüros: globetrotter.ch, STA Travel

**www-Einstieg:** Objektiv vergleicht die Stiftung Warentest, auch Focus und manche Reisezeitschriften bieten informative Tipps, Bewertungen, Airline Ranking u.Ä.

**www-Einstieg:** Billigflieger: Ryan Air, Easyjet, Air Berlin, Germanwings, Condor, Tuifly

Für ein bestimmtes Ticket ist der Preis saisonabhängig, meist ist es im Winter teurer. Für jede Etappe kommen die landesüblichen Steuern und Flughafengebühren hinzu. Änderungen der Etappen sind unterwegs möglich, kosten aber Gebühren und sind meistens lästig.

▶ Planen Sie gründlich, ✈»Beste Reisezeit«, und vergleichen Sie: Welches RTW-Ticket (Route, Gültigkeitsdauer) kommt Ihrer Wunschroute am nächsten?

## Last Minute & Billigflüge

Internet, Tageszeitungen und Reisezeitschriften sind voller billiger Flugangebote. Andererseits stellte die Stiftung Warentest 2009 fest, dass keine von zehn getesteten Airlines billig, transparent und fair fliege. Der ADAC untersuchte ein Jahr später 15 Fluggesellschaften, mit dem Resultat, dass bei Rücktritt nur 56 % die Steuern und Gebühren erstatteten.

Die meisten Last-Minute-Flüge sind keine; denn sie werden für Pauschalreisende schon als solche konfektioniert. In der Hauptsaison werden sogar schon mal »Last-Minute-Flüge« angeboten, die teurer sind als im Katalog, weil wegen der großen Nachfrage »in letzter Minute« ein zusätzliches Flugzeug gechartert wurde.

▶ Echte Schnäppchen sind schnell vergriffen, was dann noch billig ist, hat häufig einen Pferdefuß.

▶ Fragen Sie kritisch nach, wenn solche Flüge mehr als 14 Tage im Voraus gebucht werden können.

▶ Vergleichen Sie den Restplatzpreis mit dem Katalogpreis.

▶ Vergleichen Sie die Zusatzleistungen mit denen des Katalogangebots.

Echte **Standby- und Last-Minute-Flüge** findet man nach dem Windhund-Prinzip. Sie fahren mit Gepäck zum Flughafen, laufen von Büro zu Büro und finden früher als andere heraus, wo und wie ein frei werdender Platz vergeben wird. Lassen Sie sich was einfallen.

• 30 Minuten vor Abflug verfällt der Sitzplatzanspruch, dann lohnt es sich, am Schalter nachzufragen.

- Wer nur mit Handgepäck reist, ist für die Fluggesellschaft attraktiver. Bei solchen »echten« Last-Minute-Reisen spart man meist 10 – 20 % des vollen Preises.

  **Preisvergleiche** sind schwierig und seitens der Anbieter auch gar nicht gewünscht, wie das Institut für Freizeitanalyse herausfand. Selbst datenbankgestützte Preisvergleiche kommen bei verschiedenen Datenbanken zu unterschiedlichen Ergebnissen. Eine erste Hilfe bieten die Zeitschriften »Reise & Preise« oder »Clever reisen« sowie die Stiftung Warentest.

**www-Einstieg:** Online-Reisebüros: expedia, ebookers, weg.de, opodo, travelchannel, fti, alltours, tui, avigo, thomascook, travel24, flyloco, start.de …

## Mit dem Flugzeug um die Welt

Weltreisen mit dem Flugzeug führen auf der Nordroute über Asien und Amerika, selten auch über Afrika. Die Südroute kann Afrika, Australien, Neuseeland und den Südpazifik berühren und ostasiatische Ziele einschließen. Die Tabelle zeigt für beide Routen kurze und lange Varianten (↗ auch »Die große Tour«).

| von Europa | Nordroute | | Südroute | |
|---|---|---|---|---|
| nach | über | oder | über | oder |
| **Afrika** | | | Johannesburg | – |
| **Asien** | (Kathmandu) | (Mumbai) | – | Kuala Lumpur* |
| | Bangkok | Bangkok | | |
| | (Manila) | (Hongkong) | | |
| | Tokyo | Taipeh | | |
| | (Seoul) | | | |
| **Australien** | | | Perth | Darwin |
| | Sydney | Sydney | | |
| **Neuseeland** | | | (Auckland) | Auckland |
| **Pazifik** | | | | Tahiti** |
| **Südamerika** | | | (Buenos Aires) | |
| **Nordamerika** | (Los Angeles) | Anchorage | | |
| | New York | New York | New York | Los Angeles |
| **Europa** | Frankfurt*** | Frankfurt | Frankfurt | Frankfurt |

  \* Stattdessen lassen sich auch Bali, Jakarta oder Bangkok anfliegen.
  \*\* Auch Fiji, Rarotonga oder Hawaii sind denkbare Stationen.
  \*\*\* Frankfurt a.M. oder andere europäische Flughäfen.

**MOBIL MIT ÖFF. VERKEHRSMITTELN**

**www-Einstieg:** Metasuch-maschinen vergleichen Preise von bis zu 100 Anbietern. Stiftung Warentest verglich sie 2010. Die Unterschiede waren groß, viele Ergebnisse nicht aktuell oder fehlerhaft. Relativ empfehlenswert waren billigflieger.de, billiger-reisen.de, kayak.com, skyscanner.de, swoodoo.com und travel-iq.de

☀ **Tipp:** Billig-Airlines bucht man online ausnahmslos am günstigsten.

Für echte und unechte Last-Minute-Flüge gelten dieselben Geschäftsbedingungen wie für den unverbilligten Flug. Allerdings steigen die kurzfristigen Stornokosten meist auf 100 %, Steuern und Gebühren müssen jedoch erstattet werden.

Auch **Low-Cost-Airlines** müssen Gewinn abwerfen. Zwar sind sie preislich kaum zu unterbieten, doch werden nur 10 –20 % der Plätze zum günstigsten Tarif verkauft. Darüber hinaus wird es teurer, je voller die Maschine wird, denn auch diese Airlines orientieren sich am Bedarf.

Achten Sie auf **Zusatzkosten.** Sie müssen laut EU-Verordnung frei wählbar sein, etwa Gepäckkosten, Versicherung, Check-In am Schalter, Gebühr für bevorzugtes Einsteigen, Essen & Trinken, XL-Sitze an Notausgängen und Türen …

## So senken Sie die Kosten für ein Ticket

▶ Buchen Sie mehrere Monate vor dem Flugtermin.
▶ Buchen Sie Billigflugtickets im Internet.
▶ Wählen Sie einen Flugtermin in nachfrageschwachen Zeiten, in der Nebensaison, außerhalb der Ferien, nicht vor Feiertagen und Wochenenden.
▶ Wählen Sie Flugzeiten in den frühen Morgenstunden oder späten Abendstunden.
▶ Wählen Sie kleinere Flughäfen, doch berücksichtigen Sie zusätzliche Transferkosten.
▶ Nehmen Sie Proviant mit, der Zukauf kann teuer sein.
▶ Vermeiden Sie Übergepäck sowie mehrere Gepäckstücke.

### Fragen Sie vor dem Kauf eines Billigtickets nach

❏ Einschränkungen der Flugtage und Unterbrechungen
❏ Mindest- und Höchstaufenthaltsdauer am Zielort
❏ Möglichkeiten für Stop-Over und Umbuchungen
❏ Stornogebühren, Flughafengebühren
❏ Namen der Fluggesellschaft

- Wählen Sie ein kostenloses Bezahlverfahren.
- Checken Sie online ein, möglichst am Vortag.

### Berücksichtigen Sie Mehrkosten

- Telefonische Beratung und Buchung ist bei Billigfliegern kostenpflichtig, Warteschleifen können teuer werden, 0190-Nummern kosten 0,43 – 1,86 € pro Minute!
- Wer im Reisebüro bucht, zahlt manchmal Vermittlungsprovision, braucht aber keine Kreditkarte.
- Achten Sie auf Zuschläge bei Kreditkartenzahlung, für Steuern, Gebühren, Transfer, Buchungspauschale etc.
- Fragen Sie nach Mehrkosten für Service.
- Preise gelten oft nur »One-Way«. Wenn Sie den Rückflug nicht sicher haben, kann der vielfach teurer werden.

### Gegen Low-Cost-Flieger sprechen

- Unübersichtliche Preisgestaltung.
- Enge Fristen und hohe Gebühren fürs Umbuchen und Stornieren.
- Wenig attraktive Flugtermine und -zeiten, eingeschränkte Flugtage.
- Hoher Zeitaufwand für die An- und Abfahrt zum meist abgelegenen Flughafen (vor dem Buchen über »Kartenansicht« prüfen).
- Wenig flexibel etwa bei Stop-Over, kein Warten auf Anschlussflüge.
- Wenn es keine feste Sitzplatzvergabe gibt, gehört der Wettlauf auf die besten Plätze zum »Bordprogramm«.
- Geringer Sitzabstand.

**Atemberaubend: Blick auf den Aconcagua, Chile**
Foto: Ulla Siegmund

☀ **Tipp:** Finger weg von Versteigerungen bereits ausgestellter Flugtickets. Den Namen zu ändern ist entweder gar nicht möglich oder es wird teuer.

**Tipp:** Linienflüge bucht man am günstigsten 8 – 12 Wochen vor dem Abflug. Fernflüge sind bei Reisebüros oft billiger als online, wenn Sie mehrere Reisebüros vergleichen.

**Tipp:** Wer Lufthansa bucht, landet manchmal bei einer anderen Airline. Fragen Sie nach Codesharing.

**www-Einstieg:** Links und Infos zu den für Sie relevanten Fluggesellschaften finden Sie auf der Internetseite Ihres nächsten Flughafens: Streckennetz, Flotte, Sitzabstände u.A.m.

## Standardflüge

Die Kalkulationsbasis der Billigflieger funktioniert nur bei Strecken mit maximal drei Stunden Flugzeit. Für Individualreisende und deren eigenwillige Reiseplanung sind fast immer nur **Linienflüge** geeignet. Sehr individuelle Touren entstehen durch das Koppeln von Einfachflügen (*One Way*), z.B. bei einer Weltreise. Unterschieden werden Nonstop-Flüge, Direktflüge mit Zwischenlandungen ohne Flugzeugwechsel und Umsteigeverbindungen. Ein Rückflugticket (*Return Ticket*) gilt zu einem Zielort und zurück. Wenn Sie nicht von Ihrem Ankunftsflughafen aus zurückfliegen, haben Sie einen Gabelflug (*Open Jaw*). Eine Unterbrechung (*Stop-Over*) bietet die Fluggesellschaft nur an Knotenpunkten (Drehkreuzen oder *Hubs*) an. Mit Unterbrechungen entstehen Rundreisen (*Circle Trip*).

**Fluggesellschaften** unterscheiden sich in der Qualität ihres Services und in den Umgangsformen bei Notfällen. Der Service kleinerer Fluggesellschaften ist meist weniger souverän, flexibel und großzügig, wenn es um überbuchte, verspätete oder ausgefallene Flüge sowie um verlorenes Gepäck geht.

Ein **Airpass** basiert auf einem Fernflugticket und enthält zu einem Pauschalpreis zusätzliche Flugstrecken für das Inlandsstreckennetz der jeweiligen Airline oder deren Partner. Meist muss der Airpass außerhalb seines Gültigkeitsbereiches gekauft, Strecken und Daten festgelegt werden. Er lohnt sich für längere Flugstrecken in Ländern mit hohem Flugpreisniveau wie etwa Brasilien, Argentinien, Skandinavien, Australien, Mittelamerika, selten in den USA, Kanada, Mexiko

## Kosten & Nebenkosten

**Standardangebote** sind zum Grundpreis zu haben, plus Steuern und Flughafengebühren. Für Stopps, Abstecher, Routenänderungen kommen Zuschläge hinzu. Mit der Anzahl der daran beteiligten Fluggesellschaften steigt der Flugpreis, Komplettangebote einzelner Fluggesellschaften sind meist billiger, aber nicht immer.

Flugscheine von Linienfluggesellschaften sind nicht übertragbar (Ausnahmen: Full-Fare, Business Class).

Die Plätze in einer Maschine werden zu verschiedenen Zeiten und verschiedenen Bedingungen zu stark unterschiedlichen Preisen in bis zu 30 **Tarifklassen** verkauft. An nachfragestarken Terminen wird das Kontingent für billige Plätze reduziert, an nachfrageschwachen wird es erweitert. Selbst Experten haben Schwierigkeiten, diesen Tarifdschungel zu durchschauen.

Auch diese preiswerteren Tickets bieten meist weniger Leistung, z.B. muss für alle Teilstrecken dieselbe Fluggesellschaft genutzt werden; die Aufenthaltsdauer bei Zwischenlandungen ist kürzer, Umbuchungen sind nur selten oder gegen Gebühren möglich; den Flug zu unterbrechen, ist oft nicht erlaubt. Gibt man das Ticket zurück, können hohe Stornogebühren fällig werden.

Die Fluggesellschaften dürfen ihre Tickets an den Endkunden nur zum festgelegten **IATA-Tarif** (*International Air Transport Association*) verkaufen. Billigtickets gibt es daher im Linienluftverkehr nur auf dem Umweg über Ticket-Großhändler und Reisebüros. Reguläre Preise erscheinen auf dem Flugschein als *fare,* ein »IT« an dieser Stelle bedeutet *Inclusive Tours.* Solch ein Flug darf eigentlich nur zusammen mit einer Unterkunft als Pauschalreise verkauft werden. Manche Fluggesellschaften bieten so über Reisebüros halblegal »Billigtickets« an. Man bekommt einen Hotelgutschein, der aber am Zielort nirgends eingelöst werden kann.

## Reisebüros und -veranstalter

Fachkundige Mitarbeiter von Reisebüros können Ihnen eine Menge Geld sparen. Billigfluganbieter im Internet sind damit meist überfordert. Nutzen Sie für die aufwändige Planung die Kompetenz von Reisebüros, die auf Individualreisende spezialisiert sind:

▶ Fragen Sie nach Nebenkosten wie Steuern, Flughafen- und Sicherheitsgebühren.

▶ Zahlen Sie Ihr Ticket erst dann an, wenn Sie das Originalticket oder mindestens den Originalsicherungs-

**www-Einstieg:** Deutscher Reiseverband DRV, Allianz selbstständiger Reiseunternehmen ASR

☀ **Tipp:** Vouchers werden normalerweise am Flughafen von der Fluggesellschaft akzeptiert, doch lassen Sie sich das besser telefonisch bestätigen.

**www-Einstieg:** Reisebüros für Individualisten: Jet-Travel, Explorer, Travel Overland, globetrotter.ch, elmundo.at

☀ **Tipp:** Fragen Sie, ob die Bahnfahrkarte zum Flughafen im Preis enthalten ist.

Hoch hinaus: Die Aerobar von Monte Alegre im brasilianischen Amazonasgebiet
Foto: Jürgen Erdmann

schein plus Gutschein (*Voucher*) erhalten.

## Fluglinie plötzlich pleite — was jetzt?

Im **Charterflugverkehr** kann der Veranstalter **Konkurs** machen, seine Tickets sind nicht auf andere Gesellschaften übertragbar. § 651 k BGB schützt den Reisenden gegen das Risiko der Insolvenz des Reiseveranstalters. Der Veranstalter muss im Prospekt deutlich lesbare, klare und genaue Angaben über den Reisepreis enthalten, die Höhe einer zu leistenden Anzahlung, die Fälligkeit des Restbetrages. Der **Sicherungsschein** weist nach, dass der Reiseveranstalter gegen Konkurs versichert ist. Er muss den Namen des Veranstalters tragen, bis Ende der Reise gültig sein und bei jeder Pauschalreise ausgehändigt werden.

**Linienfluggesellschaften** machen selten Pleite, da sie häufig in Staatsbesitz sind. Falls doch, akzeptieren mit etwas Glück dann andere Fluggesellschaften die in Umlauf befindlichen Tickets. Andernfalls geben Sie das Ticket sofort dort zurück, wo Sie es gekauft haben. Aus noch nicht an die Fluggesellschaft weitergeleiteten Abrechnungen kann man einen Teil des Tickets erstattet bekommen. Passiert das jedoch unterwegs, können Sie das Geld meist abschreiben.

## Tipps & Tricks

**Flüge bestätigen:** Spätestens 72 Stunden vor dem Abflugtermin sollte man bei der Fluggesellschaft den Antritt des Fluges bestätigen (*reconfirm*) und sich das schriftlich quittieren lassen. Nur so gelangen Sie sicher auf die Passagierliste. Flüge werden regelmäßig überbucht, da es immer Passagiere gibt, die nicht erscheinen (*No-Shows*). Erscheinen jedoch mehr als kalkuliert, müssen einige zurückbleiben.

**Flüge umbuchen:** Andererseits werden aber auch Flüge gestrichen, wenn zu wenig Passagiere da sind. Linientickets können meist einfach umgebucht werden. Billigtickets sind problematisch, da drängt man besser auf Kulanz und nennt Gründe wie Krankheit, Unfall, Todesfall in der Familie.

**Flug verpasst?** Wer ein Billigticket besitzt, hat meist keinen Anspruch auf einen anderen Flug. Dennoch eröffnen sich vielleicht Möglichkeiten, wenn dem Counter-Manager oder Stationsleiter höflich bittend eine gute Entschuldigung vorgetragen wird: Sie müssen aus gesundheitlichen Gründen dringend an Ihr Ziel oder einen Anschlussflug erreichen oder Sie werden aus familiären Gründen erwartet, das Visum läuft ab …

**Wartelisten** bieten eine Chance, doch noch an Bord zu kommen, auch wenn der Flieger bereits voll ist. Meist gibt es interne Prioritätskriterien für freie Restplätze. Höchste Priorität haben Mitarbeiter der Fluggesellschaft auf dem Weg zu ihrer Einsatzstelle sowie Passagiere, die auf anderen Flügen nicht mitgekommen sind. Allerdings gibt es für jede der zahlreichen Tarifklassen eine eigene Warteliste.

▶ Wenn Sie bei zwei Flügen auf der Warteliste stehen und bei dem ersten abgewiesen wurden, erhalten Sie beim zweiten Flug höchste Priorität.

▶ Oder Sie buchen einen sicheren Anschlussflug und erhalten dadurch einen der ersten Warteplätze. Danach können Sie den Anschlussflug stornieren.

**Mitflugzentralen** vermitteln Plätze in kleinen Maschinen. Deren Hobbypiloten erhalten dadurch einige kostenlose Flugstunden. Kleine Zielflughäfen werden bevorzugt, weil dort die Landegebühren niedriger sind. Bei schlechtem Wetter wird meist nicht geflogen. Preise bei www.mitflugzentrale.de erfragen.

# Flughäfen

Die Webseiten der Flughäfen sind äußerst service- und kundenorientiert. Dort erfahren Sie alles, was auf dem Weg zum Flughafen und vor Ort wissenswert sein

**☀ Tipp:** Ob Bahn oder Flug, Bus oder Pkw schneller bzw. günstiger ist, ermittelt www.verkehrsmittelvergleich.de.

**☀ Tipp:** Prüfen Sie, ob eine Fluggesellschaft auf der Schwarzen Liste der EU steht und ob ein Ticketaussteller Sicherungsscheine ausstellen darf, bei Deutsche Gesellschaft für Reiserecht DGfR.

**www-Einstieg:** Flughafen/Airport: Arbeitsgemeinschaft Deutscher Verkehrsflughäfen ADV (Flughafenkarte), Listen der Verkehrsflughäfen in … bei Wikipedia, IATA-Flughafencode

könnte. Im Flugplan des Flughafens wählen Sie Ihr Ziel, etwa Addis Abeba. Sie erhalten dann die Information, welche Fluggesellschaften von diesem Flughafen dieses Ziel anfliegen. Von dort finden Sie den Link zu den in Frage kommenden Fluggesellschaften.

## Zum Flughafen & Einchecken

Die Fahrt zum Flughafen ist oft mit Stress verbunden. Sie lässt sich jedoch entspannen:

▶ Rufen Sie vorher dort an und fragen Sie, ob der Start pünktlich erfolgt.

▶ Fahren Sie mit öffentlichen Verkehrsmitteln oder lassen Sie bei der Anfahrt zum Flughafen den eigenen Wagen möglichst einige Kilometer vorher auf einem kostenfreien Parkplatz stehen und nehmen Sie ein Taxi. Das ist billiger als das Flughafenparkhaus.

▶ Staut sich der Verkehr auf der Zufahrtsstraße zum Abflugbereich, so weichen Sie auf die Zufahrt zur Ankunftszone aus, die meist nur auf einem anderen Stockwerk liegt.

▶ Auf nahezu allen Flughäfen werden spätestens beim Einchecken Flughafengebühren fällig. Planen Sie den Betrag bar und passend ein. In Deutschland ist er meist im Ticketpreis enthalten.

▶ Wählen Sie die Sitze zum Gang mit Ellbogen- und Fußfreiheit, noch mehr Platz bieten die XL-Sitze vor dem Notausgang. Dort dürfen weder Kinder, Kranke, Behinderte noch ältere Menschen sitzen, da die dort Sitzenden im Notfall kräftig genug sein müssen, um die Tür zu öffnen.

▶ Vermeiden Sie die Mittelsitze in Dreierreihen.

▶ Statistisch sicherer sitzen Sie in der Nähe der Notausgänge im hinteren Drittel des Fliegers.

📘 Tobias Conrad: **Ich flieg dann mal. Praxiswissen und Behandlungsmethoden für die Therapie von Flugangst.** Heidelberg 2008. Carl Auer Verlag.

📘 Jürgen Heermann, **Warum sie oben bleiben**, Rasch und Röhring.

## Mit Mann, Maus & Gepäck an Bord

**Bordmahlzeiten:** Ohne Aufpreis können Sie beim Buchen, spätestens 48 Stunden vor dem Flug, ein anderes Essen bestellen. Die Qualität ist meist besser und oft werden Sie schneller bedient. Weisen Sie beim Einchecken nochmals darauf hin, hier die offiziellen Kürzel für *Baby Food* BBML, *Children's* CHML, *Vegetarian Meal* VGML, *Oriental Meal* ORML, *Seafood Meal* SFML, *Hindu Meal* HNML, *Kosher Meal* KSML, *Moslem Meal* MOML, *Glutenfreie Kost* GFML, *Diabetikerkost* DBML.

**Sportgepäck** muss angemeldet werden. Fahrräder, Surfboards, Kanus, Flugdrachen … werden teils kostenlos, teils für 30 – 150 Euro transportiert, müssen aber selbst verpackt werden, möglichst mit Pappe oder Luftpolsterfolie. Golf- oder Taucherausrüstung wird schon mal aufs normale Gepäck angerechnet und ist dann teuer. Der Gang zum Luftfrachtspediteur am Flughafen könnte Geld sparen.

**Verbotenes Gepäck:**
- brennbare Stoffe (Gas, Benzin, Spiritus für Kocher), aber auch Sauerstoffflaschen, Druckluft;
- Waffen, auch Klapp- und Taschenmesser, Reizgas, Angeln, spitze Werkzeuge, Nagelfeile, Nagelschere u.Ä.
- Chemikalien, quecksilber- und säurehaltige Geräte (Thermometer, Bleiakku u.Ä.).
- Manche elektronische Geräte dürfen an Bord nicht benutzt werden. Sogar der Stand-by-Betrieb dieser Geräte kann die Steuerung des Flugzeugs stören.

**Übergepäck:** Wie viel Freigepäck Sie mitnehmen dürfen oder was das Übergepäck kostet, erfahren Sie bei Ihrer Fluggesellschaft. Meist gelten 20 kg oder 50 *pounds* (22,5 kg) als Freigepäck (ohne Handgepäck). Abhängig von der Buchungsklasse oder bei bestimmten Routen, etwa nach und innerhalb von Nord- und Südamerika einschließlich Karibik und Mexiko, können dies auch 32 kg sein. Manchmal darf man nur ein Gepäckstück mitnehmen, andere Fluggesellschaften erlauben *pool luggage,* also das Zusammenlegen von Gepäck, wenn mehrere Passagiere für den gleichen Flug gemeinsam einchecken. Übergepäck kostet meist 1 % des 1.-Klasse-Preises pro kg.

- Das Handgepäck wird meist nicht gewogen. 7 kg sind üblich, jedoch darf es je nach Fluglinie bis zu 13 kg betragen.

**www-Einstieg:** Luftverkehrsrecht, Fahrgastrecht, Air Passenger Rights, Übereinkommen von Montreal, Luftfahrt-Bundesamt, Schlichtungsstelle für den öffentlichen Personenverkehr söp, Europäisches Verbraucherzentrum Kiel

☀ **Tipp:** Fragen Sie ausdrücklich nach Rechten, die Ihnen als Passagier zustehen. Die Fluggesellschaften werden von sich aus selten aktiv. Um im Schadensfall den Vorgang zu beschleunigen, schlagen Sie der Fluggesellschaft eine Verzichtserklärung für weitere Ansprüche vor. Ist der Schaden auf den ersten Blick nicht zu schätzen, vereinbaren Sie nach einer genauen Aufnahme die Übernahme der Reparaturkosten durch die Fluggesellschaft.

**www-Einstieg:** weight concept, Freigepäck, Übergepäck, Handgepäck, pool luggage

MOBIL MIT ÖFF. VERKEHRSMITTELN

☀ **Tipp:** Erstellen Sie eine detaillierte Liste Ihres Reisegepäcks, Wertsachen besonders genau (Farbe, Größe, Marke, Seriennummer …). Beschreiben Sie auch das Gepäckstück detailliert und mehrsprachig. Bei Gepäckverlust benötigen Sie alle diese Angaben. Sie erleichtern damit die Suche und belegen Ihre Forderungen.

Endstation: Verlorenes Gepäck kann am Ende immer noch zum Kunstwerk aufgetürmt werden
Foto: Ulla Siegmund

☀ **Tipp:** Das Thromboserisiko sinkt um etwa 90 % beim Tragen von Kompressionsstrümpfen (KKL < I). Außerdem viel Wasser trinken, kein Alkohol, kein Kaffee.

• Zusätzlich erlaubt sind Jacken und Mäntel über dem Arm, Kamera und Fernglas lassen sich umhängen, Mundproviant und Lesematerial sind selbstverständlich, vielleicht auch Decke und Kissen für den langen Flug, Schirm und Handtasche. Schwere Schuhe kann man anziehen, den Tropenhelm schon aufsetzen …

**Verlorenes Gepäck:** Wenden Sie sich bei verlorenem Gepäck sofort an die Fluggesellschaft. In einem *Property Irregularity Report* beschreiben Sie das Gepäck und dessen Inhalt genau und geben den Wert an. Beschreiben Sie das Äußere des Gepäckstücks sehr genau, denn das »Baggage Tracing System« vergleicht Ihre Beschreibung mit dem weltweit gefundenen Gepäck. Verschwindet das Gepäck auf dem Hinflug, haben Sie ein Recht auf einen Vorschuss, um das Nötigste sofort zu kaufen. Einigen Sie sich mit der Fluggesellschaft auf:

• sofortige Reparatur
• Kostenvoranschlag
• Ersatzbeschaffung

## Stress, Klimaschock und Jet-Lag

Bei vier Stunden Flug in 11.000 m Höhe werden Sie durch die Höhenstrahlung so belastet wie bei einer Röntgenaufnahme. Minuten nach dem Start entspricht der Kabinendruck einer Höhe von 2000 – 2500 m. Während eines Fluges sind Ohnmachten, Verletzungen

# Jet-Lag: Berechnung der Anpassungsdauer

Flüge in Richtung Westen sind schonender als solche nach Osten. Warum? Flüge in östlicher Richtung verlangen vom Körper eine höhere Anpassungsleistung als in westlicher Richtung; **Jet-Lag** entsteht. Wenn Sie die Datumsgrenze in Richtung Osten überfliegen, gewinnen Sie allerdings einen Urlaubstag dazu.

## Koeffiziententabelle

| Uhrzeit | Abflug | Ankunft |
|---------|--------|---------|
| 8 – 12 | 0 | 4 |
| 12 – 18 | 1 | 2 |
| 18 – 22 | 3 | 0 |
| 22 – 1 | 4 | 3 |
| 1 – 8 | 3 | 3 |

| | | |
|---|---|---|
| **Beispiel:** | Frankfurt – Hongkong, Abflug 21.40, Ankunft 16.50 Uhr | |
| | Halbe Flugdauer in Stunden (laut Flugplan 14 Std.) | $14 \div 2 = 7$ |
| plus | überflogene Zeitzonen (im Atlas nachsehen: | |
| | pro 15° geografischer Breite etwa 1 Stunde) | |
| | bei mehr als 4 Stunden Zeitunterschied | + 8 |
| plus | Koeffizient für Abflugzeit (siehe Koeffiziententabelle) | + 3 |
| plus | Koeffizient für Ankunftszeit (siehe Koeffiziententabelle) | + 2 |
| | **Summe** | **20** |
| dann: | geteilt durch 10 = Anzahl der **Ruhetage** | $20 \div 10 = $ **2** |

bei Turbulenzen sowie Atem- und Herzbeschwerden die häufigsten Notfälle. Flugtauglich ist, wer auf dem Fahrradergometer keine 50 Watt beschwerdefrei leistet oder bereits in Ruhe über Beschwerden klagt.

Schwangere, Herz- und Lungenkranke, Patienten mit Blutarmut, Rheumakranke und an Krampfadern Leidende sollten vorbeugen – fragen Sie Ihren Hausarzt. Bei Rauchern und bestimmten Vorerkrankungen (Lungenembolie, Thrombose) kann es sinnvoll sein, die Blutgerinnung zu hemmen. Fragen Sie Ihren Arzt. Jede halbe Stunde aufstehen, stündlich einmal durchs Flugzeug gehen. Im Sitzen abwechselnd Zehen und Fersen anheben, Zehenspitzen anheben, dann Zehen »festkrallen«. Kissen zwischen Knien festklammern, die

☀ **Tipp:** Bei langen Flügen steigern oft Kleinigkeiten das Wohlbefinden: ein kleines Kissen, warme Socken, Erfrischungstücher, eine Rasur, etwas gegen Kopfschmerzen und gegen trockene Gesichtshaut und Schleimhäute der Nase, Lippen, Augen.

✳ **Tipp:** Eiweißreiche Kost (Fleisch, Eier, Milch) hält wach und ist morgens und mittags ideal, während kohlehydratreiche Kost sich besser abends eignet.

Oberschenkel kräftig aneinander pressen. Gesäß anheben. So aktivieren Sie nacheinander die Muskelgruppen. Auch eine leichte Gymnastik nach dem Flug bringt den Kreislauf wieder auf Trab. Nach frischen Zahnextraktionen und Knochenbrüchen sollten Sie nicht fliegen!

- Planen Sie Ihre Reise über möglichst wenig Zeitzonen. Pro Stunde Zeitverschiebung verlangen Flüge in östlicher Richtung etwa einen Tag Anpassung, Flüge in westlicher Richtung nur etwa ½ Tag.
- Zwischen Herbst und Winter fällt es dem Körper leichter, sich auf ein sonnig-tropisches Klima einzustellen.
- Sport, Sauna und Solarium machen es einfacher, sich umzustellen.
- Entlasten Sie Ihren Körper bereits vor dem Abflug: viel Wasser und leichtes Essen, wenig Salz, Fett, Alkohol.
- Stellen Sie Ihre Uhr schon zwei Tage vorher auf die Zeit des Zielortes um. Verändern Sie bereits vor dem Abflug Ihren Tag-Nacht-Rhythmus.
- Legen Sie einen mehrtägigen Zwischenstopp auf halber Strecke ein.
- Wenn Sie Ihr Ziel abends erreichen, halten Sie sich während des Fluges wach, damit Sie gut schlafen.

**Ein Weltklasse-Flughafen mit hoffnungsfrohen Botschaften: Airport-Toilette im indischen New Delhi**
Foto: Christel Loock

- Nach der Ankunft sollten Sie sich viel bewegen, gehen Sie spazieren.
- Halten Sie sich tagsüber viel im Freien auf. Der Tagesrhythmus Ihres Körpers stellt sich bei Tageslicht schneller um.
- Die Wirkung von Insulin, der Antibabypille und anderer Medikamente kann einige Zeit gestört sein, die Umstellung der Medikation muss mit dem Arzt besprochen werden. In manchen Fällen muss durch Gabe von Hormonen die Monatsblutung verschoben werden.

## Fluggastrechte

Fluggastrechte gelten nur für Fluggäste, die in einem EU-Mitgliedsstaat ihren Flug antreten oder aus einem Drittstaat einen Flug mit einer EU-Fluggesellschaft in ein EU-Land antreten, sofern Sie über eine bestätigte Buchung verfügen und zur angegebenen Zeit vor dem Abflug bei der Abfertigung waren. Es gibt drei Gründe, Fluggastrechte zu beanspruchen:

**Große Verspätungen** werden definiert als um vier Stunden verzögerter Ablug bei mehr als 3500 km Flugstrecke bzw. drei Stunden bei mindestens 1500 km bzw. zwei Stunden bei weniger als 1500 km. Sie haben das Recht auf »Betreuungsleistungen« und Erstattung bei mehr als fünf Stunden Verspätung.

**Freiwilliger oder unfreiwilliger Rücktritt** von der Beförderung durch Überbuchung der Maschine. Sie haben das Recht auf Betreuungsleistungen, Erstattung und anderweitige Beförderung. Bei unfreiwilligem Rücktritt können Sie Ausgleichsleistungen beanspruchen.

**Annullierung des Fluges.** Sie haben das Recht auf Betreuungsleistungen, Erstattung und anderweitige Beförderung, falls die Annullierung weniger als 14 Tage vor dem Abflug erfolgte und ein alternativer Flug mehrere Stunden vor und nach der ursprünglichen Abflugzeit nicht angeboten werden konnte.

- »Betreuungsleistungen« umfassen Verpflegung in angemessenem Verhältnis zur Wartezeit, ggf. Hotelübernachtung, zwei kurze Telefonate, Faxe oder eMails.

* **Tipp: Von Versicherungsexperte Dietmar Boyks:** Fluggesellschaften haften für beschädigtes oder verspätet ausgeliefertes Gepäck bis zu 1200 €. Nach dem »Montrealer Übereinkommen« hat man jedoch die Möglichkeit, bei der Aufgabe des Gepäcks den tatsächlichen Wert anzugeben. Dafür muss der Inhalt genau aufgeführt werden. Die Fluggesellschaft muss dann bis zu diesem Betrag haften. Eine zusätzliche Gebühr fällt nicht an. Die Allgemeinen Geschäftsbedingungen der Fluggesellschaften können die Haftung nicht begrenzen. Will man Schadensersatz geltend machen, ist immer eine genaue Auführung des Kofferinhalts nötig, da für die Schadensberechnung der Inhalt zählt, nicht das Gewicht. Schadensersatzansprüche kann man von seinem Heimatland oder von dem überwiegenden Aufenthaltsort aus anmelden.

MOBIL MIT ÖFF. VERKEHRSMITTELN

**www-Einstieg:** Flugsicherheit, Aerosecure, Airsafe.com, European Aviation Safety Agency; EASA

- Eine anderweitige Beförderung wird Ihnen angeboten zum frühest möglichen Zeitpunkt und unter vergleichbaren Bedingungen. Bis dahin können Sie Betreuungsleistungen beanspruchen. Sie haben das Recht auch einen späteren Zeitpunkt zu wählen, dann allerdings ohne Betreuungsleistungen.
- Die Erstattung der Kosten für nicht zurückgelegte Flugabschnitte ist möglich, allerdings können bei Pauschalreisen sehr hohe Stornierungskosten entstehen.
- Ausgleichsleistungen können bar, per Scheck oder als Überweisung erfolgen. Sie können, müssen aber nicht, einen Gutschein akzeptieren. Die Höhe der Zahlung beträgt:
- 250 Euro bei Flügen bis zu 1500 km;
- 400 Euro bei Flügen von mehr als 1500 km innerhalb der EU bzw. bis zu 3500 km;
- 600 Euro bei allen anderen Flügen.

Manches mag auch Verhandlungssache sein. Fragen Sie nach einem Ersatzflug in einer besseren Klasse (*Upgrading*) oder mit einer anderen Fluggesellschaft. Diese Rechte entfallen in vielen Fällen, etwa bei außergewöhnlichen Umständen durch Wetter, Streik, politischen Faktoren oder anderen Risiken.

## Wie wahrscheinlich sind Unfälle?

Rechnerisch müssen Sie 67 Jahre lang ununterbrochen fliegen, um ein Flugzeugunglück zu erleben. Selbst bei der unsichersten Fluggesellschaft mit deren unfallträchtigstem Flugzeug ist die Reise statistisch sicherer als eine vergleichbare Autoreise. Von 100 Unglücken ereignen sich rund 50 % in der Landungs- und 21 % in der Startphase, also steigern häufige Zwischenlandungen das Unfallrisiko. Im Durchschnitt ist ein Flugzeug zum Zeitpunkt des Unfalls 20 Jahre alt. So stammt eine B737-200 aus dem Jahr 1967, eine B737-800 dagegen aus dem Jahr 1999. Insbesondere Maschinen mit weniger als 30 Sitzplätzen weisen ein höheres Unfallrisiko auf.

**Tipp:** Gegen leichte Flugangst helfen Atem- und Entspannungstechniken, die Sie frühzeitig trainieren sollten: Autogenes Training, Gedankenstopp, Progressive Relaxation oder anderes. Bei stärkeren Formen der Phobie hilft Ihnen ein Facharzt durch Verhaltenstherapie. Die Lufthansa bietet an vielen deutschen Flughäfen Wochenendseminare an, die mit einem Inlandsflug abschließen.
**Übrigens:** Erst bei mehr als 80 Flügen pro Jahr gleicht das Flugrisiko dem des Straßenverkehrs.

# MIT BAHN & BUS MOBIL

**Früher konnten Sie ohne Umsteigen von Hamburg nach Rom oder von Paris nach Istanbul fahren – versuchen Sie das heute mal! Doch es gibt auch gute Neuigkeiten aus der Welt der Eisenbahn: Seit 2006 führt eine Zugfahrt der Extreme 1125 km von Golmud im Westen Chinas nach Lhasa in Tibet. Neunzig Prozent der Trasse liegen oberhalb von 4000 m Höhe, der höchste Punkt der Strecke wird am Tanggu-La (5072 m) erreicht. Auf über 3000 km können Sie seit 2004 mit dem Zug von Adelaide über Alice Springs nach Darwin das australische Outback durchqueren. Einfacher wird auch der Weg von Europa nach Indien durch den wöchentlich verkehrenden Kurswagen Istanbul – Teheran. Und nach wie vor ist der direkte Kurswagen von Berlin nach Nowosibirsk an jedem Bahnhof der DB buchbar.**

Innerhalb eines Tages verbindet die **Bahn** Deutschland nicht nur mit den Nachbarländern, sondern auch mit England, Estland, Italien, Kroatien, Lettland, Litauen, Rumänien, Schweden, Slowenien, Slowakei, Spanien, Ungarn.

In zwei Tagen erreicht die Bahn Reiseziele an Europas Grenzen sowie in Afrika und Asien: Bulgarien, Griechenland, Makedonien, Portugal, Russland, Serbien, Türkei, Ukraine. Hinzu kommen Fähren nach Finnland, Irland, Island, Israel, Malta, Marokko, Norwegen, Tunesien, Zypern.

Nach mehreren Tagen Fahrt und einmal umsteigen in Moskau finden Reisende den Weg in den Kaukasus, nach Zentralasien, der Mongolei, Japan (Fähre!) und China. Von Beijing aus sind Nordkorea, Tibet und Vietnam mit der Bahn zu erreichen.

Kurzum: Mit Bus, Bahn und Fähren erreicht man von Deutschland aus jeden Winkel Asiens und Afrikas!

In vielen Ländern kennt man keine vollbesetzten Busse, Taxis, Bahnen. Wer durch Fenster und Türen nicht mehr hineinkommt, klettert aufs Dach, steht auf Stoßstangen oder Puffern. Mittendrin sitzen oder stehen Sie nun stundenlang, eingeklemmt. Sie bekommen

Von Joachim van der Linde und Dieter Leonhard
Joachim van der Linde, Jahrgang '55, dzg-Mitglied, legte 2000 – 2003 knapp 188.000 km auf einer »Weltreise ohne Flugzeug« zurück. Per Bahn via Iran und Indien bis nach Bangladesch, auf Stückgut- und Containerfrachtern nach Singapur, über Indonesien nach Papua-Neuguinea und bis Australien. Von dort über den Pazifik nach Nordamerika und von Brasilien über den Atlantik bis nach Südafrika. Und wieder mit der Eisenbahn, quer durch Ostafrika und den vorderen Orient nach Europa zurück.

**Einsteigen, bitte!** Mit Eisenbahn und Frachtschiff um die Welt. Verlag BoD Norderstedt.

MOBIL MIT ÖFF. VERKEHRSMITTELN

137

**Dieter Leonhard,**
geb. 1966, ist stellvertretender Vorsitzender der dzg und hat über 50 Länder mit öffentlichen Verkehrsmitteln bereist. Ob auf dem Dach des Zuges in Ecuador, in einer Draisine durch Eritrea, auf Bananenstauden in der »primer classe« im Dschungelexpress in Madagaskar oder in der Regionalbahn nach Hachenburg zum Globetrottertreffen – am liebsten reist er mit der Eisenbahn.

☀ **Tipp:** ↗ »Öffentliche Verkehrsmittel« im pmv-Outdoor-Buch.

**www-Einstieg:** Deutsche Bahn, railfaneurope.net mit Fahrplänen für Europa und railhoo.de mit Links für alle Kontinente

Hunger, Durst, müssen pinkeln, benötigen dies oder das. Pech, wenn Sie nicht früh genug daran gedacht haben. Vielleicht werden Sie so 48 Stunden im Bus oder gar fünf Tage im Zug verbringen.

▶ Stimmen Sie Ihr Gepäck und Ihre Ausrüstung auf diese besonderen Reiseumstände ab. Vielleicht ist das Hauptgepäckstück tagelang kaum zu erreichen, dann müssen Sie alles mit sich führen, was den Alltag erleichtert: Getränke, Toilettenpapier, Kopfbedeckung, Sonnenbrille und ein Tuch als Schutz vor Staub, Kälte, Hitze, Zugluft und Proviant. Dennoch sollte das Handgepäck möglichst klein sein, ins Gepäcknetz passen, auf den Nebensitz, unter den Sitz, auf den Schoß. Bei längeren Reisen im Sitzen schwellen die Füße an, dann passen vielleicht die Schuhe nicht mehr. Beugen Sie vor. Wer Krampfadern hat, sollte Stützstrümpfe tragen.

## Einige Highlights der Eisenbahnwelt

- **Transsib** von Moskau nach Wladiwostok oder Peking, ↗ Karte »Reiserouten in Asien«.
- **Trans-Asia-Express** von Istanbul nach Teheran mit Kurswagen nach Aleppo (Damaskus).
- **Hedjazbahn** von Damaskus (Syrien) über Amman (Jordanien, Regelverkehr) und Akkaba nach Medina.
- Der **Express** durch die **Nubische Wüste** von der sudanesischen Hauptstadt Khartum nach Wadi Halfa.
- **Wüstenexpress** (Eisenerz) der SNIM durch Mauretanien.
- **Dschungelexpress** in Madagaskar von Fianarantsoa im Hochland nach Manankara an der wilden Ostküste.
- **Blue Train** von Kapstadt nach Johannesburg.
- **Palace on Wheels** durch den Nordwesten Indiens.
- **Nilgiri-Express** von Mettuppalaiyam durch die blauen Berge Südindiens nach Ootacamund.
- **Darjeeling Himalayan Railway** ab Siliguri/New Jalpaiguri.
- **Mandalay-Express** von Yangon (Rangun) durch die Reisfelder Myanmars nach Mandalay.

- Der australische **Indian-Pacific** Sydney – Perth.
- **The Ghan** (*Der Afghane*) von Adelaide nach Alice Springs und weiter nach Darwin.
- **Trans Canadian Railway** durch die Rocky Mountains von Vancouver nach Toronto.
- **Sunset Limited** von New Orleans durch den ursprünglichen Westen der USA nach Los Angeles.
- **Nuevo Chihuahua-Pacifico** (*Chepe*) von Los Mochis durch Mexikos Kupferschlucht nach Chihuahua.
- **Atamaca-Wüstenexpress** von Uyuni in Bolivien zur chilenischen Grenze.
- Die **zweithöchste Eisenbahn** der Welt von Lima nach Huancayo/Peru durch die Anden (4781 m).
- **Tren a las Nubes** ab Salta in Nordwest-Argentinien zum Polvovilla-Viadukt (4220 m).

Bis auf den Blue Train, Palace on Wheels, den Tren a las Nubes und die Andenbahn in Peru kann der Eisenbahnreisende alle diese Traumreisen noch heute im Planverkehr fahren.

## Railpässe (Railpasses)

**InterRail,** der Klassiker für Bahnfahren in bis zu 30 europäischen Ländern von 10 oder 22 Tagen bis zu einem Monat Geltungsdauer.

**Ausrail-, Oztracks-, Rail Explorer Pass: Great Southern Railway Australien**.

 Tom Sario, **Die schönsten Eisenbahnreisen der Welt**. Christian.

 Steven Parissien, **Bahnhöfe der Welt** – Eine Architektur- und Kulturgeschichte. Knesebeck.

☀ **Filmtipp:** »Zugvögel … Einmal nach Inari« (*Train Birds*), Regie Peter Lichterfeld, 1998. Joachim Król spielt den schüchternen Dortmunder Bierkutscher und Fahrplanexperten, der sich wegen diverser Missverständnisse und mit vielen Verwirrungen ins nordfinnische Inari durchschlägt, um dort am 1. Internationalen Wettbewerb der Kursbuchspezialisten teilzunehmen.

**www-Einstieg:** www.amazon.de, www.railhoo.de, Eisenbahn-Links für alle fünf Kontinente. www.railfaneurope.net, Fahrpläne europäischer Bahnen (englisch). www.bahn.de, Deutsche Bahn AG.

Anden unter Dampf: Unterwegs in El Bolsón, Patagonien

Foto Jürgen Erdmann

☀ **Tipp:** Bestimmte Eisenbahnpässe gelten ausschließlich für ausländische Reisende. Sie müssen für manche Ländern deshalb vor dem geplanten Reiseantritt im Herkunftsland (!) erworben werden. Erkundigen Sie sich frühzeitig nach solchen Pässen an Ihrem Reiseziel!

**Der AMTRAK USA Rail Pass,** MESO Amerika-Kanada-Reisen, Berlin.

**CANRAIL Pass: Via Rail Canada, Canada Reise Dienst CRD**

**Infos:** www.seat61.com, sehr übersichtliche Informationen, insbesondere zu Railwaypässen (englisch).

## Mehr Information & Literatur

**Thomas Cook Timetable:** Das einst alle 2 Monate aktualisierte Buch enthält Tabellen fast aller im Personenverkehr betriebenen Bahnstrecken der Welt. Als »Independent Traveller Edition« gab es Tipps, ein Nordamerika- und Australien-Spezial, die wichtigsten Schiffs- und Busverbindungen in und zwischen einzelnen Ländern. Allerdings: Die Produktion der Overseas Timetable ist mit der Ausgabe 11/12-2010 eingestellt worden.

**Thomas Cook European Timetable** ist weiter als Printausgabe erhältlich und umfasst seit Sommer 2011 einen speziellen Abschnitt zu Reisen außerhalb Europas. Erscheinungsweise monatlich. Bezug über www.thomascookpublishing.com oder Amazon.

**Verkehrsclub Deutschland VCD,** Berlin, mit Schwerpunkten zum Bahnfahren, Radreisen, Reisen mit Kindern, umweltverträglichen Reisen.

**Europa Reiseführer,** zu bestellen bei LOK-Report, Berlin. Der Band informiert über für Eisenbahnfreunde interessante Sehenswürdigkeiten in Deutschland und Europa, mit Fotos und Reisetipps.

☀ **Tipp:** Die Topadresse für alle Fragen zum Eisenbahnfahren rund um den Globus ist das Fahrplancenter im schweizerischen Steinen: S. Rachdi, CH-6422 Steinen SZ, www.fahrplancenter.com.

Er liebt das Bahnfahren: Amazona-Bahn auf der Kirmes von Dortmund Hörde

Foto: Jürgen Erdmann

Nur frisch gewagt: Trotz
des komplizierten Bela-
dens kommen Senegals
Kleinbusse irgendwann
ans Ziel

Foto: Rudi Kleinhenz

**Fernexpress** mit Eisenbahnreportagen aus aller Welt. Interessant sind die Hintergrundberichte über bestimmte
Länder und deren Eisenbahnverwaltungen sowie spezielle Streckenführungen, www.fernexpress.de.

Steffen Kopetzky, **Grand Tour oder die Nacht der Großen
Complication**. Eichborn.

Jürgen Franzke, **Bagdad- und Hedjazbahn**. DB-Museum
Nürnberg.

**☀ Tipp:** Angenehm oder
hilfreich sind im Bus:
Wasserflasche, Kopf-
tuch/Mütze gegen den
Staub, Handtuch, Ta-
schenlampe, Kissen,
Schlafsack oder Decke,
Ohrenstopfen, Toiletten-
papier, Tabletten gegen
Kopfweh und Reisekrank-
heit.

**Mit dem Containerschiff nach Südostasien, mit ei-
nem Stückgutfrachter in 120 Tagen um die Welt
oder mit dem Bananendampfer in die Karibik – Reisen auf Frachtschiffen werden immer beliebter und
sind im Vergleich zu Kreuzfahrten billiger.**

# AUF SCHIFFEN UNTERWEGS

## Frachtschiffreisen

Der Komfort auf einem Containerschiff kann sich
durchaus mit dem moderner Passagierschiffe mes-
sen. Geräumige Doppelkabinen – natürlich mit Dusche
und Toilette, Kühlschrank und Videorecorder sind Standard. Es macht in der Regel keinen Unterschied, ob sie
unter deutscher, britischer, russischer oder panamesi-
scher Flagge fahren. Dennoch unterscheiden sich
Frachtschiffreisen von denen auf Passagierschiffen
ganz gewaltig. Frachtschiffe sind Arbeitsschiffe, das
Ziel der Ladung bestimmt den Ablauf der Reise. Eine

Von Joachim van der
Linde

**www-Einstieg:** www.see-
reisenportal.de, Infos und
Links zu Frachtschiff-
und Kreuzfahrtreisen,
Reedereien und Spezial-
agenturen

MOBIL MIT ÖFF. VERKEHRSMITTELN

**www-Einstieg:** Kapitän Hoffmann Scharbeutz, Hamburg-Süd, Internaves Frachtschiffreisen Christina Horn, Werner Pfeiffer Wuppertal, Kapitän Peter Zylmann Maasholm, Clipper DJS, Inmaris Perestroika Sailing, Deutscher Segler Verband DSV, SGV Reisezentrum

 Evelyn Freitag, **Frachtschiffreise.** Das größte Abenteuer meines Lebens. BoD GmbH, Norderstedt.

gewisse Flexibilität sollte man deshalb schon mitbringen, denn Ankunfts- und Ablegezeiten können sich durchaus um ein oder zwei Tage verschieben.

Zunächst gibt es Schiffe, die regelmäßig im **Linienverkehr** unterwegs sind, z.B. im Containerverkehr zwischen Europa und den USA oder als Bananenfrachter von Europa in die Karibik. Die so genannten **Trampschiffe** hingegen fahren auf einer Route eventuell nur ein einziges Mal. Bei ihnen verschiebt sich die Abfahrtszeit häufiger und auch die Route kann sich kurzfristig ändern. Es kann im günstigsten Fall sogar zu einer kostenlosen Verlängerung des Urlaubs kommen, sollte das Schiff unplanmäßig einen weiteren Hafen anlaufen müssen.

Die **Kosten** bei Frachtschiffreisen im Linienverkehr bewegen sich zwischen 80 – 100 € pro Tag. Bei Trampschiffreisen ist mit 50 – 60 € zu rechnen. Wenn Reedereien den Preis in US-Dollar berechnen, gewinnen Sie bei starkem Euro einen Preisvorteil.

### Kreuzfahrten

Rechnen Sie pro Tag und Person bei einer Kreuzfahrt mit mindestens 125 Euro, das Doppelte ist normal,

---

### Aus dem »Logbuch einer Pazifikreise«

▶ Einen Tag später als geplant legen wir ab. Zwei Schlepper bugsieren mit vereinten Kräften unseren 23.000-BRT-Containerfrachter »Fesco Voyager« aus dem Hafen von Melbourne in die Fahrrinne. Es geht mit Volldampf voraus Richtung offenes Meer. Die Route: 13.000 Kilometer über den Pazifischen Ozean, Stop-Over in Neuseeland und Tahiti, bis zur Bay von San Francisco. Mit 16 Knoten und mehreren tausend Pferdestärken wird uns der Schiffsdiesel über den Pazifik bringen. In der Dunkelheit verschwinden die Kaianlagen und das riesige Containerterminal von Melbourne. Ein letzter Blick zurück auf das Lichtermeer der australischen Hafenstadt. Ich spüre Salz auf den Lippen. Sehr intensiv, ganz tief in mir drinnen, ein Gefühl von Abschiednehmen. Sechs Monate Travel Overland auf dem Roten Kontinent gehen zu Ende, vor mir das offene Meer und 21 Tage an Bord eines Frachters. Eines der letzten Abenteuer des 21. Jahrhunderts beginnt …« ◀ *Joachim van der Linde*

Poesie auf dem Ozean:
Öltanker vor Madeira
Foto: Jürgen Erdmann

obere Preisgrenzen gibt es nicht. Die Schiffe und die Kabinen unterscheiden sich voneinander wie Hotels und deren Zimmer. Sie entscheiden sich also zunächst für eine gewisse Klasse und innerhalb der Klasse für einen bestimmten Kabinenkomfort.

▶ Außenkabinen und jene in den oberen Etagen sind immer teurer als Innenkabinen und jene im Unterdeck.

▶ Für die Einzelkabine zahlt man einen Aufschlag.

▶ Begutachten Sie vor der Buchung auf einem Lageplan die Lage der Kabine und die Nähe zu Maschinen, Gesellschaftsräumen, zum Lift oder anderen Geräuschverursachern.

▶ Fragen Sie nach den genauen Leistungen und möglichen Nebenkosten. Trinkgeld und Getränkepreise können erheblich sein, Ausflüge kosten extra.

▶ Preisnachlässe sind möglich bei Überführungsfahrten, Last-Minute-Angeboten und durch bestimmte Rabatte als Frühbucher, Familie u.Ä. Manche Routen und Ziele sind allerdings so exklusiv, dass mit Nachlässen nicht zu rechnen ist: Arktis, Antarktis, Great Barrier Reef. Günstiger sind Westeuropa und die Karibik.

## Segelschiffreisen

Ja, das gibt es noch – Urlaub und Abenteuer unter weißen Segeln auf einem Segelschulschiff. Die Agentur Inmaris Perestroika Sailing in Hamburg bietet Fahrten auf dem größten Segelschulschiff der Welt, der russi-

☀ **Tipp:** Bei Frachtschiffreisen stehen Schiff, Meer und Seefahrt im Vordergrund. Häfen und Termine ändern sich in der Regel kurzfristig, die Liegezeiten im Hafen sind knapp bemessen. Zwei typische **Routen** sind: Hamburg – Genua – Suezkanal – Dubai – Singapur – Ho Chi Minh City – Hongkong – Shanghai – Kobe – Panamakanal – New Orleans – Philadelphia – Hamburg. Hamburg – Antwerpen – Le Havre – Port of Spain – Willemstad – Cartagena – Panamakanal – Guayaqui – Callao und zurück.

📖 **Frachtschiffreisen: Als Passagier an Bord.** Peer Schmidt-Walther, Koehler 2008.

📖 **Frachtschiffreisen verstehen: Das Schiff, der Hafen, die See.** Kapitän Kay-Hendrik Gödde, Frachtschiff-Touristik-Kapitän Zylman GmbH.

Paul Lächler, **Die Schiffe der Völker**. Walter, Olten/Freiburg 1962.

Christopher Lloyd, **Atlas zur Seefahrtsgeschichte**. Stalling, 1975.

Gerd Koch (Hg,), **Boote aus aller Welt**. Staatliche Museen Preußischer Kulturbesitz Berlin 1984.

Thies Völker, **Lexikon berühmter Schiffe**. Eichborn.

Manfred Gsteiger, **Schiffe in der Weltliteratur**. Manesse.

☀ **Tipp:** Mare ist eine Specialinterest-Zeitschrift, die sich die Reisesehnsucht vieler Menschen zum Hauptthema erwählt hat: das Meer. Erscheint seit 1997 zweimonatlich mit tollen Fotos und spannenden Texten rund ums Wasser, seine Fauna und Flora, Geschichte und Wirtschaft. www.mare.de

schen *Sedov,* an. Sie können mit 200 Seeleuten und Kadetten auf große Fahrt gehen. Wer es sportlich mag, findet auf dem russischen Segelschulschiff *STS Mir* Mitfahrten, Zusammenarbeit und Anpacken mit Kadetten und Matrosen inklusive.

Eine preiswerte Alternative, insbesondere für seefahrtsbegeisterte junge Menschen zwischen 15 – 26 Jahren, aber auch für ältere Semester, gibt es bei Clipper, dem deutschen Jugendwerk zur See e.V. Vornehmlich segeln die vier Segelschiffe des Vereins zwischen der deutschen und skandinavischen Küste. Bei diesen Segeltörns wird ebenfalls erwartet, dass die Reisenden zupacken. So wird das Leben auf See zu einem echten Erlebnis.

## Fährverbindungen

**Europa:** www.faehren.de, www.ocean24.de, www.faehrenservice.de, www.connexions.de.

**Baltikum:** www.superfast.com, www.silja.com, www.finnlines.de.

**Fährverbindungen Asien:** www.pelni.com, www.weidong.com, www.superferry.com.

**Fährverbindungen weltweit:** www.aferry.de.

## Mehr Information

**Horn-Linie,** Hamburg.

**Kapitän Hoffmann,** Scharbeutz.

**Hamburg-Süd,** Hamburg.

**Internaves,** Frachtschiffreisen Christina Horn.

**Werner Pfeiffer,** Wuppertal.

**Kapitän Peter Zylmann,** Maasholm.

**Clipper – DJS e.V.,** Hamburg.

**Inmaris Perestroika Sailing,** Hamburg.

**Deutscher Segler Verband e.V., DSV,** Hamburg.

**Schweiz: SGV Reisezentrum,** 6353 Weggis.

# UNTERWEGS MIT (WOHN)MOBIL

Wohnmobilisten sind ein eigenes Völkchen. Sie suchen die Weite und Unabhängigkeit, einerseits. Andererseits sind sie die größten Tüftler, wenn es darum geht, das perfekte Heim innerhalb winziger Quadratmeter Raum zu schaffen. Einige der liebenswertesten Sorte treffen Sie beim dzg-Globetrotter Treffen in Hachenburg.

# IM WOHN-MOBIL AUSSER-HALB EUROPAS

## Bei der Auswahl des Wohnmobils muss klar sein:

- Soll es geländetauglich sein?
- Soll es Monate oder gar Jahre im Dauereinsatz sein?
- Welchen Komfort soll es bieten?
- Was darf es kosten?

Minimalisten begnügen sich mit **Pkw-Kombis oder Vans**. Einigermaßen bequem wird das erst, wenn die Ladefläche ohne Verstellen der Vordersitze mindestens 20 cm länger ist als der längste Schläfer. Auf Toilette und Dusche muss man bei dieser sehr wendigen und unauffälligen Mini-WoMo-Lösung verzichten. Vorteilhaft sind eine Leiterklappe als Lüftung und ein nach hinten ausziehbarer Ladeboden oder eine Ladeklappe. Je kleiner das Auto, desto größer ist die erforderliche Ausstattungsfantasie.

Fahrzeuge auf Basis von **Kleinbussen** sind robuster als Pkw, da sie mit Blick auf den anspruchsvolleren gewerblichen Bereich hergestellt werden. Im Selbstbau bieten sich von der simplen Lösung mit einfacher Schlaf- und Kochmöglichkeit bis zum wohnmobilähnlichen Vollausbau zahlreiche Varianten. Westfalia und andere Firmen bieten solche Ausbauten professionell an.

**Diesel** ist weltweit einigermaßen sicher zu erhalten; deshalb empfehlen wir diese Art des Antriebs. Ein höherer Anschaffungspreis und die höhere Kfz-Steuer werden aufgewogen durch die längere Lebensdauer des Motors und den geringeren Verbrauch, der auch eine größere **Reichweite** bedeutet. Wichtig wird das in den wenigen Ländern, in denen die Tankmöglichkeiten

von Klaus B. Bartels

Seit fast 40 Jahren erprobt die Familie Bartels Wohnmobile aller Art. Angefangen haben sie mit einem VW-Bus, der mit seinen damals fortschrittlichen 50 PS die Hoggar- und die mauretanische Pisten recht ordentlich bewältigte. Inzwischen (jetzt 83-jährig) haben sie rund 600.000 km in 102 Ländern aller Kontinente zurückgelegt.

UNTERWEGS MIT (WOHN)MOBIL

Noch nicht einmal Fliegen ist schöner: Womotraum-platz oberhalb der Steil-küste in Portugal
Foto: Klaus Schütz

**www-Einstieg:** Zeitschrift Reisemobil International, Reisemobil-Union, RID Verlag, Fernreisemobile, Expeditionsmobile, Stellplätze, Fahrzeugbau: Bocklet Koblenz, TeMaCo in Steinweiler, Reisemobilwerkstatt in Waghäusel-Kirrlach, Toms Fahrzeugtechnik in Markt Bibart, Exploryx in Isny

☀ **Tipp:** Es ist leichter, in einem Kastenwagen ein Fenster einsetzen zu lassen, als bei einem Bus überflüssige Fenster zu verschließen.

**Geschafft im Weichsand: Die Fahrerin mit ihrem VW-Bus in Marokko**
Foto: Klaus Schütz

weit voneinander entfernt sind: einige Gebiete Afrikas, Zentralasien, entlegene Pisten in der Mongolei, in Südamerika und Australien. Der Treibstoffvorrat ist so zu bemessen, dass er sicher bis zur übernächsten Tankstelle reicht.

Das größte Handicap ist geringes **Ladegewicht** für längere Reisen. Für Werkzeug, Ersatzteile, Sandbleche, Hi-Lift und Ähnliches kommen leicht 100 kg zusammen. Wenn außerdem Wüstenstrecken entsprechende Wasser- und Treibstoffvorräte verlangen, ist der Wagen schnell überladen. Leider tragen Land-Rover, Avo und der für die Sahara beliebte Unimog S 404 nicht mehr als etwa eine Tonne Ladung – damit sind Federbrüche unvermeidbar. **Wohnmobile** liegen meist in der Gruppe mit zulässigem Gesamtgewicht von 2,8 bis 3,5 t. Deren Geschwindigkeitsbegrenzung liegt bei 100 km/h.

**Die Räder** sollten möglichst groß sein (VW-Bus Syncro beispielsweise 16 Zoll), um auch schlechte Straßen überstehen zu können. Große Wagen benötigen mehr als vier Reifen. Zwillingsbereifte Wagen zahlen auf den europäischen Autobahnen die doppelte Autobahngebühr, in Amerika dagegen gelten Wohnmobile grundsätzlich als Personenwagen, unterliegen also nicht den Beschränkungen für Lkw wie in Deutschland.

Fotovoltaik auf dem Dach und ein eigener Akku-Satz sorgen für ausreichende **Stromversorgung** im Wohnbereich. Die Campingplätze der USA bieten reichlich Luxus, auch Stromanschluss (110 V) an jedem einzelnen Stellplatz – allerdings meist links am Stellplatz, also für uns auf der falschen Seite. In Durchfahr-Parzellen spielt das dann keine Rolle. Im Haushaltswarengeschäft gibt es kleine Spannungswandler für unsere 220-V-Geräte.

**Gas** wird natürlich trotzdem benötigt, mindestens für den Herd, vielleicht auch für einen umschaltbaren Kühlschrank und für die Heizung; letztere verbraucht viel Gas. Auf jedem Campingplatz in den USA lassen sich Gasflaschen füllen – wenn man den

Wo ein Wille ist …: Im Dschungel des Brexbachtals bei Neuwied
Foto: Jürgen Erdmann

richtigen Adapter hat. Wir hatten deren sechs, aber keiner passte. In Kanada hat uns eine kleine Maschinenfabrik ein passendes Stück innerhalb weniger Stunden gefertigt. Das passte dann bis Panama. Wenn nichts passt, werden Flaschen auch mit ziemlich abenteuerlichen Methoden gefüllt, so erlebt in Jordanien, Russland, Indien, Elfenbeinküste. Wir haben uns dabei lieber in Sicherheit gebracht. Nach Problemen mit der Gasversorgung in Afrika haben wir eine Diesel-Heizung einbauen lassen, die tadellos und kostengünstig arbeitet.

Die **Innenausstattung** muss auch bei bescheidenen Ansprüchen einen Mindeststandard haben, will man die Reise unbeschwert genießen. Schlafkomfort ist ebenso wichtig wie eine sichere Kochstelle. Die Gasversorgung eines Herdes sollte vom Fachmann verlegt werden. Ein Prüfzertifikat muss jedes zweite Jahr bei der HU (TÜV) vorgelegt werden.

Ein **Kühlschrank** ist eine feine Sache, vor allem in heißen Ländern, wenn man auf gekühlte Getränke Wert legt oder verderbliche Ware und Medikamente kühl halten will. Aber er ist relativ schwer, nimmt einigen Platz in Anspruch und verbraucht viel Energie (Gas, Diesel oder elektrisch).

Ein chemiefreies WC ist eine optimale Lösung, eine Duschwanne sollte ausreichend groß sein. Ob man diese in einem kleinen Raum mit Toilette und Wasch-

☀ **Tipp:** Für die Kühlung wäre eine umschaltbare Energieversorgung am besten, aber im Kleinbus sind zusätzliche Batterien wegen des Gewichts kaum zu installieren.

☀ **Tipp:** Ein Wohnmobil muss jederzeit ohne Umbauten startbereit und auch bei Regen und in unsicheren Gegenden ohne »Eingriffsmöglichkeit« gut belüftbar sein.

**Tipp:** Fernreisemobiltreffen bieten zahllose Anregungen, Beispiele und Tipps für Selbstausbauer. Das größte und älteste Treffen dieser Art ist das von Willy Janssen (seit 1979). Siehe auch: Fernwehtreffen, AMR-Treffen, Därr-Treffen … Termine finden Sie im Globetrotterkalender der Deutschen Zentrale für Globetrotter, dzg.

**Tipp:** Gründe für eine nur von der Kabine aus zu öffnenden Tür:
Steuerlich. Wenn ein Lkw als Sonder-Kfz WoMo zugelassen werden soll, verlangt der TÜV u.U. (bei nicht anwendbaren EU-Bestimmungen) einen Durchgang.
Technisch. Der Koffer bewegt sich gegen das Fahrerhaus, also ist der Übergang enormen Belastungen ausgesetzt.
Sicherheit. Falls nachts gefährliche Situationen (Überfall) entstehen, kann man direkt ins Fahrerhaus und Gas geben.

becken kombiniert oder einen entsprechend größeren **Sanitärbereich** wählt, ist Ansichtssache. Sowohl der Frisch-, als auch der Abwassertank sollten je mindestens 200 l fassen, Fäkaltank extra. Ein Vorteil des komplett ausgestatteten WoMo ist auch, dass das Umbauen der Schlafstatt entfällt und der Wagen im Notfall schnell startbereit ist.

Ihre **Zuladungskapazität** liegt bei 200 kg – das ist indiskutabel für längere Reisen.

Das **Chassis** sollte so ausgelegt sein, dass der voll beladene Wagen noch eine Tonne Zuladung als Reserve aufweist. Damit sind dann auch Schlaglöcher ungefährlich für die Federblätter.

Der beste Weg, das geeignetste Fahrzeug zu finden, ist das Ausprobieren gemieteter Reisemobile. In Deutschland gibt es Angebote vom einfachsten bis zum luxuriösesten. Ob man sich für ein voll- oder teilintegriertes oder ein Alkovenmodell entschließt, ist Geschmackssache. Der Vollintegrierte sieht eleganter aus, doch bietet ein Alkoven mit ausreichender Schlafhöhe (90 cm und bequeme, unterlüftete Matratze) zusätzlichen Raum. Insbesondere die **Düsseldorfer Messe** zeigt das breite Angebot – auch das der Individualhersteller. Wir kauften einen gebrauchten (70.000 km) Mercedes 711 D in Sandwich-Technik. Auf dessen Chassis baute uns Bocklet in Koblenz nach unseren Wünschen ein Wohnmobil, mit nur von der Kabinenseite zu öffnender Tür zum Fahrerhaus, Alkoven mit 90 cm Schlafhöhe, Sanitärabteil über die ganze Fahrzeugbreite im Heck. Das ist nun in 18 Jahren fast 330.000 km gefahren, immer noch tadellos und war nicht teurer als ein Serienfahrzeug. Anstelle der Rollerbrücke würde ich heute eine Garage wählen, denn die Vespa war trotz Hülle immer verstaubt.

Nach Afrika, Amerika und Australien muss das Fahrzeug verschifft werden. Die Frachtrate bemisst sich nach Volumen – Angebote zu vergleichen lohnt sich! Bequem und sicher ist die Verladung per **Roll on-Roll off** (RoRo). Kleinere Fahrzeuge (bis 5,5 m Länge,

**Sieht hilflos wie ein Dick-
häuter aus: Womo-Lkw-
Verschiffung am Kongo**
Fto: Armin Mildner

**www-Einstieg:** Verschif-
fungen: AFL International
Logisitics Group, Wallenius Willemsen, Grimaldi,
Sea Bridge, LPL Projects
+ Logistics, deugro, Kueh-
ne + Nagel, Panalpina …
Roll on – Roll off (RoRo),
Open Top-Container, Flats
& Platforms (Container),
Containerhandbuch CHB
und Transport-Informati-
ons-Service TIS der Deut-
schen Transportversiche-
rer im GDV.

2,2 m Breite, 2,2 m Höhe) können sicher im Container
transportiert werden, höhere auf offenen Containern
und längere auf Paletten mit Front- und Rückklappen.
Schließlich gibt es die einfache Kranverladung, die besonders unsicher ist. Eine **Seefrachtversicherung**
muss immer abgeschlossen werden. Man sollte vor
Ankunft des Schiffes am Hafen sein, mit Papieren,
Schlüsseln usw. Die Verschiffungsbedingungen sind
sorgfältig zu prüfen. In Extremfällen muss das WoMo
völlig leer sein; andere akzeptieren keine Gasflaschen
oder nur geringen Treibstoffvorrat. Manche Länder verbieten die Einfuhr älterer Autos – das muss vorher ge-
klärt werden!

☀ **Tipp:** Wer sein Fahrzeug unbegleitet ver-
schifft und den Wagen-
schlüssel der Reederei
übergibt, muss den Kabi-
neninhalt diebstahlsicher
schützen, braucht also
hinterm Fahrerhaus eine
abschließbare Tür, die nur
von der Kabine aus zu öffnen ist.

UNTERWEGS MIT (WOHN)MOBIL

# MIT DEM MOTORRAD REISEN

von Claus Michelfelder,
überarbeitet von
Manfred Hoffmann
Claus Michelfelder reist
seit etwa 1990 mit dem
Motorrad durch die Welt.
Eine große Tour führte ihn
von Tübingen nach Tokyo.
Dabei durchquerte er die
meisten Republiken der
ehemaligen UdSSR.

Klaus Demel: **Das Handbuch für Motorradreisen.** Motorbuch Verlag 2004

Ted Simon, **Jupiters Fahrt mit dem Motorrad um die Welt.** Rowohlt.

☀ **Tipp:** ↗ »Auf Straßen und Pisten« im Outdoor-Buch.

**Eine Reise mit dem Motorrad gehört für mich zu den schönsten Dingen in dieser Welt. Sie ermöglicht und erfordert einen direkten Kontakt mit der Umwelt. Sie kommen sehr schnell mit den Leuten unterwegs ins Gespräch; haben aber auch keinen Schutz vor zudringlichen Menschen oder bei Unfällen. Zwar sind nach einer langen Fahrt durch das verschneite Sibirien trockene Kleidung und ein beheiztes Auto sehr viel angenehmer. Doch notfalls lässt sich ein Motorrad auf Zug, Schiff oder Lkw verladen – mit einem Auto ist man nicht so flexibel.**

## Welches Motorrad?

Die Wahl des Motorrades hängt ab vom Reisestil und von der Art der zu fahrenden Straßen. Grundsätzlich empfehlenswert sind jedoch **Touren-** oder **Enduromotorräder**, denn damit kommt man auch über kleine und schlechte Pisten oder schwache Brücken. Je weniger normale Straßen befahren werden, desto leichter sollte das Krad sein. Mit einer 1100 GS bin ich zwar auch schon durch Tiefsand gepflügt, aber das zehrt an der Kondition und macht Unfälle durch abnehmende Konzentration wesentlich wahrscheinlicher.

Ein Bike mit stabilem und wartungsfreundlichem Kardanantrieb verringert Wartungsarbeiten, Kettenspannen und Schmieren, auch die Gefahr des Kettenabrisses entfällt. Andererseits erhöht der Kardanantrieb das Fahrzeuggewicht.

## Welche Ausstattung?

Die Ausstattung des Motorrades sollte gut durchdacht werden. Grundsätzlich sind die heutigen Enduros, sofern es keine Funbikes sind, serienmäßig für normale Touren auf normalen Straßen fernreisetauglich. Jede Veränderung geht in der Regel zu Lasten des Gewichtes und sollte nur bei echter Notwendigkeit vorgenommen werden. Sparen Sie sich im Zweifelsfall die Kosten für irgendwelche Modifizierungen und verlängern Sie mit dem Geld lieber Ihre Reise um 2 – 3 Wochen.

Sehr wichtig ist ein großer Tank: Der **Spritvorrat** sollte für etwa 500 km reichen. An Sprit sollte das Motorrad so ziemlich alles vertragen, was es so am Markt gibt. Also nicht nur Super bleifrei.

Die **Federung** muss stabil sein. Das Originalfederbein meiner BMW R100 GS gab bei meiner letzten Russlandreise schon nach fünf Tagen den Geist auf.

Die Art des **Gepäcktransports** ergibt sich aus der persönlichen Einstellung: Wer der Sicherheit des Gepäcks vor Diebstählen und beim Umfallen die Priorität gibt, der wird sich für Alu-Koffer entscheiden. Diese sind sowohl maßgeschneidert als auch von den großen Herstellern zu erhalten. Alukoffer erhöhen allerdings das Risiko von Unterschenkelverletzungen bei einem Unfall. Wer sein Verletzungsrisiko beim Um- bzw. Unfall minimieren möchte, ist mit Stoff-, Leder- oder Kunststofftaschen besser beraten. Ansonsten gilt natürlich: Je weniger Gepäck, desto geringer werden Maschine und Fahrer belastet.

Auf langen Touren muss man sich unbedingt auf sein Material, auch das der **Kleidung**, verlassen können – von Lederkombis halte ich da nicht viel. Bei Regen saugen sie sich voll Wasser und es braucht Tage, bis sie trocken sind. Zu empfehlen ist ein wasserdichter Gore-Tex- oder Sympatex-Anzug. Auch Handschuhe und Stiefel müssen wasserdicht sein. Allerdings wird Membrankleidung mit der Zeit – vor allem an den Nähten – undicht. Zudem kann ein Riss bei einem Membrankleidungsstück im Ausland kaum fachgerecht geflickt werden. Bei der Bekleidung halte ich mich grundsätzlich an das Zwiebelprinzip: Viele Schich-

**www-Einstieg:** Bundesverband der Motorradfahrer e.V., BVDM Mainz, Possis Webseiten, Reiseforum Motorradkarawane

**Tipp:** Jährlich im September findet in Gieboldehausen das Motorrad-Reise-Treffen MRT statt, www.motorrad-reise-treffen.de.

Gepäckkünstler: Zu zweit muss man sich mit der Garderobe zurückhalten (auf Kuba)

Foto: Klaus Schütz

UNTERWEGS MIT (WOHN)MOBIL

**Tipp:** Für einen längeren Motorradtrip müssen die wichtigsten Ersatzteile mitgenommen werden, unterwegs ist meist nichts zu erhalten: etwa 10 Ersatzspeichen, Ersatzzüge und Griffe für Bremse und Kupplung, Ersatzkette und Ritzel, Schlauchflickset, Ersatzschlauch, Reifenpilot, Filter für Luft und Benzin. Aber allzusehr sorgen sollte man sich auch wieder nicht. Die Mechaniker in vielen Ländern sind sehr hilfsbereit und experimentierfreudig.

**Tipp:** Je kleiner die Außenmaße des Motorrades, desto günstiger der Transportpreis. Das Volumengewicht berechnet sich aus Länge x Breite x Höhe. Sollte das Effektivgewicht jedoch höher sein, so dient dieses zur Preiskalkulation. Also: Lenker, Windshields und Ähnliches abbauen!

ten, die entsprechend den Wetterbedingungen an- oder ausgezogen werden.

Ein geschlossener **Integralhelm** – möglichst mit Sonnenvisier – schützt am besten vor Staub und Steinchen. Eine Sonnenbrille ist ja okay, aber wer damit vom Sonnenschein in einen Tunnel fährt, muss Blindfahrten mögen und darf Gegenverkehr nicht scheuen.

## Überseetransport von Motorrädern

Bei **Luftfracht** werden Motorräder unverpackt auf einer Palette verzurrt und gelten als Gefahrgut:

- es darf nur ein Minimum Benzin im Tank sein;
- alle mit der Karosserie fest verbundenen Koffer können dran verbleiben, jedoch keine Tankrucksäcke;
- Benzinhahn schließen;
- Seitenständer gegen Einklappen sichern;
- das Verzurren überwachen, Seile polstern.

Die **Kosten** schwanken saisonal, alle LTU/THR-Agenturen erteilen Auskünfte. Auf den meisten Strecken sind One-Way-Flüge möglich, Gabelflüge nur in Nord- und Mittelamerika sowie im südlichen Afrika. Auf einigen Strecken werden auch Gespanne befördert.

**Seefracht** kostet 250 – 370 US$ für ein kistenverpacktes Motorrad, beim Roll-on-Roll-off-Verfahren etwa 400 US$. Hinzu kommen Kosten für eine Kiste sowie die Verladung in den Häfen. Der Transport von Hamburg nach San Francisco und zurück kostet mehr als 1000 Euro, die Verschiffung nach Australien ebenfalls. Eine Verschiffung nach Dakar ist für rund 500 Euro machbar. Fracht ab Japan ist sehr teuer, egal ob nach Deutschland oder Australien; bei Schenker z.B. für die einfache Strecke nach Deutschland etwa 2000 Euro.

Eine **Transportversicherung** für die Hin- und Rückreise kostet 0,9 % vom Zeitwert des Motorrades und gilt ab Abgangshafen. Sie umfasst Brand-, Blitz-, Wasser- und Explosionsschäden sowie Diebstahl. Nicht versichert sind Teildiebstahl (z.B. Motorradkoffer) sowie Lackschäden. Haftpflichtversicherung ↗ Seite 159, 160, 294.

## Motorradreisen, -transporte & mehr

**Interfracht GmbH, Internationale Spedition Hogenkamp & Karrasch**.

**Motorrad Adventure-Tours,** Herbert Morschel.

**Schenker International GmbH.**

**GS-Sportreisen,** München.

**Fly & Bike Reise GmbH,** Neubiberg.

**Edelweiss Bike Travel Österreich.**

**Mäder Moto Reisen Schweiz, Rebel Motorradreisen**.

**Kanada:** Backroads Adventures.

**USA:** California Motorcycle Adventures, Route 66 Riders.

## Motorrad-Ausrüster

**WÜDO Motorrad**, Dortmund

**Wilbers Products,** Nordhorn

**Bernd Tesch,** Simmerath-Hammer

**Götz Motorsport,** Bisingen

**Touratech AG,** Niedereschach

**Zupin Moto-Sport GmbH,** Traunreut

**Weltweite Versicherungen:**

**American International Underwriters,** K. H. Nowag Versicherungen, Wiesbaden, ✆ 06122/15646 (keine Website!), nowag@t-online.de, versichert Pkw und WoMo in USA und Kanada.

**Tour Insure GmbH,** Hamburg. Vermittelt die Versicherung von Dairyland USA.

**Dairyland Insurance Company (Dairyland Cycle).** Günstig durch Direktbuchung.

## Auto ausführen und verkaufen

**Martin hat ein gutes Geschäft gemacht. Glaubt er. Nach drei Monate kreuz und quer durch Osteuropa und Vorderasien hat er den alten Wagen unterwegs verkauft. Zurück in Deutschland erwarten ihn die Rechnungen der Kfz-Versicherung und -Steuer. Beim Straßenverkehrsamt eröffnet ihm der Mitarbeiter, dass ihm ein Bußgeldverfahren droht. Was hat Martin falsch gemacht?**

Wenn Sie in Deutschland Ihr Fahrzeug verkaufen, gehen Steuer- und Versicherungspflicht auf den Käufer über. Das läuft reibungslos, weil Sie Ihren Wagen abmelden, den Verkauf abschließen und der Käufer den Wagen anmeldet. Dabei greifen unsichtbar und automatisch die Rädchen der Verwaltungsmaschinerie. Bei einem Verkauf im Ausland greifen diese Rädchen ins Leere. Doch der **Eigentümer** ist mehrfach an sein Auto gebunden:

# FAHRZEUG KAUFEN & VERKAUFEN

**www-Einstieg:** Straßenverkehrsamt, Saisonkennzeichen

**☀ Tipp:** Fragen Sie vor dem Verkauf bei der Deutschen Botschaft nach, wie der Vorgang zu gestalten ist. Die zuständige Fachbehörde ist das Kfz-Bundesamt.

**☀ Tipp:** Vielleicht »überwintert« Ihr abgemeldetes Auto in Afrika oder Südamerika? Sie vermeiden Probleme bei der Wiedereinfuhr (z.B. Zoll), wenn Sie den Wagen jedes Jahr mit einem Saison-Kennzeichen für zwei Monate anmelden. Formal war der Wagen dann in Deutschland. Auch beim Langzeitparken in anderen Ländern können Probleme beim Zoll entstehen, wenn Aufenthaltsfristen überschritten werden. Klären Sie das vorher.

▶ Privatrechtlich belegt der Kaufvertrag den Übergang des Eigentums an den Käufer.

▶ Öffentlich-rechtlich bindet die Zulassung den Eigentümer an sein Fahrzeug – egal, wo es sich befindet.

▶ Versicherungsrechtlich ist der Eigentümer an die Kfz-Versicherung gebunden.

▶ Er unterliegt auch den Rechtsbeziehungen des Landes, in dem er oder der Fahrzeugführer sich aufhalten.

## Kfz ungeplant im Ausland verkaufen

Wenn Sie Ihren Wagen im Ausland verkaufen, müssen Sie dennoch den deutschen Rechtsvorschriften genügen. Außerhalb der EU-Länder ist zu beachten:

❏ Die **Abmeldung** erfolgt bei der Deutschen Botschaft, es sind vorzulegen: Kfz-Brief, Kfz-Schein, Nummernschilder und der Verwertungsnachweis, ↗ unten. Mit der Abmeldebescheinigung erlischt die Steuerpflicht für den Wagen, er ist dann in Deutschland nicht mehr zum Straßenverkehr zugelassen. Die TÜV- und Steuerplaketten am Nummernschild werden abgekratzt, die Schilder darf man als Andenken behalten.

❏ Im Falle des Verkaufs wird die Botschaft mindestens den **Kaufvertrag** sehen wollen, vermutlich auch eine Einfuhrbescheinigung, also den Nachweis, dass für den Wagen Zoll gezahlt wurde. Einfuhrbescheinigung und Zollerklärung sollte der Käufer erledigen, der sich in seinem Land sicher besser auskennt als Sie. Kritisch ist die Phase zwischen den Behördengängen.

❏ Da der Wagen in Deutschland nun abgemeldet ist, sind Sie der »Letzthalter«. Als solcher müssen Sie in Deutschland bei der Stilllegung den **Verwertungsnachweis** einer anerkannten Annahmestelle oder eines Demontagebetriebes vorlegen. Dies soll verhindern, dass Autos wild entsorgt werden. Doch einen solchen Nachweis werden Sie außerhalb der EU schwerlich bekommen, denn es fehlt die anerkannte Annahmestelle.

❏ Die Straßenverkehrsordnung lässt auch eine **formlose »Verbleibserklärung«** zu, die Sie sich dann selbst ausstellen dürfen, wenn das Fahrzeug zwar endgültig stillgelegt, doch nicht verschrottet, sondern gelagert oder ins Ausland verkauft werden soll.

## Auto zum Verkauf im Ausland ausführen

Planen Sie bereits vor Antritt Ihrer Reise den Wagen zu verkaufen? Die sauberste Lösung ist dann, das Fahrzeug bei einer Kfz-Zulassungsstelle endgültig stillzulegen und ein Kurzzeitkennzeichen zu erwerben.

- Mit der **Abmeldebescheinigung** erlischt die Steuerpflicht für den Wagen, er ist in Deutschland nicht mehr zum Straßenverkehr zugelassen. Die TÜV- und Steuerplaketten am Nummernschild werden abgekratzt. Dazu ist das Fahrzeug vorzuführen, zudem werden verlangt:
❏ Personalausweis oder Reisepass,
❏ gelbe Versicherungsbestätigung,
❏ Eigentumsnachweis (z.B. Kaufvertrag),
❏ Fahrzeugbrief,
❏ Fahrzeugschein oder Abmeldebescheinigung,
❏ amtliches Kennzeichen,
❏ Nachweis über gültige Hauptuntersuchung.
- Das rote **Kurzzeit- oder Ausfuhrkennzeichen** kann unabhängig vom Wohnort bei jeder Zulassungsstelle für Probe-, Prüfungs- und Überführungsfahrten beantragt werden. Die Zuteilung erfolgt nach Vorlage einer Doppelkarte – speziell für Kurzzeitkennzeichen –, Personalausweis oder Reisepass mit Meldebescheinigung (nicht älter als drei Monate) sowie ggf. des Fahrzeugbriefes und gilt längstens 5 Tage. Eine Rückgabe der Kennzeichen ist nicht erforderlich. Fahrzeuge mit Ausfuhrkennzeichen bedürfen außerhalb Deutschlands grundsätzlich einer Grünen Versicherungskarte.

## Auto in Nicht-EU-Länder einführen

Nur wenige Länder außerhalb der EU lassen Sie formlos einreisen, denn die Zollbehörden wollen wissen, ob Sie den Wagen im Land verkaufen und verzollen.

- Manchmal wird lediglich die Einfuhr des Wagens in Ihrem Reisepass vermerkt oder es ist ein Einfuhrformular auszufüllen.

**✳ Tipp:** Der Wagen muss nicht vorgeführt werden, wenn eine höchstens drei Tage alte TÜV-Bescheinigung über die Fahrgestellnummer vorliegt.

Wer sein Wohnmobil nach Kanada oder in die USA verschifft, fliegt dann zum Bestimmungshafen. Für das Auto stellt der Zoll dort eine Bestätigung aus, etwa für ein Jahr. Da man jeweils nach sechs Monaten ausreisen musste (in den USA ist die Aufenthaltsdauer ungeachtet der Gültigkeit eines Visums begrenzt), fragte ich nach der Wiedereinreise aus Mexiko, was nun mit dem Dokument zu tun sei – nichts, sagte der Oberzollmensch, gib's her – und niemals, auch nicht bei der nächsten Ausreise, fragte jemand danach. (Klaus Bartels)

- Selten verlangt man, eine Bürgschaft an der Grenze zu hinterlegen. Lassen Sie sich niemals darauf ein; das Geld sehen Sie höchstwahrscheinlich nie wieder.
- Oft wird ein **Carnet de Passage** verlangt.

Das *Carnet de Passage* ist ein Grenzdokument als Bürgschaft für den Fall, dass Sie Ihren Wagen nicht wieder ausführen. Dabei ist es egal, ob Sie den Wagen verkaufen, er gestohlen wurde oder ein Totalschaden vorliegt. Reisen Sie ohne den Wagen aus, wendet sich die Zollbehörde des Landes an den Aussteller des Carnet de Passage und greift auf die von Ihnen hinterlegte Bankbürgschaft zurück.

Sie beantragen das Carnet de Passage bei einem Automobilclub mit Kopien von Reisepass oder Personalausweis, von Fahrzeugschein sowie der Bankbürgschaft oder dem bestätigten Einzahlungsbeleg der Kaution. Das Carnet wird auf eine Person, für ein Fahrzeug und ein Jahr ausgestellt und ist nicht übertragbar. Das Heft enthält 25 Blätter, die für maximal ebenso viele Länder benutzt werden können. Kann das Fahrzeug innerhalb der Gültigkeit aus einem Land nicht ausgeführt werden, kann das Carnet bis zu drei Monate verlängert werden, gilt dann aber nur zur Aus- und Heimreise. Sobald der deutsche Zoll bestätigt hat, dass der Wagen wieder eingeführt wurde, gibt der Aussteller des Carnets die Bankbürgschaft frei.

☀ **Tipp:** Für ein abgelaufenes oder verbrauchtes Carnet de Passage können Sie etwa zwei Monate vor Ablauf ein Anschluss-Carnet beantragen.

**Mit dem eigenen Cruiser durch Peru: Im Huascaran Nationalpark**
Foto: Gabi Goll

# Kauf und Wiederverkauf eines Fahrzeugs im Ausland

Ein Fahrzeugkauf im Ausland kann sich bei einem mehrmonatigen Aufenthalt lohnen – oder nicht:

- Kauf, Zulassung und Wiederverkauf kosten viel Zeit. Je weniger Zeit Sie sich nehmen, desto höher sind Ihre Kosten.
- Je schlechter Sie die Landessprache sprechen, desto schlechter verhandeln Sie und Ihre Kosten steigen.
- Je weniger Sie von Autos verstehen, desto höher ist das Risiko, Zeit und Geld etwa für unvorhergesehene Reparaturen aufwenden zu müssen.
- Fast immer müssen Sie Ihre Kreditwürdigkeit mit einer gültigen Kreditkarte beweisen, der Internationale Führerschein kann hilfreich sein.

## In den USA

Vom Vorbesitzer des Autos benötigen Sie den **Fahrzeugbrief** (*Certificate of Title* oder *Certificate of Ownership*), auf dessen Rückseite der Besitzerwechsel bestätigt wird. Achten Sie darauf, dass der Verkäufer dort als Besitzer eingetragen ist. Wenn Sie Ihr Wunschauto bei einem Händler gefunden haben, bitten Sie diesen die Formalitäten zu übernehmen.

▶ Eine **Kfz-Haftpflichtversicherung** abzuschließen ist in den USA Pflicht. In der Police müssen alle Personen aufgeführt sein, die das Fahrzeug fahren werden. Die Höhe der Prämie richtet sich nach der Deckungssumme sowie nach Alter und Geschlecht des jüngsten Fahrers. Wählen Sie lieber eine höhere Deckungssumme. Für ausländische Touristen ist es schwierig, in den USA eine Kfz-Haftpflichtversicherung zu finden, insbesondere für Fahrer unter 25 und über 65 Jahre. Sie können die Kfz-Haftpflicht- und Kaskoversicherung bereits in Deutschland abschließen, sie wird Ihnen nach Eintragung der Fahrzeugdaten durch eine Agentur in den USA ausgehändigt, ↗ Seite 294. Manche Versicherungen gelten gleichzeitig für Kanada; für Mexiko ist meist eine zusätzliche Versicherung nötig.

Ich habe zunächst die Internationale Zulassung beantragt. Dann bin ich mit Ausfuhrkennzeichen nach Emden gefahren und habe den Wagen in Deutschland abgemeldet, auch bei der Versicherung. Die ungültig gemachte Zulassung muss man sorgsam hüten, damit bei der Rückkehr kein Einfuhrzoll fällig wird. Das ungültige Nummernschild schraubte ich wieder an, und drei Jahre lang hat das niemanden gestört, weder in Mexiko noch in Mittelamerika. Die Versicherung für die USA erhielt ich bei American Underwriters in Frankfurt für jeweils 6 Monate, deren Verlängerung schickten sie mir per UPS an den von mir benannten Campingplatz. (Klaus Bartels)

☀ **Tipp:** Einen gebrauchten Wagen kaufen Sie am besten an der Ostküste und verkaufen ihn an der Westküste.

☀ **Tipp:** Kauf und Verkauf
arrangiert bereits vor der
Reise Transatlantic Auto-
mobile Inc., Bramsche,
✆ 05461/62060, oder
Adventures on Wheels,
42 Highway 36, Middle-
town, NJ 07748, ✆ 001/
732/4950959, www.ad-
venturesonwheels.com.

**Mietwagen prüfen:**
- ❑ Bremsen
- ❑ Blinker, Licht
- ❑ Öl, Kühlflüssigkeit
- ❑ Luftdruck, Reifenprofil
- ❑ Kühlflüssigkeit
- ❑ Frostschutzmittel
- ❑ Scheibenwischer,
  -wasser
- ❑ Keilriemen
- ❑ Schäden und Beulen
  mit dem Vermieter
  schriftlich festhalten

☀ **Tipp:** ↗ »Wagen mie-
ten« im pmv-Outdoor-
Buch.

▶ Die **Zulassung** (*Registration*) ist in jedem US-Bundes-staat anders geregelt. Informieren Sie sich vor dem Kauf bei der örtlichen Zulassungsstelle (*Motor Vehicle Department*). Dort erhalten Sie auch die Formulare für die Zulassung (*Application for Registration*).

▶ Nachdem Sie **Steuern** (*Sales Tax*) und Gebühren in der Zulassungsstelle gezahlt haben, erhalten Sie den Fahrzeugschein (*Registration Card*).

▶ Ihren neuen **Fahrzeugbrief** (*Title*) erhalten Sie erst nach einigen Wochen per Post. Daher müssen Sie eine Postanschrift angeben. Ohne den Fahrzeugbrief ist ein Wiederverkauf des Wagens nicht möglich.

▶ Verkaufen Sie den Wagen möglichst in dem **Bundes-staat,** in dem Sie ihn gekauft haben. In einem anderen Bundesstaat können unterschiedliche Sicherheits- und Abgasbestimmungen den Verkauf erschweren.

## In Australien

Es gelten ähnliche Prinzipien wie bei den USA, anzu-merken ist jedoch:

Als **Haftpflichtversicherung** ist die *Third Party Personal Insurance* vorgeschrieben. Sie deckt Kosten ab, die Sie bei anderen Personen verursachen. Für **Sach-schäden**, die Sie Dritten zufügen, sollten Sie die frei-willige *Third Party Property Insurance* abschließen. Schäden am eigenen Fahrzeug und der eigenen Per-son decken Sie schließlich mit der ebenfalls freiwilli-gen *Comprehensive Insurance* ab.

### Welche Versicherung gilt wofür?

**PAI** – **Personal Accident Insurance:** Insassenunfallversicherung

**PEC** oder **PEP** – **Personal Effects Coverage/Protection**: Gepäckversicherung

**PAE** – **Personal Accident and Effects:** umfasst PAI und PEC/PEP

**LI**, **ALI**, **LIS** oder **SLI** – **(Additional) Liability Insurance (Supplement):** Haftpflichtversicherung

**UM**, **UIM** oder **UMP** – **Uninsured Motorist/Underinsured Motorist (Protection):** gilt, wenn der Unfallgegner nicht oder unterversichert ist

Auch in Australien können Sie Kauf und Wiederverkauf bereits vor der Reise arrangieren über einen der großen Automärkte wie Kings Cross Car Market www.carmarket.com.au in Sydney. Man ist dort auf Langzeittouristen eingestellt: Die angebotenen Fahrzeuge haben ein *Roadworthy Certificate* (eine Art TÜV-Plakette), alle bürokratischen Schritte übernimmt der Händler und der Rückkauf des Fahrzeuges kann vorab arrangiert werden, auch an einem anderen Ort!

☀ **Tipp:** Bestellen Sie das kleinste Auto – bei Engpässen erhält man ohne Aufpreis einen Wagen der nächsthöheren Kategorie.

**www-Einstieg:** Mietwagen, Hertz, Avis, Europcar, Budget, Sixt …

**Proben Sie zu Hause den Ernstfall. Jeder erwachsene Mitreisende sollte schon mal einen Reifen gewechselt und die Funktionsweise des Motors zumindest studiert haben.**

**Abschleppseile** aus Kunststoff sind leichter und, wenn sie reißen, weniger gefährlich als Stahlseile, taugen aber nur bis 2,5 t, Kevlarseile bis 4 t.

**Abschleppstangen** können sinnvoll sein, wenn die Bremsanlage ausgefallen ist.

**Auspuff-Löcher** senken die Motorleistung und lassen sich mit Mullbinde und Gips provisorisch bandagieren.

**Bergegurte** eignen sich nicht nur zur sicheren Befestigung von Lasten wie Treibstoff- oder Wasserfässern, sondern sind mit überdimensionierten Bruchlasten von 6 – 10 t auch als ungefährliches Abschleppseil geeignet. Stimmen Sie die Schäkel auf diese Bruchlasten ab.

**Campingmöbel**: Kleine Falthocker, ein Falttisch, eine Kiste als Tisch oder ein entsprechender Anbau am Wagen ermöglichen den hygienischen Umgang mit Lebensmitteln, besonders wenn Staub, Nässe, Eis und Ungeziefer das Leben auf dem Boden erschweren.

**Diebstahlsicherung** durch abschließbare Dachgepäckträger und -boxen, Lenkradsicherungsstange, Autoradios mit »quick-out«-System sowie Deichsel- und Felgensicherungen sind empfehlenswert.

**Erdanker,** mit denen sich auch Dinge sichern lassen, und eine **Winde** sind für Offroader sinnvoll.

# AUSSTATTUNG & NÜTZLICHE DINGE FÜRS AUTO

**Mit Hinweisen von Claus Ruhe**
Claus Ruhe ist Mitglied der dzg. Er betreibt eine Agentur für Outdoor- und Offroad-Reisen mit Zielen in Osteuropa, der Sahara und der Mongolei.
www.outdoor-offroad.de

☀ **Tipp:** ↗ »Fahrzeugpanne« sowie »Tanken & laden« im Outdoor-Buch.

**Tipp:** Ist in Ihrem Fahrzeug eine elektronische Wegfahrsperre eingebaut? Dann besorgen Sie sich vor der Reise eine Anleitung, wie diese lahmzulegen ist, falls Sie abgeschleppt werden müssen.

Bernd Büttner, **Auto-Fern-Reisen**. RKH.

**Tipp:** Schützen Sie an scharfen Kanten die Zurrmittel durch Unterlegen von z.B. alten Reifenstücken.

**Im VW-Bus um die Erde.** Das lang vergriffene Buch steht komplett im Internet: www.tondok-verlag.de.

**Tipp:** Klappern zeigt an, dass Sie bald etwas verlieren werden.

Der **Kompass** sollte während der Fahrt benutzbar, also genügend gedämpft sein, sonst springt die Nadel hin und her. Außerdem sollte er gegen den misswesenden Einfluss des Wagens abgeschirmt sein.

**Kühlen, Lüften, Isolieren:** Ein dünnes Sperrholzbrett, in einigem Abstand über dem Dach montiert, dient als mitgeführter Schatten. An seitlichen Ösen und Haken lässt sich eine Plane befestigen. Am Wagenboden lässt sich eine diebstahl- und regensichere Lüftung anbringen. Eine feste Isolierkiste, wie sie der Pizzabote benutzt, schützt Lebensmittelvorräte vor hohen Temperaturen. Beim Kochen dient sie als Garkiste für Reis, Getreide, Nudeln.

**Lampen** und **Kocher:** Glühstrümpfe von Gaslampen sind oft so empfindlich, dass sie täglich erneuert werden müssen. Lampe und Kocher sollten möglichst mit den gleichen Brennstoffen betrieben werden können – Petroleum oder Benzin – das spart Vorratskanister.

**Ölen und Schmieren:** Ersatzöle für Hydraulik, Getriebe, Bremsen o.Ä. mitnehmen. Fragen Sie einen Kfz-Fachmann, ob Ihr Wagen abgeschmiert wird, an welchen Schmiernippeln und mit welcher Fettpresse.

**Packen, Sichern, Schrauben:** Damit das Gepäck auf Dauer oben bleibt, sind besonders massive und sorgfältig befestigte Gepäckträger nötig. Zusätzliche Trägerprofile mit dem Wagen verschrauben oder verschweißen, auch Blechkisten schraubt man besser gleich an. Sichern Sie Kanister, Ersatzreifen und Kisten mit dünnen Stahlseilen, Ketten und Schlössern, Schrauben mit zwei Muttern. Abdeckplanen dienen als Sicht- und Staubschutz.

**Lasten.** Alles, was außen am Fahrzeug befestigt ist, kann abreißen oder gestohlen werden und behindert die Wendigkeit. Anhänger sind deshalb nachteiliger als Dachgepäckträger. Im Gelände springen sie, bergab schieben sie. Eine **Dachlast** darf weder vorne noch seitlich überstehen und sollte möglichst leicht sein. Überragt sie das Fahrzeug hinten um mehr als 1 m, muss sie mit einem roten, 30 x 30 cm großen Schild kenntlich gemacht werden. In manchen Ländern gilt dies für jede überstehende Ladung. Das zulässige Gesamtgewicht und die zulässige Dachlast ist auf Ihr Fahrzeug abzustimmen. Lasten dürfen weder rutschen noch kippen: Legen Sie eine rutschfeste Matte unter und bündeln Sie Lasten zu einer kompakten Ladeeinheit, deren einzelne Teile sich gegenseitig sichern (Formschluss) und sichern Sie die Ladeeinheit mit Bergegurten. Legen Sie schwere Lasten nach unten, das senkt den Schwerpunkt. Verspannen Sie schwere Lasten zentral, damit weder eine Seite noch eine Achse stärker belastet werden. Die Abspannung verstärkt den Druck auf die Auflagefläche und vermindert den seitlichen Spielraum (Kraftschluss). Die Abspannung nach hinten verhindert, dass sich die Last bei einer Vollbremsung nach vorn verschiebt. Gurte eignen sich am besten zum Verspannen. Öfter alle Befestigungen auf festen Sitz prüfen. Hilfreich sind Seil, Karabiner, Spanngurt, Keil, Kantenschutz, Netz.

**Räder, Reifen, Schläuche:** Mit einem Profischrauber fest gezogene Radmuttern können ziemlich ärgern, weil sie zu fest sitzen. Lösen Sie vor der Fahrt alle Radmuttern und ziehen Sie sie wieder an. Nehmen Sie zusätzliche Radmuttern mit. Ersetzen Sie ein Notrad durch einen vollwertigen Reifen. Lassen Sie in schlauchlose Reifen Schläuche einziehen und nehmen

Attilio Brilli, **Das rasende Leben**. Die Anfänge des Reisens mit dem Automobil. Wagenbach.

Clemens Niedenthal, **Unfall.** Porträt eines automobilen Moments. Jonas Verlag.

**Tipp:** Richtiger Reifendruck erhöht die Fahrsicherheit und spart Energie: 1 bar = 10.000 Pa = 14,5 psi.

UNTERWEGS MIT (WOHN)MOBIL

Das A & O: Wie wichtig der richtige Reifen zur richtigen Zeit ist, merkt mancheiner erst unterwegs (Jordanien, Wadi Rum)

Foto: Jürgen Erdmann

**☀ Tipp:** In unbekannten Gegenden fahren Sie sicherer im Konvoi, durch defensives Fahren und Hupen vor unübersichtlichen Stellen. Vermeiden Sie vor allem das Fahren in der Nacht.

**☀ Tipp:** Außen montierte Kanister müssen gegen Diebstahl gesichert sein, die Halterungen lange Wellblechfahrten aushalten, das Fahrzeugblech kann ausreißen – ob der Aufwand lohnt?
Gefüllte **Reservekanister** sind in manchen Ländern **verboten** (Bulgarien, Griechenland, Italien, Kroatien, Luxemburg, Rumänien, Ungarn), in anderen Ländern ist das Volumen **beschränkt auf 25 l** (Litauen, Polen, Schweiz, Türkei), **auf 20 l** (Estland, Lettland, Mazedonien, Portugal, Slowakei, Spanien), **auf 10 l** (Bulgarien, Dänemark, Frankreich, Slowenien, Tschechien, Österreich).

Sie Flicken sowie Gummierlösung mit, auch eine Druckflasche mit Dichtschaum, um den Schlauch provisorisch abdichten zu können. Bei langen Fahrten im Sand sind Sandreifen zu empfehlen, in vorwiegend steinigem Gelände seitenverstärkte Reifen. Ersatzschläuche, -ventile und Ventilschlüsselchen mitnehmen. Bei sandigem Untergrund Luft ablassen. Um den Reifendruck wieder zu erhöhen, benötigen Sie eine Fußpumpe mit Druckanzeige. Deren bewegliche Teile müssen sand- und staubfrei sein!

**Scheiben:** Kleinere Löcher in der doppeltverglasten Windschutzscheibe lassen sich durch hineingedrückten Zweikomponentenkleber füllen. Wenn Sie mit Steinschlag rechnen, bekleben Sie die Windschutzscheibe von außen mit durchsichtiger Frontscheibenfolie, notfalls Bucheinschlagfolie. Schnee, Matsch, Eis, Staub beeinträchtigen die Sicht erheblich. Nehmen Sie ausreichend geeignete Reinigungsmittel mit.

**Scheinwerferlampen** durch lichtstärkere 90-W-Lampen ersetzen und Ersatz mitnehmen.

**Schneeketten** helfen auch bei schlüpfrigen Lehmpisten. Sie müssen zu Ihrer Reifengröße passen. Solche mit Querstegen auf der Lauffläche sind weniger empfehlenswert als Spurkreuzketten.

**Staub** und **Sand** sind das Ende für alles, was sich frei drehen und wie geschmiert bewegen soll. Bei Wüsten- und Pistenfahrten dringt Staub über die Heckklappe in den Wagen ein. Alle Fugen vorsorglich mit Fensterdämmstreifen abdichten. Eine Schaufel mit breitem Blatt und Quergriff und zwei massive Bretter (Multiplex, 150 – 200 cm), alternativ dicke Gummimatten, benötigen Sie mindestens, um sich aus einem Sandloch zu befreien. Je kürzer der Schaufelstiel, desto höher der Kraftaufwand beim Schaufeln. Andererseits ist eine kurze Schaufel oftmals besser einzusetzen. Luftlandebleche aus Aluminium oder Eisen (schwer, scharfkantig) sind für schwere Fahrzeuge nötig.

**Treib- und Brennstoff:** Vielleicht ist es Nacht, alles ist geschlossen, doch Sie müssen weiter. Dann muss

# Checkliste: Minimalausstattung für Touren mit dem Auto

**Immer dabei:**

- ❏ Abschleppseil, besser -stange
- ❏ Warnblinkleuchte, -dreieck
- ❏ Warnweste
- ❏ Verbandskasten
- ❏ min. 5-l-Reservekanister
- ❏ Sicherheitsgurte
- ❏ Betriebsanleitung
- ❏ Kartenmaterial
- ❏ Wagenheber mit Hartholzklotz
- ❏ Kamera für Unfalldokumentation

**Dies & Das**

- ❏ Wasserflasche, Notproviant
- ❏ Decke, Kissen
- ❏ Ersatz-, Sonnenbrille
- ❏ Tür- und Tankersatzschlüssel
- ❏ Feuerlöscher
- ❏ Handy für Notruf
- ❏ Müllbeutel
- ❏ Taschenlampe
- ❏ Toilettenpapier
- ❏ Verzeichnis der Kundendienststellen Ihres Kfz-Herstellers

**Werkzeuge und Ersatzteile:**

- ❏ Grip-, Kombi-, Spitzzange
- ❏ Inbus- und Schraubendrehersatz (Schlitz und Kreuzschlitz)
- ❏ Spannungsprüfer, Lüsterklemmen, Kabel, Kabelschuhe
- ❏ Radmuttern mit Schlüssel
- ❏ Handschuhe
- ❏ Klebeband, Draht, Splinte
- ❏ Starthilfekabel
- ❏ Zündkerzen mit Schlüssel
- ❏ Glühlampen-, Sicherungssatz
- ❏ Zweikomponentenkleber
- ❏ Drahtbürste, Schmirgelpapier
- ❏ Messer
- ❏ Motoröl, Bremsflüssigkeit
- ❏ Kriechöl
- ❏ destilliertes Wasser

**... die erweiterte Ausrüstung:**

- ❏ Beil, Säge, Spaten
- ❏ Hammer und Meißel
- ❏ Kette mit Schloss zum Sichern
- ❏ Ersatzschläuche, Ventile mit Schlüssel, Flicken mit Kleber
- ❏ Heringe, Spannleinen
- ❏ Schneeketten
- ❏ Keilriemen
- ❏ Fußpumpe mit Druckmesser
- ❏ Kühlerkitt, Auspuffbandage
- ❏ Ring- und Gabelschlüsselsatz
- ❏ Sonnenschutz
- ❏ Scheibenwischerblätter
- ❏ Spann- und Zurrgurte
- ❏ Schlauchschellen
- ❏ benzinresistente Schläuche mit Trichter, Schlauchbinden
- ❏ Reifentreiber
- ❏ 2 – 3 Montiereisen (Reifenheber)

der Reservetreibstoff für einige Stunden reichen. Plastikkanister sind in heißen Gebieten ungeeignet. Denken Sie daran, dass Sie für einen 20-l-Stahlkanister für Kraftstoff einen besonderen Ausgussstutzen benötigen, der in Ihre Tanköffnung passt. Schlechter geeignet ist ein großer Trichter, dann aber mit Filtereinsatz, um Staub, Lack, Rost oder anderen Bodensatz zurückzuhalten. Um aus einem Fass Treibstoff umzufüllen, benötigen Sie einen langen, benzinresistenten Schlauch, am besten auch eine kleine Handpumpe, um nicht mit dem Mund ansaugen zu müssen.

**Wagenheber** mit Zahnstange sind solider als solche mit einer Spindel. Letztere geben im Sand schnell ihren Geist auf. Zum Unterlegen benötigen Sie eine massive Bodenplatte aus Hartholz, Stahl oder Multiplex. Wagenheber mit kurzem Hub und kleiner Auflagefläche eignen sich nicht für nachgiebigen Untergrund (Lehm, Sand, Matsch). Ein Hi-Jack oder Hi-Lift besitzt eine Hubhöhe von 120 – 150 cm, sodass ein Teil davon auch im Untergrund versinken darf.

**Waschen:** Eine Kunststofftonne mit dicht schließendem Deckel dient während der Fahrt als Waschmaschine. Billiger und kleiner sind die mit Deckel verschließbaren Eimer für Lebensmittel aus Großküchen.

Tom Sheppard, **Vehicle-dependent Expedition Guide**. Desert Winds 1998.

# ALLEIN & GEMEINSAM

Reisen mit Kindern machen sehr viel Spaß! Stimmt das wirklich? Ja, wenn die Reise kindgerecht geplant wird. Unsere Erfahrungen bestätigen nicht den Vorbehalt, Kinder seien mit anderen Kulturen, Kontinenten oder Rundreisen eher überfordert bzw. gelangweilt. Richtig informiert und vorbereitet, sind solche Reisen ein sehr schönes und prägendes Erlebnis für »Groß und Klein«. So haben die individuellen Urlaube in Tunesien und Marokko unseren Töchtern sehr viel Spaß gemacht. Positive Nebeneffekte: Das Erleben anderer Kulturen mit sichtbar niedrigerem Lebensstandard hat eine gesunde Wertschätzung des heimischen Wohlstandes geweckt und den Horizont der Kinder spürbar erweitert.

## Altersstufen für die Reise

**Säuglinge** sind noch recht anspruchslose Mitreisende. Sie schlafen viel und brauchen unabhängig von der Umgebung lediglich die gewohnte Zuneigung und Ernährung. Jede Form der Reise ist deshalb möglich.

Im **Krabbelalter** wird es aufwändiger. Die Kleinen fassen alles an, stecken alles in den Mund – nichts ist vor ihnen sicher. In einer Ferienwohnung und am Sandstrand hat ein Kind in diesem Alter sicherlich den meisten Freiraum.

Im **Laufalter** mit etwa eineinhalb Jahren können die Kinder gewisse Regeln einhalten, dann wird es einfacher. Die Dinge werden bewusst wahrgenommen, das Interesse ist groß und auch Ausgrabungen, Museen oder Bazare können Freude bereiten. Natürlich sind Kinder hinsichtlich der Ruhezeiten und der Ernährung noch aufwändig zu behandeln.

**Im Alter von drei bis vier Jahren** sind Kinder bereits routinierte Reisebegleiter, die allerdings auch ihre Wünsche deutlich zum Ausdruck bringen. Stress wird vermieden, wenn die Vorstellungen der Kids beim Planen des Urlaubs berücksichtigt werden. Unsere Töchter haben sehr viel Spaß am Erkunden und Besichtigen von Reiseländern, wenn dazwischen auch Zeit bleibt,

# REISEN MIT KINDERN

Von Steffi, Marie, Moni & Helgo Bretschneider
Moni und Helgo Bretschneider sind Mitglieder der dzg. Seit Steffi und Marie zur Familie gehören, hat sich auch das Reisen verändert. Ging es zuvor mit dem Rucksack über alle Kontinente, sind es nun die näheren Ziele, die mit dem Wohnmobil oder mit Mietautos erkundet werden. Dazu gehören das Nordkap, Tunesien, Ägypten, Marokko und Kroatien. Wichtigste Devise der reisenden Familie: Alle Interessen werden berücksichtigt!

Bekanntschaft: In manchen Gegenden, wie hier in Namibia, ist man nicht lange allein

Foto: Klaus Schütz

**Helgo Bretschneider**
Helgo ist freiberuflicher
Mangagement-Trainer,
www.impuls-seminare.de.

☀ **Tipp:** Hinweise zur
**Reiseimpfung** von Kin-
dern gibt es z.B. von der
Deutschen Gesellschaft
für Tropenmedizin und
internationale Gesund-
heit e.V.

etwa für den Strandbesuch. Andererseits haben wir Eltern Spaß am Strand, wenn das nicht der einzige Inhalt
einer Reise bleibt.

## Auswahl geeigneter Reiseländer

Wie wird das optimale Urlaubsziel ausgewählt? Es
macht einen Unterschied, ob ein Flug mit dem Kind auf
dem Schoß vier Stunden nach Tunesien, neun Stunden
nach Florida oder 22 Stunden nach Neuseeland dauert. Fliegt das Kind kostenlos ohne Sitzplatzanspruch
in einer ausgebuchten Maschine mit, kann das zur
strapaziösen Bewährungsprobe werden. Wer zusammen mit den Kindern eine sichtbar andere Kultur erleben möchte, ist bereits mit **Nahzielen** wie Marokko,
Ägypten oder Tunesien sehr gut bedient. Wenige Stunden Flug reichen aus, um abseits von Touristenpfaden
»orientalische« Abenteuer zu erleben. Trotzdem ist die
Infrastruktur dieser Länder so, dass alle notwendigen
oder gewohnten Dinge vorhanden sind.

Das **Klima** ist ein weiteres Kriterium. Bei über 40
Grad im Schatten oder Monsun mit extrem hoher Luftfeuchtigkeit ist die Abenteuerlust von Kindern (und Erwachsenen) begrenzt. Auch bei ungewohnt intensiver
Sonnenstrahlung ist schon aus gesundheitlichen Gründen von stundenlangen Ausflügen im Freien abzuraten.
Frühjahr und Herbst sind für Reisen mit Kindern gut geeignet und entsprechende Reiseziele gibt es genug: In
Südafrika etwa ist von September bis November Früh-
ling beste Reisezeit.

Eltern sollten sorgfältig entscheiden, ob sie Regionen bereisen, in denen Malaria, Typhus u.Ä. auftreten.
Der Besuch solcher Länder ist beinahe obligatorisch
mit der Einnahme von **Medikamenten** und Impfstoffen
verbunden, die den kindlichen Organismus belasten
und starke Nebenwirkungen haben können, ↗ Seite
222, 228 »Malaria«. Manchmal wird z.B. bei Ländern,
in denen nur in bestimmten Regionen oder zu bestimmten Jahreszeiten Malaria auftritt, grundsätzlich
eine Warnung ausgesprochen.

## Die Reiseroute planen

Beim ersten Urlaub mit dem Nachwuchs sollte die Reiseroute gut geplant sein. Ein häufiger Fehler ist es, genauso zu planen wie zuvor. Kleine Kinder machen zwar grundsätzlich alles mit, aber in ihrem eigenen Tempo. Werden Schlafens-, Essens- und Pausenzeiten sowie die besonderen Interessen von Kindern, etwa Spielplatzbesuche, berücksichtigt, schrumpft die verbleibende Zeit deutlich. Als Faustregel gilt: Gleiche Route in der doppelten Zeit.

## Unterwegs mit dem Flugzeug

Kleine Kinder reagieren auf die Fliegerei im Normalfall positiv. Wichtig ist der **Druckausgleich** während der Start- und Landephase. Meist genügt – je nach Alter – ein Schnuller, etwas zu trinken oder zu essen. Malutensilien oder Spielzeug, oft auch von den Stewardessen verteilt, lassen erst gar keine Langeweile aufkommen. Kinder bis zwei Jahre fliegen bei den meisten Fluggesellschaften kostenlos, doch ohne Anspruch auf einen Sitzplatz. Für ältere Kinder kostet der Flug zwischen 30 und 70 % des Normaltarifs, dafür aber mit eigenem Sitzplatz und voller Gepäckberechtigung. Zwei bis drei Tage vor dem Flug können Sie Kindermenüs bestellen. Im Flugticket sollte unter Status OK stehen, denn nur dann ist der Platz wirklich reserviert. Bei

www-Einstieg: »individuell reisen mit Kindern«, Zeitschrift »Eltern«, »Urlaub auf dem Bauernhof«, Jugenherbergen DJH, Kidsdoc, Familienreisen, Jugendreisen, Hase Spezialräder

☀ **Tipp:** Für Babys bis etwa 6 Monate können Sie beim Buchen einen skycot als Sitzersatz erbitten. Dafür benötigen Sie einen Sitz in der ersten Reihe, dem bulkhead.

☀ **Tipp:** Leider sind Online-Buchungssysteme nicht sehr familienfreundlich. Möglicherweise erhalten Sie im Reisebüro schneller ein günstigeres Angebot.

Begegnung auf Augenhöhe: Reisen mit Kleinkind in Thailand

Foto: Sara Schütz

ALLEIN & GEMEINSAM

171

☀ **Tipp:** Eine interessante Alternative bieten manchmal die **Last-Minute-Angebote**. Hier kann es sich bei sehr günstigen Angeboten lohnen, die Kinder als Erwachsene zu buchen. Dadurch stehen der Familie zwei Zimmer zur Verfügung. Das kann immer noch billiger sein, als ein normales Katalogangebot mit hoher Kinderermäßigung zu nehmen.

☀ **Tipp:** Oft ist es günstiger, zwei Mal das Angebot »Mutter mit Kind« zu buchen als ein Mal für die ganze Familie.

Kleinkindern unter zwei Jahren steht hier NS (no seat). **Kinderermäßigungen** sind bei Pauschalreisen Standard. Doch die Unterschiede sind von Hotel zu Hotel und von Anbieter zu Anbieter extrem unterschiedlich. Häufig gelten Kinderermäßigungen nur für Familien mit einem Kind. Auch stellt sich ab einem gewissen Alter die Frage, ob es tatsächlich erholsam ist, mit zwei Kindern und zwei Erwachsenen in einem eher engen Zimmer zu wohnen.

## Unterwegs mit dem Auto

Mit dem Auto kann die Familie ihre Reise individuell gestalten, findet allerdings im Rhythmus der Gewohnheiten eines Kindes ihre Grenzen. Probieren Sie vor der Reise aus, ob beispielsweise der gewohnte Morgen- oder Mittagsschlaf des Kindes auch im Auto möglich ist. Sonst steht der Erholungswert für alle Mitreisenden auf dem Spiel. Bei einer Rundreise muss jeden Abend eine Unterkunft gesucht werden. In manchen Regionen ist es nicht einfach, eine preiswerte und dennoch ordentliche Unterkunft innerhalb kurzer Zeit zu finden. Entweder Sie fangen sehr früh mit der Suche an und verlieren wertvolle Zeit des Tages oder Sie sind noch spät mit einem überaus knatschigen Kind unterwegs. Außerdem kostet es Nerven, je-

---

### Grundlagen für Ihre eigene Kinder-Checkliste

❏ Kinderausweis, Impfpass, Krankenversicherungsnachweis
❏ Trockenmilch, Gläschen, Trinkflaschen und Reinigungsbürste, Flaschenwärmer, Thermoskanne, Topf zum Auskochen
❏ Reisebett, Teddy, Spieluhr, Schnuller, Babyfell
❏ Kleidung für jedes Wetter
❏ Tragegestell, Buggy, Tragetuch, Kindersitz für Auto oder Fahrrad
❏ Hut, Creme mit hohem Lichtschutzfaktor
❏ Windeln, Pflegetücher, Zahnbürste, Waschlappen, Plastiktüten, Wundschutzcreme, Öl, Puder
❏ Mittel gegen Magen-, Darmerkrankung, Mittelohrentzündung, Fieber

den Tag das Auto zu ent- und zu beladen. Erholsamer ist es, dasselbe Quartier mehrere Tage für Tagestouren mit dem Pkw zu nutzen.

## Unterwegs mit dem Wohnmobil

Das Wohnmobil ist optimal für Reisen mit der Familie – alles, was gebraucht wird, passt bequem hinein. Das Kind hat während des ganzen Tages seine gewohnte Schlaf- und Spielumgebung. Mahlzeiten können unabhängig zubereitet werden. Ein Campingplatz bzw. Stellplatz findet sich meistens leichter als eine passende feste Unterkunft. Wer sich auf einer Rundreise dazu durchringen kann, notfalls im Freien stehen zu bleiben, hat erst recht keine Probleme mit der Sucherei. Achten Sie beim Wohnmobil darauf, dass je nach Gewohnheit des Kindes ein abtrenn- und verdunkelbarer Schlafplatz vorhanden ist. Sinnvoll ist zudem ein Fahrzeug, in dem die Fahrerkabine mit dem Aufbau verbunden ist.

Familienausflug: Auf einer Farm am Limpopo, Zimbabwe

Foto: Detlef Bösche

## Gegen die Langeweile

Insbesondere bei längeren Autofahrten wird sie irgendwann kommen. Hier sind Eltern gut beraten, für solche Situationen ausreichend gewappnet zu sein. Verbale Spielchen wie: »Ich sehe was, was Du nicht siehst«, Kinderkassetten, kindersitztaugliches Spielzeug und Butterkekse kommen sicher gut an. Für uns sind diese »Werkzeuge der Kinderbelustigung« ein wichtiger Bestandteil der Reiseausrüstung.

☀ **Tipp:** ↗»Sport und Spiel in freier Natur« und »Mit Kindern radeln« im pmv-Outdoor-Buch.

## Kindernahrung unterwegs

Kinder in der Stillphase sind einfach zu ernähren. Was aber, wenn das Kind anders ernährt wird? Keimfreie Milch in der gewohnten Qualität ist nicht in allen Ländern zu bekommen. Hier ist es im Zweifelsfall sinnvoll, genügend H-Milch mitzunehmen oder während des Ur-

ALLEIN & GEMEINSAM

Erinnerungsfoto von Namibia am Sossusvlei: Solche Reiseerfahrungen wirken lange nach
Foto: Detlef Bösche

laubs auf Milchpulver umzustellen. Bekommen Kinder bereits feste Nahrung, kann sie wie zu Hause zubereitet werden – vorausgesetzt, die Zutaten werden mitgenommen oder sind vor Ort erhältlich. Wichtig ist es, die Lebensmittel hygienisch aufzubewahren und zuzubereiten, sofern Sie überhaupt willens sind, sich das alles im Urlaub anzutun. Wenn Sie nur drei bis fünf Wochen unterwegs sind, können Sie eventuelle Probleme vermeiden, wenn Sie bei kleinen Kindern auf Gläschenkost zurückgreifen. Die entsprechenden Flaschenwärmgeräte gibt es auch mit Anschluss für den Zigarettenanzünder im Auto.

## Die Gesundheit des Kindes geht vor

Sicher ist es empfehlenswert, vor Auslandsreisen mit dem Haus- oder Kinderarzt zu sprechen. Dessen Meinung sollte aber nicht für alle Urlaubsentscheidungen unbedingt ein Maßstab sein. Vielleicht lehnt der Arzt die Wohnmobilreise in Afrika nur deswegen ab, weil er sich einen solchen Urlaub nicht vorstellen kann. Die Belastbarkeit von Kindern durch Urlaubsreisen wird auch in medizinischen Kreisen sehr unterschiedlich beurteilt. Es ist auf jeden Fall besser, mehrere Meinungen einzuholen und mit Leuten zu sprechen, die bereits Erfahrungen mit den jeweiligen Ländern oder mit der Art des Reisens gemacht haben. In der Deutschen Zentrale für Globetrotter gibt es genügend Familien, die hier weiterhelfen können.

Am häufigsten sind auch bei Kindern die typischen Magen-Darm-Erkrankungen. Die Reiseapotheke sollte auf jeden Fall ausreichend mit Medikamenten darauf vorbereitet sein. Da Kinder besonders empfindlich auf den Verlust von Mineralien und Spurenelementen reagieren, ist die begleitende Zugabe von Elektrolyten mit reichlich Flüssigkeit hilfreich, ↗ Seite 234 ORS-Lösung. Auf jeden Fall sollten Sie vor dem Urlaub den Versicherungsschutz des Kindes bei Auslandsreisen prüfen, ↗ Seite 206.

### Dokumente für Kinder

Für manche Länder genügt es, die Kinder im Reisepass der Eltern einzutragen, möglichst in beide. Bei Visapflicht muss für das Kind mit eigenem Kinderausweis gegebenenfalls auch eine eigene Visagebühr entrichtet werden. Mit Formalitäten sind manche Länder sehr pingelig. Fehlt beispielsweise das Lichtbild im Kinderausweis, wird man nicht ins Land gelassen oder es gibt Ärger bei der Ausreise. Informieren Sie sich frühzeitig, ↗ Seite 275 »Reisepass«.

Nötig sind auch der Impfausweis sowie Hinweise auf die Empfindlichkeit gegen einzelne Medikamente.

**Mehr Information**

www.39grad.de Tagebuch der Pionteks (dzg): mit zwei Kindern durch Asien. Malte Clavin, www.weltreise-mit-kind.de

Vor der australischen Sonne immer mit Hut geschützt: Mika in luftiger Höhe

Foto: Martina Höppner

ALLEIN & GEMEINSAM

# FRAUEN ALLEIN UNTERWEGS

**von Sonja Roschy**
Sonja Roschy ist Mitglied der dzg und war 1999 – 2003 in deren Vorstand. Seit den 80er Jahren führten sie ihre Reisen zunächst nach Mittelamerika, dann meist nach Asien, allein oder zu zweit. Beruflich verarbeitet sie ihre Reisen künstlerisch, auf Leinwand und in der Raumgestaltung.
www.sonja-roschy.de

**www-Einstieg:** Reiseveranstalter »Frauen unterwegs«, TravElle, Terre des femmes, Frauenmagazin Aviva, Frauenorte, Frauenhotel, Towanda, Journeywoman

**Ob aus Abenteuerlust, zu Forschungszwecken oder der Liebe wegen – gereist sind Frauen immer und oft auch allein. Den frühesten bekannten Reisebericht schrieb die Nonne Aetheria im 4. Jahrhundert. Sie reiste drei Jahre lang durch den Nahen Osten auf der Suche nach Relikten aus biblischer Zeit. Maria Sibylla Merian erforschte 1699 Flora und Fauna in Surinam; Alexandra David-Néel verschrieb sich Anfang des 20. Jahrhunderts dem Studium des Buddhismus und gelangte sogar in die verbotene Stadt Lhasa in Tibet.**

Kultur erleben, Fremdes kennen lernen, Bekanntschaften knüpfen, sich selbst erforschen oder einfach nur unterwegs sein – die Motive sind sehr unterschiedlich. Wichtig für den »Erfolg« einer Reise ist es, sich über die eigenen Erwartungen klar zu sein. Soll Erholung das Ziel sein, bietet sich ein kleines Gebiet oder gar nur ein bestimmter Ort an. Reisende haben viel zu organisieren, sie lernen Land und Leute besser kennen und das Selbstbewusstsein kann durchaus gestärkt werden.

Der Vorteil des Alleinreisens ist neben der Unabhängigkeit der Umgang mit den eigenen Stärken, Schwächen und Fähigkeiten, da Sie sich ständig mit sich selbst und anderen auseinandersetzen müssen. Das eigene Denken und Handeln in Frage stellen, die persönliche Toleranzgrenze ausloten und mitgebrachte Wertmaßstäbe unter die Lupe nehmen – so wird das Reisen auch zum Lernen. Offenheit, Verständnis und Neugierde sind gute Reisebegleiter.

Neue Eindrücke zuzulassen und freundlich zu sein bedeutet aber nicht, 24 Stunden lang grinsend wie ein Honigkuchenpferd durch die Welt zu rennen – schließlich wollen Sie ernst genommen werden.

## Verhalten in fremden Gesellschaften

Das Bild der westlichen Frau entsteht, besonders in der »Dritten Welt«, im schlimmsten Fall aus jahrelangem Konsum zweitklassiger Filme mit endlosen Werbeszenen und klischeehaften Werbeplakaten. Von der Touristin wird erwartet, dass sie diesem Bild mehr oder weniger entspricht. Natürlich gibt das Ärger.

Dieses Frauenbild wird verstärkt durch einen weiblichen Sextourismus. Einige Frauen suchen auf der Reise nach sexueller Befriedigung, die zu Hause unerreichbar scheint. Mit diesem Erbe schlagen sich nachfolgende Frauen herum. Sollte es fernab heimatlicher Kälte zu zwischenmenschlichen Beziehungen kommen, so sollte jede Frau ehrlich bleiben und keine falschen Hoffnungen schüren oder Unerfüllbares versprechen.

▶ Begegnen Sie den Menschen höflich, aber zurückhaltend. Sich in alltäglichen Situationen zu behaupten, kann jede bereits zu Hause üben. Begegnen Sie Blicken selbstsicher, weichen Sie nicht ängstlich aus oder schauen Sie gar nach unten – das signalisiert bereits Unterwerfung. Erhobenen Kopfes erwidern Sie den Blick und schauen seitlich weg. Ein tiefer und langer Blickkontakt mit einem Mann zeigt keine Stärke, sondern lädt ihn ein, näher zu kommen. Eine dunkle Sonnenbrille hilft, ungewollten Blickkontakt zu vermeiden und schafft Distanz.

▶ Es ist für Männer moslemischen oder auch hinduistischen Glaubens sonderbar, dass Sie als Frau allein unterwegs sind. Da kann auch eine Ihnen harmlos erscheinende Unterhaltung als Aufforderung angesehen werden. Schließlich würden die Ehefrauen dieser Männer kaum einen Schritt ohne die Erlaubnis ihres Gatten tun. Entweder sind Sie also Freiwild oder Ihr Mann ist ein absoluter Volltrottel, weil er Sie allein fahren lässt.

▶ In manchen Situationen ist es sinnvoll, sich als verheiratet auszugeben, einen Ehering zu tragen und von der baldigen Ankunft des Gemahls zu sprechen. Am besten gibt es daheim Kinder, denn erst so gilt frau als Frau. Fotos mit Mann und Kindern sind dann sehr nützlich.

▶ Wird die Situation bedrohlich, ist auch keine Hilfe von außen zu erwarten? Schlagen Sie zu, schnell und kräf-

Birgit Adam, **Als Frau allein unterwegs.** RKH.

Sheila Swan, Peter Laufer, **Safety and Security for Women Who Travel.** Travelers' Tales Guide 1998, ISBN 1-885211-29-5.

Woman Travel. **First-hand Accounts from more than 60 Countries.** A Rough Guide Special.

Thalia Zepatos, **A Journey of One's Own.** Uncommon Advice for the Independent Woman Traveler. Eight Mountain Press.

**ALLEIN & GEMEINSAM**

☀ **Tipp:** Selbstverteidigungskurse werden häufig von Polizeigewerkschaften, Kampfsport- und Turnvereinen angeboten.

 Uwe Wandrey, **Liebesfluchten.** Was Frauen in den Süden zieht, Rasch und Röhring, 1992.

 Ingrid Backes, **Das Frauen Reisebuch,** Rowohlt.

**Historische Reiseberichte von:**

Ida Hahn-Hahn (Orient)
Ella Maillart (Asien)
Gertrude Bell (Syrien)
Freya Stark (Arabien)
Ida Pfeiffer (Weltreise)
Elly Beinhorn (Pilotin)
Djuna Barnes (Amerika, Europa/Paris)
Mary Kingsley (West-afrika)

**... und heute:**

Carmen Rohrbach

tig, und nutzen Sie den Überraschungsmoment zum Flüchten. Schlagen Sie mit gespreizter Hand auf die Kehle, mit der Faust auf die Nase oder stechen Sie mit den Fingern in die Augen. Noch besser: Besuchen Sie zu Hause einen Selbstverteidigungskurs, der lehrt nicht nur die Technik, sondern bringt die nötige Selbstsicherheit.

## Kleidung

Achten Sie besonders bei Reisen in islamisch und hinduistisch geprägten Ländern auf die Kleidervorschriften, ↗ Seite 194, 198. Sie bewahren sich so vor Spott und Anmache. Weder der letzte Schrei aus Ibiza noch der Ami-Tarnanzug sind hier angebracht. Verstecken Sie sich nicht in Männerkleidung, sondern bleiben Sie Frau, dann werden Sie auch ernst genommen. Respektieren Sie die jeweils übliche Frauenrolle, auch wenn Sie Ihnen nicht gefällt.

- Grundsätzlich sollten Arme und Beine bedeckt werden, wobei sich ein langer Rock und eine langärmelige, weite Bluse als vorteilhaft erweisen. Enge Kleidung klebt am Körper und zeigt diesen zu deutlich, ein BH sollte selbstverständlich sein. Hellere Farben halten die Moskitos fern.

- Ein großes Tuch ist vielseitig: als Halstuch schützt es vor Zugluft und Erkältung in den unterkühlten Räumen der Hotels und öffentlichen Gebäuden; vor Nase und Mund vor Staub, am Strand ersetzt es Rock und Kleid; wo vorgeschrieben, dient es als Kopftuch und kann in Billigunterkünften den fehlenden Vorhang am Fenster ersetzen. Die Türe lässt sich mit einem untergeschobenen kleinen Keil zusätzlich sichern.

- Die Hose ist in vielen außereuropäischen Ländern ein ungewöhnliches Kleidungsstück für Frauen, zumindest in Dörfern auf dem Land (Südamerika). Hot pants gar werden etwa in Afrika meist von Prostituierten getragen. Robuste Jeans können dennoch sinnvoll sein.

- Tampons und Binden sollten Sie reichlich mitnehmen, die sind vielfach nicht zu bekommen und manchmal schwer zu entsorgen. Ein neues Produkt, *mooncup* oder auch *divacup* bzw. Menstruationstasse, wird wie ein Tampon eingesetzt und ist wiederverwendbar.

▶ Informieren Sie sich vor der Reise, beispielsweise anhand der Sympathie-Magazine oder durch die Länderkunden aus dem C.H. Beck-Verlag. Vor einem Kulturschock bewahrt alles Lesen allerdings auch nicht. Ich selbst habe vor meiner ersten Reise nach Indien jede Menge zu dem Thema gelesen. Trotzdem saß ich am dritten Tag nach meiner Ankunft heulend im Hotelzimmer und fragte mich, was ich überhaupt dort wollte.

   Mit einer Mischung aus Mut, Risikobereitschaft, Verzicht und jeder Menge Neugier sind Sie bestens gerüstet fürs Unterwegssein allein: Es gibt nichts Gutes, außer frau tut es!

☀ **Tipp:** Wie man mit Schleppern, Guides umgeht, Konflikte untereinander oder mit anderen Kulturen vermeidet, erklärt das pmv-Outdoor-Buch im Kapitel »Dem Fremden begegnen«.

📘 Susie Piroué, **Vom Vergnügen, mit sich selbst zu reisen.** Fischer.

📘 Christiane Landgrebe (Hg.), **Wilde Frauen reisen anders.** Byblos.

📘 Fatema Mernissi, **Die Macht der Frauen in der Welt des Islam,** Sultanin. Luchterhand.

Frauen fragen Frauen: Solidarisches Regen-Lachen in China

Foto: Norbert Lüdtke

ALLEIN & GEMEINSAM

# REISE-PARTNER WÄHLEN

Von Kemal Temizyürek
Kemal Temizyürek ist Di-
plom-Psychologe und Mit-
glied der dzg. Aus seinem
beruflichen Alltag als
Sachverständiger für Fa-
miliengerichte ist er mit
vielfältigen Beziehungsge-
staltungen und -störungen
vertraut. Diese Kenntnis-
se, verbunden mit eigenen
Reiseerlebnissen mit ver-
schiedenen Reisepart-
nern, mündeten in das
Forschungsinteresse zur
Frage der Reisepartner-
wahl.

**www-Einstieg:** Empfeh-
lenswert und kostenlos:
www.reisepartner.org

**Sie kennen das: Die Vorbereitungsphase Ihrer Reise ist gefüllt mit Erwartungen und Wünschen. Diese Vorfreude wird geprägt durch erhoffte romantische Sonnenuntergänge, eine besondere Esskultur, die Vorstellungen von Stimmungen, Düften und vielen anderen möglich erscheinenden Erlebnissen. All diese individuellen Vorstellungen, deren Verwirk-lichung viele Reisende anstreben, bestimmen diese angenehme Phase. Als Alleinreisender entscheiden letztlich Sie, ob und wie die Realisierung erfolgt: Sie könnten Ihre Route und Aufenthaltszeiten ändern oder gar die Reise abbrechen, sofern Sie das möch-ten. Ihr Wille als »selbst-bestimmender« Reisender ist handlungsleitend. Das ändert sich, sobald Sie mit einer oder mehreren Personen reisen.**

Es gibt zahlreiche Gründe für das Reisen mit Reise-partner(n). Dazu zählen spezielle Kenntnisse eines Ge-fährten (beherrscht Chinesisch: perfekt für China, Tro-penmediziner: ideal für Regenwaldtrekking auf Papua-Neuguinea) oder Sie wollen schlicht mit einem Begleiter Ihre angenehmen oder auch unangenehmen Erlebnisse teilen und sich darüber austauschen, einen vertrauten Menschen in einer ungewohnten Umgebung haben – jemanden, mit dem Sie sich verstehen.

Beim Begegnen von Reisewilligen treffen gleichzei-tig individuell gefärbte und damit nicht stets gleiche Er-wartungen aufeinander. Jeder bringt eigene Fähigkei-ten und Erfahrungen mit. So sind beispielsweise Ta-gesrhythmen kaum vereinbar, wenn der eine Früh-, der andere Spätaufsteher ist. Das Gleiche gilt für unter-schiedliche Ernährungsbedürfnisse, Einstellungen über das Zusammenleben von Menschen, Politik, Um-welt, Glauben usw. Unabhängig davon, warum Sie in Gesellschaft reisen wollen, eines sollte Ihnen für Ihre Reiseplanung klar sein: Kaum etwas ist folgenschwe-rer als ein völlig unpassender Reisepartner.

Das Reisen mit einem oder mehreren Reisepart-nern kann als eine räumlich und zeitlich begrenzte Le-bensgemeinschaft betrachtet werden. Somit gelten prinzipiell die gleichen Regeln wie in einer Lebenspartnerschaft. Jedoch ist gewöhnlich nicht genug Zeit, um sich ausreichend kennen zu lernen. Wenn Sie etwa infolge eines Streites das Bedürfnis nach Distanz verspüren, dann sollten Sie bedenken, dass die Rückzugsmöglichkeiten auf einer Reise knapp sein können. Je stärker Sie aufeinander angewiesen sind, je weiter und länger Sie sich von Ihrer vertrauten Umgebung entfernen, desto gravierender die Folgen. Dieses Kapitel soll Ihnen bei der Wahl eines geeigneten Partners behilflich sein.

## In zwei Schritten zum geeigneten Reisepartner

- Was erwarten Sie und was erwartet Ihr Reisepartner **von der Reise?** Für die richtige Auswahl ist es wichtig, die Erwartungen zu vergleichen. Das kann nur gelingen, wenn die Beteiligten ihre eigenen Vorstellungen kennen. Erst dann ist es sinnvoll, diese in Gesprächen abzugleichen. Dabei ist nicht entscheidend, dass Sie identische Vorstellungen haben, sondern dass sie miteinander zu vereinbaren und umsetzbar sein sollten. Seien Sie sich der spezifischen Anforderungen Ihrer Reise bewusst. Nur so können Sie die angemessenen

**☀ Tipp:** Im Internet finden sich zahlreiche Reisepartnerbörsen. Gute Seiten sind auch gut gepflegt, erkennbar an aktuellen Gesuchen und seriösen Einträgen. Melden Sie unseriöse Gesuche dem Administrator und seien Sie nicht zu großzügig mit Ihren Daten: Alles, was im Internet steht, ist öffentlich. Auch nach dem Löschen der Anzeige kann diese weiterhin im Internet verfügbar sein, etwa über Google.

**☀ Tipp:** Beginnen Sie sehr, sehr früh mit der Auswahl Ihres Reisepartners!

### Vorsicht vor »psychologischen Fallen«

▶ Beispielsweise begegnen Sie einer sehr humorvollen Reiseinteressentin. Weil Sie sich so gut unterhalten, bemerken Sie nicht, dass Ihr Gegenüber unselbstständig, rassistisch und nicht konfliktfähig ist. Auch neigen wir dazu, attraktive Personen in ihren Eigenschaften positiver zu bewerten als weniger gut aussehende. Angenommen Sie treffen einen Reiseinteressenten und bemerken seine hohe Intelligenz, dann könnten Sie implizit annehmen, dass er auch fantasievoll, fleißig und zuverlässig ist. Die Falle besteht darin, dass wir die ganze Persönlichkeit für »gut« oder »schlecht« halten, weil wir ein für uns hervorstechendes Merkmal dieser Person so bewerten. Das zeigt, dass das Kriterium Sympathie zwar wichtig, aber nicht hinreichend sein kann. ◀

**Beispiel:** Der »kulturoffene« Indienreisende.

Bei den Reisevorbereitungen hat Ihr Reisepartner unmissverständlich seine Anpassungsfähigkeit zum Ausdruck gebracht. In Indien angekommen, beginnen seine ersten Beschwerden über das scharfe Essen. Im dicht gedrängten Zug echauffiert er sich über die unbequemen Sitzplätze. Er erlebt, wie manch einheimischer Fahrgast vor ihm auf den Waggonboden oder, sich gar über ihn beugend, aus dem Fenster spuckt. Daraufhin explodiert Ihr Reisepartner und beschimpft den »Übeltäter« lauthals. Gewiss, eine harte Prüfung, doch hatte er nicht seine Anpassungsfähigkeit und Toleranz betont?

Paul Watzlawick, **Anleitung zum Unglücklichsein.** Piper Verlag. Leicht verständlich lenkt dieses Buch die Aufmerksamkeit auf zwischenmenschliche Stolpersteine in punkto Erwartung und Kommunikation.

Auswahlkriterien bestimmen und einen passenden Reisepartner erkennen.

- Was **erwarten** Sie vom Reisepartner und was erwartet Ihr Reisepartner von Ihnen? Hierbei ist es nötig, dass Sie sich selbst angemessen einschätzen können. Eine wahrheitsgemäße Auseinandersetzung miteinander ist die Basis für das Kennenlernen. Vorgegaukelte Eigenschaften entpuppen sich unterwegs sehr schnell als solche und wecken Misstrauen. Sie sollten die von dem potentiellen Reisepartner genannte Selbsteinschätzung hinterfragen.

  Wenn der Kandidat bereits ein Bekannter oder Freund ist, können Sie dafür auf Erfahrungen zurückgreifen. Bei Unbekannten sollten Sie die Aussagen prüfen.

- Beispiel **Zuverlässigkeit:** Bitten Sie um Pünktlichkeit – erscheint er/sie dann auch pünktlich? Wird alles Zugesagte wie angekündigt erledigt?

- Beispiel **Ordentlichkeit:** Sind Wohnung, Auto oder Kühlschrank ordentlich?

- Beispiel **Belastbarkeit:** Jemand, der noch nie eine Rucksacktour gemacht hat, kennt die psychischen und physischen Tücken und Eigenarten einer solchen Reiseform nicht.

- Beispiel **Anpassungsfähigkeit:** Wer noch nie im Ausland war, könnte seine Anpassungsfähigkeit unangemessen einschätzen.

  Die Selbsteinschätzung dieses Reisenden war objektiv unzutreffend. Klar, denn dieser Mensch hatte bislang keine Erfahrungen mit einem Kulturkreis, der so anders ist. Keine Erfahrung bedeutet, dass er sich nicht erproben und damit seine Fähigkeit nicht testen konnte. So gesehen hat er sich subjektiv richtig, aber objektiv falsch eingeschätzt. Sie sollten sich der Möglichkeit der falschen Selbsteinschätzung bewusst sein – bei anderen und bei Ihnen selbst.

- Sie sollten auch sich selbst prüfen, ob es Verhaltensweisen, Angewohnheiten usw. Ihres Reisepartners gibt, die Sie belasten könnten, wenn Sie tage- oder wochenlang täglich zusammen sind. Sollte der Kandidat ein Unbekannter sein, handeln Sie leichtfertig, wenn Sie ohne vorheriges Kennenlernen verreisen. Vereinbaren Sie mehrere persönliche Treffen. Nur so können Sie sich annähernd einschätzen lernen und schließlich sollten Sie Ihrem Reisepartner vertrauen können.

- Last but not least gehören **Gesprächs- und Kompromissbereitschaft** zu den Kardinaleigenschaften. Jemand, der nie mit einem anderen zusammengelebt hat, ist möglicherweise nicht kompromissfähig. Wer Ihre Kritik übergeht und nicht in der Lage ist, vielleicht auch mal erregter zu diskutieren, ist möglicherweise nicht konfliktfähig.

  In der Regel stellt die geplante Reise ein exklusives Ereignis in Ihrem Leben dar. Vielleicht haben Sie jahrelang gespart, um sich einen Lebenstraum zu verwirklichen. Dann sollten Sie den Erfolg der Reise nicht durch eine fahrlässige Reisepartnerwahl gefährden.

- Merke: Die Wahl eines Reisepartners stellt eine zentrale Reiseentscheidung dar. Da Sie einen geeigneten Reisepartner für *sich* suchen, bestimmen auch *Sie*, was für *Sie* wichtig ist und was nicht!

☀ **Tipp** Schreiben Sie auf, was Sie von ihr/ihm wissen, Eigenschaften und Fähigkeiten. Überprüfen Sie diese Punkt für Punkt. Je gründlicher Sie zu Hause vorgehen, desto weniger Stress unterwegs.

☀ **Tipp:** Geben Sie vor der Reise die Personalien Ihres Reisepartners an eigene Freunde und die Familie weiter.

**Die Meinungen über den Nutzen eines Auslandsaufenthaltes für den beruflichen Werdegang sind gespalten. Wer zehn Jahre weg war, kann im Heimatland den beruflichen Anschluss verpassen und ringt vielen Personalchefs nur ein müdes Lächeln ab. Dagegen können drei Jahre Auslandstätigkeit in einem dem Beruf förderlichen Bereich durchaus sinnvoll sein. Scheinbare Ecken und Umwege im Lebenslauf sollten als Ausdruck einer starken Persönlichkeit verkauft werden. Schließlich trainiert jeder Reisende im Ausland Fähigkeiten, die in Stellenausschreibungen verlangt werden: Mobilität, Flexibilität, Offenheit, Improvisationstalent, Kommunikationsfähigkeit, Durchsetzungsvermögen, Belastbarkeit, Kreativität …**

# ARBEITEN IM AUSLAND: CHANCE ODER KARRIERE-KNICK?

von Sonja Roschy

ALLEIN & GEMEINSAM

**Als Medizinerinnen den Urlaub mit freiwilliger Arbeit im Ausland verbringen: Mobile Krankenstation in Benin**
Foto: Armin Mißler

**www-Einstieg:** Bei nachfolgenden Anlaufstellen finden Sie ein umfangreiches Beratungsangebot: Zentrale Auslands- und Fachvermittlung ZAV, European Employment System EURES, Informationsstelle für Auswanderer und Auslandstätige, Raphaels-Werk (RW), Diakonisches Werk (DW), Deutsches Rotes Kreuz (DRK)

www.inwent.org, Institutionen aus dem Bereich der Entwicklungshilfe.
www.ded.de, Deutscher Entwicklungsdienst.
www.oneworldweb.de, Arbeitsgemeinschaft für Entwicklungshilfe.
www.cimonline.de, Centrum für Migration und Entwicklung.
www.due.org, Dienste in Übersee.
Weitere Jobs unter:
www.diakonie.de
www.bdae.de
www.ecr-service.de
www.raphaels-werk.de

**Professionelle Auslandsaufenthalte** können sein:

- als Sprachkurs, Ferienjob, Au-pair-Stelle oder Schüleraustausch;
- als Praktikum oder Zivildienst im Ausland;
- als Studium oder Teilnahme an einem Forschungsprojekt;
- als Berufstätiger oder Entwicklungshelfer – gesucht werden keine Träumer, Sensibelchen oder Rambos. Gefragt sind neben obigen Fähigkeiten Sprachkenntnisse in Englisch, Spanisch und Französisch sowie einer weiteren Sprache. Lebens- und Berufserfahrungen sind wichtiger als ein Studium.

**Voraussetzungen** sind:

- ❏ Nachweis einer im Zielland besonders gesuchten Ausbildung oder Qualifikation mit Berufserfahrung;
- ❏ außerfachliche Qualifikationen, besonders gute Kenntnisse der Landessprache;
- ❏ gültiger Reisepass, Visum und Impfbescheinigungen;
- ❏ außerhalb der EU ist meist eine Einreise-, Aufenthalts- und Arbeitserlaubnis nötig;
- ❏ Anpassungsfähigkeit und Toleranz gegenüber fremden Kulturen;
- ❏ Geduld, Ausdauer, Gesundheit, Organisationstalent.

Ein befristetes **Visum mit Arbeitserlaubnis** oder ein Einwanderungsvisum werden meist nur nach persönlichem Erscheinen bei der konsularischen Vertretung erteilt. Die Konsularbeamten erteilen den Sichtvermerk nach eigenem Ermessen, eine Ablehnung wird nicht begründet. Es wird beurteilt, ob der Antragsteller den polizeilichen, gesundheitlichen und politischen Bedingungen des Landes entspricht, gute körperliche Leistungsfähigkeit wird gewünscht. Dazu müssen vorgelegt werden:

- ❑ ein polizeiliches Führungszeugnis
- ❑ ein Gesundheitszeugnis
- ❑ Impfbescheinigungen
- ❑ ein Arbeitsvertrag, ersatzweise die Bürgschaft eines im Land Ansässigen.

Ihre **Kinder** können im Zielland eine örtliche Schule oder eine der zahlreichen deutschen Schulen im Ausland besuchen.

Ein **Auslandsstudium** bietet sich nach dem Grund- oder als Aufbaustudium an. Rechnen Sie mit etwa 18 Monaten Vorbereitungszeit. Es erfordert zudem

- ▶ klare Vorstellungen über Zweck, Ort und Art des Auslandsaufenthalts,
- ▶ eingehende Informationen über Studienpläne,
- ▶ Gutachten und Zeugnisse sowie Empfehlungen,
- ▶ sprachliche und fachliche Zulassungstests,
- ▶ Studiengebühren ermitteln, Stipendien beantragen.

## Die Reisekasse durch Jobs aufbessern?

- Als EU-Bürger ist die Arbeitsaufnahme in anderen EU-Staaten frei. Sobald Sie sich ständig in dem Land aufhalten, müssen Sie jedoch eine Aufenthaltserlaubnis beantragen und hierzu den Arbeitsvertrag vorlegen. Es besteht ein Rechtsanspruch auf diese Aufenthaltsgenehmigung, die für 5 Jahre gilt.
- Außerhalb der EU müssen Ausländer ein Arbeitsverhältnis immer offiziell beantragen. Die Arbeitgeber wissen das. Wer Sie als Schwarzarbeiter einstellt, wird sein Risiko durch einen niedrigeren Lohn ausgleichen.
- In billigen Ländern ist auch der Lohn gering. So billig wie Einheimische können Sie gar nicht arbeiten, Routine- und körperliche Tätigkeiten entfallen daher meist.

☀ **Tipp:** Informationon or halten Sie bei der Zentralstelle für das Auslandsschulwesen beim Bundesverwaltungsamt.

**Jugendbegegnungen, Studium, Auslandspraktika, Sprachreisen, Ferienjobs:** weltwärts Freiwilligendienst, Die Eine Welt e.V., zis Stiftung für Studienreisen, Step in, IJAB – Fachstelle für Internationale Jugendarbeit der Bundesrepublik Deutschland e.V., Open Door International e.V., Wege ins Ausland – die Messe für Auslandsinteressierte, Service Civil International SCI, Arbeitskreis Lernen und Helfen in Übersee e.V., Evangelischer Entwicklungsdienst EED und viele andere mehr
**Bücher:** interconnections Verlag, Bewerbungshandbuch für Europa

**Tipp:** Die Deutsche Gesellschaft für Internationale Zusammenarbeit (GIZ) GmbH bündelt als Bundesunternehmen die Aufgaben von Deutschem Entwicklungsdienst (DED) gGmbH, Deutscher Gesellschaft für Technische Zusammenarbeit (GTZ) GmbH und Inwent – Internationale Weiterbildung und Entwicklung gGmbH.

**Filmtipp: Schlafkrankheit** (2011). Der Film über Europäer in Afrika von Regisseur Ulrich Köhler thematisiert das Fremd- und Vertrautsein und wie sich die Eigenwahrnehmung verschieben kann.

**Tipp:** Erstellen Sie eine Liste Ihrer Talente und Fähigkeiten: Können Sie übersetzen oder tanzen, kochen oder backen, sind Sie ein Sport-As oder musikalisch begabt, können Sie massieren oder Haare schneiden?

• In touristischen Gebieten können Sie vielleicht Ihre Sprachkenntnisse nutzen, organisatorische, handwerkliche oder künstlerische Fähigkeiten anwenden, als Reiseleiter oder -begleiter dienen, also Insider-Informationen verkaufen.

Auch die **Heimkehr** kann zum Schock werden, Auslandsaufenthalte von mehr als fünf Jahren führen oft zu Konflikten. Die zuvor unreflektiert akzeptierten Bedingungen werden oft als fremd, vielleicht gar nach den Erfahrungen im Ausland als negativ empfunden: starre Strukturen statt Flexibilität, Hierarchien statt Eigeninitiative … Der Aufenthalt in Entwicklungsländern, der Umgang mit Armut, Krankheit, Wasser- und Nahrungsmangel führen dazu, dass hiesige Probleme neu bewertet werden und vielleicht nur noch als Jammern auf hohem Niveau erscheinen. Interessen und Freundschaften können als flach und überholt empfunden werden.

## Der ideale Beruf für Globetrotter

Als Backpacker, mit wenig Gepäck und bescheidenen Bedürfnissen, kann man vielerorts in der Welt jobben. Mit Farmarbeit, Haus hüten, Autos überführen oder Sprachunterricht lassen sich vielleicht Kost und Logis sparen. Doch wenn Globetrotter fühlen, dass der Reiz des Reisens nicht nachlässt, wenn das Fernweh sich im Alltag einnistet, dann liegt die Frage nahe: Wie lassen sich Leidenschaft und Beruf vereinbaren?

Mit **Jobben** fällt es schwer, so viel Geld zu verdienen, dass man längere Zeit davon leben kann. In Ländern mit hohen Löhnen sind auch die Lebenshaltungskosten hoch. Dort, wo man billig leben kann, sind die Löhne niedrig. Hinzu kommt, dass man mit den Einheimischen um Arbeit konkurriert. Ist man als Tourist eingereist, darf man in der Regel nicht arbeiten. Der Arbeitgeber wiederum sucht eine pflegeleichte Arbeitskraft – bürokratische und juristische Problemlösungen für einen Ausländer schrecken eher ab.

Als Fremder gilt es also gleich dreifach Nischen zu finden: Man muss erstens einen Mix von Fähigkeiten anbieten, die Einheimische so nicht haben; zweitens von jenen bezahlt werden, die (relativ) reich sind bei gleichzeitig minimalen Ausgaben für den Lebensunterhalt und drittens in einem Arbeitsverhältnis stehen, das nicht offensichtlich illegal ist.

Als **Arbeitgeber** kommen drei Gruppen besonders in Frage: Angehörige der einheimischen reichen Oberschicht, Expats aus dem eigenen Kulturkreis oder Touristen. Die einen möchten vielleicht Sprachunterricht für ihre Kinder, die anderen suchen jemanden, der deutsches Brot backen oder deutsch kochen kann und Letztere suchen vielleicht einen deutschsprachigen Tauchlehrer oder Reiseleiter. Von Vorteil sind für solche Beschäftigungen meist eine solide Ausbildung sowie Mehrsprachigkeit. Solche Chancen lassen sich irgendwie und irgendwo finden, können aber kaum geplant werden – ein Beruf ist das nicht.

Mit einer soliden Ausbildung überall auf der Welt mal längere Zeit leben und nebenher arbeiten zu können, verlangt nach einem anderen Konzept, etwa als Webworker, der sich seine Arbeitsumgebung mit geringem Aufwand schaffen kann und nur sehr lose an Arbeitgeber oder Kunden gebunden ist, etwa im IT-Bereich als Grafik- oder Web-Designer oder im schriftstellerischen Bereich als Übersetzer, Autor, Fotograf und Ähnliches. Auch das setzt eine gewisse Infrastruktur voraus, eine funktionierende Stromversorgung, hochwertige Kommunikationsnetze oder Zubehör für das Notebook. Das Einkommen fließt in Europa, die Ausgaben dagegen in einem Land mit niedrigem Kostenniveau. Die Aufenthaltsdauer ist nur durch das Touristenvisum beschränkt, rechtliche Konflikte entfallen.

Doch das **langjährige Auflösen der Bindungen** nach Deutschland hat seinen Preis.

• Wer auf feste soziale Kontakte verzichtet, verzichtet auch auf ein Netzwerk. Rat suchen, sich trösten lassen, Rückzug in eine geschützte Umgebung, berufliche

**Tipp:** Suchen Sie Kontakt zur lokalen Oberschicht über Netzwerke, die Ihnen von zu Hause vertraut sind: Pfadfinder, Gewerkschaft, Kolping, Kirche, Berufsverbände – Gemeinschaften und Organisationen, in denen Sie sich auskennen.

**Tipp:** Kontaktieren Sie Hotels, Tauchclubs und lokale Natursport- oder Reiseveranstalter, lesen Sie Schwarze Bretter bei Jugendherbergen oder YMCA. Suchen Sie einen Deutschen Club oder andere Expat-Treffpunkte, Niederlassungen deutscher Firmen, Botschaft, Goethe-Institut …

ALLEIN & GEMEINSAM

Palmpflücker in Indien:
Manche Arbeit werden Sie
in diesem Leben wahr-
scheinlich nicht mehr lernen

Bild: Christel Look

Fortentwicklung, dauerhafte Freundschaften – das alles entfällt beim Leben in Hotelzimmern.

• Auch der Verzicht auf das soziale
Netz spart zwar zunächst Geld, doch
im Krankheitsfall, bei Unfällen oder
Umständen, die Geld verdienen unmöglich machen, liefert man sich
dem Wohlfahrtssystem eines fremden Landes aus – sofern es ein solches überhaupt gibt.

Solche Freiheit verlangt mindestens einen Pass und manchmal auch
mehr: Führerschein, Verdienstbe-
scheinigung, Nachweis finanzieller
Mittel, polizeiliches Führungszeugnis,
Gesundheitszeugnis etc. Auch beim
Gang zur Deutschen Botschaft werden die Bindungen
wieder sichtbar, die man als Bürger hat.

Keinen festen Wohnsitz zu haben, macht vieles
schwierig und weckt Misstrauen – versuchen Sie mal,
ein Konto einzurichten! Sinnvoll ist daher mindestens
eine **Briefkastenadresse,** sei es bei den Eltern, bei
sehr guten Freunden oder bei einem Rechtsanwalt.
Von diesen wenigen Personen in Deutschland ist man
dann allerdings sehr abhängig. Dort lagern wichtige
Papiere, Zeugnisse, Urkunden, diese Personen benötigen Vollmachten und öffnen eventuelle Post von Behörden.

Wer über Hausrat verfügt, benötigt einen **Lager-
platz.** Besonders billig sind Garagen, doch bieten auch
Speditionen und Umzugsfirmen Lagermöglichkeiten
(Mietlager, *self storage,* Mietbox), die bewacht und
schädlingsfrei gehalten werden. Für Wertsachen und
Dokumente empfiehlt sich dagegen eher ein Bank-
schließfach.

Jeder Mensch sucht dabei seinen eigenen Weg und
versucht auszugleichen zwischen Heimweh und Fernweh, Sicherheit und Risiko, Verweilen und Aufbruch …

Wohnort und Beruf lassen sich auch so gestalten, dass man mindestens sechs Monate arbeitet, den Wohnort ganzjährig sichert und den Rest des Jahres unterwegs ist. Das schließt alle Berufe mit enger Kundenbindung aus.

Schlagen Sie Ihrem Arbeitgeber **Arbeitszeitkonten** vor, sammeln Sie im Gaststättengewerbe oder als Vermesser Überstunden im Sommerhalbjahr. Es gibt viele Vier-Augen-Abkommen solcher Art zwischen Arbeitnehmer und Arbeitgeber, die gar nicht öffentlich werden wollen, sei es, weil es den Neid anderer wecken würde, sei es, weil solche Lösungen rechtlich oft unorthodox gestaltet sind (Steuer, Sozialversicherung, Arbeitsrecht …).

Auch ein **Sabbatical** funktioniert nach diesem Prinzip: Sie arbeiten also beispielsweise fünf Jahre Vollzeit für ein reduziertes Gehalt und reisen im sechsten Jahr bei weiter laufenden Bezügen. All dies gilt als bezahlter Urlaub, da durchgehend die Sozialversicherung bezahlt wird. Steuerlich ist es günstig, wenn die Auszeit sich über zwei Kalenderjahre erstreckt, also etwa von Oktober bis März oder von Juni bis Juni.

Entscheidend bei diesem Modell sind Prioritäten:
- die großen Lebenshaltungskosten (Miete, Auto, Versicherungen) zu minimieren
- die Luxus-Bedürfnisse zurückzunehmen
- einen Arbeitgeber zu haben, der diese Organisationsform billigt und unterstützt.

Wenn das Unterwegs-sein zum Berufsbild gehört, sammeln Sie so praktische Reise-Erfahrungen, die Ihrem Arbeitgeber zugute kommen: angestellt in einem Ausrüstungsladen, in der Touristik, bei Fluglinien, Fluglotse oder Stewardess, Hotelfachkraft oder Eventmanager …

Dann wird ein **fester Wohnsitz** in Deutschland mit möglichst geringen Grundkosten benötigt. Die Bandbreite reicht von der Mietwohnung im Hochhaus über ein Zimmerchen als Untermieter bis zum Dauerstellplatz auf einem Campingplatz. Denkbar ist auch ein

**www-Einstieg:** Die im Kapitel »Arbeiten ...« genannten Einstiege helfen auch hier, hilfreich sind zudem: Arbeitszeitkonto, Sabbatical, Arbeitszeitgesetz (ArbZG), Work-Life-Balance, interconnections Verlag, Bewerbungshandbuch für Europa, Auszeit, arbeitsratgeber.com/sabbatical, epojobs.de, reliefweb.org, workingabroad.com

»mobile home«, das in einer Halle überwintert. Vom mobile home ist es nur ein kleiner Schritt zum Fernreisemobil. Für manche Berufe bietet solch ein Fernreisemobil außerdem eine Arbeitsumgebung, damit Sie möglichst gewohnte Arbeitsabläufe schaffen können, denn »on the road« arbeitet es sich nicht so effektiv wie zu Hause.

Ein weiterer Weg führt über Projekt-Tätigkeiten im Ausland, etwa für Organisationen im Bereich der **Entwicklungshilfe.** Auf den Webseiten dieser Organisationen finden Sie Stellenausschreibungen, aus denen sich der Bedarf erkennen lässt. Die eigenen Neigungen und Fähigkeiten müssen dazu passen, Ausbildung und Studium können entsprechend gelenkt werden, beispielsweise:

▶ Eine **handwerkliche Ausbildung** und ein passendes Studium, also etwa Zimmermann, dann Walz, dann Architektur studieren. Oder entsprechend im Tiefbau, Straßenbau, Brückenbau, Wasserbau, Maschinenbau ..., dann auf ausländische Großbaustellen.

▶ Eine **kaufmännische Ausbildung** mit Schwerpunkt Buchhaltung, Bilanzierung, Rechnungswesen nach FASB Accounting Standards und mindestens drei bedeutende Fremdsprachen.

▶ Eine **journalistische Ausbildung** mit Schwerpunkt Wirtschaft oder Politik und Tourismus

▶ **Geographiewissenschaften** mit Schwerpunkt Klima und Umwelt

Allen skizzierten Modellen zugrunde liegt ein Streben nach selbstbestimmtem und möglichst freiem Leben. Sofern Reisen und Beruf als selbstbestimmt erlebt werden, lässt sich beides verbinden. Wer jedoch die selbstbestimmte Lebenszeit deutlich höher bewertet als eine fremdbestimmte Arbeitszeit, muss entweder in kurzer Zeit sehr viel verdienen oder seine Bedürfnisse reduzieren. Da jedoch Reisen üblicherweise als Urlaub und Freizeit angesehen werden, sind solche Wertsetzungen ungewöhnlich und nicht einfach verständlich zu machen.

## Die wichtigsten Sprachen

- **Englisch** ist die verbreitetste und internationalste Sprache. Es wird in den meisten Flughäfen, Touristenbüros und guten Hotels verstanden. Unter Reisenden hat sich ein vereinfachtes Traveller-Englisch herausgebildet, das die Themen des Touristenalltags ausreichend abdeckt. Doch wer die Welt der Kellner, Kaufleute und Fremdenführer verlassen möchte, kommt in den meisten Ländern mit Englisch nicht weit. Deshalb müssen wir uns um die Landessprachen bemühen, denn die Gäste sind wir.

- **Spanisch** wird in 28 Ländern gesprochen – so in allen lateinamerikanischen Staaten außer Brasilien, wo Spanisch aber auch oft verstanden wird.

- **Russisch** wird natürlich in allen Staaten verstanden, die aus der Sowjetunion hervorgegangen sind – auf einem Sechstel der Erdoberfläche, von fast 3 Million Sprechern. Russisch ähnelt sehr den anderen ostslawischen Sprachen Ukrainisch und Weißrussisch. Auch andere Slawen auf dem Balkan und in Mitteleuropa können Russisch verstehen.

- **Arabisch** wird von der Atlantikküste Nordafrikas bis zum Vorderen Orient in fünf Dialekten gesprochen. Reisenden gegenüber spricht man in der Regel Hocharabisch. Als Sprache des Korans können es alle gebildeten Muslime verstehen.

- **Portugiesisch** wird außer in Portugal in Brasilien und den ehemaligen portugiesischen Kolonien in Afrika und Asien verstanden, von 5 % der Weltbevölkerung.

- **Französisch** wird nicht nur in Frankreich, Belgien, der Schweiz und Luxemburg gesprochen, sondern auch in den ehemaligen französischen Kolonien. Im frankophonen Afrika sollen die aktiven Sprecher aber nur 5 % betragen und der Anteil derer, die Französisch einigermaßen verstehen, etwa 20 %.

- **Türkisch** ist der Schlüssel zu Zentralasien. Die Sprachen der Turkvölker ähneln sich sehr. Lange Zeit galt, dass man auf einer Reise entlang der Karawanenstraßen von Istanbul bis Peking allein mit Türkisch zurecht-

# REDEN & VERSTEHEN

von Dirk Bindmann

Dirk Bindmann hat seit 1981 einige Dutzend Länder besucht, vor allem in Osteuropa und Asien. Am liebsten reist er zu Fuß oder mit Skiern.

**www-Einstieg:** Gesellschaft für bedrohte Sprachen GBS, Körpersprache, Sprachfamilien, Langwhich, Sprachzertifikate, Sprachreisen, Travlang Dictionary, Fachverband Deutscher Sprachreiseveranstalter FDSV, Berlin, ☎ 030/78953640, www.fdsv.de

☀ **Tipp:** Ein Hundebellen klingt in anderen Ländern anders als bei uns, ein Miauen überall gleich. Die Sprachen in der Tierwelt kann man sich anhören unter www.bzzzpeek.com.

☀ **Tipp:** Das Landesspracheninstitut NRW bietet Intensivkurse auf hohem Niveau für Arabisch, Chinesisch, Japanisch, Russisch, Koreanisch. www.lsi-nrw.de.

ALLEIN & GEMEINSAM

Selbstbewusstes Werbe-
schild in Brasilien:
Verlassen Sie sich nicht
allein auf die Sprach-
kenntnisse Ihrer Gast-
geber

Foto: Jürgen Erdmann

☀ **Tipp:** Gvidlibro pri Espe-
ranto-Movado en Azio ist
ein Führer zu den asiati-
schen Esperanto-Freun-
den. Darin enthalten sind
viele nützliche Adressen
und Hinweise zu fast allen
Staaten Asiens.
**www-Einstieg:** Deutscher
Esperantobund, Esperan-
to-Weltbund UEA, Paspor-
ta Servo, Amikeca Reto,
Tejo

☀ **Tipp:** Rufen Sie die Job-
vermittlung des AStA an
der nächsten Uni an. Aus-
ländische Studenten
verdienen sich durch
Sprachunterricht in ihrer
Muttersprache gern et-
was hinzu.

📖 Robert Klein-
schroth, **Sprachen
lernen**. Der Schlüssel zur
richtigen Technik. Ro-
wohlt. Die meisten
Menschen sind nicht
sprachunbegabt. Sie ler-
nen nur falsch.

kommt. Heute liegt die Grenze des Türkischen als Ver-
kehrssprache in Westchina bei Kashgar.

• **Swahili** ist eine alte Handelssprache im östlichen Afrika: in Kenia, Tansania, Uganda, Ruanda, Burundi, im
östlichen Teil der Demokratischen Republik Kongo und
einigen angrenzenden Ländern wird sie gesprochen
oder verstanden.

## Esperanto: Eine Plansprache für die Reiseplanung

Der Wortschatz dieser 1887 begründeten Plansprache
besteht aus weltweit häufigen Wortwurzeln. Die Grammatik beschränkt sich auf das Nötigste. Vokabellernen
wird vereinfacht durch ein Baukastensystem, mit dem
sich neue Wörter bilden lassen.

Mit Esperanto reist man nicht als Tourist, sondern
als Gast. Man setzt dabei auf die weltweit gut organi-
sierten Esperantisten. Die Reise wird so geplant, dass
man schon vorher weiß, wo einer lebt. Vier Einrichtungen sind besonders hilfreich für Weltenbummler:

• Das Jahrbuch des **Esperanto-Weltbundes UEA**,
www.uea.org, ermöglicht den Kontakt zu Esperantisten
in 115 Ländern. Ein wichtiger Teil ist das *Delegita Reto,*
ein Verzeichnis von etwa 2000 Delegierten, die als
erste Anlaufstellen auf Reisen dienen können.

• **Pasporta Servo** ist ein Netzwerk von Gastgebern und
Unterkünften, mit ungefähr 1350 Gastgebern in etwa

85 Ländern. Wer das Netzwerk als Gast nutzen möchte, kauft die jährlich aktualisierte Adressenliste. Es gibt eine wichtige Bedingung: Man muss Esperanto lernen. www.tejo.org.

In der Regel erwarten gastgebende Esperanto-Freunde kein Geld. Esperantisten sind meist neugierig auf die Welt. Viele können selbst nicht reisen und pflegen ihre Esperanto-Kenntnisse auf unterschiedlichen Wegen.

## Wie viel Sprachen muss ein Globetrotter nun sprechen?

Wer in der Landessprache grüßen kann, die wichtigsten Höflichkeitsfloskeln kennt und auch sonst noch einige Worte, der zeigt, dass er die Kultur der Einheimischen ernst nimmt, und auch er wird ernst genommen. Man versucht, ihn zu verstehen, selbst wenn er mit Händen und Füßen weiterredet. Wobei man schnell in Fettnäpfchen treten kann. Gesten, die wir freundlich meinen, können in fremden Ländern beleidigend empfunden werden. Eine Geste jedoch wird überall in der Welt verstanden: Lächeln. Diese Sprache sollten Globetrotter zuerst lernen.

Dieter Graf: **Point it**. Traveller's language kit. Fotos von etwa 1000 alltäglichen Dingen, auf die man mit dem Finger zeigt, um sich verständlich zu machen.

**Kauderwelsch**, Peter-Rump-Verlag. Sprachführer für mehr als hundert Sprachen und Dialekte.

**Abraxas**, pmv, das Motto der Reihe lautet »Reden und Verstehen unterwegs« – mehr braucht's nicht.

**Tipp:** Insbesondere mit den schriftlosen Sprachen dieser Welt befasst sich www.sil.org, hier finden sich linguistische, ethnologische und anthropologische Aspekte. Verbunden damit ist www.ethnologue.com, mit Informationen zu 6800 Sprachen. Eine Weltkarte zeigt, welche Sprachen an Ihrem Reiseziel gesprochen werden.

Sprachführer-Lesender in Syrien: Unterwegs lernt man Sprachen am leichtesten

Foto: Jürgen Erdmann

ALLEIN & GEMEINSAM

# REISEN IN HINDUISTISCHEN UND BUDDHISTISCHEN LÄNDERN

von Jörn Möller

Jörn Möller ist Mitglied der dzg. Als der Beruf es noch zuließ, reiste er gern in Asien, im Nahen Osten und in den USA. Er arbeitet als Landesjugendpastor in Hamburg und Schleswig-Holstein.

📖 Abbe Jean Antoine Dubois, **Leben und Riten der Inder**. Kastenwesen und Hinduglaube in Südindien um 1800. Rump.

📖 **Hinduismus verstehen**. Sympathie-Magazin.

☀ **Tipp:** ↗»Glaube und Religion« im pmv-Outdoor-Buch.

**In allen Gesellschaften der Erde ist der Alltag wesentlich durch Glaube und Religion geprägt. Bei uns selbst nehmen wir das oft nicht mehr wahr, in anderen Ländern irritieren uns abweichende Glaubensvorstellungen und deren Folgen für den Alltag. Machen Sie sich vor der Reise bewusst, was Sie in dieser Hinsicht an Ihrem Reiseziel erwartet. Praktische Folgen hat dies bereits bei der Reiseplanung: andere Feiertage, anderes Kalendersystem, Einfuhrverbote für Alkohol oder Schweinefleisch u.A.m.**

Kaum dem Flugzeug entstiegen, findet man sich in einer Welt der Religionen wieder: Jedes indische Fahrzeug ist geschmückt mit Bildern hinduistischer Gottheiten, den Gurus der Sikhs, einem Abbild Buddhas oder dem Dreizack von Shiva. Das Land atmet Religion, sie begleitet jeden Schritt. Daher ist es wichtig, einige Regeln zu kennen, um die religiösen Gefühle im Gastland nicht zu verletzen. Auch sollte sich jeder Reisende vor dem Besuch überlegen, ob und wie intensiv er aus der eigenen religiösen Überzeugung heraus an Riten und Gottesdiensten anderer Religionen teilhaben will und kann.

Mit **Hinduismus** wird eine gewachsene Religion ohne Stifter bezeichnet, die eine Vielzahl von Traditionen und deren wechselvolle Geschichte zusammenfasst. Zwar gelangten hinduistische Lehren wie Yoga in den Westen, jedoch können Nichtinder selten zum Hinduismus im Sinne eines Religionswechsels übertreten. Ausländer werden daher in Indien immer als Nichthindus betrachtet. Sie gelten als unrein wie die Unberührbaren, die Kastenlosen, *Parias*, die erst *Mahatma Gandhi* (1869 – 1948) als *Harijans,* »Kinder Gottes«, in die Gesellschaft integrierte. Ihnen war noch vor wenigen Jahrzehnten der Zutritt zu sämtlichen Tempeln verwehrt gewesen, denn diese gelten als die Wohnung eines Gottes. Heute sind Ausländern in Indien nur noch sehr wenige hinduistische Tempel verschlossen – in Nepal jedoch ist kein Tempel für Nichthindus zugänglich.

In fast allen Hindu-Tempeln ist die Teilnahme an einer der täglichen *Pujas,* Opferfeiern, möglich. Im Rahmen des Rituals wird meist ein Teil der Opfergaben als *Prasadam,* heilige Speise, in der Versammlung herumgereicht. Wie im Alltag wird dabei streng zwischen rein und unrein unterschieden. Unrein sind die der Toilettenhygiene dienende linke Hand und die Füße. Man sitzt mit gekreuzten Beinen und vermeidet es, die Fußsohlen auf eine andere Person zu richten. Die Mahlzeiten werden nur mit der rechten Hand eingenommen und es bedarf einiger Übung, *Chapatis* (Fladen) mit nur einer Hand zu essen. Doch haben viele Inder mittlerweile Verständnis für die Probleme der westlichen Besucher mit dieser Praxis. Ein leichtes Reisebesteck hilft Ihnen aus der Verlegenheit, wenn es in einem einfachen Gasthaus kein Besteck gibt.

Indische Tempel, gelegentlich auch kleine christliche Kapellen und viele Privaträume, betritt man daher barfuss, gelegentlich erst nach einem Fußbad. Die Bilder und Darstellungen im Tempel dürfen nicht angefasst werden. Der Kopf eines anderen Menschen sollte mit keiner Hand berührt werden, ihn gilt es, rein zu halten – das betrifft besonders Kinder! Frauen sollten die Schultern bedeckt haben, Männer möglichst lange Hosen tragen.

Guckt sehr gelehrt: Diese Halbskulptur in Myanmar ist die einzige bekannte Darstellung eines Buddha mit Brille weltweit
Foto: Norbert Lüdtke

Michael Albrecht Ni-
colazzi, **Geheimnis
Tibet**. Die Ur-Religion des
»Bön«. Patmos.

Matthieu Ricard,
Oliver & Danielle
Föllmi, **Buddhismus im
Himalaya**. Knesebeck.

Dass man nur ein geduldeter Ausländer ist, sollte man besonders bedenken in Tempeln, die der starken, aber auch brutalen Göttin *Kali* oder *Durga* geweiht sind. Die kraftvollen Rituale umfassen auch Tieropfer und steigern gelegentlich die Aggression der Teilnehmenden.

Wer an Leichenverbrennungen an heiligen Flüssen teilnimmt, besonders in Varanasi, sollte sich sehr zurücknehmen. Allein durch die Anwesenheit eines unreinen Nichthindus könnten die Angehörigen der Verstorbenen sich verletzt fühlen und ärgerlich reagieren. Mag man in Tempeln mit Einverständnis der Anwesenden und der Aufsicht noch Fotos machen können, ist es hier absolut ausgeschlossen – angesichts möglicher Reaktionen der Trauernden vielleicht sogar gefährlich.

Die Tempel und Tierkrankenhäuser der **Jains**, einer um 500 v.Chr. von *Mahavira* (in Bihar geboren als Prinz Wardhamana, gestorben um 447 v.Chr.) gegründeten asketischen, indischen Minderheitenreligion, können ebenfalls besucht werden. Die zentrale Tradition des *Ahimsa*, des absoluten Nichttötens, die auch Gandhi beeinflusst hat, verlangt allerdings, dass die Besucher sämtliche Lederstücke, auch Gürtel, vorher ablegen, was so manchen Reisenden angesichts rutschender Beinkleider nervös werden lässt.

In den *Gurdwaras* der **Sikhs** wird nicht nur deren heilige Schrift, der *Adi*

**Junger Mönch in Myanmar: Den Jüngsten fällt das Abwaschen zu**
Foto: Norbert Lüdtke

*Granth* verwahrt, sondern es werden auch Tag und Nacht Texte daraus zitiert. Gegründet wurde die Religion im 16. und 17. Jahrhundert von zehn Gurus als Versuch einer Universalreligion zwischen Islam und Hinduismus. Kennzeichen eines jeden Sikhs sind *Kesh,* das ungeschnittene Haar, *Kangha,* ein Kamm im Haar, *Kara,* ein stählerner Armreifen am rechten Handgelenk, *Kachh,* knielange Unterhosen, und der *Kirpan,* ein stählernes Kurzschwert, heute oft nur noch als Symbol auf dem Kamm befestigt. Besucher sind in den Gurdwaras willkommen, müssen nur die Schuhe ausziehen und den Kopf bedecken.

Problemlos ist der Tempelbesuch bei den **Buddhisten**, oft werden Ausländer dazu herzlich eingeladen. Auch hier werden am Eingang aller Räume die Schuhe ausgezogen. Bestandteil der *Puja,* der Andacht, sind am Beginn meist drei Niederwerfungen, so genannte *Prostrationen*. Sie symbolisieren die Zuflucht der Gläubigen zu **Buddha** (560 – 480), zu *Dhamma,* der Lehre als dem Weg, auf dem das Heil gesucht wird, und zum *Sangha,* der Gemeinde. Im Verlauf der Feier werden Opfergaben unter den Teilnehmern verteilt. Eine übliche Geste ist es, dem *Lama,* Lehrer, einen Schal, *Khata,* als Geschenk mitzubringen, dieser wird gesegnet zurückgegeben.

Heiligtümer auf einem besonderen Pfad zu umwandern (*Circumambulation*), gilt als eine Form der Anbetung. Dieser Weg muss im Uhrzeigersinn begangen werden, da es sonst im schlimmsten Fall als Fluch aufgefasst wird. Ebenfalls nur im Uhrzeigersinn gedreht werden tibetische Gebetsmühlen, Trommeln sehr unterschiedlicher Größe, die eine Papierrolle mit hundert- oder gar tausendfach gestempelten Gebeten enthalten. Drehen in die falsche Richtung gilt auch hier als wirkungslos oder gar als Fluch. Gut wäre es, wenn Nichtbuddhisten die Mühlen gar nicht berührten. Ein Buddhist formulierte einmal: Buddhisten waschen sich ja auch nicht die Hände in den Taufbecken christlicher Kirchen.

**Mehr Informationen**

www.relinfo.ch bemüht sich um kurze, neutrale Darstellungen dieser und anderer Religionen vor einem christlichen Hintergrund. Außerdem gibt es Links zu europäischen Organisationen der Religionen.

www.wikipedia.de, bietet umfangreiche Erklärungen zu allen Stichwörtern.

www.samatansociety.com

# REISEN IN ISLAMISCHEN LÄNDERN

📖 Ian Buruma, Avishai Margalit, **Okzidentalismus**. Der Westen in den Augen seiner Feinde. Hanser.

**Die Globalisierung erscheint als das Goldene Kalb der Industrienationen. Sichtbar wird die Globalisierung in fast allen Ländern der Erde durch ihre Symbole Coca-Cola und McDonald. Insbesondere in islamischen Gesellschaften hat sich ein antiamerikanisches Gefühl entwickelt, das Margalit und Buruma 2002 als Okzidentalismus beschrieben: Hass auf die Stadt als Ort der Vermischung, Hass auf den kapitalistischen Bürger; Hass auf Vernunft als Quell der Globalisierung und Hass auf Frauen und deren weibliche Weltsicht.**

Etwa ein Fünftel der Weltbevölkerung ist islamischen Glaubens. Zwar liegen zwischen Marokko und der arabischen Halbinsel die Kernländer des Islams, doch leben in Indonesien, Pakistan, Indien und Bangladesch die meisten Muslime.

Von den Propheten des Islams, zu denen auch Jesus Christus und Propheten des Alten Testaments gehören, ist **Mohammed** (Mekka 570 – Medina 632) der bedeutendste, aber er wird nicht angebetet. Deswegen ist es falsch, von »Mohammedanern« zu reden, wenngleich die Lebenspraxis des Propheten, die *Sunna,* als vorbildlich gilt. Der gläubige Muslim hat fünf wesentliche religiöse Pflichten: das **Glaubensbekenntnis** (*Schahada*): »Es gibt keinen Gott außer Gott, und Mohammed ist sein Prophet«; das rituelle **Gebet** (*Salat*) fünfmal am Tag zu festgesetzten Zeiten; **Almosen geben** (*Zakat*) als eine Art Sozialsteuer; das **Fasten** (*Saum*) während des Ramadans; die **Pilgerfahrt** nach Mekka (*Hadj*) mindestens einmal im Leben.

Für Reisende hat der neunte Monat des islamischen Kalenders, der **Ramadan**, Konsequenzen. Dann dürfen Muslime tagsüber weder essen noch trinken. Erst nach Sonnenuntergang und dem Ruf des Muezzin darf zugelangt werden – was überall möglichst reichlich und rasch getan wird. Das Fastengebot gilt nicht für Kinder, Schwangere, Kranke und Reisende. Doch da nicht nur Restaurants und Gaststätten erst nachts öffnen, sondern auch tagsüber das Leben mit halber Kraft läuft,

## Ungefährer Beginn des Ramadan

**2012:** 20. Juli
**2013:** 9. Juli
**2014:** 28. Juni
**2015:** 17. Juni

☀ **Tipp:** ↗ »Zeit, Kalender und Feiertage« im pmv-Outdoor-Buch.

▶ Ein Gast sollte sich religiösen Orten, Praktiken und Äußerungen mit Neugier und Interesse, aber auch mit Achtung nähern, immer eingedenk der Tatsache, dass die religiösen Gefühle zu den intensivsten, aber auch sensibelsten und verletzlichsten menschlichen Emotionen gehören. Um sie nicht zu verletzen, sollte nur sehr vorsichtig und mit dem Einverständnis der Beteiligten fotografiert werden. Religion kann man fühlen und erleben, aber weder abbilden noch einfangen. ◀

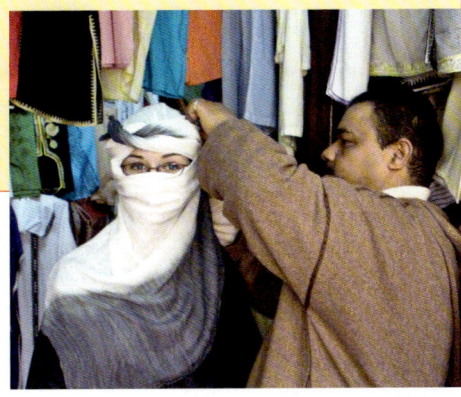

Einkleidung: Anna wird zu اِنَا (Anna auf Arabisch)
Foto: Christel Loock

müssen sich Reisende auf den Fastenmonat einstellen. Er schließt ab mit dem dreitägigen Fest *Id al-Fitr.*

Die islamische **Zeitrechnung** beginnt im Jahr der *Hedschra,* also dem Jahre 622 unserer Zeitrechnung. Ein Jahr dauert nur 354 Tage, da jeder Monat mit Neumond beginnt. Der Ramadan beginnt daher von Jahr zu Jahr etwa elf Tage früher als im Vorjahr. Die genauen Termine der Feiertage werden durch die Mondaufgangs- und Monduntergangszeiten bestimmt. Damit hängen sie von der geografischen Lage ab, der örtliche *Imam* (Vorbeter) legt die genauen Daten fest.

Der Glaube prägt den Alltag der islamischen **Gemeinschaft**, der *Umma,* stärker als es der christliche Glaube in den meisten westeuropäischen Staaten vermag. Kleidungs- und Speisevorschriften, Moralvorstellungen, Rechtsprechung, Art und Stil von Feiertagen, Kalender und anderes unterscheiden sich deutlich. Die besonderen **Wertmaßstäbe** und das darauf abgestimmte Verhalten sollten Reisende erkennen und respektieren. Zwar wird dem Reisenden oft zugute gehalten, einheimische Sitten und Gebräuche nicht zu ken-

Christine Pollock, **Kulturschock Islam**. RKH. Reise- und Verhaltenstipps.

ALLEIN & GEMEINSAM

nen. Aber Achtung zeigen heißt, den anderen Umgang zu akzeptieren. Letztlich leiten sich die Wertmaßstäbe aus dem Koran ab, doch der wird sehr unterschiedlich ausgelegt. Zwischen Stadt- und Landbevölkerung gibt es Unterschiede ebenso wie zwischen verschiedenen sozialen Schichten.

Islamisches **Strafrecht** (*Scharia*) gilt nur in wenigen Staaten mit islamischer Bevölkerung, nämlich mehr oder weniger in Iran, Jemen, Libyen, Pakistan, Saudi-Arabien, Sudan, Nigeria und manchen Emiraten. *Hadd-Strafen* werden für Diebstahl, Straßenraub, Alkoholgenuss, unerlaubten und die verleumderische Behauptung von unerlaubtem Geschlechtsverkehr verhängt. *Qisas-Strafen* gelten für Tötung und Körperverletzung. Für beide Gruppen sind Abhacken der rechten Hand, des linken Fußes, Kreuzigung, Auspeitschung, Steinigung oder Hinrichtung vorgesehen. Je nach Straftat müssen zwei oder vier unbescholtene männliche Augenzeugen aussagen oder es muss ein Geständnis vorliegen. Oft haben die Angehörigen des Opfers ein Recht, die Art der Strafe zu beeinflussen. Alle anderen Vergehen sowie schwere Delikte, für die nur Indizien vorliegen, werden weniger hart bestraft, meist mit Geld- oder Haftstrafen.

Unter www.amnesty.de (Berichte, Länder) können Sie nachlesen, ob und wann Ihr Reiseziel zuletzt derart drastische Strafen vollstreckt hat.

**Weltreligion Islam**. Bundeszentrale für politische Bildung, Bonn.

Arnulf Zitelmann, **Die Weltreligionen**. Schriftenreihe Band 394. Bundeszentrale für politische Bildung.

Hartmut Bobzin, **Der Koran – eine Einführung**. Beck 1999.

**Islam verstehen**. Sympathie-Magazin.

Gudrun Böttger u.a., **Lehrer-Kursbuch Islam**, Cornelsen.

# GESUND & VERSICHERT

# REISEN IST MEHR ALS URLAUB

Irgendwann sind kleine Fluchten nicht genug, Wünsche regen sich und Träume, halb versteckt im Nebel der Vorstellung: Einmal durch Südamerika oder China, den Mekong entlang oder den Amazonas, in den Himalaya oder nach Feuerland … Viel zu schade, solch eine Idee einfach im Jahresurlaub abzuhaken! Wenn Sie Ihrer Idee Raum und dem Reisen oberste Priorität geben, wird die »Große Reise« Wirklichkeit.

## Wie lange reisen?

**Die Drei-Monats-Reise.** Mit den üblichen Urlaubstagen können Sie etwa 6, 7 Wochen verreisen. Mit zwei über den Jahreswechsel zusammengelegten Urlaubsphasen können Sie theoretisch von November bis März unterwegs sein. Reisen bis zu etwa drei Monaten Dauer können so ohne wesentliche Änderung der Lebensplanung organisiert werden. Allerdings bleibt Ihre Kostenstruktur zu Hause erhalten, nur punktuell lassen sich Ausgaben vermeiden oder reduzieren, ↗ »Unbesorgt abreisen«.

**Die Jahresreise.** Deutlich längere Reisen schlagen sich meist in der Vita nieder: nach dem Abitur oder Wehrdienst, nach dem Studium, vor dem Berufsantritt oder nach der Pensionierung. Schwieriger ist es, ein Jahr zwischen zwei Arbeitsverhältnisse zu legen. Optimal wird es, wenn der nachfolgende Arbeitsvertrag bereits besteht. In manchen Berufen kann man ein *Sabbatjahr* (↗ »Der beste Beruf für den Globetrotter«) nehmen. Ähnlich lässt sich planen, wenn Sie über längere Zeit etwa eine Zwei-Drittel-Stelle haben, jedoch voll arbeiten und die angesparte Zeit in die Reise investieren. Oder Sie lassen sich vom Arbeitgeber unbezahlt beurlauben. Steuerlich günstig ist es, die Reise von Jahresmitte zu Jahresmitte zu planen. Bei einer solch langen Abwesenheit können Sie laufende Kosten zu Hause nahezu auf Null zurückfahren. Wenn Sie es geschickt anstellen, kostet Sie dieses Jahr weniger als ein Jahr zu Hause, ↗ »Unbesorgt abreisen«.

Heine Stupp, **Zu Fuß um die Welt in 492 Tagen,** 1895/96. Langen Müller.

Nagib Machfus, **Die Reise des Ibn Fattuma.** Unionverlag.

**Tipp:** Mehrere Dutzend Beispiele, wie man Reisen und Leben verbinden kann, finden Sie auf www.globetrotter.org, etwa unter »Webseiten unserer Mitglieder und Freunde«.

Sicher ist sicher: Verhütung ist eins der wichtigsten Themen in kinderreichen Ländern, hier in Madagaskar

Foto: Norbert Lüdtke

GESUND & VERSICHERT

»Einfach abhauen … Hallo ihr Globetrotter, wer möchte mit mir einfach losziehen und die Welt erkunden? Das alles ohne jeden Cent in der Tasche. Einfach Rucksack auf und ab!«

»Träumer können manchmal bessere Realisten sein, als die, die sich für welche halten. Mein eigenes Reisemotto lautet: Ohne Flugzeug, ohne Geld – einmal um die Welt. Bin so seit fast drei Jahren unterwegs. Reisen und Arbeitsaufenthalte halten sich so etwa die Waage. Bin allerdings mit etwas Geld gestartet, um nicht schon gleich an der nächsten Ecke nach einem Job suchen zu müssen, aber habe momentan mehr als mein Startguthaben, bin also im Plus.«

Zwei Einträge im Forum von www.globetrotter.org

**Die mehrjährige Reise** beeinflusst Ihr Leben gravierend. Sie selbst verblassen im Bewusstsein Ihrer Freunde und Arbeitskollegen, Verwandte sterben, ihre Berufserfahrung veraltet … Nach der Rückkehr fehlen Ihnen spürbar Erfahrungen, die alle anderen miteinander teilen. Organisatorisch ist es möglich doch schwierig, solch lange Abwesenheiten im Griff zu behalten. Die Lohnsteuerkarte, das Schreiben der Rentenversicherung, die Mahnung der Bank über den Kontostand, vergessene Jahresrechnungen … Natürlich können Sie das alles liegen lassen. Doch es verstreichen Fristen, es fallen Mahngebühren an, möglicherweise schaltet jemand einen Rechtsanwalt ein, Versicherungen kündigen Ihnen den Schutz … Besser als das alles wieder ins Lot zu bringen, ist jemand, der sich kümmert, die Post sichtet und Vollmachten für alle Eventualitäten, Konten, Institutionen hat. Wer macht das für Sie, jahrelang? ↗ Seite 235 »Unbesorgt abreisen«.

## Wann reisen?

Für die von Ihnen gewählten Routen und Ziele gibt es mehr oder weniger optimale Jahreszeiten.

▶ Passen Reiseziel und **Reisezeit** zu Ihren Absichten? Geraten Sie in Trocken- oder Regenzeit, in Sommer oder Winter? Passt das zu Ihren Absichten? Lässt sich die Route anpassen? ↗ Kapitel 41, 91 »Reiseziele«.

Temperatur, Luftfeuchtigkeit, Regen und Wind bestimmen die Behaglichkeit des Klimas. Aus langjährigen Wetterbeobachtungen leitet man für eine Region in einer bestimmten Jahreszeit die zu erwartende Witterung ab. Als beste Reisezeit gelten die angenehmsten oder am wenigsten unangenehmen Monate. Doch je nach geografischer Gliederung des Landes wechselt das Klima von Region zu Region. In den Bergen ist die Sonnenscheindauer geringer. Man rechnet mit etwa 6 Grad Abkühlung pro 1000 Höhenmeter. Küstengebiete sind im Sommer kühler, feuchter und regnerischer als gleich hoch gelegene Gebiete im Landesinnern, im Winter oft milder.

Die beste Reisezeit hängt also von Ihren Interessen ab: Wollen Sie an den Strand, Tiere beobachten oder in den Bergen wandern oder klettern? Vorlieben (Baumblüte oder Indian Summer), Aktivitäten (Skifahren oder Surfen) und Einstellung (Einsamkeit oder Trubel) bestimmen die Wahl der Reisezeit.

▶ Checken Sie Ihren **Allgemeinzustand,** berücksichtigen Sie außergewöhnliche Belastungen durch Klimawechsel, Jet-Lag, Aktivitäten (Bergsteigen, Tauchen etc.), Malaria- oder Gelbfieber-Infektionsgebiete sowie andere Besonderheiten, ↗ Seite 220, »Gesundheit«.

Gletscherwandern in Italien: Sie müssen nicht um den halben Globus jetten, um besondere Eindrücke zu sammeln

Foto: Norbert Lüdtke

## Zeitverschiebung & Feiertage

Die koordinierte **Weltzeit** (Coordinated Universal Time, UTC) entspricht ungefähr der früher verwendeten Greenwich Mean Time (GMT). Sie wird durch Atomuhren gemessen und über Zeitsender verbreitet. Im deutschsprachigen Raum ist es UTC plus 1 Stunde; 12 Uhr UTC ist also gleich 13 Uhr Ortszeit im Winter bzw. 14 Uhr Ortszeit im Sommer. Im anglophonen Sprachraum bedeutet 6 a.m. (*ante meridiem*) 6 Uhr morgens; 6 p.m. (*post meridiem*) dagegen 18 Uhr. Die seltene Ausdrucksweise 2200 bedeutet 22 Uhr.

Der internationale Lebensrhythmus orientiert sich weltweit am Gregorianischen Kalender, dem uns vertrauten System. Er geht vom Sonnenjahr aus und entspricht den Jahreszeiten.

Feiertage und Feste richten sich dagegen häufig nach anderen Kalendern, dem balinesischen, chinesischen, indischen, iranischen, islamischen, jüdischen … In vielen Kalendern wird das Jahr nach den Mondphasen eingeteilt, ist also kürzer und der Jahresbeginn verschiebt sich gegenüber dem Sonnenjahr.

▶ Machen Sie sich mit den Besonderheiten in dem von Ihnen besuchten Kulturkreis vertraut. Zeitverschie-

Manfred Köhler, **Sich einfach auf den Weg machen.** Lebenserfahrungen von Globetrottern und Abenteurern. Schwarzkopf & Schwarzkopf.

## Mehr Informationen

www.asien-feste.de, Hintergründe zu Festen in Asien von Maria und Dieter Kanzlerski (dzg).

bung und Feiertage beeinflussen die Reiseplanung, ↗ Seite 194, »Reisen in hinduistischen bzw. islamischen Ländern«.

# KRANKEN-VERSICHER-UNGEN

von Dietmar Boyks
Dietmar Boyks arbeitet als freier Journalist für Hörfunk und Print in Hamburg. Zu seinen bevorzugten Themen gehören u.a. Service-Tipps im Reisebereich.

☀ **Tipp:** Weitere Infos über Höhe und Umfang der Leistungen im jeweiligen Land bei Deutsche Verbindungsstelle Krankenversicherung-Ausland (DVKA), Bonn, mit umfassendem Merkblatt für Rentner, solche mit Fernweh.

## Gesetzliche Krankenkassen (KV) und Ersatzkassen

Versicherungsschutz für maximal sechs Wochen im Kalenderjahr gilt nur in den Staaten, mit denen ein Sozialversicherungsabkommen besteht, ↗ Seite 43. Voraussetzung ist, dass abhängig vom Reiseland, vor Beginn einer Reise die Krankenversicherungskarte EHIC von der Krankenkasse des Versicherten ausgestellt worden ist (den Auslandskrankenschein E111 gibt es nicht mehr). Ein zusätzlicher Versicherungsvertrag und -beitrag ist nicht nötig. **Nachteilig ist:**

- Grundlage für den Versicherungsschutz ist die gesetzliche KV des Urlaubslandes, nicht der Schutz der deutschen gesetzlichen KV;
- erstattet werden nur Sachleistungen, die nicht bis zur Rückkehr nach Hause aufgeschoben werden können;
- Kosten für den Rücktransport nach Deutschland wegen eines Unfalls oder einer schweren Erkrankung hat der Versicherte selbst zu tragen;
- zum Teil ist eine Eigenbeteiligung an den Behandlungskosten festgelegt;
- die Versicherungskarte muss vom Arzt des Urlaubslandes nicht akzeptiert werden. Viele Ärzte behandeln Reisende im Ausland als Privatpatienten und bestehen auf Barzahlung. Die Kosten werden in der Regel später von den deutschen Krankenkassen erstattet, aber nur in der Höhe, die die Regelungen im Urlaubsland vorschreiben.

## Private Krankenversicherungen

Der weltweite Schutz ist bereits Bestandteil des bestehenden Versicherungsvertrages, in Europa ohne zeitliche Begrenzung, in außereuropäischen Staaten nur für eine bestimmte Zeit. Bei einer Reisedauer von mehr als einem Monat kann eine Ausweitung des Versicherungsschutzes beantragt werden. **Nachteile**:

- Zeiten von mehr als einem Monat sind nicht automatisch versichert.
- In der Regel ist der Krankenrücktransport aus dem Ausland nicht enthalten.

### Private Auslandsreise-KV

Weltweiter Versicherungsschutz gilt für alle Personen mit ständigem Wohnsitz in Deutschland, die vorübergehend ins Ausland reisen. Als Versicherungsschein gilt die Quittung des Überweisungsauftrags.

Die Leistungen der Gesellschaften unterscheiden sich kaum. Normalerweise übernehmen sie zu 100 % die Kosten ambulanter und stationärer Behandlung einschließlich Sachleistungen, Krankentransport und Rettungsdienste. Eine einfache Zahnbehandlung, ein medizinisch notwendiger Rücktransport nach Deutschland und Überführungskosten im Todesfall sind ebenfalls abgedeckt. Einschränkungen gibt es bei Höchstgrenzen und Langzeitverträgen. Es kann auch eine Selbstbeteiligung zwischen 50 Euro und 200 Euro pro Krankheitsfall fällig werden, obwohl viele Versicherer darauf verzichten. Weitere Einschränkungen beziehen sich meist auf Vorerkrankungen, besondere Behandlungsformen, das Alter des Versicherten und ergeben sich aus den Versicherungsbedingungen.

#### Folgende Vertragsarten werden angeboten:

- Die **Kurzzeitpolice** gilt meist für eine Reise von 42 bis 60 Tagen und kann auch für Familien abgeschlossen werden.
- Die **Jahres- oder Dauerpolice** ist kaum teurer als eine Kurzzeitpolice, Sie können aber so oft verreisen, wie Sie wollen. Der Versicherungsschutz des einzelnen Urlaubs ist meist begrenzt auf 42 bis 60 Tage. Die Familie kann oft preiswert mitversichert werden. Beruflich bedingte Reisen sind meist in der Jahrespolice mitversichert.

**Reisen ohne Risiko**. Sehr gute Broschüre, kostenlos beim Gesamtverband der Deutschen Versicherungswirtschaft e.V., GDR Berlin.

**www-Einstieg:** www.klipp-und-klar.de, Versicherungswirtschaft GDV

☀ **Tipp:** Ob Gesetzliche, Private oder Ersatzkasse – schließen Sie immer eine zusätzliche private Auslandsreise-Krankenversicherung ab! Nur sie übernimmt die von der gesetzlichen oder privaten KV nicht gedeckten Kosten für eine Heilbehandlung im Ausland und den medizinisch notwendigen Rücktransport.

## Geeignete Versicherungen bei unterschiedlicher Reisedauer

Hier werden ausgesuchte Versicherungen für einige Reisezeiträume genannt. Da sich Langzeitprämien und Altersstaffelungen häufiger ändern, wurde die Reisedauer zur Auswahl der Gesellschaften herangezogen.

Werden Versicherungsunternehmen nicht genannt, könnte es dennoch sinnvoll sein, mit ihnen über längerfristige Verträge zu sprechen. Die meisten Unternehmen sind bereit, über ihre Standardtarife hinaus zu verhandeln.

| Reisedauer | Versicherer |
|---|---|
| 93 Tage | z.B. Mondial, Elvia, Hanse Merkur |
| 180 Tage | Hanse Merkur, Barmenia, Envivas |
| 365 Tage | Hanse Merkur, Barmenia, Würzburger |
| bis zu 5 Jahre | Hanse Merkur, Bund der Auslandserwerbstätigen BDAE |
| mehr als 5 Jahre | BDAE |

**Tipp:** Wer wegen seines Alters oder einer Vorerkrankung keine private Auslandsreise-KV abschließen kann, der kann von der GKV auch für ein Nicht-Abkommensland (↗ Seite 43) eine Kostenzusage bekommen. Diese sollte man unbedingt vor der Reise anfordern.

**Tipp:** Selbstbeteiligungen pro Krankheitsfall lohnen nicht.

- **Einzelreisepolicen für Langzeitreisen** sind sinnvoll bei mehrmonatigem Aufenthalt im Ausland (Rentner, Globetrotter, Berufstätige). Die Prämien sind erheblich und meist abhängig von Alter, Reisedauer und -land, seltener auch vom Geschlecht. Es wird in der Regel taggenau abgerechnet bzw. ein Jahresbeitrag kalkuliert. Manchmal sind auch günstigere Kombinationen mit einer Kurzzeit oder Jahrespolice möglich (z.B. Mondial Assistance Elvia). Günstige Tarife bieten unter anderem: Europa, Victoria und Württembergische.

- Beim **Vollkostentarif** zahlt die Auslands-KV im Leistungsfall sofort und unabhängig von gesetzlichen und privaten Krankenkassen.

- Beim **Restkostentarif** übernimmt die KV nur die Kosten, die übrigbleiben nachdem die eigene KK bereits gezahlt hat. Ein umständliches Verfahren ohne nennenswerte Prämienvorteile und nicht zu empfehlen.

▶ Die meisten Versicherungen haben **Altersklassen** und ein Höchstalter für Neuverträge eingeführt. Daher ist es für über 60-jährige Reisende sinnvoll, gründlich zu vergleichen. Sollte man einen Vertrag mit automatischer Verlängerung abgeschlossen haben, gibt es in der Regel kein Höchstalter, sofern der bestehende Vertrag fortgeführt wird. Unbedingt die Versicherung auf die Altersgrenze ansprechen!

### Hinweise für Langzeitversicherungen

Die genannten Langzeitversicherungen sind Vollschutzversicherungen. Unter Umständen kann für die Dauer der Reise die gesetzliche bzw. private Krankenversicherung auf Antrag ruhen. Das spart Geld.

▶ Vereinbaren Sie dann aber das »unverzügliche Wiederaufleben« der ruhenden Versicherung bei der Einreise nach Deutschland, ohne Wartezeiten und zum alten Tarif (Anwartschaftsversicherung)

Diese »**Anwartschaftsversicherung**« wird zwar immer wieder angeboten, ist aber für gesetzlich Krankenversicherte nicht notwendig. Kommt man nach Deutschland zurück, muss einen die GKV aufnehmen, bei der man zuletzt versichert war.

Jedoch sollte bei der Pflegeversicherung eine Anwartschaftsversicherung vereinbart werden. Endet der Versicherungsschutz für die Pflegeversicherung während des Auslandsaufenthaltes, besteht nach Rückkehr eine fünfjährige Wartezeit auf den erneuten Versicherungsschutz.

Sollte eine private KV bestehen, empfiehlt sich eine Anwartschaftsversicherung dennoch, um bei Rückkehr die bisherigen Leistungen zu erhalten. Zwar besteht auch für die PKV die Verpflichtung, Auslandsrückkehrer wieder aufzunehmen, aber nur zum Basistarif, der etwa der GKV entspricht.

▶ Vergleichen Sie die Angebote von Langzeitversicherungen, da die Prämienunterschiede einige 100 Euro betragen können. Sprechen Sie auch mit Unternehmen, die offiziell keine Langzeittarife anbieten.

▶ Nicht immer gelten für alle Länder gleiche Tarife (z.B. USA/Kanada). Besprechen Sie die ungefähre Reiseroute mit der Krankenversicherung, damit der Versicherungsschutz in jedem Land und zu jeder Zeit gewährleistet ist.

☀ **Tipp:** Wer in die USA oder Kanada reisen möchte, sollte darauf achten, dass die Reise-KV auch diese beiden Länder einschließt (passiert nicht automatisch).

GESUND & VERSICHERT

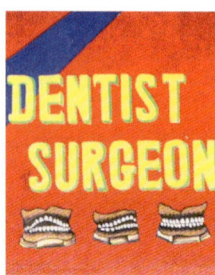

Bloß nicht an den Ernst-
fall denken …

☀ **Tipp:** ↗ »Gesund blei-
ben« sowie »Rückflug im
Krankheitsfall« im pmv-
Outdoor-Buch.

## Besondere Versicherungen

Der **Arbeiter-Samariter-Bund Deutschland e.V. ASB** bietet seinen Mitgliedern einen weltweiten Rückhol-dienst an, der sich vom Angebot privater Auslandsrei-se-KV etwas unterscheidet. Eine Rückholung findet nämlich nicht nur aus medizinischen Gründen statt, sondern auch dann, wenn der Krankenhausaufenthalt länger als 14 Tage dauern würde. Diese Konditionen gelten ohne Altersbegrenzung und auch für Ehegatten der Mitglieder und ihre Kinder, wenn sie für diese Kin-dergeld erhalten. ASB-Mitglieder zahlen einen Durch-schnittsbeitrag von jährlich 50 Euro.

Ergänzend zur Krankenversicherung bietet die **Euro-päische Reiseversicherung AG** für Reisen in Europa und weltweit einen »RingsumSorglos-Schutz« an, mit einen 24-Stunden-Notruf-Service bei:
- Reiseabbruch, verspäteter Rückreise,
- Verspätung/Ausfall gebuchter Verkehrsmittel,
- Verlust von Reisezahlungsmitteln, Reisedokumenten,
- Haft oder Haftandrohung,
- Abhandenkommen von Arzneimitteln,
- Krankheit und Unfall.

Gerade die letzten beiden Punkte ersetzen keine Reisekrankenversicherung, sondern ergänzen sie bzw. überschneiden sich. Die Versicherungsdauer beträgt maximal 45 Tage, kann aber durch Kombinationen mit anderen Tarifen bis auf 90 Tage verlängert werden. Der Preis richtet sich nach der Reisedauer. Die Soforthilfe-Versicherung muss nicht mit einer anderen Versiche-rung der Europäischen kombiniert werden. Ein erfah-rener Globetrotter kann den größten Teil dieser zusätz-lichen Leistungen vor Reisebeginn auch selbst organisieren.

## Entscheidungshilfen

- Reiseversicherungen als **Paket,** z.B. mit einer Reise-haftpflicht und -unfallversicherung, sind nicht sinnvoll, wenn bereits eine private und weltweit geltende Haft-pflicht- bzw. Unfallversicherung besteht.

- In den meisten Versicherungsbedingungen werden **Vorerkrankungen und chronische Krankheiten (z.B. Diabetes)** vom Kostenersatz ausgeschlossen. Vereinbaren Sie dennoch schriftlich mit der Versicherung das Einbeziehen der Vorerkrankung.
- Sollte die erlaubte Reisedauer überschritten sein, der Patient aber noch nicht zurückfliegen können, ist es wichtig, dass eine möglichst lange **Nachleistungspflicht** in den Versicherungsbedingungen steht oder besser die Kosten bis zur »Wiederherstellung der Transportfähigkeit«, WdT, übernommen werden.
- Der **Krankenrücktransport** sollte möglichst dann erfolgen, wenn ihn der Arzt für »medizinisch sinnvoll und vertretbar« hält und nicht nur »medizinisch notwenig«. Obwohl die meisten Versicherungen nur den medizinisch notwendigen Transport vorsehen, muss das kein Problem darstellen, denn die Unternehmen müssen umso weniger zahlen, je eher sie den Kranken in die Heimat transportieren, da hier die jeweilige Krankenkasse die weiteren Behandlungskosten übernimmt.
- Eine Begrenzung der Kostenübernahme für den Rücktransport sollte auf keinen Fall akzeptiert werden.

  Die »einzig richtige« Reisekrankenversicherung gibt es nicht. Tests können lediglich eine Hilfe sein. Die Entscheidung richtet sich letztlich nach individuellen Erfordernissen (z.B. Altersbegrenzung, Single, Familie, mit/ohne Selbstbeteiligung, Reisedauer, Rücktransport).

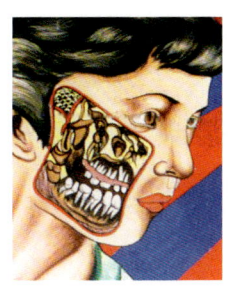

… das ist zwar auch eine Devise, aber eventuell eine schmerzhafte: Reklametafel für einen Kiefer-Chirurg in Kashgar
Foto: Norbert Lüdtke

☀ **Tipp:** Eine »Unbedenklichkeitserklärung« des Haus- bzw. Facharztes erleichtert der Versicherung die Entscheidung. Eventuelle Ansprüche lassen sich im Versicherungsfall außerdem leichter durchsetzen.

## Hinweise für den Versicherungsfall

▶ Im Krankheitsfall umgehend die Notrufnummer der Reiseversicherung anrufen, Rückrufnummer bereithalten und Angaben über Klinik oder Arzt.

▶ Nicht darauf verlassen, dass sich die Klinik bei der Reiseversicherung meldet.

▶ Vor Eingriffen, egal ob operativ oder diagnostisch, sowie vor Bluttransfusionen sollte man unbedingt auf einem Gespräch mit einem Arzt seiner Reise-KV bestehen.

**✳ Tipp:** Finanztest Ausgaben 5 und 8 (2010).

▶ Nichts ohne Rücksprache mit der Reiseversicherung unterschreiben – vor allem keine Kostenübernahmen oder Schuldanerkenntnisse.

▶ Niemals den Pass zur »Sicherheit« an Klinik oder Arzt herausgeben!

▶ Im Versicherungsfall immer Originalbelege bzw. Rechnungen einreichen, daher alle Bescheinigungen vorher kopieren. Bei fehlerhaften Belegen muss man damit rechnen, dass die Versicherung nicht zahlt.

▶ Die Versicherung ist möglichst umgehend, bei einer Krankenhausbehandlung meist innerhalb von 10 Tagen, über die Notrufnummer zu benachrichtigen.

▶ Organisieren Sie bei einem Rettungsflug nichts von sich aus, sondern rufen Sie immer die in den Unterlagen genannte Alarmzentrale an, ↗ Outdoor-Buch, »Notfall«.

▶ Rechnungen des behandelnden Arztes bzw. Krankenhauses müssen den Namen des Arztes und des Patienten, die Diagnose und die erbrachten Leistungen enthalten, Rezepte zusätzlich noch die Medikamente mit Preisangaben und Unterschrift und Stempel des Apothekers.

### Mehr Information von Auslandsreise-Krankenversicherungen

Beispielhaft und nicht abschließend seien genannt:

**ADAC München**.

**ASB Arbeiter-Samariter-Bund,** Köln.

**Axa Krankenversicherung,** Köln.

**Barmenia KV,** Wuppertal.

**BDAE,** Hamburg.

**Central KV,** Köln.

**Concordia KV,** Hannover.

**Debeka,** Koblenz.

**DKV Deutsche KV,** Köln.

**Deutscher Ring KV,** Hamburg.

**Elvia Reiseversicherung (Mondial Assistance),** München.

**Envivas KV,** Köln.

**Europäische Reiseversicherung**.

**Gothaer Krankenversicherung AG,** Köln.

**Hallesche KV,** Stuttgart.

**Hanse-Merkur Reiseversicherung,** Hamburg.

**Inter KV,** Mannheim.

**LVM KV,** Münster.

**Pax-Familienfürsorge KV,** Detmold.

**R+V KV AG,** Wiesbaden.

**Süddeutsche KV,** Fellbach.

**UKV Union KV,** Saarbrücken.

**Victoria KV,** Düsseldorf.

**Würzburger Versicherungs-AG,** Würzburg.

## REISE-GEPÄCK-VERSICHE-RUNG

**Meist besteht für den eigenen Haushalt eine Hausratsversicherung. Ist dort das »Risiko der Außenversicherung« vereinbart, sind Gegenstände des Hausrats (inkl. Sportgeräte) auch auf Reisen weltweit in der Regel vor Einbruchdiebstahl und Raub geschützt, meist im Hotelzimmer und in der Tiefgarage. Verreisen Sie länger ohne den Haushalt aufzulösen, gehört das Reisegepäck automatisch zum »Hausrat, der sich vorübergehend, aber nicht länger als ein Jahr an beliebigen Orten der Erde befindet« und fällt deshalb auch in den Deckungsbereich der Hausratsversicherung, sofern der Wert des Gepäcks 10 % der Versicherungssumme (max. 12.000 Euro) nicht überschreitet.**

Zur Aufstockung der »Außenversicherung« und um Lücken zu schließen, ist besonders bei einem gemeinsamen Hausratsversicherungsvertrag eine abgestimmte bzw. separate Reisegepäckversicherung sinnvoll. Beispiel für die Höhe der Versicherungssumme: Gemeinsamer Hausrat 70.000 Euro, davon 10 %, d.h. nur das gemeinsame Reisegepäck über 7000 Euro hinaus sollte zusätzlich abgesichert werden.

Die oben aufgeführten Unternehmen bieten fast alle Reisegepäckversicherungen an. Da auch hier Preise und Versicherungsdauer stark schwanken, ist ein Angebotsvergleich zu empfehlen. Elvia (Mondial), Euro-

☀ **Tipp:** Das Kleingedruckte in den Versicherungsbedingungen sagt, ob das **Fahrrad** zum versicherten Hausrat gehört oder nicht, gegebenenfalls eine separate Fahrradversicherung abschließen. Informationen bietet der ADFC (Allgemeiner Deutscher Fahrrad Club), Bremen, ✆ 0421/346290, www.adfc.de.

**GESUND & VERSICHERT**

päische und Hanse-Merkur sind in diesem Bereich die
bekanntesten Versicherer.

## Hinweise zur Reisegepäckversicherung

- Reisegepäckversicherungen gelten in der Regel nur bei
  Auslandsreisen.
- Als Familienversicherung abgeschlossen, bringt sie für
  ein Paar nur selten Vorteile.
- Lassen Sie sich von der Versicherungsgesellschaft
  schriftlich bestätigen, dass die Familienversicherung
  auch für Lebensgefährten und Kinder in einer eheähn-
  lichen Gemeinschaft gilt.
- Versichert ist nur Reisegepäck für den persönlichen
  Bedarf. Gegenstände des beruflichen und gewerblichen Bedarfs gehören nicht dazu.
- Mitgeführte Gegenstände sind auch dann versichert,
  wenn Sie nicht deren Eigentümer sind.
- Meist werden Wertgrenzen vereinbart und der Versicherungsschutz zeitlich und örtlich beschränkt.
- Wertsachen werden nur bis zu 50 % der Versicherungssumme ersetzt, beim Hausrat gelten 100 % des
  »Neuwerts am Schadentag«. Hat also die Fotoausrüstung einen Wert von 800 Euro, sollte die Versicherung
  mindestens über den doppelten Wert abgeschlossen
  werden – zusätzlich zum Wert des übrigen Gepäcks.
- Für Schäden am Reisegepäck, die durch Mitreisende
  fahrlässig verursacht wurden, wird nicht gehaftet. Diesen Schaden trägt jedoch meist eine eventuelle Haftpflichtversicherung des »Täters«.
- Grobe Fahrlässigkeit ist nicht versichert! Gemeint ist
  ein objektiv und subjektiv grobes Fehlverhalten, das
  zum Schaden oder Verlust führt. Je wertvoller das Reisegepäck, desto höher muss grundsätzlich die Aufmerksamkeit sein. Ein »Augenblicksversagen«, also
  zum Beispiel eine kurze, vorübergehende Unaufmerksamkeit, kann den Vorwurf grober Fahrlässigkeit jedoch abweisen, wenn weitere Umstände den Fehler
  entschuldigen. Die Gerichte entscheiden sehr unterschiedlich. Zu Gunsten des Reisenden immer dann,

**Tipp:** Da die Versicherung bei einem Problem
wissen möchte, wie oft
und wann man sie im Zu-
sammenhang mit einer
Reisegepäckversicherung
bereits in Anspruch ge-
nommen hat, notiere ich
mir meine Schadensfälle,
ohne sie jedoch der Versicherung zunächst zu nen-
nen. Vielmehr weise ich
sie darauf hin, dass alle
Fälle im Zentralcomputer
gespeichert sind, sie
möchten doch da bitte
nachsehen – überhaupt
kein Problem. Man um-
geht so die Gefahr, dass
der Versicherungsschutz
erlischt, nur weil man sich
an frühere Ereignisse
nicht mehr erinnern kann.

**Nicht versichert** sind
Geld, Wertpapiere, Fahr-
karten, Urkunden und Do-
kumente aller Art.

**Tipp:** »Diebstahl« im
pmv-Outdoor-Buch.

wenn sie meinen, es sei für ausreichende Aufsicht gesorgt gewesen, oder wenn zur Ausrüstung ein unmittelbarer Körperkontakt bestanden hat. Absolute Sicherheit könne es mit zumutbaren Mitteln nicht geben und könne daher von den Versicherern auch nicht verlangt werden (OLG Hamm, Az. 20 U11/96).

☀ **Tipp:** Beschädigtes oder verlorenes Reisegepäck, ↗ Seite 135, »Mit dem Flugzeug hin und weg«.

## Tipps für den Versicherungsfall

Sie haben die Beweispflicht. Der Umfang des Schadens und der Wert ist zu belegen:

▶ Rechnungen teurer Gegenstände 5 bis 10 Jahre aufbewahren.

▶ Inhaltslisten des Reisegepäcks erstellen, Wert der Gegenstände schätzen und Kopie der Liste mitnehmen.

▶ Das Gepäck so fotografieren, dass alle Teile deutlich zu sehen sind – auch die Hausratsversicherung verlangt Kaufbelege, Listen und Fotos.

▶ Schäden sind an Ort und Stelle umgehend der zuständigen Polizei (auch wenn dadurch der Rückflug verpasst wird) und je nach Umständen dem Beförderungsunternehmen bzw. dem Hotel zu melden. Bei Pauschalreisen ist auch der Reiseleiter zu informieren. Lassen Sie jede Meldung bestätigen, um den Versicherungsschutz zu erhalten!

▶ Die Entschädigung ist spätestens zwei Wochen nach ihrer endgültigen Feststellung fällig.

Noch eine persönliche Bemerkung: Viele halten eine Reisegepäck-Versicherung für überflüssig – ich nicht. Für mich ist sie eine sinnvolle Ergänzung der Gepäckversicherung der Fluggesellschaften und der Hausratsversicherung. Mein Gepäck ist immer bei der Europäischen bzw. Elvia (Mondial) versichert. Manchmal musste ich die Versicherung in Anspruch nehmen – und sie hat stets gezahlt. (Dietmar Boyks)

Wenn alles schief läuft: Deutliche Botschaft in den Straßen von São Tomé e Príncipe

Foto: Jürgen Erdmann

▶ Sehr wichtig: Der Schadenshergang muss sehr sorgfältig formuliert werden, um sich nicht selbst auszutricksen. Das kann der Geschädigte nur, wenn er die Versicherungsbedingungen zur Grundlage der Schadensformulierung macht.

### Film- und Fotoausrüstung versichern

Die Leistungen der Hausrats- oder Reisegepäckversicherung sind für eine teure Fotoausrüstung meist zu gering: Die einen decken den Neuwert am Schadenstag, die anderen nur 50 % der Gesamtversicherungssumme. Da beide im Schadensfall ihre Leistungen erheblich einschränken, ist die genaue Lektüre des »Kleingedruckten« ratsam. In den meisten Fällen gilt, dass die Kamera nur im persönlich mitgeführten Handgepäck versichert ist. Nach einer **Faustformel** reicht die übliche Reisegepäckversicherung, wenn der Wert von Kamera und Zubehör unter 1000 Euro liegt.

Versichert sind weltweit für ein Jahr unter anderem die Kosten bei Diebstahl, Verlust, Bruch einschließlich Reparatur, Brand, Wasserschäden, Blitzschlag sowie Beschädigungen durch Fremde wie durch den Besitzer selbst. Die Versicherungsprämie ist relativ hoch (z.B. mind. 50 bis 100 Euro/Jahr bei einer Mindestversicherungssumme von 1500 Euro), es lohnt sich, Angebote zu vergleichen.

▶ Die Konditionen ändern sich häufig und müssen der Reisesituation angepasst werden. Zudem vermarkten einige Versicherungsgesellschaften ihre Foto-Spezialversicherung nicht aktiv. Kontaktieren Sie daher direkt die Versicherungen bzw. Versicherungsmakler und handeln Sie individuelle Zusatzvereinbarungen aus.

### Spezialversicherungen

**Aktivas,** Feldkirchen.

**GutGuenstigVersichert GmbH,** Saarbrücken.

**Haber & Loeck** (für Profis), Hamburg, ✆ 040/44809480, www.haber.de.

**Pergande & Pöthe GmbH,** Foto-Assekuranz, Hamburg.

---

☀ **Tipp:** Bevorzugen Sie Versicherungen zum Neuwert, denn dann wird der Wiederbeschaffungswert für das gleiche Kameramodell ersetzt. Eine Zeitwertversicherung zahlt nur den Wert der Ausrüstung zum Zeitpunkt des Verlustes.

**Reiseversicherungen mit speziellem Foto- und Videokameraschutz:**
**Allianz AG, München.**
**DEVK Versicherungen,** Köln.
**Mondial (Elvia) Reiseversicherungsgesellschaft,** ↗ »Auslandsreise-KV«.
**Europäische Reiseversicherung AG,** ↗ »Auslandsreise-KV«.
**Hanse-Merkur Reiseversicherung AG,** ↗ »Auslandsreise-KV«.

**TAS Touristik Assekuranz Service GmbH,** Frankfurt am Main.

**Victoria Versicherungen,** ↗ »Auslandsreise-KV«

**Zürich Gruppe Deutschland,** Frankfurt am Main.

## Reiserücktritts-Versicherung

**Versichert ist das Risiko des Schadens …**

- bei Nichtantritt der Reise für vertraglich geschuldete Rücktrittskosten,
- bei Abbruch der Reise für die nachweislich entstandenen zusätzlichen Rückreisekosten und hierdurch unmittelbar entstandene Mehrkosten. Per Zusatzklausel können bereits bezahlte, aber nicht in Anspruch genommene Reiseleistungen, also Restkosten des Urlaubs mitversichert bzw. eine Ersatzreise-Versicherung eingeschlossen werden. Dieses Risiko ist heute in der Regel nicht mehr mitversichert, sondern wird von den Unternehmen als Reiseabbruchversicherung einzeln oder in Kombination mit der Reiserücktrittsversicherung angeboten.
- Die Reiserücktrittsversicherung endet mit dem »Einchecken« am Flughafen!
- Ein Versicherungsabschluss ist sinnvoll bei langer Vorausbuchung, Familienurlaub, privater Gruppenreise und einem Reisepreis über 1000 Euro (Faustformel).

**Eine Entschädigung ist zu leisten, wenn …**

- die Reiseunfähigkeit des Versicherten nach allgemeiner Lebenserfahrung zu erwarten ist oder
- der Antritt der Reise bzw. deren planmäßige Beendigung ihm nicht zugemutet werden kann.

**Das ist der Fall bei:**

- Tod oder schwerem Unfall bzw. unerwartet schwerer Krankheit des Versicherten, Ehegatten, Kinder, Eltern, Geschwister, Großeltern, Enkel, Schwiegereltern, Schwiegerkinder – aber nicht bei Lebensgefährten,
- Impfunverträglichkeit, Schwangerschaft,

## WENN DIE REISE AUSFÄLLT

☀ **Tipp:** Vereinbaren Sie ausdrücklich, dass Lebensgefährten auch unter den Versicherungsschutz fallen!

☀ **Tipp:** Bei Online-Flugbuchungen kann man auch direkt bei der Fluggesellschaft eine Rücktrittsversicherung abschließen. Aber: Bucht man nicht alle Leistungen über ein und dieselbe Airline-Seite, muss der Rücktrittsschutz direkt bei einem Versicherungsunternehmen abgeschlossen werden.

☀ **Tipp:** Wer öfter verreist, kann eine Jahrespolice für beliebig viele Reisen wählen, da hier das Fristenproblem entfällt.

**GESUND & VERSICHERT**

217

**Tipp:** Der Preis sollte nicht das Hauptkriterium sein, sondern die Kulanz der Versicherung und kundenfreundliche AGB.

**Tipp:** Möglichst immer einen Tarif ohne Selbstbehalt wählen.

**Tipp:** Die Rücktrittsversicherung, die auf der Internetseite einer Fluggesellschaft abgeschlossen wird, gilt nicht automatisch für die gesamten Urlaubskosten.

**Tipp:** Die Reiserücktrittsversicherung sollte in der Regel spätestens 30 Tage vor Reiseantritt abgeschlossen werden, bei Last-Minute-Reisen am Buchungstag oder am darauffolgenden Tag.

- erheblichen wirtschaftlichen Problemen durch Schaden am Eigentum des Versicherten (z.B. Feuer) oder vorsätzlicher Straftat eines Dritten,
- unverschuldetem Arbeitsplatzverlust,
- Aufnahme eines neuen Arbeitsverhältnisses (nach Arbeitslosigkeit).

**Der Versicherungsschutz ist ausgeschlossen …**

- bei Tod, Unfall oder Krankheit von Angehörigen, die das 75. Lebensjahr vollendet haben (einige Anbieter verzichten inzwischen auf eine Altersbegrenzung);
- oder wenn für den Versicherten bei Abschluss der Versicherung voraussehbar war, dass die Reise unter Umständen nicht angetreten werden bzw. abgebrochen werden würde – wichtig!
- bei plötzlich auftretenden kriegerischen Ereignissen bzw. Sicherheitsproblemen im Reiseland.

**Im Versicherungsfall müssen Sie …**

▶ umgehend die Reise stornieren und
▶ gleichzeitig der Versicherung den Grund mitteilen,
▶ notwendige Beweismittel, z.B. Attest, vorlegen,
▶ Ärzte von ihrer Schweigepflicht entbinden.

Die **Prämie** richtet sich nach dem vollen Reisepreis und beträgt zwischen 1 – 3 % der Versicherungssumme. Im Rücktrittsfall übernehmen alle Gesellschaften die Stornokosten bis zu 100 %. Bei krankheitsbedingtem Rücktritt mit ärztlichem Nachweis fällt bei allen Gesellschaften eine Selbstbeteiligung von 20 % der Kosten, mindestens aber 25 Euro an. In allen anderen Fällen (keine Krankheit), die zu einer Stornierung der Reise führen können, verlangen die Rücktrittsversicherer eine Selbstbeteiligung von 25 Euro. Inzwischen werden auch Tarife ohne Selbstbeteiligung angeboten. Zu den wichtigsten Anbietern gehören: Mondial (Elvia), Europäische, Hanse-Merkur, Würzburger.

## Reiseabbruch-Versicherung

Versichert ist ein Schaden, der verursacht wird durch
- den vorzeitigen Abbruch der Reise,
- die Unterbrechung der Reise aufgrund eines schweren Unfalls, einer unerwartet schweren Erkrankung oder
- eine verspätete Rückkehr von der Reise.

Als abgebrochen gilt eine Reise, wenn die erste gebuchte Reiseleistung wenigstens teilweise in Anspruch genommen wurde. Das ist bereits der Fall, sobald man am Flughafen eingecheckt hat.

Die Versicherung sollte zusammen mit der Buchung abgeschlossen werden.

Manchmal ist ein Selbstbehalt (wie bei der Reiserücktrittskostenversicherung) zu übernehmen.

## Ticketsafe-Versicherung

Damit sichert man sich ab 5 € gegen
- Airline-Pleite,
- Umbuchungskosten und
- verpasste Zubringer- bzw. Anschlussflüge.

Die Police ist auch mit Stornoschutz (mit Selbstbeteiligung) zu haben und sofort bei Buchung des ersten Fluges (spätestens innerhalb der nächsten drei Werktage) abzuschließen. Sie gilt weltweit für fast alle Fluggesellschaften.

Anbieter: Europäische Reiseversicherung AG

## Umsteigeversicherung

Ist bei verspätetem Zubringerflug der Anschlussflug fort, dann ersetzt die Versicherung für Flüge innerhalb Europas ein neues Ticket bis zum Preis von 400 €. Für das Übernachten in bestimmten Hotels gibt es bis zu 50 €. Die Police kostet etwa 8 € pro Reise und tritt nur ein, wenn man für das Umsteigen mindestens zwei Stunden am selben Flughafen eingerechnet hat. Sie ist noch nicht für alle deutschen Flughäfen zu haben. Anbieter: z.B. Mondial (Elvia).

Die Versicherung ist nur sinnvoll, wenn beim Umsteigen tatsächlich einmal nicht mehr als zwei Stunden

**Tipp:** ↗ »Notlagen meistern« im pmv-Outdoor-Buch.

**Tipp:** Bei krankheitsbedingtem Reiseabbruch unbedingt ein ärztliches Attest aus dem Urlaubsort vorlegen. Ein nachträgliches Attest (etwa vom Hausarzt) reicht nicht.

**Tipp:** Die Leistungen der Reiseabbruchversicherung sind nicht mehr Bestandteil der Rücktrittskostenversicherung. Ich halte diese Versicherung für wichtiger, als den Reiserücktritt abzusichern. ↗ Seite 294, Kfz-Haftpflicht, »Formalitäten auf der Straße«

Zeit sind und bereits eine geringe Verspätung den Anschluss gefährden kann.

# EIN LAND RESPEK-TIEREN, GESUND BLEIBEN

Aktualisiert von Jean-Claude Schmit, nach einer Vorlage von Dr. Meyer, mit Hinweisen von Alain Weber, alle drei Mediziner

Dr. Meyer war Leiter des Gesundheitsamtes Wiesbaden und als Tropenarzt vier Jahre in Ostafrika im Gesundheitswesen tätig. Er berät das Deutsche Rote Kreuz in Fragen der Auslandshilfe und reist häufig in verschiedene tropische Länder.

**SARS, Ebola und Anderes … Immer mal wieder kursieren Nachrichten über Schrecken erregende Krankheiten. Was dahinter steckt, erfahren die Zeitungsleser und TV-Seher meist nicht. Solche Sensationsmeldungen machen Furore, doch unbeachtet von der Öffentlichkeit erkranken jährlich zwischen 500 und 600 Menschen in Deutschland an Malaria, davon sterben weniger als fünf.**

## Vorsorge

Im schlimmsten Fall ist eine Krankheit lebensbedrohlich, doch immer verdirbt sie die herrlichste Reise. Dann wird Gesundheit wichtiger als Zeit und Geld. Vorsorge hilft Ihnen, manche Krankheit zu vermeiden. Lassen Sie sich vor einer Reise medizinisch beraten:

- bei Instituten für Tropenmedizin in Berlin, Bonn, Dresden, Hamburg, Heidelberg, Leipzig, München, Rostock, Tübingen, Ulm, Würzburg, Wien, Basel und niedergelassenen Tropenmedizinern;
- bei allen Gesundheitsämtern;
- bei Apotheken, die an eine Datenbank mit medizinischen Länderinformationen angeschlossen sind;
- bei kommerziellen reisemedizinischen Zentren.

Wenn wir in andere Teile der Welt reisen – zumal auf eigene Faust – erhöhen neue Lebensumstände das Risiko für Verletzungen oder Erkrankungen. Wichtiger noch als Impfungen oder eine Reiseapotheke ist es, sich auf die neue Kultur, die neuen »Spielregeln« des täglichen Lebens einzustellen. Das kann nur, wer sich vor der Reise intensiv damit auseinandersetzt und während der Reise gut beobachtet.

## Ursachen für Krankheit und Tod

- Eine der häufigsten Ursachen für Krankheit und Tod auf Reisen sind **Autounfälle** – gemessen an der Kilometerleistung ist diese Gefahr dort unvergleichlich höher als zu Hause. Rabiates Fahren, schlechter Zustand von Straßen und Autos und überladene Fahrzeuge, aber auch gezielte Unfälle, also klassische Wegelagerei, sind mancherlei Gründe dafür. Wer vorsichtig und defensiv durch Stadt und Land schleicht und mit mancherlei Zufällen und Unbilden rechnet, hat mehr dafür getan, seine Gesundheit zu erhalten, als es durch alle anderen Maßnahmen möglich ist. Vorsicht ist die kostengünstigste Prophylaxe!

- Die gleiche Vorsicht empfiehlt sich bei Reisen in weniger sichere Gebiete. **Leichtsinn und Draufgängertum** sind unter unbekannten Verhältnissen als Dummheit zu bezeichnen.

▶ Informieren Sie sich vor der Reise. Berücksichtigen Sie den Rat der Einheimischen oder von lange im Lande lebenden Ausländern. Manchmal unterschätzen Einheimische die Risiken, da Besucher empfindlicher reagieren.

▶ Ein **Erste-Hilfe-Kurs** kann nicht schaden.

- **Die häufigsten Reiseerkrankungen** sind Erkältung, Sonnenbrand, Durchfall, Insektenstiche, Kreislaufschwäche.

- Sie lassen sich meist einfach vermeiden durch geeignete Kleidung, ↗ Outdoor-Buch, ausreichendes Trinken, vorsichtiges Essen sowie vernünftiges und hygienisches Verhalten, ↗ Seite Outdoor-Buch.

**Dr. Jean-Claude Schmit**
ist Infektiologe am Centre Hospitalier in Luxemburg. In dessen »Travel Clinic« informiert und impft er mehrere tausend Reisende pro Jahr und behandelt regelmäßig Leute, die mit Reisekrankeiten zurück kommen. Er reist selbst gerne in Begleitung seiner Frau und Kinder, auch zu »exotischen« Zielen.

GESUND & VERSICHERT

Erfinderische Brunnenkonstruktion: Trinkwasserzapfanlage in Indien
Foto: Christel Loock

**Tipp:** ↗ »Gesund bleiben« sowie »Notlagen meistern« im Outdoor-Buch.

**Tipp:** Sprechen Sie auf jeden Fall mit Ihrem Hausarzt. Auch wenn er kein Tropenmediziner ist, kennt er Sie doch als Arzt am besten.

**Tipp:** Ältere Menschen sind gesundheitlich gefährdeter als jüngere.

- Insektenstiche können andere Erkrankungen nach sich ziehen, **Malaria und Dengue-Fieber** stehen dabei an erster Stelle, ↗ unten.
- Anhaltender Durchfall kann andere Krankheitsursachen anzeigen, ↗ unten.
- Ihre **eigenen Schwächen und Gebrechen** kennen Sie selbst am besten. Bereiten Sie sich darauf vor, dass diese unter den Reiseumständen akut werden könnten. In Ihre Reiseapotheke gehören natürlich die Medikamente, die Sie ohnehin einnehmen müssen.

## Impfungen

Für einen persönlichen Impfplan, der stets kostenpflichtig ist, werden Alter, Gewicht, Reisedauer und Reiseziele benötigt, möglichst auch Anzahl und Zeitpunkt bisheriger Impfungen. Noch zu Hause sollten Sie Ihren Impfschutz vervollständigen und gegebenenfalls mit der Malariaprophylaxe beginnen. Da einige Impfun-

## Häufigste Impfungen (in abnehmender Reihenfolge)

- ❏ **Tetanus** (Starrkrampf)
- ❏ **Diphtherie**
- ❏ **Polio** (Kinderlähmung)
- ❏ **Keuchhusten**
- ❏ **Gelbfieber**
- ❏ **Hepatitis A und/oder B** (Gelbsucht)
- ❏ **Malariavorsorge** (oral)
- ❏ **Typhus**
- ❏ **Tollwut**
- ❏ bakterielle Meningitis (bakterielle Hirnhautentzündung)
- ❏ Japanische Enzephalitis (FSME, virale Hirnhautentzündung)
- ❏ Cholera (oral)
- ❏ im Alter: Grippe und Lungenentzündung (Pneumokokken) bei über 60-Jährigen, vor allem im subtropischen Winter

**Wichtig:**
6 Wochen vor der Reise mit dem Impfprogramm beginnen!

**Tipp:** Klären Sie mit Ihrem Arzt, welcher Impfplan für Sie und Ihre Reiseziele angemessen ist.

gen bestimmte Abstände bzw. Reihenfolgen erfordern, sollten Sie mindestens sechs Wochen vor der Reise mit dem Programm beginnen. Natürlich sind neben Last-Minute-Flügen auch Last-Minute-Impfungen möglich, doch bleiben diese oft unvollständig.

▶ Die Gelbfieberimpfung ist Pflicht in einigen Ländern, ↗ Seite 285, und muss mindesten 10 Tage vor der Reise von anerkannten Stellen durchgeführt werden, meist sind dies die Gesundheitsämter.

▶ Manche Impfungen sind auch in Deutschland und Europa sinnvoll, werden jedoch oft vernachlässigt. Diphtherie, Tetanus, Poliomyelitis und Keuchhusten sollten alle 10 Jahre aufgefrischt werden.

▶ In vielen Ländern sind tollwütige, streunende Hunde ein Problem, besonders für Radreisende. Gesundheitsämter beraten über Tollwutschutzimpfungen.

## Malaria

Die Malariaprophylaxe wird jeweils nach den von der Weltgesundheitsorganisation WHO definierten Regionen empfohlen: »In vielen Ländern Asiens, des östlichen Mittelmeerraums sowie Lateinamerikas, in denen Malaria vorkommt, sind die großen Städte meist malariafrei; das gilt jedoch nicht unbedingt für die Stadtrandgebiete oder die städtischen Ballungsräume in Afrika. Normalerweise ist das Malariarisiko oberhalb 1500 m Höhe relativ gering, doch kann die Krankheit in heißen Klimazonen sogar in Höhen bis zu 3000 m auftreten. Außerdem kann das Infektionsrisiko je nach Jahreszeit unterschiedlich hoch sein.«

Da sich diese Empfehlungen entsprechend der Ausbreitung der Resistenzen laufend ändern, können hier nur allgemeine Regeln dargestellt werden.

▶ Auch bei Malaria ist vorsorgen besser: Mückenabwehr ist Malariaschutz.

▶ Ohne Prophylaxe ist das Risiko zu erkranken wesentlich höher, man vermeidet dafür die möglichen Nebenwirkungen durch eine oft mehrwöchige Prophylaxe.

**www-Einstieg:** Gesundheitsamt, Reisemedizin, Fit-for-Travel, WHO World Health Organization, ITH International Travel and Health

✳ **Tipp:** Die Gelbfieberimpfung kann nicht an Kleinkinder unter 9 Monaten verabreicht werden, da das Risiko neurologischer Schäden besteht.

✳ **Tipp:** Klären Sie mit Ihrem Arzt, welcher Impfplan für Sie und Ihre Reiseziele angemessen ist.

✳ **Tipp:** Der beste Tipp kann nur heißen »**Meiden Sie jeden Mückenstich**«! Moskitos kommen vor allem bei Anbruch der Dämmerung. Es empfiehlt sich, langärmlige, weite und helle Kleidung bzw. Hosen zu tragen, selbst wenn ein lauer Abend das Gegenteil nahelegt. Noch wichtiger ist es, Aufenthalts- bzw. Schlafräume durch engmaschige Moskitonetze oder Räucherspiralen mückenfrei zu halten.

**GESUND & VERSICHERT**

**In der Impfberatung wird man Ihnen empfehlen:**

▶ durch die Wahl von Reiseroute und Reisezeit das Risiko zu minimieren;

▶ mit einem bestimmten Stand-By-Medikament (Lariam, Malarone) zu verreisen oder

▶ eine bestimmte Malaria-Prophylaxe zu betreiben.

☀ **Tipp:** Kinder können ab 5 kg Körpergewicht Malariaprophylaxe einnehmen. Die Dosis muss vom Facharzt an das Körpergewicht angepasst werden.

   Neuere Empfehlungen stellen in einigen Gegenden mit Malaria-Risiko eine **Stand-By-Behandlung** in den Vordergrund. Die Gefahr besteht dann darin, entweder auf eine beginnende Malaria zu spät zu reagieren oder bei den kleinsten Symptomen einer anderen Krankheit das Malariamedikament unnötig einzunehmen. Daher muss, wenn möglich, bei jedem unklaren Fieber sofort ein Arzt aufgesucht werden.

### Montezumas Rache

**Durchfälle** sind die häufigste und störendste Erkrankung. Entscheidend ist hierbei weniger die Bekämpfung der Bakterien – die der Viren ist ohnehin nicht möglich – als der erforderliche Flüssigkeitsersatz. Mit Beginn des Durchfalls sollten Sie so viel trinken, wie Sie Flüssigkeit ausscheiden. Da dies schlecht messbar ist, sollten Sie so viel trinken, bis der Urin wasser-

Probesitzen: Manchmal freut man sich über jede Sitzgelegenheit … (im Sinai)
Foto: Norbert Lüdtke

224

klar bis hellgelb ist. Die meisten Durchfälle enden von selbst bei ausreichender Flüssigkeitsaufnahme in zwei bis vier Tagen.

▶ Um den Verlust von Mineralstoffen auszugleichen, empfiehlt die WHO eine Zucker-Salz-Lösung einzunehmen. Diese ist weltweit zu bekommen. Bei Kindern und älteren Reisenden sollte damit bereits nach den ersten wässrigen Durchfällen begonnen werden. Als ORS-Ersatz eignet sich Orangensaft mit Wasser, trockenen Keksen und Bananen, bei Kindern Apfelschorle oder Reissuppe. Nicht empfehlenswert ist die »Cola-Salzstangen-Therapie«, die die Kaliumverluste nicht adäquat ausgleichen kann.

▶ Es gibt mit Loperamid (Imodium, Lopedium, Loperamid ratio, …) ein Präparat, das den Durchfall (fast immer) zum Stillstand bringt. Aus verschiedenen Gründen kann es aber gleichzeitig die Durchfallerkrankung verlängern und komplizieren. Dieses Präparat sollte möglichst nur während der Fahrt, fern von jeder Toilette, eingenommen werden. Am ersten Tag verhindert Loperamid unnötigen Flüssigkeitsverlust, doch nach maximal 6 Tabletten (nur bei Erwachsenen) stoppen! Kinder dürfen Loperamid nur bedingt einnehmen, am besten vor der Reise mit dem Kinderarzt sprechen.

▶ Wenn zusätzlich Fieber oder blutig-schleimige Stühle auftreten, sollte ein Arzt aufgesucht werden. Ist das nicht möglich, sollte ein Antibiotikum genommen werden, z.B. Ciprofloxacin (Ciproxin, Ciprohexal) 500 mg oder Norfloxacin (Zoroxin) 400 mg, alternativ Ofloxacin (Tarivid) 400 mg pro Tag, für schwangere Frauen und Kinder Azithromycin (Zitromax). Die drei ersten Mittel gehören zur selben Familie (Quinolones), sind sehr wirksam bei wenig Resistenzen, haben jedoch mögliche Nebenwirkungen bei starker Sonnenexposition (Hautreaktionen) und Sport (selten Sehnenrupturen). Achtung, Kinder dürfen manche dieser Medikamente nicht einnehmen. Genaue Vorschriften hängen vom Alter des Kindes ab und sind unbedingt vor der Reise mit dem Kinderarzt zu klären.

✳ **Tipp:** Notieren Sie unterwegs Krankheitssymptome mit dem Zeitpunkt ihres Auftretens, Verlaufs und ihrer Dauer. Eventuell erleichtert das spätere Diagnosen.

**www-Einstieg:** Gelbfieberimpfstellen, Gesundheitsämter, Tropeninstitute (Auswahl): Charité Berlin, Bernhard-Nocht-Institut für Tropenmedizin Hamburg, Institut für Tropenhygiene und Öffentliches Gesundheitswesen Uni Heidelberg, Zentrum für Reise- und Tropenmedizin Leipzig, Tropenklinik Tübingen – Paul-Lechler Krankenhaus, Missionsärztliche Klinik sowie in Ulm, Bonn, Dresden, Fit for Travel München, Rostock, Würzburg sowie in Basel, Graz, Wien

✳ **Tipp:** Kleine Wunden heilen am besten, wenn sie zweimal täglich mit Vaseline oder Zinksalbe behandelt werden und mehrere Tage lang feucht bleiben.

## Durch Blut und Sexualkontakt übertragbare Krankheiten

Beim **Geschlechtsverkehr** können Hepatitis B, HIV, Gonorrhöe (Tripper), Syphilis, Herpes genitalis, Chlamydien, Pilze, Filzläuse und Krätze übertragen werden (*Sexually Transmitted Diseases,* STD). Die infektiösen Personen können gesund wirken und nicht akut erkrankt sein. Nicht jeder Sexualkontakt mit einem infizierten Partner führt zur Infektion, doch das Risiko ist hoch. In Ostafrika und Südostasien liegt die STD-Infektionsrate von Prostituierten teils über 85 %.

▶ Ein Kondom kann die Ansteckung mit HIV (AIDS) verhindern und das Risiko einer Gonorrhöe bzw. einer Syphilis auf fast Null senken – wenn ein unbeschädigtes, neues Kondom mit Reservoir sachgerecht benutzt und nach dem Samenerguss noch vor dem Erschlaffen das Glied mit Kondom aus der Scheide gezogen wurde. Markenkondome erhält man in Drugstores und Apotheken.

Andere Übertragungswege sind **Injektionsnadeln** und **Transfusionen** verunreinigter Blutprodukte. In verschiedenen Ländern sollen bis zu 10 % der professionellen Blutspender HIV-infiziert sein. Bei der Spende wird oft nicht getestet, nur wenige zuverlässige Tests sind in manchen Ländern vorhanden. Manchmal werden Blutkonserven vor der Infusion nicht auf HIV- und Hepatitis B-Antikörper getestet. Jede HIV-positive Blutkonserve infiziert den Empfänger!

▶ Generell sollten Bluttransfusionen, so weit möglich, vermieden werden. Eine Krankenversicherung, die im ernsten Krankheitsfall eine dringende Rückreise (gegebenenfalls in ärztlicher Begleitung) bezahlt und für Sie organisiert, kann Ihnen oft die Behandlung unter fragwürdigen hygienischen Bedingungen ersparen.

▶ Schutz bietet auch die Kenntnis der eigenen Blutgruppe sowie ein vertrauenswürdiger Blutspender. Vielleicht finden Sie über die Deutsche Botschaft eine »walking blood bank«. Diese besteht aus einer Gruppe von Menschen, die ihre individuellen Angaben über

✳ **Tipp:** Vermeiden Sie auch Tätowierungen und Bodypiercing.

✳ **Tipp:** In Europa weitgehend unbekannt sind Kondome für Frauen (FC2). Dies könnte eine Lösung für manch heiklen Moment liefern. www.female-health.com.

Etwa 8 % aller Reisenden brauchen unterwegs ärztliche Versorgung.

Blutgruppen und Risikofaktoren in einer Liste zusammenstellen und einander unterstützen.

▶ Nehmen Sie einige sterile Spritzen und Nadeln in verschiedenen Größen mit (nicht im Handgepäck).

▶ Die Hepatitis B-Impfung schützt lebenslänglich, wenn drei Grundimpfungen vorgenommen wurden.

## Reisen während der Schwangerschaft

Eine gesunde Schwangere kann Fernreisen unternehmen, sollte jedoch Malariagebiete meiden. Bitten Sie Ihren Arzt oder Ihre Ärztin um Rat. Unter anderem sind abzuwägen: Ihre Grundkonstitution, Ihre derzeitige Verfassung, die Risiken am Reiseziel zur geplanten Reisezeit und Ihre Urlaubsaktivitäten:

▶ Überprüfen Sie Ihren Impfschutz.

▶ Achtung, nicht alle Impfungen können während einer Schwangerschaft verabreicht werden. Gegebenenfalls bereits vor Schwangerschaftsbeginn impfen.

▶ Planen Sie Ruhephasen für die Zeit- und Klimaumstellung ein.

▶ Achten Sie auf ausreichende Flüssigkeitszufuhr.

▶ Bevorzugen Sie kleine, fettarme, eiweißreiche Mahlzeiten.

▶ Möglichkeiten für Notfallbehandlungen und Rücktransport, ↗»Reisekrankenversicherung«.

### Meiden Sie:

▶ längere bewegungsarme Phasen (Flug!), da erhöhte Thrombosegefahr in den Beinen;

▶ intensive Sonneneinstrahlung und Anstrengung;

▶ Fahrten in schlecht gefederten Fahrzeugen auf holprigen Pisten.

### Sind Flugzeugreisen möglich?

▶ Frauen mit komplikationsloser Schwangerschaft dürfen ohne Bedenken bis zum 7. Monat fliegen.

▶ Im 8. Monat ist eine ärztliche Unbedenklichkeitsbescheinigung erforderlich. Komplikationen, insbesondere eine Frühgeburt, sind nicht zu erwarten.

✳ **Tipp:** Sonnenbaden kann gefährlicher sein als Baden: Jährlich werden etwa 80 Menschen von Haien gebissen, 10 davon sterben; Koskosnüsse, die von Bäumen fallen, erschlagen jedes Jahr hingegen 150 Menschen!

Der Glaube kann Berge versetzen: Traditionelle Medizin auf Kuba
Foto: Klaus Schütz

▶ Im 9. Monat ist ein Flug riskant. Manche Fluggesellschaften verweigern schon früher den Flug, erkundigen Sie sich frühzeitig.

▶ Reservieren Sie einen Sitz mit Bewegungsfreiheit für die Beine und machen Sie gymnastische Übungen.

▶ Tragen Sie bei Krampfadern möglichst Kompressionsstrümpfe, bandagieren Sie im Extremfall Ihre Beine mit elastischen Binden.

▶ Wenn Sie zu Übelkeit und Erbrechen neigen, fliegen Sie nachts.

▶ Trinken Sie bei Langstreckenflügen viel kohlensäurelose Getränke.

## Impfungen & Malariaprophylaxe in der Schwangerschaft

Bei Impfungen wägt der Arzt das Risiko ab. Bei Reisen in Infektionsgebiete ist eine Impfung aber meist sinnvoll. Eine Impfpflicht besteht heute nur noch für Gelbfieber in einigen Ländern und kann durch ein Impfbefreiungszeugnis ersetzt werden.

- Eine Impfung gegen Gelbfieber ist auch während der Schwangerschaft möglich, nicht empfohlen, kann aber in dringenden Fällen von der 12. Schwangerschaftswoche an gemacht werden.
- Unbedenklich sind Impfungen gegen Hepatitis A oder B, Polio, Tetanus, Diphterie.
- Nicht erlaubt sind Impfungen gegen Röteln, Mumps, Tuberkulose und Masern.
- Bei Impfungen gegen Cholera, FSME, Japan. Enzephalitis, Meningitis, Tollwut, Typhus fehlen Erfahrungen.
- Schwangere, stillende Mütter und Kleinkinder unter 5 kg Körpergewicht sollten wegen der Nebenwirkungen der Medikamente malariabetroffenene Gebiete möglichst meiden, da eine Malariaprophylaxe in diesen Fällen problematisch ist.
- Die vorbeugende Einnahme von Chloroquin (z.B. Resochin) und Proguanil (Paludrine) ist unbedenklich, Mefloquin (z.B. Lariam) kann ab dem vierten Schwangerschaftsmonat genommen werden. Atovaquon (z.B. Malarone) oder Doxycycline sind während der ganzen Schwangerschaft nicht erlaubt.

☀ **Tipp:** Während der Schwangerschaft ist die Gefährdung durch eine Malaria tropica wesentlich größer als die durch die Chemoprophylaxe!

### Und zu Hause?

Schwere Tropenkrankheiten treten meist erst nach der Rückkehr auf. Daher bei Unwohlsein und Erkrankungen in den folgenden Wochen und Monaten immer an zurückliegende Auslandsaufenthalte denken und den Arzt darüber informieren. Hier kommt es auch darauf an, wie genau Sie Ihre Ärztin oder den Klinikdoktor über Ihre Reise(n) informieren.

Fieber bei Kindern nach einem Tropenaufenthalt ist vermutlich am häufigsten bedingt durch Atemwegsinfektionen, begünstigt durch Klimawechsel und zusätzlich durch trockene Luft auf dem Rückflug. Wenn Beschwerden bestehen, ist eine gründliche Untersuchung und Labordiagnostik notwendig, damit potenzielle tödliche Infektionen nach einem Tropenaufenthalt ausgeschlossen werden können.

GESUND & VERSICHERT

# DIE REISE-APOTHEKE

**Von Elena Erat**
Die Reiseautorin Elena Erat ist seit vielen Jahren auf abenteuerlichen Touren unterwegs und Mitglied der dzg. Nach ihrer Fahrrad-Weltreise baut sie jetzt mit Hilfe der Einheimischen und finanziert durch Spendengelder aus dem Freundes- und Bekanntenkreis eine Dorfschule in Nordindien – ein Projekt der Hilfe zur Selbsthilfe! Info © 0761/57892, www.elena-erat.de, www.indienverein.de.

Es gibt Gegenden, da ist weit und breit keinerlei medizinische Hilfe zu erwarten. Andernorts bekommt man für alles und jedes Wehwehchen sorglos ein starkes Antibiotikum ausgehändigt oder man erhält ganz einfach Schlaftabletten, die angeblich auch gegen Malaria helfen. Oft ist nicht bekannt, wo der Beipackzettel der ominösen Tabletten das letzte Mal gesehen wurde und ob das Verfallsdatum überschritten ist. So manches Medikament ist eine Fälschung ohne Garantie auf Wirksamkeit oder Verträglichkeit.

Dann ist es gut, wenn Sie auf eigene, bekannte Medikamente zurückgreifen können. Die folgende Reiseapotheke nennt beispielhaft Medikamente sowie in Klammern deren Wirkstoffe. Viele dieser Medikamente sind rezeptpflichtig – aus gutem Grund! Kinder, Schwangere, empfindliche oder vorgeschädigte Personen müssen vielleicht andere Medikamente nehmen, weil Nebenwirkungen zu befürchten sind.

▶ Stellen Sie anhand dieser Liste eine eigene Apotheke zusammen, angepasst an Ihre Bedürfnisse, Reiseziele und -dauer. Besprechen Sie die genaue Zusammenstellung unbedingt mit Ihrem Hausarzt!

▶ Medikamente, die entlang der Reiseroute verfügbar sind, sind den dort behandelnden Ärzten vertraut.

Wortwörtlich: Bilharziose ist wie hier in Zimbabwe manchmal noch das kleinere Übel …
Foto: Norbert Lüdtke

Hygiene unterwegs: Oft nicht so leicht zu beachten wie hier auf Madagaskar

Foto: Norbert Lüdtke

www-Einstieg: (homöopathische) Reiseapotheke, Deutsche Grünes Kreuz, Reisemedizin, Deutsche Gesellschaft für Tropenmedizin DTG, WHO, Tropeninstitut

## Tipps für Ihre Reiseapotheke

▶ Berücksichtigen Sie Ihre eigenen Vorerkrankungen und Verletzungen (z.B. Kie-/Fußgelenke). Unter den belastenden Reisebedingungen könnten Beschwerden wieder auftreten oder verstärkt werden, die Sie sonst ohne Medikamente im Griff haben, z.B. Kreislaufprobleme bei großer Hitze.

▶ Versorgen Sie sich reichlich mit Medikamenten, die Sie regelmäßig einnehmen müssen. So sollten sich Diabetiker überreichlich mit Medikamenten, Spritz- und Testutensilien eindecken. Sinnvoll ist eine BE- und Kalorientabelle mit Angaben zu exotischen Lebensmitteln.

▶ Allergie-Notfallset entweder doppelt in verschiedenen Taschen mitnehmen oder ein weiteres Set zu Hause als Reserve zum Nachschicken deponieren.

▶ Besorgen Sie frische Medikamente mit genügend langer Haltbarkeit.

▶ Achten Sie darauf, dass sich die Medikamente für die besuchten Klimazonen eignen. Zäpfchen etwa schmelzen bei tropischen Temperaturen. Auch auf ein Schlangenserum gegen Schlangenbisse verzichte ich, da ich die extrem wichtige konstante Aufbewahrungstemperatur nicht gewährleisten kann.

☀ **Tipp:** Um die Reiseapotheke möglichst klein zu halten, lasse ich die Pappschachteln zu Hause, umwickle Tablettenstreifen oder Fläschchen direkt mit dem Beipackzettel, auf dem ich das Verfallsdatum notiere.

📖 Elena Erat, **Rad-Abenteuer Welt**, Reiseerzählung, Frederking & Thaler. Blindenschriftausgabe bei: Deutsche Zentralbücherei für Blinde, Leipzig.

GESUND & VERSICHERT

# Checkliste Reiseapotheke

## Verbandsmaterial

**Wichtiges Verbandsmaterial**

- ❏ Leukoplast und Pflaster
- ❏ Schmetterlingspfl. f. Platzwunde
- ❏ Mullbinden, 10 cm breit
- ❏ elastische Binde, 8 cm breit
- ❏ Sicherheitsnadeln
- ❏ Splitterpinzette und Schere

**Ergänzend**

- ❏ Augenklappe
- ❏ Desinfektionsmittel, z.B. Sagrotan
- ❏ Einmal-Handschuhe
- ❏ Fieberthermometer
- ❏ Rettungsfolie
- ❏ Prothesenklebstoff
- ❏ provisorische Zahnfüllpaste, z.B. Erste-Hilfe-Zahn-Set Dentanurse von Certisil

## Medikamente

| Behandeln von ... | Handelsname (= Wirkstoff) |
| --- | --- |
| **... Infektionen, innerlich:** | |
| Atemwegsinfekte | Amoxycylin oder Cefuroxime (= Zinnat) |
| schwere Durchfälle | Ciproxin, Tarivid (= Ofloxacin) oder Zoroxin; alternativ bei Kindern ein Sulfamid wie Bactrim oder Cotrimoxazol |
| **... Fieber, Schmerzen, Muskeln:** | |
| Fieber, Erkältung, Kopfschmerzen | Aspirin (= Acetylsalicylsäure, ASS) |
| Koliken | Buscopan (= N-Butylscopolaminbromid) |
| Kreislaufmittel | Effortil (= Etilefrin), Korodin (= Campher) |
| Kopf-/Zahnschmerzen | Paracetamol, ASS oder Ibuprofen |
| **... Durchfälle, Verstopfung, Erbrechen:** | |
| Durchfälle bei Amöbenbefall | Clont oder Flagyl (= Metronidazol) oder Simplotan (= Tinidazol) |
| Durchfälle, allgemein | Imodium (= Loperamid), Perenterol (= Trockenhefe), Tannacomp (= Ethacridinlactat) |
| Erbrechen, Übelkeit | Paspertin (= Metoclopramid) oder Vomex (Dimenhydrinat) |
| Magengeschwür, Gastritis | Maaloxan (= Aluminium-, Magnesiumhydroxid) oder Solugastril zusätzlich Riopan (Magaldrat), Omep oder Antra (Omeprazol) |
| Salzverlust bei Durchfall und Erbrechen | Elotrans (= ORS-Salzmischung, ↗ Seite 232) |
| Verstopfung ohne Fieber | Laborexal (= Natriumpicosulfat |

### ... Augen, Ohren, Nase, Hals:

| | |
|---|---|
| Augenentzündungen | Aureomycin (= Chlorotetracylin) oder Neba cetin (= Neomycinsulfat) |
| Hautentzündungen | wie bei Augenentzündungen oder Soventol HC (= Bamipinlactat, Hydrocortison) |
| Ohrenentzündungen | Beberil (= Hydroxypropylmethylcellulose) oder Otalgan (= Phenazon) |
| Husten bei Erwachsenen | Mixt. Solvens compr. oder Paracodin (= Dihydrocodeinhydrogentartrat), Silomat (= Clobutinol) oder Wick Hustenstiller (= Dextromethorphanhydrobromid) |
| Husten bei Kindern | Atosil (= Promethazin-HCl), Mucosolvan (= Ambroxol) |
| Halsentzündungen | Locabiosol (= Fusafungin) |
| Nasenschleimhautschwellung | Otriven (= Xylometazolin-HCl) |

### ... Allergie, Haut, Äußerliches:

| | |
|---|---|
| Allergie, Jucken, Heuschnupfen | Antihistaminikum Loratidin, Cetirizin |
| entzündete Ekzeme | Fenistil HC, Soventol HC, Ebenol (Hydrocortison) |
| gegen Läuse und Krätze | Jacutin (= Lindan) |
| gegen Mückenstiche, Juckreiz | Soventol (= Bamipin) |
| Hautallergien, Ekzeme, Verbrennung | Avil (= Pheniraminhydrogenmaleat) |
| Pilzbefall | Canesten (= Clotrimazol), Lamisil (= Terbinafin) |
| Wunddesinfektion | Betaisodona (= Polyvidon-Iod), Octenisept, Tyrosur (= Tyrothricin) |

### Individuelle Ergänzung nach Rücksprache mit dem Arzt:

- ❏ Malaria
- ❏ bestehende Dauermedikation
- ❏ Beruhigung, Entspannung, Schlaftabletten
- ❏ Notfallmedikamente für Allergiker, Asthmatiker
- ❏ Diabetiker
- ❏ ...

☀ **Tipp:** ↗ »Mit Krankheiten umgehen« sowie »Ohne Arzt und ohne Arznei« im pmv-Outdoor-Buch. www.reiseapotheke.de.

GESUND & VERSICHERT

Gabi Goll, dzg-Mitglied, hat die Reiseapotheke aktualisiert

▶ Verhütungsmittel (Pille, Kondome) sind manchmal nicht oder nur in schlechter Qualität zu bekommen – nehmen Sie genügend davon mit.

▶ Medikamente sind in vielen Ländern leichter und billiger zu erhalten als bei uns. Achten Sie aufs Verfallsdatum. Zunehmend sind in solchen Ländern gefälschte Medikamente im Handel, die unwirksam oder schädlich sind. Erkundigen Sie sich nach solchen Erfahrungen.

▶ Stecken Sie unbedingt die Beipackzettel ein. Erstens können Sie vergleichbare Medikamente mit anderem Namen kaufen, wenn Sie die Wirkstoffe kennen und zweitens informiert der Beipackzettel über Kontraindikationen und Nebenwirkungen.

▶ Eine ärztliche Bescheinigung über benötigte Materialien und Medikamente in Deutsch und mindestens Englisch beugt Problemen an Flughäfen und Grenzen vor. Blaue Stempel können Wunder wirken …

▶ Die Telefonnummer des Hausarztes für alle Fälle notieren.

▶ Die Reiseapotheke kühl, trocken und dunkel aufbewahren, z.B. mit Aluminiumfolie und Noppenfolie oder in einer Fototasche mit Kühlakku.

▶ Digitale Fieberthermometer halten Erschütterungen und eventuelle hohe Temperaturen beim Transport

## Herstellen der ORS-Salzmischung

**Lösen Sie in:**

| | |
|---|---|
| 1 Liter (= 1 kg, Milchflasche voll) | abgekochtem Wasser |
| 20 g (5 gestrichene Teelöffel) | Zucker, möglichst Traubenzucker (= Glucose) |
| 3,5 g (1 gestrichener Teelöffel) | Kochsalz (Natriumchlorid) |
| 2,5 g (¾ gestrichener Teelöffel) | Natriumhydrogencarbonat (= Natron, in Backpulver) |
| 1 Orange oder Zitrone/2 Bananen | Saft (Kaliumchlorid) |

Die »Oral Rehydration Solution« oder »suero para la rehidratation oral« dient dem Flüssigkeitsersatz bei Durchfall und hält sich gekühlt etwa einen Tag.

besser aus als Quecksilberthermometer. Frische Batterie einlegen.

▶ Bei Reisen mit dem Auto sollten die Medikamente griffbereit, doch kühl am Fahrzeugboden aufbewahrt werden.

▶ Bei Flugreisen empfiehlt es sich, die Reiseapotheke im Handgepäck mitzuführen für den Fall, dass die Fluggesellschaft das große Gepäck mal versehentlich woanders hin transportiert oder verspätet ausliefert.

▶ Über Botschaften und Konsulate erhalten Sie die Anschriften deutsch oder englisch sprechender Ärzte.

 Rüdiger Nehberg, **Medizin Survival**. Überleben ohne Arzt. Kennen & Können für Abenteurer, Globetrotter, Camper, Tramper. Kabel.

 David Werner, **Wo es keinen Arzt gibt**. RKH.

**Der Zeitpunkt des Aufbruchs zur Reise ist ein magischer Moment. Auch die Reisenden früherer Zeiten wussten das und beherzigten einige Regeln: Nimm ein Amulett mit, streue Salz in die Schuhe und verlasse das Haus rückwärts, doch nicht an einem Freitag, denn dieser Tag bringt Unglück! Schaden kann das nicht, doch auch die folgenden Tipps sind nicht übel.**

Ob Sie Haus oder Wohnung für zwei Wochen oder sechs Monate verlassen werden, die Vorbereitungen scheinen sich zu gleichen. Doch wer denkt schon im Sommer daran, ob im Winter die Heizung anspringen wird? Natürlich können Sie während Ihrer Abwesenheit alles laufen und liegen lassen. Das kann aber zu erheblichem Ärger führen: Fristen verstreichen, Rechte verfallen, Mahngebühren summieren sich, kleine Schäden ziehen größere nach sich.

Besser als das alles wieder ins Lot zu bringen, ist jemand, der sich kümmert, die Post sichtet und Vollmachten für alle Eventualitäten, Konten und Institutionen hat. Ihre Vertrauensperson muss in Vieles eingeweiht und eingewiesen werden.

## UNBESORGT ABREISEN

**www-Einstieg:** Robinson-Liste, Verbraucherzentrale, Meldebehörde, Spam, Deutsche Post, DHL, Hermes …

### Post, Geld, Papiere

▶ Leiten Sie regelmäßige **Post** um, mindern Sie Unerwünschtes und sichern Sie Wichtiges:

Ägypten, Sharm el Sheik:
Da geht die Post ab –
aber wann?

Foto: Norbert Lüdtke

☀ **Tipp:** Erstellen Sie
einen Formbrief, den Ihr
Bevollmächtigter während
Ihrer Abwesenheit versen-
den kann und geben Sie
mögliche Ansprechpart-
ner an: »Ich befinde mich
voraussichtlich noch
bis … auf Reisen. In dringenden Fällen bin ich hin
und wieder per eMail zu
erreichen … Möglicher-
weise kann Ihnen Herr/
Frau … weiterhelfen …«.

❑ Bereits lange vor der Reise unerwünschte Post zurück-
schicken mit dem Vermerk »Unbekannt verzogen«.

❑ Den Briefkasten groß und rot beschriften: »Keine Werbung und keine kostenlosen Zeitungen, Handzettel,
Wurfsendungen und Wochenblätter.«

❑ Robinson-Liste: Der Deutscher Dialogmarketingver-
band vertritt einen großen Teil der deutschen Werbe-
wirtschaft. Auf Antrag nutzen diese Firmen Ihre Daten
nicht mehr.

❑ Den Hauptbriefträger und die Paketdienste informieren.

❑ Der kostenpflichtige Lagerservice gilt bis zu 3 Monate,
aber nicht für Pakete, Päckchen, Einschreiben oder
Ähnliches.

❑ Den Nachsendeauftrag 14 Tage vor der Reise abgeben. Er gilt bis zu 6 (12) Monate und ist verlängerbar,
auch online. Er gilt nicht für Pakete, Päckchen, Einschreiben, Postvertriebsstücke…

❑ Einschreiben, Pakete, Päckchen können an Postbevoll-
mächtigte ausgeliefert werden, Zustellungsurkunden
verlangen besondere Absprachen.

▶ **Konten** müssen gedeckt sein und bleiben.

❏ Denken Sie an jährlich anfallende Rechnungen: Strom, Gas, Wasser, Wohnungsnebenkosten, GEZ, Abonnements, Versicherungen etc.

❏ Daueraufträge bzw. Einzugsermächtigungen kündigen oder einrichten.

❏ Rechnungen bezahlen oder Überweisungen mit einem Ausführungstermin versehen.

▶ Sind **Versicherungen** unter den veränderten Bedingungen sinnvoll? Haftet die Hausratsversicherung für eingelagerten Hausrat in einer Garage? Leben ruhende Versicherungen nach der Rückkehr wieder auf?

❏ Versicherungen abschließen, kündigen, ruhen lassen?

❏ Klären Sie Beiträge und Versicherungsleistungen für die Zeit Ihrer Abwesenheit.

❏ Lassen Sie sich die Gültigkeit des Versicherungsschutzes unter den geänderten Bedingungen schriftlich bestätigen.

▶ Klären Sie Ihre **Rechtsbeziehungen:** Steuerantrag fällig? Lohnsteuerkarte an den Arbeitgeber weiterleiten? Wehrdienst (Kreiswehrersatzamt), BaföG-Rückzahlung (Bundesversorgungsamt), anhängige Verfahren (Amtsgericht), Bußgeldverfahren, Rentenversicherung u.Ä.

❏ Checken Sie ablaufende Fristen und bitten Sie vorab um Verlängerung.

❏ Sollten Fristen ablaufen, beantragen Sie die »Versetzung in den vorigen Stand« und begründen Sie dies mit Ihrer langen Abwesenheit.

❏ Bereiten Sie mögliche Formbriefe oder Vollmachten vor.

## Für den Notfall

▶ Eine **Vorsorgevollmacht** kann als Generalvollmacht erteilt oder beschränkt werden. Insbesondere Banken und Versicherungen verlangen häufig notariell beurkundete Vollmachten. Die bevollmächtigte Vertrauensperson entscheidet anstelle des körperlich oder geistig nicht mehr Entscheidungsfähigen. Die gerichtliche Anordnung einer Betreuung wird vermieden.

☀ **Tipp:** Nach § 28 Absatz 4 Bundesdatenschutzgesetz können Sie formlos bei jeder Weitergabe Ihrer Daten erklären: »Ich widerspreche der Nutzung oder Übermittlung meiner Daten zu Werbezwecken oder für die Markt- und Meinungsforschung.«

☀ **Tipp:** Richten Sie Ihren Widerspruch gegen die Weitergabe Ihrer Daten insbesondere an Ihre Meldebehörde, an das Kraftfahrt-Bundesamt Flensburg und an die Deutsche Post zusammen mit dem Nachsendeantrag.

GESUND & VERSICHERT

**www-Einstieg:** Vorsorge-Vollmacht, Betreuungs-/Patientenverfügung, Gesundheitsvollmacht, Notfallpass, Vorsorgeregister ZVR, Bundesnotarkammer

☀ **Tipp:** Achten Sie darauf, bei jeder Online-Bestellung der Datenweitergabe zu widersprechen, eventuell müssen Sie irgendwo ein »Häkchen« entfernen oder setzen. Das Gleiche gilt für schriftliche Bestellungen.

☀ **Tipp:** Tritt der Vorsorgefall im Ausland ein, so stellt sich die Frage der gültigen Rechtsordnung. Hier greift das Haager Übereinkommen zum internationalen Schutz Erwachsener ESÜ. Besprechen Sie einen solchen Fall mit dem Notar.

☀ **Tipp:** Registrieren Sie Ihre Vollmachten und Verfügungen im Zentralen Vorsorgeregister ZVR bei der Bundesnotarkammer.

▶ Eine **Patientenverfügung** sagt aus, welche medizinischen und pflegerischen Maßnahmen durchgeführt oder unterlassen werden sollen.

▶ Ein **Testament** muss handgeschrieben sein sowie Ort, Datum und Unterschrift enthalten. Kurz und eindeutig ist es weniger anfechtbar. Nur Ehepartner dürfen ein Testament auf Gegenseitigkeit erstellen: »Wir, A.B. und C.D., setzen uns gegenseitig als Alleinerben ein.« Handschrift eines Ehepartners, Ort, Datum, beide Unterschriften.

▶ Die **Unterschrift** muss die darüber stehende Erklärung räumlich abschließen und charakteristisch sein. Drei lesbare Buchstaben genügen.

❑ Deponieren Sie zwei gleichlautende Niederschriften an zwei verschiedenen Orten und vernichten Sie ältere Versionen.

## Wohnung, Haus & Garten

▶ **Wohnungsauflösung** spart bei langen Reisen u.U. Geld. Rechnen Sie mit etwa sechs Monaten Vor- und Nachbereitungszeit. Das lohnt sich etwa ab einem Jahr Abwesenheit, insbesondere wenn ein Umzug oder Berufswechsel ansteht. Hausrat kann in einer Garage lagern oder in Containern bei Umzugsunternehmen. Post, Mietervereine und Verbraucherzentralen bieten Broschüren mit Umzugstipps an.

❑ Haus oder Wohnung rechtzeitig kündigen.

❑ Angebote von Umzugsfirmen und Speditionen einholen oder eine Garage in der Nachbarschaft mieten.

❑ Hausrat reduzieren: verschenken, auf Flohmärkten verkaufen, Sperrmüll bestellen, Vorräte aufbrauchen.

❑ Früh mit dem Packen beginnen, Kisten an der Seite nummerieren, grobe Inhaltslisten führen, Standort notieren.

❑ Einrichtung demontieren, Räume renovieren.

❑ Helfer, Packmittel und Umzugshilfen organisieren.

❑ Klären Sie bei der Meldebehörde, dass Sie wegen einer Reise nur vorübergehend ohne Wohnsitz sind.

▶ Für die **zwischenzeitliche Nutzung** der Wohnung bieten sich drei Möglichkeiten an:

● Der Vermieter darf die Erlaubnis zur **Untervermietung** nicht versagen, wenn der Hauptmieter einen Teil der Wohnung während eines längeren Auslandsaufenthaltes vorübergehend bis zu seiner Rückkehr betreuen lassen will.

● **Ein Haushüter** kostet Geld; ein Untermieter kann etwas Geld einbringen.

● **Mitwohnzentralen** vermitteln Wohnungen mit Inventar für Wochen oder Monate – sofern der Vermieter einverstanden ist. Schlechte Erfahrungen sollen selten sein, teils wird Kaution verlangt. Rechnen Sie etwa mit einem Drittel Vermittlerprovision. In beiden Fällen müssen alle Einrichtungen während Ihrer Abwesenheit funktionieren. Sie müssen also eine Übergabe vollziehen und den Haushüter in alle Finessen von Wohnung, Haus und Garten einweisen.

**www-Einstieg:** Untervermietung, Untermietvertrag, Deutscher Mieterbund DMB, Verband deutscher Haushüter-Agenturen VDHA, Musterbrief Kündigung, Lagerraum auf Zeit, self storage, Ring Europäischer Mitwohnzentralen REM, HomeCompany, Zwischenmiete.
Online finden Sie hilfreiche Checklisten für Umzüge bei Umzugsfirmen, Immobilienseiten, Deutsche Post, Baumärkten unter der Rubrik Umzugsplaner, Umzugsratgeber, Umzugskostenrechner, Kartonrechner, Ämtersuche u.Ä.

Ein taxi-brousse auf Madagaskar ist niemals voll – ein Rucksack schon!

Foto: Norbert Lüdtke

GESUND & VERSICHERT

# Checkliste: Vor der Reise erledigen

**Informieren Sie Vermieter, Nachbarn, Freunde und Familie über:**

- ❏ Reiseroute mit Orten und groben Zeitplan
- ❏ Kontaktadressen für unterwegs mit Tipps für den Post- und Telefonkontakt
- ❏ Adressliste von Vermieter, Nachbarn, Freunden und Familie an alle Beteiligte verteilen

**Je nach Vertrauen und Belastbarkeit verteilen Sie jeweils min. doppelt Dokumente, Schlüssel, Informationen und vereinbaren eventuelle Maßnahmen:**

- ❏ Wohnungs-, Briefkasten- und Autoschlüssel
- ❏ regelmäßige Kontrolle von Wohnung oder Haus
- ❏ regelmäßiges Leeren des Briefkastens und Kontrolle der Post
- ❏ Liste offener Rechnungen mit terminierten Überweisungen
- ❏ Verfahren zur Geldüberweisung ins Ausland
- ❏ Verfahren für Warensendungen ins Ausland, Bezugsquellen für Ersatzteile
- ❏ Verfahren für Warensendungen nach Hause (Zoll)
- ❏ Verfahren bei Verlust von Geld oder Papieren
- ❏ Kopien mitgeführter Dokumente
- ❏ Listen der mitgeführten Ausrüstung, Gerätenummern, Schecks, Scheckkarten
- ❏ Blanko-Unterschriften, Blanko-Schecks
- ❏ Vollmachten für Post, Bank, Ämter mit Adressliste
- ❏ Adressen von Versicherungen
- ❏ Testament, Patientenverfügung
- ❏ Sprechen Sie Sonderfälle mit dem Briefträger ab
- ❏ Informieren Sie Ihre Kontaktperson in der Bank von der Reise

**Sparen Sie zu Hause Geld, während Sie reisen:**

- ❏ Fernseh- und Radioempfang bei der GEZ abmelden
- ❏ Telefon- und Internetanschluss abmelden
- ❏ Auto und Motorrad abmelden oder an Freunde vermieten
- ❏ Abonnements (z.B. Theater) und Mitgliedschaften ruhen lassen
- ❏ Versicherungen als Anwartschaft weiterführen
- ❏ Zeitung und Zeitschriftenabos ruhen lassen
- ❏ Monatspauschale für Strom auf das Minimum senken
- ❏ Wohnung kündigen oder in Absprache mit dem Vermieter untervermieten
- ❏ Mobiliar in einer gemieteten Garage oder bei einer Spedition unterstellen

▶ **Eine leer stehende Wohnung** spart kurzfristig Kosten. Mangelnde Aufsicht und Pflege führen jedoch langfristig zu Schäden. Also muss das Objekt gut gesichert und eine regelmäßige Kontrolle gewährleistet sein. Die Vorbereitung ist besonders aufwändig, denn Sie müssen alle bürokratischen, technischen oder klimatischen Einflüsse während der Reisedauer berücksichtigen: Frost, Hitze, Sturm, Hagel, Rückstau der Kanalisation; Ablesen von Stromzähler, Wasseruhr, Heizung; Wartungsverträge, Leerung der Abwassergrube …

❏ Technische Einrichtungen, die dem Schutz des Objekts dienen, müssen garantiert funktionieren, also Alarmanlage, Heizung bei Frost, Lüftung …

❏ Alle anderen technische Einrichtungen möglichst abschalten. Das ist sicherer und spart Energie.

❏ Telefon: Rufweiterleitung einrichten oder kündigen. Bei fristgerechten Kündigungen ohne Neuanmeldung werden die Rufnummern nach einiger Zeit neu vergeben. Eine nicht-fristgerechte Kündigung ist verhandelbar, wenn ein Umzug ins Ausland mit einer Abmeldung bei der Meldebehörde belegt wird.

❏ Anrufbeantworter abschalten oder einen neutralen Text aufsprechen.

❏ Fax: Papier nachlegen oder Stecker rausziehen oder auf eMail umleiten.

❏ Computer: Sichern Sie Ihre Daten auf externen Datenträgern, die Sie getrennt unterbringen!

▶ **Unmittelbar vor dem Verlassen des Hauses**

❏ Strom-, Gas-, Wasserverbraucher abstellen, Haupthähne schließen, frostgefährdete Wasser- und Abwasserrohre, Pumpen, Behälter entleeren.

❏ Kühlschrank und Kühltruhe abstellen, leeren und öffnen.

❏ Batterien aus Geräten entnehmen.

❏ eMail-Autoresponder einrichten: »Ich bin zur Zeit nicht erreichbar. Bitte melden Sie sich ab dem … noch einmal bei mir«.

❏ Topfpflanzen in Pflege geben, Haustiere unterbringen.

**www-Einstieg:** Einbruchschutz, Polizeiberatung, (Kriminal-)Polizeiliche Beratungsstelle, Kriminalprävention
**Umziehen:** www.umzuege.de, www.amoe.de, Bundesverband der Möbelspeditionen.

☀ **Tipp:** Kosten für GEZ und Krankenkasse können Sie nur sparen, wenn Sie sich bei der Gemeinde wegen eines Auslandsaufenthaltes abmelden. Mit dieser Abmeldung haben Sie auch ein Sonderkündigungsrecht für Telefon- und DSL-Verträge.

GESUND & VERSICHERT

- ❏ Stand-by-Funktionen an Elektrogeräten und Lampen ausschalten.
- ❏ Computer, Fernseher, Radio, elektrischer Wecker: Alle Stecker ziehen.

▶ **Wohnungssicherung:** Weihnachten, Silvester, Sommerferien sind Hochsaison für Einbrüche. Die meisten Wohnungseinbrüche geschehen tagsüber. Widerstandsfähige Türen und Fenster und deren mechanische und sachgerechte Sicherung mit Schlössern und Riegeln sind die Grundlage jeder Sicherung. Eine elektronische Innensicherung hat den geringsten Wert. Türen und Schränke innerhalb des Hauses zu verschließen, erhöht die Schäden durch Vandalismus.

- ❏ Während der Abenddämmerung können Sie mit einer Zeitschaltuhr Ihre Schreibtischlampe einschalten; noch besser ist es, wenn die Rollläden automatisch schließen oder Geräusche zu hören sind (Radio o.Ä.).
- ❏ Schließen Sie Oberlichter und Kellerfenster, schalten Sie Außensteckdosen ab, lassen Sie weder Leitern noch Werkzeug außerhalb der Wohnung.
- ❏ Sperren Sie Rollläden gegen Hochschieben, sichern Sie Fenstergriffe und Terrassentüren durch Schlösser.
- ❏ Bei der Polizei erhalten Sie das Schild »Vorsicht! Wachsamer Nachbar«.

# DIE GROSSE REISE PLANEN

## DEN REISE-ABLAUF PLANEN

**Realistische Tages- und Wochenpläne ersparen Stress, Hektik und Zwischenfälle – Tempo tötet jede Reiselust. Erst bei zwei Übernachtungen an einem Ort erleben Sie diesen Ort mindestens 24 Stunden lang, auch morgens, auch abends. Ein Ruhetag ist das dennoch nicht, denn es bedeutet ja: Gestern bin ich angekommen, morgen fahre ich weiter; zwischendurch wird Wichtiges erledigt.**

Unser (beruflicher) Alltag wird von einem uns auferlegten Rhythmus und Tempo bestimmt, die uns häufig nicht bewusst sind. Entfernen wir uns aus dem Alltag, dann verlangsamt sich das Tempo. Im Urlaub gönnen wir uns das. Doch Reisen sind nicht erholsam. Daher kann es sinnvoll sein, eine Reise mit einem Urlaub zu beginnen. Denn wer den gewohnten Rhythmus beibehält und im Alltagstempo reist, ruiniert seine Reise. Klar, Sie absolvieren ein effektives Reisepensum, doch leicht sind Kilometerfresserei, Abhaktourismus und Rekorde die Folge. Schade, denn Reisen bieten die Freiheit einen anderen Lebensstil zu praktizieren.

Doch auch das Gegenteil findet Anhänger: Sie können so planen, dass Sie gar nichts planen und liefern sich vollständig dem Zufall aus. Das führt zu interessanten, häufig einzigartigen Reiseerlebnissen. Vielleicht helfen Ihnen die folgenden Hinweise, ihren Weg zwischen den Extremen zu finden:

▶ Wenn Sie ein Reiseziel erreichen wollen, müssen Sie die Ein- und Ausreise in Ihre Reiseländer planen.

▶ Wenn Sie Ihre Reisezeit absichtsvoll einsetzen möchten, sollten Sie weitere Schlüsselstellen der Reise planen, z.B. Termine selten verkehrender Verkehrsmittel oder klimatisch bestimmte Zeitfenster (verschneite

»Aber der Reisende, der flieht, hält früher oder später inne.« Manuel V. Montalbán

Vorfreude: Die Reise auf der Landkarte zu studieren, facht die Reiselust an
Foto: Jürgen Erdmann

| Es geht auch anders: | Sie brauchen: | Sonst entsteht: |
|---|---|---|
| Genießen statt rasen. | Zeit | *Stress!* |
| Sich schonen statt überfordern. | Gesundheit | *Krankheit!* |
| Praktisch denken statt Ballast schleppen. | Ausrüstung | *Gefahr!* |
| Bescheiden reisen statt protzen. | Geld | *Ärger!* |

Pässe, Hochwasser, Tierwanderungen, Hurricansaison, Passatwinde u.a.m.).

▶ Alle verbleibenden Reisephasen können Sie planen oder auch nicht.

**Weisen Sie in den zu planenden Reisephasen jedem Reisetag eine der folgenden Funktionen zu:**

**Fahrtage:** Rechnen Sie mit Verspätungen bereits beim Aufbruch: Zimmer räumen und bezahlen, Taxi suchen oder tanken, zur Stadt hinausfinden etc. Weitere Verzögerungen gibt es durch Hindernisse und Staus, Unfälle, Polizeikontrollen, Unbill des Wetters, Rushhour, falsch abgebogen und Reparaturen – irgendetwas stört immer.

▶ Gönnen Sie sich Pausen zum Orientieren, Essen und Trinken.

▶ Erledigen Sie 60 % des Tagespensums bis zum Mittag.

▶ Am Ziel sollten Sie besser einige Stunden vor Sonnenuntergang ankommen. Die Geschäfte sind noch geöffnet und Hilfe ist noch verfügbar.

**Grenztage:** Für einen Grenzübergang benötigen Sie außerhalb der EU einige Stunden oder mehr, insbesondere mit dem eigenen Fahrzeug. Als Teilnehmer einer Gruppe oder eines Konvois bestimmt der Letzte das Tempo und bei irgendjemandem gibt es immer Probleme. Vielleicht ist auch gerade Mittagspause. Manche Zollämter sind nachts geschlossen, manche Grenzübergänge an Feiertagen oder Wochenenden.

▶ Übernachten Sie möglichst in Grenznähe, passieren Sie anderntags die Grenze möglichst früh. Danach

## Geben Sie jedem Reisetag eine Funktion ...

| Reisetag | Datum | Wochentag | Art des Tages | Von ... nach/in |
|----------|-------|-----------|---------------|-----------------|
| 1. | 13.9. | Fr | Fahrtag | Berlin – Zagreb |
| 2. – 3. | 14. – 15.9. | Sa/So | Aufenthalt | Zagreb |
| 4. | 16.9. | Mo | Ruhetag | Zagreb – Split |
| 5. – 6. | 17. – 18.9. | Di/Mi | Aufenthalt | Split – Hvar |

müssen Sie Geld tauschen, sich im fremden Land neu orientieren, vielleicht das Verkehrsmittel wechseln.

**Organisationstage** liegen zwischen der Ankunft in einer Stadt und der Weiterfahrt. Dazu brauchen Sie Ämter, Büros, Geschäfte. Nach Feierabend stehen Sie ebenso vor verschlossenen Türen wie zu den ortsüblichen Pausen, Wochenenden oder Feiertagen. Viel Zeit vergeht mit Warten. »Mal eben Geld wechseln« ist in vielen Ländern nicht möglich, das verlangt Lauferei und Geduld. Dann ist der halbe Tag rum und die Nerven liegen blank.

**Aufenthaltstage** für Kultur, Besuche, Wandern …

**Ruhetage** sind frei von Pflichten und Programmen. Zu Hause gönnen Sie sich ja auch Ihr Wochenende: lesen, am Strand abhängen, flanieren, im Meer dümpeln, in der Sonne liegen, ausschlafen.

**Reservetage** sind für all das Unvorhergesehene: geschlossene Grenzen, Feste, verpasste Züge, Nebel am Flughafen, Ärger mit der Polizei, Unfall, Krankheit. Vielleicht gefällt es Ihnen auch so gut, dass Sie länger bleiben möchten. Ohne Reserve geht das nicht.

Marc Walter, Alain Rustenholz, Sabine Arqué, **Legendäre Reisen.** Auf den großen Routen um die Welt. Frederking & Thaler.

▶ Erstellen Sie sich Ihre Wunschroute an Hand von **Karte und Kalender:**
• Für jede Fahrt zu einem entfernteren Ziel einen Tag. Vermeiden Sie zwei Fahrtage hintereinander.
• Für jeden Grenzübertritt einen Tag.
• Für jede größere Stadt ein bis zwei Organisationstage.
• Pro Woche einen Ruhetag *und* einen Reservetag.
• Die übrig bleibenden Tage sind Aufenthaltstage.

## … das entspannt den Reiseablauf!

| Strecke (km oder Zeit) | Verkehrsmittel | Besondere Tagesinhalte |
|---|---|---|
| 16 Std. | Zug | Stadtbummel, Museum |
| | zu Fuß | Bergwanderung |
| 6 Std. | Bahn, Bus | Faulenzen am Strand |
| 2 Std. | zu Fuß, Fähre | Stadtbummel, Strand |

DIE GROSSE REISE PLANEN

▶ Wenn der Plan nicht passt, optimieren Sie ihn, verlängern Sie die Reise oder streichen Sie Länder:

- Orte zu streichen, spart Aufenthalte, verlängert aber die Fahrtage.
- Nachtfahrten sind je nach Verkehrsmittel mehr oder weniger belastend, erhöhen aber das Tempo. Selbstfahrer sind nachts jedoch gefährdeter.
- Entlasten Sie die Fahrtage, meiden Sie die Rushhour.
- Legen Sie Grenz- und Organisationstage nicht auf Feiertage oder Wochenenden.

▶ Ein hohes Reisetempo ist teuer, konfliktreich und verbunden mit:

- viel Organisation, Zeitdruck, schnellen Entschlüssen;

Sten Nadolny, **Die Entdeckung der Langsamkeit.** Piper, München.

Michael Stark, Peter Sandmeyer, **Wenn die Seele neue Kraft braucht.** Wie aus Urlaub und Freizeit Erholung wird. Rowohlt.

In der Ruhe liegt die Kraft: Beinruderer in Myanmar

Foto: Norbert Lüdtke

- kurzen Aufenthalten und vielen verschiedenen Unterkünften;
- hohem Materialverschleiß beim eigenen Verkehrsmittel;
- hoher nervlicher Belastung mit wenig Ruhephasen;
- kurzen, oberflächlichen Kontakten zu den Menschen.

## Was kostet die Reise?

Je mehr Zeit Sie Ihrer Reise einräumen, desto weniger Geld benötigen Sie pro Monat. Eine dreimonatige Reise muss nicht teurer sein als eine einmonatige Reise ans gleiche Reiseziel. Da Ihre Kosten zu Hause jedoch im Wesentlichen weiterlaufen, müssen Sie das Geld für »Drei-Monats-Reisen« vorher sparen.

▶ Kalkulieren Sie grob die **voraussichtlichen Kosten,** ↗ Seite 296 Checkliste Budgetplanung.

- Je kürzer die Reise ist, desto teurer ist sie. Also sparen Sie Kosten, wenn Sie eine lange Reise planen anstelle mehrerer kurzer.
- Je weiter die Reise führt, desto teurer ist sie. Den größten Kostenfaktor bildet die An- und Abreise mit Flug oder Schiff. Also sparen Sie Kosten, wenn Sie die An- und Abreise als Teil der Reise verstehen, z.B. langsam und über Land reisen.
- Die Kosten steigen mit Ihrem Sicherheitsbedürfnis. Viele Menschen neigen dazu, ihre Ängste mit dem Kauf von Ausrüstung und Versicherungen zu dämpfen. Also sparen Sie Kosten, wenn Sie Erfahrungen sammeln (eigene oder die anderer) und ins kalte Wasser springen.
- Je höher Ihre Anforderungen sind, je mehr Sie in die Reise hineinpacken und je schneller Sie reisen, desto höher sind die Kosten. Das hat psychologische und strukturelle Ursachen. Je mehr Sie sich unter Druck setzen (»Ich muss«), desto weniger können Sie frei zwischen Alternativen wählen und nehmen das nächstliegende Angebot. Schnelle Reisen bedingen häufigere Ortswechsel. Sie kennen die lokalen Verhältnisse nicht und sind auf den erstbesten Kontakt angewie-

**Eine Anmerkung zum Thema Sicherheit**

Terroranschläge zielen immer wieder auf Touristen. Naturkatastrophen zerstören auch touristische Ziele. »Die gefährlichsten Plätze für Touristen sind Plätze, wo Touristen sind.« sagt R. Young Pelton in seinem Buch *The World's Most Dangerous Places.*

**Tipp:** Mit der Erfahrung von mehreren »Drei-Monats-Reisen« leisten Sie sich später eine »Jahresreise«. Viele Reisende benötigen in einem Reisejahr viel weniger Geld als zu Hause.

sen. Das ist ideal für die Nepper, Schlepper, Abzocker an Bahnhöfen, Flughäfen, in Hotels … Sie sparen also Geld, wenn Sie langsam, entspannt und genussvoll reisen.

▶ Sparen Sie für die Reise etwa die Hälfte Ihrer normalen Jahresausgaben an.

▶ Halten Sie die Augen auf – vielleicht können Sie irgendwo Ihre Fähigkeiten gegen Kost & Logis tauschen.

▶ Reduzieren Sie Ihre laufenden Kosten zu Hause oder fahren Sie sie auf Null.

▶ Mindern Sie den Einfluss der oben genannten kostentreibenden Faktoren.

▶ Praktizieren Sie einen günstigen Reisestil und wählen Sie kostengünstige Reiseländer.

▶ Bilanzieren Sie unterwegs Ihre Wochen- und Monatsausgaben und halten Sie sich an Ihre Budgetplanung, ↗ Seite 296 »Geld – dieses Thema bewegt alle«.

# INFORMATIONEN FINDEN

## Die Informationsflut organisieren

In der **ersten Phase** bildet sich der Reisewunsch. Die Idee zu einer bestimmten Reise keimt meist aus flüchtigen Eindrücken: beim Gespräch, bei einem Bildervortrag, beim Hören und Lesen oder sogar aus den Träumen der Kindheit. Ob die Idee auf fruchtbaren Boden fällt, merken Sie bei persönlichen Begegnungen mit Reisenden am Lagerfeuer, mit einem Bildband, einem Reisebericht oder bei Diavorträgen.

In der **zweiten Phase** gewinnt der nüchterne Blick in die Zukunft die Oberhand. Meist klären bereits wenige Grundinformationen, ob ein bestimmtes Reiseziel überhaupt infrage kommt. Die **Schlüsselkontakte** beantworten Ihnen folgende Fragen:

• Ist ein Visum nötig oder ein Carnet für den Wagen?

• Sind Impfungen nötig? Besteht Malaria-Risiko?

• Passt das Klima zur Reisezeit und zu den Interessen?

• Wie aufwändig (Zeit, Kosten) ist die Anreise?

In der sich anschließenden **dritten Phase** stellen Sie die Weichen für Ihren Reisestil:

- Sie besitzen einen gültigen Reisepass? Ticket, Visum und eventuelle Impfungen? Dann können Sie losfahren, denn mehr brauchen Sie meist nicht. Dort, wo Sie hinfahren, verbringen Menschen einen ganz normalen Alltag. Wenn Sie bereit sind, deren Alltag zu teilen, können Sie dort ebenso normal leben.

  Wenn Sie nichts über Ihr Reiseziel wissen, warten viele Entdeckungen auf Sie. Diese sind vielleicht nicht immer angenehm, aber immer spannend. Sie können staunen und Situationen meistern, werden Einsichten gewinnen und Erfahrungen sammeln. Nicht-Wissen bietet Ihnen den Schlüssel zu Überraschungen.

Sowieso alles die gleiche Richtung: Wegweiser in Belize

Foto: Klaus Schütz

- Allerdings gilt auch: Man sieht nur, was man weiß. Gut informiert, können Sie sich wappnen und vermeiden vielleicht manch heikle Situation. Je mehr Sie wissen, desto gezielter werden Sie reisen. Einerseits erhöhen Sie durch solches Fokussieren Ihre Erfolgsaussichten. Andererseits verengen Sie Ihre Perspektive zum Tunnelblick und blenden vieles aus. Einerseits werden Sie vieles erkennen und einordnen können. Andererseits treten Erwartungen an die Stelle des Staunens, und Erwartungen können enttäuscht werden.

  Es spart viel Zeit, gezielt vertrauenswürdige Quellen zu befragen. Dabei helfen Ihnen die **Kontakte A bis Z** sowie die strategischen Tipps, Seite 256, oder die **Maßnahmen zum Suchen im Internet,** Seite 263.

  Doch welche Information ist zuverlässig und hilfreich? Bewerten Sie die gesammelten Infos selbst oder greifen Sie auf Reiseführer und Karten bewährter Autoren und Verleger zurück, Seite 265 und 268.

# Der persönliche Austausch

Das **Internet** enthält jede beliebige Information. Allerdings können Sie hunderte von Seiten mit Informationen sammeln, ohne dass Sie hinsichtlich Ihrer Frage sicherer werden. Oft ist es besser, Spezialisten zu fragen, Erfahrungen zu hören, Globetrotter persönlich zu treffen. Und was immer Sie auch wissen wollen – irgendjemand in Deutschland kennt die Antwort.

▶ Die **Deutsche Zentrale für Globetrotter**, dzg, ist der richtige Ansprechpartner, wenn Sie den Kontakt zu erfahrenen Weltreisenden suchen. Der Club ist kein Reisebüro, sondern man hilft einander. Die Mitglieder verfügen über ein Reiseländerregister mit Kontakt zu den dort jeweils gereisten Mitgliedern. Fünfmal jährlich erscheint die einzige Globetrotter-Zeitschrift Deutschlands, Der Trotter.

▶ **Dia-Festivals** finden meist im Winterhalbjahr statt. Dort trifft man auf andere Reiselustige oder hat Gelegenheit, den Vortragenden Fragen zu stellen.

▶ **Freundschaftsvereine** gibt es zu vielen Ländern, jedoch mit unterschiedlichen kulturellen, politischen und

**www-Einstieg:** Fernweh-Festival in Göttingen, Thüringer Dia-Festival in Saalfeld, Mundologia in Freiburg, Weitsicht-Festival in Darmstadt, Weltwärts-Festival im Ederbergland, Welt-Dia-Vision in Mellrichstadt, Weitsicht-Festival in Frankfurt am Main, Abenteuer Reise Festival in Erfurt sowie El Mundo in Judenburg (Österreich)

☀ **Tipp:** Erfragen Sie regionale Kontakte beim städtischen Kulturamt, an der Universität, bei Gewerkschaften, bei der Industrie- und Handelskammer oder bei der Carl-Duisberg-Gesellschaft.

## Globetrottertreffen

▶ Im Sommerhalbjahr finden zahlreiche Globetrottertreffen in Deutschland statt, ↗ www.globetrottertreffen.org, dort findet sich auch ein aktueller Kalender mit Terminen. Die meisten dieser Treffen organisiert ein Globetrotter-Club, nämlich die dzg. ◀

| Wintertreffen: | Weser | Ende Januar |
|---|---|---|
| Fernwehtreffen: | Niederrhein | Mitte April |
| Sommertreffen: | Westerwald | Ende Juni |
| Sauerlandtreffen: | | Mitte Juli |
| Rhöntreffen: | | Mitte August |
| Fernreisemobil: | Mittelrhein | Anfang September |
| Herbsttreffen: | Westeifel | Anfang Oktober |
| Hüttentreffen: | Vogelsberg | Mitte November |

Lagerfeuerromantik beim dzg-Treffen: Globis sitzen gern beisammen
Foto: Klaus Schütz

wirtschaftlichen Interessen. Viele dieser Vereine wirken lokal. Interessante Informationen bietet das Haus der Kulturen der Welt Berlin. In der Schweiz findet man Kontakt zu Menschen aus anderen Kulturkreisen über die Kampagne »Aller Anfang ist Begegnung«. Informationen über die weltweite Verteidigung der Menschenrechte bietet Amnesty International, Information für indigene Bevölkerungsgruppen, Website der United Nations Educational, Scientific and Cultural Organization www.unesco.org

▶ **Studenten- und Arbeitervereine** von Ausländern bieten Möglichkeiten für Kontakte etwa bei Veranstaltungen und Festen.

▶ **Reisemessen** finden insbesondere zwischen Oktober und März statt. Hier findet man Ausrüster, Fluggesellschaften, Fremdenverkehrsämter, Reiseveranstalter, Verlage … Die Firmen werden in der Regel von kompetenten Spezialisten repräsentiert. Wer vorbereitet kommt und gezielt vorgeht, kann in kurzer Zeit viel erfahren. Die weltweit größte Messe ihrer Art, die **ITB**, findet jährlich im März in Berlin statt. Viele Reisemessen setzen Schwerpunkte: Reisemobil, Allrad, Fahrrad, Natursportarten …

▶ **Volkshochschulen** bieten oft informative Veranstaltungen über andere Länder wie Diavorträge, Begegnungen durch interkulturelle Sprach-, Koch- und Tanzkurse.

**www-Einstieg:** Aktivmesse Horizont Outdoor Karlsruhe, Reise + Camping Essen, Abenteuer Allrad Bad Kissingen, Outdoor Friedrichshafen, Caravan-Salon Düsseldorf, Ferien-Messe Wien, CMT Urlaubsmesse Stuttgart, f.re.e Freizeitmesse München, GlobeWelt Köln …

☀ **Tipp:** Wenn Sie sich bereits in Vereinen und Verbänden engagieren, finden Sie unterwegs leicht Zugang zu verwandten Organisationen. Dort sind Sie der Exot, dem sich mit ein wenig Kommunikationsgeschick Türen in die Gesellschaft öffnen, etwa über: Berufsverbände, Couchsurfing, Esperantisten, Glaubensgemeinschaften, Kolping, Pfadfinder, Studentenaustausch, … fast jedes Hobby, fast jeder Sport eignen sich dazu.

> **Die persönlichen Kontakte** bilden das A und O. Auch unterwegs werden Sie mehr von anderen Reisenden erfahren als aus Reiseführern oder dem Internet. Erst mit Erfahrung wird aus Wissen Gewissheit. Informationen gewinnen an Wert, wenn wir im Gespräch merken, wie sie erzählt werden und wer sie erzählt. Empathie vermittelt Vertrauen oder Ablehnung, wir interpretieren, verändern, spielen hörend und redend. Vor allem aber ermöglicht es, sich seiner selbst zu vergewissern, indem man auf andere trifft. Das mag nicht jeder, doch Reisende sind gierig danach.

## Schlüsselkontakte

Die vier wichtigsten Fragen können Sie auf zwei Wegen beantworten: Entweder Sie rufen jemanden an, der kürzlich dort war. Oder Sie recherchieren selbst hochwertige Informationen über die folgenden Quellen:

> Das **Auswärtige Amt** bietet Links zu allen Botschaften und Konsulaten, informiert über Einreisebedingungen, gibt Sicherheitshinweise zur aktuellen Gefahrenlage und nennt benötigte Dokumente, Adressen der Botschaften sowie weiterführende Links.

> Die etwa 1250 **Botschaften und Konsulate** in Deutschland, Österreich und der Schweiz verstehen sich nur selten als touristische Auskunftei. Andererseits sind sie das Nadelöhr für Ihren roten Reisefaden. Deren Konsularabteilungen sind Experten fürs Formale, für Ein- und Ausreisemodalitäten, offene und geschlossene Grenzübergänge usw. ↗ Seite 277, »Reisedokumente«.

> Wenn Sie mit dem eigenen Fahrzeug reisen, wenden Sie sich an die **Automobilclubs,** diese informieren in erster Linie über Autoreisen in Europa und nur über wenige außereuropäische Gebiete, haben jedoch kooperierende Automobilclubs, etwa in Südafrika oder den USA, ↗ S. 152, »Im Wohnmobil außerhalb Europas«.

> **Gute Reisebüros** geben den Kundenwünschen Priorität. Sie ermitteln auch ungewöhnliche Reiseverbindun-

---

**Tipp:** Verbreiteter, jedoch unauffälliger als das touristische System, finden Sie überall in der Welt die Alltags-Netzwerke von Auswanderern und Auslandstätigen (Expats). Anlaufstellen dafür sind Botschaften, Goethe-Institute, Entwicklungshilfeorganisationen, deutsche Firmen …

**www-Einstieg:** ADAC, VCD, ACE, AVD, ACE, TCS, OEANMTC, ACS, AAA (USA). www.bmaa.gv.at, Österreich. www.eda.admin.ch, Schweiz. www.fco.gov.uk/travel, Großbritannien. http://travel.state.gov, USA

**www-Einstieg:** Visa-Agenturen CIBT Visum Centrale, Servisum, Visa Dienst Bonn, VES visa-express service, Vostok Berlin, VenTro Travel and Service

**Tipp:** Die Bezeichnungen von Botschaft und Konsulat finden Sie auf Englisch, Französisch, Italienisch, Spanisch und Portugiesisch im pmv-Outdoor-Buch, Seite 189.

gen, auf Länder oder Regionen spezialisierte Reisebüros beschaffen Einladungen. Fragen Sie nach dem Columbus-Reiseführer oder nach der Datenbank von START, diese sind nur Reisebüros zugänglich. Für eine erste Recherche genügen die Ergebnisse von Online-Reisebüros, ↗ »Mit dem Flugzeug hin und weg«.

▶ Für alle Fragen zu Infektionskrankheiten, Prophylaxe, Impfungen wenden Sie sich an das **Robert-Koch-Institut,** die **Tropeninstitute** und die **WHO,** ↗ »Ein Land respektieren, gesund bleiben«.

▶ **Visaagenturen** leben von aktueller und genauer Kenntnis der Einreisebestimmungen, ↗ Seite 275.

## Länderinfos suchen

Unbegrenzt reisen können Sie nur mit dem eigenen Schiff auf den Ozeanen. Auf dem Land begrenzen die Staaten Ihre Reiseroute. Damit Ihre Route realisierbar ist, müssen Sie sich über die Staaten und deren Bestimmungen gründlich informieren.

Auch die Schreibweise der Staatennamen wird festgelegt, zuständig ist der Ständige Ausschuss für geografische Namen, Stagn. Dort finden Sie Kurz- und Langform der Namen, als Adjektiv und Personenbezeichnung.

**Staaten** besitzen »eine eigentümliche, höchste, nicht abgeleitete, allumfassende, nach innen und außen unbeschränkte Hoheitsgewalt« (Brockhaus). Der Anspruch auf Souveränität schließt die Unabhängigkeit anderer Staaten ein, bedarf also der gegenseitigen Anerkennung der etwa 195 Staaten untereinander. Taiwan, Palästina, Sahara, Nordzypern und Osttimor beispielsweise streben diesen Zustand an, ohne ihn umfassend erreicht zu haben.

**Exklaven** sind Teilgebiete wenig außerhalb des Staatsgebietes. Größere und entfernter liegende Teile eines Staatsgebietes werden als Territorien bezeichnet, z.B. die Kanalinseln, Gibraltar oder Nunavat. Die USA, Australien, Neuseeland, Frankreich und Großbritannien besitzen zahlreiche Territorien. Diese haben

**www-Einstieg:** expedia, ebookers, weg.de, opodo, travelchannel, fti, alltours, tui, avigo, thomascook, travel24, flyloco, start.de …

**Fischer-Weltalmanach,** informiert jährlich aktualisiert über alle Länder dieser Erde, deren Wirtschaft, Politik, Gesellschaft … und ermöglicht eine sachlich fundierte Vorstellung von der Struktur unserer Länder und Staaten.

☀ **Tipp:** Bei der Suche im Internet helfen auch anderssprachige Namen (Côte d'Ivoire), Synonyme (Formosa), veraltete Namen (Ceylon) und Schreibweisen. Deutsche Namensvarianten erkennen Sie z.B. an s statt z (Tansania), k statt c (Kokos) oder z statt c (Galizien).

DIE GROSSE REISE PLANEN

| Beispiele unterschiedlicher Schreibweisen | | |
|---|---|---|
| c/k | Cocosinseln | Kokosinseln |
| ch/Tsch | Chagos | Tschagos |
| e/ä | Ethiopien | Äthiopien |
| f/ph | Philosophie | Filosofie |
| g/dsch | Gebel | Dschebel |
| z/s | Tanzania | Tansania |
| j/dsch | Maharaja | Maharadscha |
| q/k | Qatar | Katar |
| w/ou | Wagadugu | Ouagadougou |
| y/j | Yemen | Jemen |

**www-Einstieg:** Auswärtiges Amt, Botschaft, Visa-Agentur, Laenderkontakte.de, Fischer Weltalmanach, Sympathie-Magazine, Beck Länderkunde, CIA-Factbook

☀ **Tipp:** Länder, die in keinem der drei deutschsprachigen Länder vertreten sind, finden Sie evtl. in Belgien, Frankreich oder Großbritannien.

**www-Einstieg:** Arbeitsgemeinschaft Deutscher Verkehrsflughäfen ADV (Flughafenkarte), Listen der Verkehrsflughäfen in … bei Wikipedia, IATA-Flughafencode

oft einen Sonderstatus, sind autonom oder werden durch das Militär verwaltet. Das hat Konsequenzen für die Reisefreiheit.

**Unterschiedliche Schreibweisen** eines Wortes sind wichtig beim Suchen im Internet oder beim Nachschlagen im Lexikon. Besonders verwirrend wird es, wenn die Worte sich nur wenig unterscheiden, siehe oben.

## Infoquellen A bis Z

- **Airlines** fast aller Staaten sind in Deutschland vertreten. Dort sitzen Reisespezialisten, die manche Frage beantworten können. **Flugpläne** informieren häufig über Entfernungen, Flugzeiten, Verkehrsverbindungen des Zielflughafens u.a. Besonders umfassend sind der Lufthansa-Flugplan oder die Internetseiten der großen Flughäfen, ↗ S. 121 »Mit dem Flugzeug hin und weg«.
- **Antiquariate** bieten vergriffene Literatur, etwa alte Reiseberichte oder spezielle Landeskunden. Mehrere 100 Millionen antiquarische Bücher bieten ZVAB und Eurobuch, letzteres auch mit einem Schwarzen Brett. Sie erhalten dann automatisch Nachricht, ob sich der von Ihnen gesuchte Titel in den neuen Angeboten findet. Dort finden Sie auch Links zu entsprechenden Angeboten für englischsprachige Literatur. Gebrauchte Bücher ohne Zwischenhändler bietet Amazon.

- **Archive.** Das *Archiv zur Geschichte des Individuellen Reisens,* agir, sammelt die Zeugnisse des Reisens abseits der touristischen Massenstürme: Reiseliteratur, Zeitschriften, Loseblattsammlung u.A. Historische Reisen ermöglichen es, Reiseformen und Länder aus anderen Perspektiven zu betrachten. Manche heutigen Sorgen und Bedenken wirken dagegen kleinlich. Neugier und pure Reiselust trieben Reisende zu allen Zeiten in die Welt.

  **www-Einstieg:** Reisegeschichte, Historisches Archiv zum Tourismus HAT, Discoverers Web, voyages of discovery and exploration

- **Ausrüsterläden**: Die Kataloge der großen Ausrüster bündeln eine Flut von Informationen zur Ausrüstungstechnik. Dort arbeiten häufig Verkäufer, die selbst Reiseerfahrung haben und befragt werden können. Verkäufer und Kataloge fördern natürlich in erster Linie den Verkauf. Es gibt spezialisierte Ausrüster für Wassersport, Fahrrad, Auto, Motorrad …

  **www-Einstieg:** Lauche & Maas (München, Jena, Ulm); Därr (München), Globetrotter Ausrüstung (Hamburg, Köln, Berlin, Dresden, Frankfurt am Main u.a.), Transa (Basel, Bern, Luzern, St. Gallen, Winterthur und Zürich), Hof & Turecek (Wien)

- **Banken** sind die Experten für Geldüberweisungen ins Ausland, Kreditkarten, Standorte von Geldautomaten, Devisen, Währungen und Kurse.

- **Behörden.** Für alle amtlichen Fragen finden Sie die zuständige Behörde unter www.bund.de: alle Dienststellen des Bundes, der Länder und Gemeinden.

  **www-Einstieg:** Bundesverband Deutscher Banken, Verband der Auslandsbanken in Deutschland

- **Bibliotheken**, seien es Stadt- oder Universitätsbibliotheken, findet jeder in erreichbarer Entfernung. Die meisten Stadt- und alle Universitätsbibliotheken sind dem Fernleihsystem angeschlossen. Wenn Sie einen

Nicht immer sind die Infos so leicht zu finden wie hier in Stargard in Polen
Foto: Jürgen Erdmann

DIE GROSSE REISE PLANEN

**www-Einstieg:** Deutsche Bibliothek, OPAC Karlsruhe, Sondersammelgebiete

Leseausweis erwerben, können Sie für geringe Gebühren jedes Buch aus einer deutschen Bibliothek bestellen, sofern es nicht in einer Präsenzbibliothek steht. Die Bibliotheken Deutschlands haben sich spezialisiert. Das Sondersammelgebiet Geografie liegt bei der Universität Göttingen, für Kartografie zuständig ist die Staatsbibliothek Berlin. So wurde auch die Welt regionalisiert und verteilt. Die Eutiner Landesbibliothek legt ihren Schwerpunkt auf das 17. Jahrhundert und besitzt 2000 Reiseberichte aus alter Zeit.

- **Bücher und Digitalisate.** Von den Verlagen selbst gepflegte Daten finden Sie unter www.buchhandel.de und auf der jeweilige Verlagsseite. Klassiker finden Sie in Volltextform bei www.gutenberg.aol.de.

**www-Einstieg:** Digitale Bibliothek, DiViBib, European Library TEL, Gallica, Göttinger Digitalisierungszentrum, Google Books, libreka!, Minerva Project, Münchner Digitalisierungszentrum, Project Gutenberg, Projekt Runeberg, Wikisource, Zeno.org

- **Deutsche Industrie- und Handelskammer DIHK** ist in vielen Ländern vertreten und kennt sich mit technischen und wirtschaftlichen Fragen aus.
- **Deutsche Kultur im Ausland.** Dutzende Organisationen, Austauschdienste und Vereine verbinden Deutschland über Kunst, Kultur, Sprache, Wissenschaft … mit dem Ausland. Eine Fundgrube! Dort finden Sie auch Goethe-Institute in aller Welt, Inter Nationes, DAAD etc.

**www-Einstieg:** Deutsche Kultur International, Vereinigung für internationale Zusammenarbeit, Kulturabteilung des Auswärtigen Amts, Institut für Auslandsbeziehungen

- **Fahrpläne** für Bus und Bahn sind weltweit online zugänglich, damit ist zumindest eine gewisse Routenplanung möglich. Die Fahrplanauskunft der Deutschen Bahn liefert Ihnen den exakten Fahrplan bis China. Ein Kursbuch bietet gesammelte Fahrpläne.
- **Fremdenverkehrsämter** (Touristeninformationen) bieten eher geschönte Informationen für den touristischen Mainstream: bunte Prospekte, oft auch Stadt- und Landkarten, Reiseführer, Unterkunftsverzeichnisse, Adresslisten. Fordern Sie Informationen möglichst detailliert an, nennen Sie Zielregionen, Aktivitäten, Verkehrsmittel, Unterkunftsarten und Ihre speziellen Interessen.
- **Museen** bieten Ihnen anschaulich einen schnellen und lehrreichen Einblick in Völkerkunde und Kulturgeschichte bestimmter Länder und Kulturkreise.

**Museen:** *Ethnologisches Museum Berlin* (500 000 Objekten aus allen Erdteilen), *Überseemuseum Bremen* (Natur, Kultur und Handel), *Lippisches Landesmuseum Detmold* (Volkskunde, u.a. Völkerkunde), *Museum der Weltkulturen Frankfurt am Main* (65.000 Objekte aus aller Welt), *Adelhauser Museum Völkerkunde Freiburg* (Völker- und Naturkunde), *Hamburgisches Museum für Völkerkunde* (700.000 Objekte und Dokumente), *Roemer- und Pelizaeus-Museum Hildesheim* (Schwerpunkt Alt-Ägypten), *Rautenstrauch-Joest-Museum Köln* (Schwerpunkt Ozeanien und Indonesien), *Völkerkundemuseum Leipzig* (200.000

Aus dem Puppenstubenmuseum: Er betreibt in Rangun das kleinste Fotolabor der Welt

Foto: Norbert Lüdtke

Sammlungsobjekte), *Ledermuseum Offenbach, Lindenmuseum Stuttgart, Museum Völkerkunde Wien, Haus der Völker Schwaz/Tirol* (Ritualkunst aus Afrika und Asien), *Museum der Kulturen Basel, Ethnografisches Museum Genf* (Umbau bis 2014), *Rietberg Museum Zürich* (Kunst aus Asien, Afrika, Amerika, Ozeanien), *Tropenmuseum Amsterdam, Museum aan de Stroom Antwerpen* (enthält das vormalige Etnografisch Museum), *Museés Royaux d'Art et d'Histoire Brüssel* (enthält u.a. das Musées d'Extrême-Orient mit Schwerpunkt Japan und China), *Rijksmuseum Volkenkunde Leiden* …

- **Reiseberichte** zeigen Ihnen, wie andere Reisende sich und die Welt sehen. Das kann Einsichten vermitteln, unterhaltsam sein, interessant oder nützlich – aber auch langweilig und überflüssig. Sie bieten immer die Sicht eines einzelnen Menschen – das zu verallgemeinern kann in die Irre führen.
- **Reisezeitschriften.** Themenhefte eignen sich besonders zur zielgerichteten Reisevorbereitung. Sie beschreiben in jeder Ausgabe eine Stadt, eine Region, ein Land. Neben einem optisch hochwertigen Magazin-

**Reiseschriftsteller z.B.** Andreas Altmann, Bill Bryson, Bruce Chatwin, Patrick Leigh Fermor, René Gardi, André Gide, Heinrich Harrer, Sven Hedin, Ryszard Kapuscinski, V. S. Naipaul, Cees Nooteboom, Redmond O'Hanlon, Michael Obert, Christoph Ransmayr, Carmen Rohrbach, Johann Gottfried Seume, Paul Theroux …

**☀ Tipp:** Die dzg bietet unter www.globetrotter.org direkte Links zu den Seiten ihrer Mitglieder. Hier stößt man auf besonders vertrauenswürdige Informationen kompetenter Weltreisender.

**www-Einstieg:** Merian, Geo Special, Abenteuer & Reisen Spezial, ADAC Reisen, HB Bildatlas; Geo Saison, Outdoor; Reise & Preise, Fliegen & Sparen; Geo, National Geographic Deutschland

**www-Einstieg:** Google Maps, Allianz, Aral, ADAC, Routenplaner 24, Falk, Klicktel

teil finden sich ein aktueller Serviceteil, Karten und Hinweise auf Informationsquellen. Themenhefte können helfen, sich für ein Reiseziel zu entscheiden und ermöglichen erste Planungsschritte.

Die **multithematischen Magazine** bieten Reportagen und optisch ansprechende Bildstrecken. Sie liefern vielfältige Ideen für reiselustige Leser, machen Appetit. Thematisch ist für jeden etwas dabei, reisetechnische Hintergrundinformationen füttern das Grundlagenwissen.

**Serviceorientierte Reisemagazine** definieren sich in erster Linie über Vergleichstests und Fluglisten und sind in besonderem Maße aktuell. Die Leser erwarten geldwerte nützliche Informationen.

**Landeskundliche Magazine** stellen Völker und Länder in den Vordergrund, touristische Interessen spielen kaum eine Rolle. Seit 1888 hat die National Geographic Society mehr als 6500 Expeditionen und Forschungsprojekte unterstützt. Ihr Ziel: »Für die Mehrung und Verbreitung des geografischen Wissens.«

- **Routenplaner:** Schnell und eingeschränkt interkontinental liefert Google Maps Routen, die für eine erste Reiseplanung ausreichen. Gute Routenplaner ermöglichen es, Zwischenstationen einzugeben und bieten die kürzesten, schnellsten oder wirtschaftlichsten Strecken an, berücksichtigen Fährpreise, Tunnel- und Mautgebühren, liefern (theoretische) Fahrzeiten und Streckenlängen. Die Qualität jedes Routenplaners hängt von seiner Datenbank ab. Gute Daten sind verfügbar für die Autostraßen Europas. Für andere Kontinente und andere Anforderungen (Pisten, Radreisen, Motorradreisen) bleiben Spezialkarten unverzichtbar, ↗ »Für die richtige Orientierung«.

- **Suchmaschinen** Eine Alternative zu Google bieten Yahoo, Bing, Ecosia … Metasuchmaschinen wie Metager sammeln die Ergebnisse vieler Suchmaschinen. Auf den jeweiligen Seiten finden Sie Tipps zur Suchhilfe. Meist lässt sich die Suche sinnvoll einschränken nach Zeitraum, Region, Sprache oder nach Bild, Video, Karten, Nachrichten u.a. Mit dem Suchfeld von Google können Sie direkt Währungen umrechnen (»50 USD in Euro«), Karten suchen (»Karte Varanasi«), Fragen mit Leerstellen eingeben (»Ouagadougou liegt in *«), Einheiten umrechnen (»8 Meilen in Kilometer«) etc.

- **Telefonbücher** eignen sich gut dafür, Adressen zu recherchieren. Mit der Inverssuche finden Sie zu einer Telefonnummer die zugehörige Adresse. Telefonbücher weltweit listet www.konsulate.de auf.
- **Verbraucherschutz**: Es ist eine gute Idee, Entscheidungen und insbesondere größere Ausgaben noch einmal objektiv zu prüfen. Hier helfen oft Tests und Vergleiche.
- **Verlage** leben vom Informationsmanagement. Manche sind nur klein, oft aber hochspezialisiert. Die beste Verlagsübersicht bietet die gemeinsame Seite der deutschen Buchhändler und Verlage, www.buchhandel.de. Viele Großverlage konstruieren Reiseführer durch Zerhacken und unterschiedliches Sortieren immer gleicher Daten. Recherscheure tragen strukturierte Informationen zusammen. Doch individuelle Reiseerfahrungen sind nicht standardisierbar. Sie fehlen, also fehlt auch den so entstehenden Reiseführern ein individueller Stil, dem man vertrauensvoll folgen könnte. Billige Reiseführer können ihren freien Autoren kein nennenswertes Honorar bieten, was eine Vor-Ort-Recherche unwahrscheinlich werden lässt, ↗ Reiseführer beurteilen.
- **Versicherungen** sind Spezialisten für jede Art von Risiko und bieten oft hilfreiche Tipps zur Sicherheit, ↗ Seite 206.
- **Wörterbücher** für zahlreiche Fremdsprachen finden Sie online. Bei manchen lässt sich die Aussprache abrufen (LEO). Außerdem gibt es Kauderwelsch-Sprachführer für viele Regionalsprachen.
- **Zeitungen**. Es kann hilfreich sein, englische Online-Ausgaben der Tageszeitungen am Reiseziel zu suchen. Manche Zeitungsarchive sind online oder gar kostenlos zugänglich und ermöglichen Recherchen zu Themen und Zielen, empfehlenswert: die New York Times.

**www-Einstieg:** Verbraucherzentrale, Stiftung Warentest, Ökotest, Focus, Bild, Greenpeace Einkaufsnetz, Konsumentenschutz

**Reisebuchverlage:** Ilona Hupe (Afrika), Iwanowski (Autoreisen), Stefan Loose (Asien, bei MairDumont), Peter Meyer (Deutschland, Ghana), Michael Müller (Europa), Sebra (Südamerika), Trescher (Osteuropa, Zentralasien), in der Verlagsgruppe Reise Know-How: Dr. Hans-R. Grundmann, Helmut Hermann, Tondok, Peter Rump sowie die englischen Reihen Lonely Planet (bei MairDumont auf Deutsch), Footprint, Moon, Roughguide …

☀ **Tipp:** Der Peter Meyer Verlag bietet mit www.con-nexions.de eine Link-sammlung zu Verkehrs-verbindungen in aller Welt, aber auch zu Klima, Gesundheit und Formali-täten. Die Seite ergänzt die dzg-Handbücher und anderen Reiseführer des pmv.

Sehr gute Auslandsberichterstattung: FAZ, Süddeut-sche Zeitung, Neue Zürcher Zeitung.

• **Zeitschriften**. Über die Zeitschriftendatenbank ZDB er-schließt sich ein Bestand von mehreren Millionen Zeit-schriften an deutschen Bibliotheken. Über Subito, Dokumente aus Bibliotheken e.V., können Sie jeden Zeitschriftenartikel und außerdem Buchauszüge kos-tenpflichtig bestellen.

## Probleme durch Infos lösen?

Viele Probleme sind gar keine. Sortieren Sie also zu-nächst alle Probleme aus, die lediglich auf Befürchtun-gen beruhen oder auf Spekulationen. Mit Scheinpro-blemen (Es könnte doch sein, dass …) können Sie sich endlos verrückt machen, weil sie durch noch so viele Informationen nicht aus der Welt zu räumen sind.

Eine Information ist nützlich, wenn sie hilft sich zu entscheiden, wenn sie eine Wissenslücke schließt oder wenn sie auf ein neues Problem hinweist.

**Wo ist das Wasser? Das Verbot, auf der Wiese zu ankern, ist irritierend (am Ufer des Baikalsees)**
Foto: Norbert Lüdtke

**Erster Schritt:** Natürlich können Sie einfach stöbern, also mehr oder weni-ger ungezielt sammeln, was Ihnen in die Hände fällt. Gar nicht schlecht für den Anfang. Doch wenn das Gefühl der Verwirrung dabei zunimmt, sollten Sie Ihre Suche auf ein Ziel richten.

**Zweiter Schritt:** Je klarer Ihre Vor-stellung wird, desto präziser formulie-ren Sie Ihre Fragen. Dazu benötigen Sie die richtigen Begriffe. In dieser Phase helfen Ihnen dieses und das Outdoor-Handbuch. Sie erkennen Zu-sammenhänge und können die »Din-ge« beim Namen nennen.

**Dritter Schritt:** Hilfreiche Informa-tionen erkennen. Viele Treffer sind nicht besser als gar keine Treffer, denn wie trennen Sie die Spreu vom Weizen?

Informationen zu sammeln, vermittelt zunächst eine gewisse Sicherheit. Die ist trügerisch, denn spätestens bei widersprüchlichen Angaben fragen Sie sich: Wie glaubwürdig ist die Information? An dieser Stelle haben Sie drei Möglichkeiten

▶ Sie beenden die Informationsphase und fahren los, dann machen Sie Ihre eigenen Erfahrungen.

▶ Sie suchen den direkten Kontakt zu Menschen, die diese Erfahrungen bereits gemacht haben.

▶ Sie recherchieren mit journalistischer Akribie weiter.

**Was suchen?** Am Anfang stehen allgemeine Schlagworte. Doch je präziser Sie formulieren, desto gezielter können Sie suchen und desto genauer passt die Antwort. Begriffe finden Sie im Gespräch mit Experten oder in diesem Buch.

Sobald Sie einen Einstieg haben, finden Sie etwa über Wikipedia oder die Schlüsselkontakte heraus, wie die Begriffe zusammenhängen. Versuchen Sie es mit Synonymen, den übersetzten Begriffen in der Landessprache, auf Englisch, Spanisch, Französisch …

☀ **Tipp:** Nutzen Sie zur Orientierung die Begriffe und Zusammenhänge dieses Buches. Nutzen Sie im ersten Schritt unsere www-Einstiegsbegriffe für die Suchmaschine. Alternativ können Sie mit diesen Begriffen bei Wikipedia nachschlagen oder die Links des Open Directory Project nutzen.

## Informationen bewerten

• Jede gespeicherte Information (Buch, Zeitschrift oder Internet) spiegelt den Stand zu einem früheren Zeitpunkt.

• Auch eine aktuelle Auskunft ist eine Momentaufnahme. Bis zu Ihrer Einreise kann sich vieles ändern.

• Es gibt eine theoretische Aktenlage und es gibt eine Reisewirklichkeit, beides kann voneinander abweichen.

• Eine Information kann richtig sein, aber nicht hilfreich oder sie hilft nicht jedem gleichermaßen, da man unterschiedlich reist.

▶ Informieren Sie sich also gewissenhaft, aber gehen Sie davon aus, dass alles anders sein kann.

▶ Sichern Sie wichtige Informationen über eine zweite Quelle ab. Auf eine falsche Information zu bauen, ist schlechter als keine Information zu haben.

▶ Vergleichen Sie theoretische Informationen mit den Erfahrungen von Globetrottern.

DIE GROSSE REISE PLANEN

▶ Beenden Sie die Informationsphase sobald Sie das Gefühl haben, auf der Stelle zu treten.

## Informationsquellen bewerten

☀ **Tipp:** Was soll man glauben? Wie wird gefragt, damit Antworten möglichst informativ sind? Wie lässt sich von Formulierungen auf Objektivität, Kompetenz und Verlässlichkeit schließen? Hinweise dazu finden Sie im ↗ pmv-Outdoor-Buch, Seite 183 – 184.

- Ist das Alter der Informationen ersichtlich oder belegt?
- Lassen sich Meinungen von Tatsachen unterscheiden?
- Sind individuelle Erfahrungen als einzelnes Erlebnis beschrieben oder wird verallgemeinert und pauschalisiert?
- Aus welcher Perspektive wurde beobachtet? Eine Straße kann aus dem Auto heraus als gut erlebt werden, während sie für den Radreisenden unerträglich ist.

## Suchmaschinen-Ergebnisse bewerten

Der grundlegende Nachteil von **Suchmaschinen** ist, dass sie weder den Sinn der Anfrage erkennen, noch deren Bedeutung für den Benutzer verstehen. Daher können sie auch keine Antworten liefern. Stattdessen verfahren sie nach dem System: Was die meisten besucht haben, wird auch für diese Anfrage gut und richtig sein. Die angezeigten Ergebnisse basieren auf Popularität und werden erzeugt durch Massenverhalten. Sie sind kein Maß für die Qualität des Inhaltes. Insbesondere für sehr spezielle Probleme, wie sie Globetrotter oftmals formulieren, liefern Suchmaschinen keine tauglichen Ergebnisse. Auch Wikipedia-Einträge gelten meist nur als relevant, wenn der Eintrag sich über Masse definiert. In diesem Fall suchen Sie empfohlene Links von guten Seiten aus oder nutzen die Links des Open Directory Project.

### Auf den heiligen Christophorus

▶ Auch die Globetrotter früherer Zeiten bereiteten sich auf ihre Reise vor. Sie tranken unmittelbar vor der Reise einen Becher Wein auf das Wohl von St. Christophorus. Und an der ersten Wegkreuzung zeichneten sie sich kraftvolle Symbole auf beide Füße und sprachen: »Ihr sollt mir untertänig sein und mich ohne Schaden für den Leib führen, dass ich rechtzeitig mein Ziel erreiche.« Soll man es bedauern, dass es heute so reichhaltige Informationsquellen gibt? ◀

## REISE-FÜHRER BEURTEILEN

»Ich habe jetzt einen Lohnbedienten. Einen trefflichen Alten. Einen Teutschen, der mir täglich was er mich kostet erspart. Er ist mit Herrschaften durch ganz Italien gegangen und weis alles recht gut. Er dressirt die Italiäner auf die rechte Weise. So gibt er genau das wenigste Trinckgeld an jedem Orte, ich muss überall für einen Kaufmann passieren.« Soweit Goethe in seiner »Italiänischen Reise« unter dem 4. Oktober 1786.

von Peter Meyer
www.petermeyerverlag.de
und www.connexions.de.

Goethe hat offenbar Glück gehabt. Im Allgemeinen verdoppelte nämlich ein Reisebegleiter die Kosten. Auch einen gedruckten Reiseführer müssen Sie sorgfältig auswählen, damit er Ihnen mehr nützt als schadet.

Von Journalisten wird immer wieder behauptet, es gäbe keinen guten Reiseführer, sondern nur den jeweils passenden. Klar, je nach Reiseart können die Anforderungen an »meinen optimalen Reiseführer« etwas schwanken, trotzdem lassen sich objektive Anforderungen formulieren, die die Auswahl erleichtern. Leider gibt es keine über längere Zeit fortgeführten gründlichen Reiseführertests, die die Tauglichkeit der Führer vor Ort überprüfen. Ökologische Kriterien werden bisher überhaupt nicht in die Bewertung einbezogen. Tests, die Sie im Internet finden, sind oft Jahre alt.

### Vorauswahl

Falls es mehrere Reiseführer zu Ihrem Reiseziel gibt, kommen solche in die engere Wahl, die Ihrer Reiseart möglichst nahe kommen. Prüfen Sie zunächst orientierend, ob der dort gepflegte Reisestil zu Ihnen passt:

- das finanzielle Niveau der empfohlenen Unterkünfte, Restaurants und Transportmittel,
- das inhaltliche Verhältnis der Sachgebiete Kultur und Natur, Reisepraxis und Aktivitäten zueinander,
- die Schwerpunkte der Freizeitgestaltung, z.B. Aktivitäten an Strand und Wasser, Wanderungen, Bergsportarten, Fahrradausflüge, Museen, Shopping …,
- der Schmökerfaktor: Fesselt Sie das Buch durch Bild und Text?

DIE GROSSE REISE PLANEN

☀ **Tipp:** Reiseführer zu Ländern der »Dritten Welt«, mit extrem kurzer Reisesaison oder besonders schneller touristischer Entwicklung sind schwerer zu recherchieren als Reiseführer zu hoch entwickelten Reiseländern mit guter Informations-Infrastruktur. Das betrifft auch die Karten. Von einen Toskana-Reiseführer darf man also mehr erwarten als von einem Mali-Führer.

**Mehr Information**
www.reisegeschichte.de/lesen/tippsreisef.htm: Lesenswerte Artikel über das Reisen mit und ohne Reiseführer, Chancen und Risiken von deren Benutzung. Links zu den Selbstdarstellungen der Verlage.

## Wie nützlich ist der Reiseführer?

Woran können Sie erkennen, ob Ihnen ein Reiseführer nützlich ist?

▶ **Aktualität:** Mehr als das Auflagenjahr zeigen das Ende des Geschichtskapitels, neueste Entwicklungen und Wechselkurse den Zeitpunkt der letzten Recherche. Das Auflagenjahr liegt meist ein Jahr, manchmal 2 Jahre, nach der Recherche des Autors vor Ort.

▶ **Reisevorbereitung:** Informieren ausführliche Kapitel über günstige Reisezeiten, Empfehlungen für Routen und minimalen Zeitbedarf, Tipps zur Budgetplanung, Visumsbesorgung, Gesundheitsvorsorge, Reiseapotheke und zum Kofferpacken, Adressen von Diplomatischen Vertretungen, Impfstellen etc.?

▶ **Informationstiefe:** Erfahre ich genug über das Land, seine Pflanzen und Tiere? Natur- und Umweltthemen sollten nicht nur in Alibikapiteln vorkommen. Kommt die Geschichte lediglich als Zeittafel vor oder werden die Zusammenhänge verständlich erklärt? Erscheinen Menschen nur als Statisten auf Fotos oder wird auch über ihre Kultur berichtet? Verdeutlichen Schaubilder und Grafiken thematische Zusammenhänge?

▶ **Reisepraxis vor Ort:** Gibt es landesspezifische Verhaltenstipps? Wie ausführlich sind die Tipps für Unterkunft und zu öffentlichen Verkehrsmitteln? Gibt es Hinweise, wie diese bewertet wurden? Wie konkret sind Informationen, z.B. Adressen und Preise? Stehen diese Informationen im jeweiligen Ortskapitel oder irgendwo im Anhang?

▶ **Sehenswürdigkeiten:** Werden sie im historischen oder naturgeschichtlichen Zusammenhang gewürdigt oder nur abgehakt? Sind Öffnungszeiten und Eintritt angegeben? Werden außer den Highlights auch kleinere Sehenswürdigkeiten genannt, vielleicht sogar welche für spezielle Interessen?

▶ **Kartografie:** Sind die Übersichtspläne und Stadtpläne mit nützlichen reisepraktischen Informationen dicht gefüllt? Gibt es einen Maßstab und einen Nordpfeil? Sind die im Text genannten geografischen Bezeichnungen und Sehenswürdigkeiten in der Karte eingezeichnet? Finden sich nützliche Plätze darin: Informationsstellen, Hotels, Restaurants, Busbahnhöfe, Reisebüros, Geschäfte, Märkte, vielleicht sogar mal Waschsalon oder öffentliche Toilette? Ist am Kartenrand angegeben, wohin die Straßen führen? Ist die Karte nur mit Ziffern und Legende statt direkt beschriftet, spricht dies für einen falsch gewählten Maßstab bzw. Kartenschnitt.

▶ **Insider- und Geheimtipps** sind schädlich für Sie und die Bereisten. (Stellen Sie sich Ihre Stammkneipe als Insidertipp im Reiseführer vor!) Besser ist eine flächendeckende Recherche, aus der sich jeder Reisende die Ziele seinen Neigungen entsprechend aussuchen kann.

▶ **Suchhilfen:** Wie leicht finden Sie eine gewünschte Information? Ein ausführliches und gut gegliedertes Inhaltsverzeichnis kann ein Sachregister ersetzen, doch unabdingbar ist ein gutes Ortsregister. Griffmarken leiten Sie schnell in gewünschte Kapitel.

▶ **Handhabung:** Wie groß und schwer ist der Reiseführer? Passt er in die Jackentasche? Sind Bindung und Umschlag robust genug für wochenlangen täglichen Gebrauch?

▶ **Ausstattung:** Stehen Seitenzahl und Dicke des Buches in einem vernünftigen Verhältnis? Voluminöses Papier und umständliches Geschwafel plustern ein Buch auf. Schweres Papier für Hochglanzfotos gehört in einen Bildband, für Individualreisende ist es zu schwer. Je mehr der Verlag in Beigaben investiert, desto magerer werden die Inhalte.

▶ **Der Preis:** Die Recherche eines Reiseführers kostet viel Geld, schließlich sollen die Informationen immer wieder flächendeckend geprüft werden. Bei einem zu niedrigen Preis sollten Sie stutzig werden, denn bei Reiseführern kann es keine »Schnäppchen« geben. Das Schnäppchen kann unterwegs viel Verdruss bereiten, der gut recherchierte Führer hingegen viel Geld sparen.

**ITB BuchAward:** Alljährlich verleiht die Internationale Tourismusbörse in Berlin den BuchAward für die besten Reiseführer-Reihen. Sieger in der Kategorie Individualreiseführer wurden mehrfach der Michael Müller und der Peter Meyer Verlag, dieser außerdem für seine Familienfreizeitführer.

**DIE GROSSE REISE PLANEN**

# FÜR DIE RICHTIGE ORIEN-TIERUNG: KARTEN

**Die meisten gebräuchlichen Weltkarten zeigen die Länder der Nordhalbkugel zu groß und die Länder der Südhalbkugel zu klein. Technisch liegt das an der Art, wie die Umrisse der Länder von der kugelförmigen Globusoberfläche auf die ebene Kartenfläche übertragen werden. Ideologisch zeigt sich darin die Unterbewertung der »Dritten Welt« im Vergleich zu den Ländern der »Ersten Welt«. Lediglich auf der so genannten Peterskarte sind alle Länder, Kontinente und Ozeane in maßstabsgerechter Größe abgebildet.**

- **Übersichtskarten** sind nötig für die Reiseplanung. Das darf eine preiswerte Straßenkarte sein. Benutzer öffentlicher Verkehrsmittel sollten prüfen, ob Bahnlinien und Bahnhöfe eingezeichnet sind. Der Maßstab kann je nach Ziel im Bereich von 1:200.000 bis 1:1 Mio. (Europa und andere dicht besiedelte Regionen) oder gar 1:5 Mio (dünn besiedelte Gebiete) liegen. Letzteres findet sich bereits in guten Atlanten.

- **Detailkarten** wie Wander- oder Fahrradkarten beruhen auf amtlichen topografischen Karten in Maßstäben von 1:25.000 bis 1:200.000; die amtlichen Kartenausgaben garantieren eine hohe Qualität. Die Kriterien für die Kartenauswahl und die Maßstabstabelle unten helfen beim Kartenkauf. Die beste Auswahl finden Sie in spezialisierten Landkartenhandlungen. Ein guter Reisebuchladen mit Wanderkartenberatung und Kartenversandservice ist www.landkartenhaus.de.

- **Russische Generalstabskarten** sind zwar russisch-kyrillisch beschriftet, decken aber oft Gebiete dieser Erde ab, die sonst auf keinen anderen guten Kartenwerken vorkommen. Über 50.000 Schnitte sind lieferbar, erfragen Sie die passenden bei Därr in München unter Angabe Ihres Wunschgebietes, www.daerr.de, ✆ 089/282032, oft lange Beschaffungszeiten!

- **Amerikanische Fliegerkarten,** TPC-Karten, helfen immer dann notdürftig weiter, wenn sonst keine Karten aufzutreiben sind oder nur solche ohne Geländedarstellung. Die Karten müssen ausschnittsweise bestellt

**Geo-Katalog,** Band 1 »Touristische Veröffentlichungen«, ist geografisch gegliedert und wird jährlich aktualisiert. Er enthält Register der Verlage und Kartenwerke sowie alle in deutschen Buchhandlungen lieferbaren Reiseführer und Karten. Band 2 enthält »Geowissenschaftliche Werke« und erscheint als Loseblattwerk. Er ist in Sachen Karten wesentlich informativer und umfangreicher. Band 1 ist in (fast) jeder Buchhandlung zu finden, Band 2 nur in großen Bibliotheken und spezialisierten Landkartenhandlungen.

☀ **Tipp:** Viele historische Karten unter www.lib.utexas.edu.

werden; dazu zunächst die Kartenschnitte bei GeoCenter in Stuttgart, Därr in München oder beim Landkartenhaus Angermann in Wiesbaden anfordern.

## Kriterien für die Kartenauswahl

Nicht alle Karten können die nachfolgenden Anforderungen erfüllen; dies ist u.a. vom Maßstab abhängig. Sie sollten also nach Ihren persönlichen Bedürfnissen

Mark Monmonier, **Eins zu einer Million.** Die Tricks und Lügen der Kartografen. Birkhäuser, 1996.

**Welcher Maßstab ist für was gut?**

| Maßstab | ... das heißt: | geeignet für: |
|---|---|---|
| 1 : 500 | 1 cm = 5 m | Gebäudegrundriss, Ausgrabungsstätte |
| 1 : 5000 | 1 cm = 50 m | Innenstadtplan, Detailplan |
| 1 : 15.000 | 1 cm = 150 m | Stadtplan (1:10.000 bis 1:20.000) |
| 1 : 25.000 | 1 cm = 250 m | Wandern mit Orientierung im Gelände, Mountainbiking |
| 1 : 50.000 | 1 cm = 500 m | Wandern mit eindeutigen Wegverläufen, Radtouren auf kleinen Wegen und im Gebirge, Tagestouren mit dem Rad |
| 1 : 100.000 | 1 cm = 1 km | Genussradeln, Tages- und Wochenendtouren mit dem Rad |
| 1 : 200.000 | 1 cm = 2 km | mehrtägige Radwanderungen, Detailkarte für Autofahrten |
| 1 : 500.000 | 1 cm = 5 km | Übersichtskarte für die Tourenplanung (Deutschland 170 cm hoch) |
| 1 : 1.000.000 | 1 cm = 10 km | Planung einer großen Tour (Deutschland 85 cm hoch), Straßenkarte |
| 1 : 5.000.000 | 1 cm = 50 km | Planung einer transkontinentalen Tour (Europa-Karte im Atlas) |
| 1 : 10.000.000 | 1 cm = 100 km | Planung einer Weltreise (große Weltkarte für die Wand) |
| 1 : 20.000.000 | 1 cm = 200 km | Großer Globus mit einem Durchmesser von circa 64 cm |
| 1 : 40.000.000 | 1 cm = 400 km | Normaler Wohnzimmerglobus von 32 cm Durchmesser |

DIE GROSSE REISE PLANEN

✳ **Tipp:** Kostenlose Karten sind beim ADAC für einige außereuropäische Gebiete erhältlich: Nordamerika (Karten des AAA), Mexiko, Südafrika, Tunesien, Ägypten, Israel, Türkei, Neuseeland, Australien und oft auch beim jeweiligen Fremdenverkehrsamt.

gewichten. Manche Frage lässt sich darüber hinaus nur nach einem Probelauf beantworten.

▶ **Maßstab:** Wie viele Karten sind für eine Tour nötig? Zeigt die Karte Nebenwege genau genug? Anforderungen:

• Die Karte ermöglicht eine gute Orientierung im Nahbereich.

• Sie enthält Hinweise für die verkehrsmitteltypische Infrastruktur.

• Für eine Tagestour genügen 1 bis 2 Karten.

▶ **Format:** Wie gut lässt sich die Karte so falten, dass eine bestimmte Region gezeigt wird? Passt sie in die Sichtfenster irgendwelcher Taschen? Wie soll sie aufbewahrt und benutzt werden?

▶ **Übersichtlichkeit:** Welche Angaben werden gemacht? Sind die wichtigsten Angaben leicht zu entnehmen? Welche Angaben brauche ich wahrscheinlich nicht? Anforderungen:

• Die Karte enthält soviel Informationen wie nötig für die geplante Tour, z.B. Fähren, Bergbahnen.

• Unterschiedliche Informationsarten sind unterschiedlich dargestellt, z.B. Radweg rot.

*Leer gefegt: Auf dem »Platz der Windrose« in Sagres, dem südwestlichsten Punkt Europas, lernten die portugiesischen Kadetten unter Heinrich IV., dem Seefahrer, der nie zur See gefahren war, navigieren*

Foto: Norbert Lüdtke

Theorie und Wirklichkeit:
So grün wie auf dem Tou-
ristenstadtplan ist Phnom
Penh jedenfalls nicht
Foto: Christel Loock

- Die Karte enthält so wenig unnötige Informationen wie möglich; ist also nicht überfrachtet.
- Es ist eine Legende vorhanden, in der alle Linien und Symbole erklärt werden.

▶ **Gelände:** Gibt es Höhenlinien, mindestens aber Höhenschichten oder eine stimmige Schummerung als geländeplastische Darstellung? Höhenmarkierungen an Pässen, Straßenkreuzungen oder anderen markanten Punkten? Sind starke Steigungen gekennzeichnet? Gibt es Hinweise auf markante Orientierungspunkte? Anforderungen:

- Die Karte ermöglicht es, sich eine Geländeform vorzustellen.
- Sie ermöglicht Aussagen über die Qualität und die Schwierigkeit einer Route.

▶ **Straßen und Wege:** Sind Autostraßen, Rad- und Wanderwege eingezeichnet? Gibt es Angaben über Radwege an Straßen, über die Verkehrsdichte? Sind für Radfahrer verbotene Straßen markiert? Ermöglicht die Karte auch Stadtdurchfahrten? Ist die Wegequalität (Schotter, Asphalt, Autobahn) kategorisiert? Sind Bahnstrecken und Bahnhöfe eingezeichnet?

▶ **Entfernungen:** Ist die Entfernung übersichtlich und an allen Strecken angegeben? Wie sind die Angaben gestaffelt?

Wolfgang Linke,
**Orientierung mit
Karte und Kompass.** Busse & Seewald.

**Focus Behaim Globus.** Band 1 (Aufsätze) und 2 (Katalog), Verlag des Germanischen Nationalmuseums Nürnberg, 1992.

Manfred Scheuch,
**Atlas zur Zeitgeschichte.** Asien, Afrika und Amerika im 20. Jahrhundert. Brandstätter, 1993.

DIE GROSSE REISE PLANEN

▶ **Spezielle Radrouten:** Sind offizielle Radwanderwege oder empfohlene Routen gekennzeichnet? Lassen sie sich gut nachvollziehen und finden? Wird auf die Beschilderung entlang von Radwander- oder, je nach Maßstab, von Wanderwegen hingewiesen? Finde ich mich auf der Karte auch abseits von markierten Routen zurecht?

# PAPIERE & GELD

Ein Pass dient dazu, eine Person und deren Staatsangehörigkeit auszuweisen. Der ausstellende Staat garantiert damit, dass er diese Person auch wieder aufnehmen wird. Jeder Staat verlangt ein Einreisedokument, ob er es nun bei der Einreise kontrolliert oder nicht, manche Staaten verlangen einen »Sichtvermerk« (Visum) und eine Gelbfieberimpfung. Bei längerem Aufenthalt ist früher oder später immer ein Visum oder eine Aufenthaltserlaubnis fällig.

## Freizügigkeit des Personenverkehrs innerhalb der EU

Bis 1914 konnte man in Europa ohne Dokumente reisen – die Armen weniger, die Reichen mehr. Fast hundert Jahre hat es gedauert, diese alte Freizügigkeit teilweise wiederherzustellen. Zwar hat jeder Deutsche ein Recht zur Ausreise aus und zur Einreise nach Deutschland. Doch seit 1914 besteht Ausweispflicht, auch im Inland.

- Angehörige aller Nationalitäten dürfen im Reiseverkehr **zwischen den Schengenstaaten** die Binnengrenzen an jeder beliebigen Stelle überschreiten. Im Schengenraum gibt es keine Grenzkontrollen, doch besteht Ausweispflicht. Reisende aus Nicht-EU-Ländern dürfen mit dem Visum für einen der Schengen-Staaten auch in die anderen Länder reisen, bis zu 90 Tage pro Halbjahr.
- **Alle weiteren EU-Staaten** führen noch Grenzkontrollen durch. Sobald Beitrittsländer ihre EU-Außengrenzen gemäß dem Schengenabkommen gesichert haben, entfallen auch dort die Kontrollen an den Binnengrenzen. Wer sich länger als 3 Monate in einem anderen EU-Land aufhält, benötigt eine Aufenthaltserlaubnis.
- Einige **EU-Nachbarstaaten** erleichtern den Reiseverkehr für EU-Bürger und akzeptieren den Personalausweis als Passersatz.

## Die Außengrenzen des Schengenraums

Verschärft kontrolliert werden die Außengrenzen der EU, z.B. Finnland/Russland, Griechenland/Türkei.

Boutique in Geldnot: In Mangue Seco, Brasilien
Foto: Jürgen Erdmann

# Wer gehört zu was in Europa?

EWR, EU, Schengenstaaten und Währungsunion, neue Beitrittsländer und Beitritts-kandidaten … da soll noch einer durchblicken. Wir lichten das Dickicht:

| Staat | EWR | EU | Schengen-abkommen | Währungs-union, € | Soz.Vers. Abkommen |
|---|---|---|---|---|---|
| Belgien | X | X | X | X | X |
| Bulgarien | x | x | x | vorgesehen | x |
| Dänemark | X | X | X | – | X |
| Deutschland | X | X | X | X | X |
| Estland | X | X | x | x | X |
| Finnland | X | X | X | X | X |
| Frankreich | X | X | X | X | X |
| Griechenland | X | X | X | X | X |
| Großbritannien | X | X | – | – | X |
| Irland | X | X | – | X | X |
| Island | X | beantragt | X | – | X |
| Italien | X | X | X | X | X |
| Kroatien | 2013 | 2013 | – | – | X |
| Lettland | X | X | x | vorgesehen | X |
| Liechtenstein | X | – | vorgesehen | – | X |
| Litauen | X | X | x | vorgesehen | X |
| Luxemburg | X | X | X | X | X |
| Malta | X | X | – | – | X |
| Niederlande | X | X | X | X | X |
| Norwegen | X | – | X | – | X |
| Österreich | X | X | X | X | X |
| Polen | X | X | x | – | X |
| Portugal | X | X | X | X | X |
| Rumänien | x | x | x | vorgesehen | x |
| Schweden | X | X | X | – | X |
| Schweiz | – | – | x | – | X |
| Slowakei | X | X | x | x | X |
| Slowenien | X | X | x | x | X |
| Spanien | X | X | X | X | X |
| Tschechien | X | X | x | – | X |
| Ungarn | X | X | x | – | X |
| Zypern | X | X | – | x | X |

Deutschland hat nach dem Beitritt der Schweiz zum Schengenraum zu Land keine zu schützenden Außengrenzen mehr. Im Hinterland der Außengrenzen müssen Reisende mit schärferen Kontrollen rechnen.

**Alle Angaben über Reisebedingungen beziehen sich auf touristische Aufenthalte ohne Erwerbstätigkeit im Ausland bis zu drei Monaten. Für längere Aufenthalte und andere Reisezwecke gelten meist andere Bestimmungen.**

In der EU benötigen Sie mindestens den **Personalausweis**, außerhalb der EU sollten Sie zudem einen **Reisepass** mitführen. Viele außereuropäische Staaten verlangen ein **Visum,** an das weitere Bedingungen geknüpft sein können. Hinzu kommen Dokumente für **Kfz oder Motorrad,** ↗ Seite 292, »Formalitäten auf der Straße«.

### Ist Ihr Reisepass noch brauchbar?

▶ Bevor Sie ein Visum beantragen, prüfen Sie Ihren Pass kritisch:

• **Gültigkeitsdauer:** Bei der Visaausstellung verlangen die Botschaften meist drei, sechs oder gar zwölf Monate Gültigkeit ab dem geplanten Einreisedatum oder über das beabsichtigte Reiseende hinaus. Bei einer längeren Reise sollte Ihr Pass also bei der Einreise in das letzte Land auf Ihrer Route noch ein Jahr gültig sein, um jeden Ärger zu vermeiden. Reisepässe ohne biometrischen Chip, also vor dem 1. November 2005 ausgestellt, gelten bis zum Ende ihrer eingetragenen Gültigkeit.

• Das **Foto** in Ihrem Pass sollten Sie nicht unterbewerten. Formal muss die Erkennbarkeit gewährleistet sein und das Bild muss die automatische Gesichtserkennung ermöglichen (Biometrie). Darüber hinaus kann auch der Eindruck wichtig sein (»gepflegte Erscheinung«), den es auf einen Konsular- oder Grenzbeamten macht. Prüfen Sie also Ihr Erscheinungsbild objektiv.

# REISEDOKU-MENTE

✳ **Tipp:** Zur Feststellung der Identität einer Person besteht in Deutschland Ausweispflicht, in Österreich und der Schweiz nicht. Eine Mitführpflicht besteht erst bei Grenzübertritt. Personalausweis und Pass sind dazu in allen EU-Staaten anerkannt. Der Führerschein kann als Ersatz hilfreich sein, gilt (anders als in den USA) juristisch jedoch nicht als Identitätsausweis. Der »Perso« wird außerdem eingeschränkt anerkannt in Albanien, Andorra, Bosnien- Herzegowina, Island, Kroatien, Liechtenstein, Monaco, Mazedonien, Montenegro, Norwegen, San Marino, Schweiz, Serbien, Türkei. **www-Einstieg:** Personaldokumente, Passgesetz, Passbildkriterien, biometrisches Foto, Bundesdruckerei, Fotomustertafel

Jetzt gilt's: Sie stehen am höchsten Punkt des Karakorum-Highways auf 4730 m und wollen von Pakistan nach China einreisen – hoffentlich sind alle Papiere in Ordnung

Foto: Norbert Lüdtke

**Sonderfall Zypern:** EU-Bürger können sich unabhängig vom Einreiseort auf Zypern frei bewegen. Der Übergang über die Grüne Linie zwischen dem griechischen Süden und dem türkischen Norden Zyperns ist jedoch nur an bestimmten Übergängen möglich, dabei findet eine Identitätskontrolle (Reisepass oder Personalausweis) statt. Für den Nordteil der Insel wird am Übergang ein Blattvisum ausgestellt, in den Pass eingelegt und bei der Ausreise entnommen.

- **Anzahl freier Seiten:** Pro visumpflichtiges Land benötigen Sie mindestens eine freie Seite, rechnen Sie besser durchschnittlich mit anderthalb.
- Manche **Sichtvermerke** im Pass führen zu Schwierigkeiten, ohne dass das ausdrücklich geregelt ist. Das kann politische Gründe haben. So haben die Stempel der Länder Israel und Taiwan wiederholt dazu geführt, dass ein Visum oder die Einreise verweigert wurde. Stempel von »Drogenländern« können Aufmerksamkeit erregen. Kritisch sind auch Stempel von Ländern mit Gelbfieber oder wo sich aktuell eine Infektionskrankheit ausbreitet (Grippe, SARS …). Ob politische Animosität oder Angst vor Ansteckung – als Reisender müssen Sie mit den Konsequenzen leben.

Einen **Kinderreisepass** fordern bestimmte Länder für Kinder unter 16 Jahren, andere Länder erkennen ihn nicht an oder verlangen gar einen richtigen Reisepass (USA). Kinderreisepässe werden immer mit biometrischem Passbild erstellt. Sie gelten sechs Jahre, längstens aber bis zum vollendeten 12. Lebensjahr. Wenigstens müssen Kinder vor vollendetem 6. Lebensjahr keine Fingerabdrücke abgeben.

## Reisepass beantragen

Den Reisepass und ähnliche Dokumente stellt die Meldebehörde Ihres Wohnortes aus. Reisepässe werden nicht verlängert, sondern immer neu ausgestellt. Sie benötigen Ihren alten Reisepass bzw. beim Erstantrag den Personalausweis oder die Geburts- oder Heiratsurkunde sowie ein neues Passfoto.

- Der **EU-Reisepass** wird als elektronischer Reisepass (ePass) mit digitalem Gesichtsbild und elektronischem Fingerabdruck erstellt und ermöglicht die visafreie Einreise in die USA. Es gibt ihn mit 32 und 48 Seiten. Dieser enthält 16 Seiten mehr für Visaeinträge. Die Bearbeitungszeit liegt bei 3 – 6 Wochen, vor Schulferien oft länger.
- Der **Expresspass** kann beantragt werden, wenn die zuständige Meldebehörde dem digitalen Antragsverfahren DIGANT® angeschlossen ist, Bearbeitungsdauer etwa 5 Tage.
- Den vorläufigen Reisepass können Sie spätestens innerhalb von 3 Tagen erhalten. Er ist ein Jahr gültig und gilt auch bei der die Einreise in die USA, jedoch muss zusätzlich ein Visum beantragt werden.
- ▶ Oft ist ein **Zweitpass** (oder gar ein dritter) sinnvoll. Den stellen die Meldebehörden jedoch nur ungern aus, denn das Gesetz bestimmt, dass jeder Deutsche nur einen deutschen Pass besitzen darf. Die Passbehörde soll Ausnahmen restriktiv handhaben. Ausnahmen sind möglich, sofern ein berechtigtes Interesse an mehreren Pässen nachgewiesen wird. Das ist gegeben, wenn:

**☀ Tipp:** Wenn Ihr Kind vor Vollendung des 18. Lebensjahres ohne Erziehungsberechtigte ins Ausland reist, sollten Sie dem Kind eine formlose Einverständniserklärung für diese Reise mitgeben. Diese sollte enthalten: Personalien der Alleinreisenden, volljähriger Begleitpersonen und Sorgeberechtigten mit Telefonkontakt. Unterschriftsbeglaubigung durch Notar, Rathaus oder anderer offizieller Stellen sowie eine Übersetzung in die Landessprache.

**www-Einstieg:** Bundespolizei, Passersatzpapiere. Die Meldestelle Ihrer Gemeinde finden Sie im Internet über www.bund.de, aktuelle Informationen zum Passwesen bei www.auswaertiges-amt.de oder bei www.bundesdruckerei.de

**PAPIERE & GELD**

**Tipp:** Häufige Auslandsreisen oder ein mit Sicht-
vermerken vollständig
bestempelter Pass recht-
fertigen allein noch kei-
nen Zweitpass. Anerkannt
wird etwa die zeitlich
schwierige Visabeschaf-
fung für eine Reise durch
Iran, Turkmenistan, Usbe-
kistan…

**Tipp:** Im Ausland wer-
den Pässe nur noch von
Botschaften und General-
konsulaten ausgestellt,
nicht mehr von Honorar-
konsulaten. Auslandsver-
tretungen stellen keine
Personalausweise aus.

- Sie aus beruflichen Gründen viel reisen – dann hilft eine schriftliche Bestätigung der Firmenleitung; bei
selbstständig oder freiberuflich Tätigen der Briefver-
kehr mit ausländischen Geschäftspartnern oder die
Bestätigung des Auftraggebers.
- Sie aus privaten Gründen viel reisen – dann dient als
Nachweis für das berechtigte Interesse z.B. ein Bu-
chungsnachweis oder ein Flugticket.
- wegen der zeitlichen Verzögerung der Visabeschaffung
ein Pass nicht mehr ausreicht, ↗ Seite 281, »Visum«.
- Sie in einen Staat einreisen wollen, der vermutlich die
Einreise verweigern wird, weil aus dem Pass ersichtlich ist, dass Sie sich in Staaten aufgehalten haben
oder aufhalten wollen, die politisch unerwünscht sind
(z.B. Einreise in arabische Staaten und Einreisesicht-
vermerk des Staates Israel im Pass).

## Ausreisen ohne Papiere?

Sie stehen mit Ihrem Ticket am Flughafen, doch der
Pass ist weg oder abgelaufen. Resignieren Sie noch
nicht. Informieren Sie zuerst die Fluggesellschaft, danach prüfen Sie folgende Möglichkeiten:

- Wenn Ihr **Reisepass** nicht länger als ein Jahr abgelaufen ist, wird er dennoch von folgenden Staaten akzeptiert: Belgien, Frankreich, Griechenland, Italien, Liechtenstein, Luxemburg, Malta, Niederlande, Österreich,
Portugal, Schweiz, Slowenien, Spanien.
- Deutschen Staatsbürgern, deren Grenzübertrittsdoku-
mente zeitlich abgelaufen sind, kann in Ausnahmefäl-
len von der Bundespolizei unmittelbar vor Grenzübertritt gebührenpflichtig ein **Reiseausweis als Passersatz** ausgestellt werden. Dieser Reiseausweis gilt
nur für die Dauer der jeweiligen Reise, längstens drei
Monate. Er kann ausgestellt werden, wenn (1) die
Identität des Reisenden festgestellt bzw. glaubhaft gemacht wird, etwa durch das abgelaufene Grenzüber-
trittdokument; wenn (2) keine Sicherheitsbedenken
bestehen und (3) gegen die Person keine Ausreiseun-
tersagung verfügt ist und keine Passversagungsgrün-

de gemäß § 7 Passgesetz feststellbar sind. Die Ausstellung an Personen unter 18 Jahren bedarf der Zustimmung des gesetzlichen Vertreters. Andere Staaten sind nicht verpflichtet Passersatzpapiere anzuerkennen. Daher kann es sein, dass ein Zielland die Einreise damit nicht gestattet oder eine Luftverkehrsgesellschaft deswegen bereits die Mitnahme verweigert.

☀ **Tipp:** Der **Dokumentenservice** am Frankfurter und Berliner Flughafen hilft, sich rasch einen neuen Ausweis ausstellen zu lassen und nötigenfalls ein Visum zu beschaffen.

## VISUM

**Deutschland (die EU) verlangt von Angehörigen vieler Staaten ein Visum. Diese revanchieren sich ebenfalls mit Visumpflicht. Visum bedeutet »Sichtvermerk« – man will Sie also gesehen haben. Manche Länder schützen mit Einreisekontrollen ein autoritäres Regime. »Einwanderungsländer« kontrollieren mit Visa die Zahl möglicher Einwanderer.**
Erkundigen Sie sich mehrere Monate vor der Reise bei der diplomatischen Vertretung Ihres Reiselandes, ob Sie ein Visum benötigen und welche Unterlagen Sie einreichen müssen. Wenn Sie mit einem Partner anderer Nationalität reisen, beachten Sie die unterschiedlichen Bestimmungen.

- Beachten Sie die **Gültigkeitsdauer** des Visums, also den Zeitraum zwischen Ausstellung und Einreisetag, und bitten Sie um eine Gültigkeitsdauer, die Ihrer Reiseplanung entspricht.

- Beantragen Sie die maximale **Aufenthaltsdauer**, also den Zeitraum zwischen Ein- und Ausreisetag.

- Das Visum gilt meist nur für **eine Einreise,** doch oft können mit oder ohne Mehrkosten mehrere Einreisen eingetragen werden. Wenige Länder stellen es für beliebig viele Einreisen aus (*multiple entry*).

Stempel machen es amtlich, viele Stempel amtlicher: Visumseintrag im Reisepass

Foto: Klaus Schütz

- **Einreiseweg:** Manchmal gilt ein Visum nur für die Einreise per Flugzeug, auf einem bestimmten Land- oder Seeweg, für einen bestimmten Einreiseort oder aus einem bestimmten Land. Im Zweifelsfall lassen Sie sich in der Landessprache bescheinigen, dass das Visum für den von Ihnen gewählten Einreiseweg gilt.

☀ **Tipp:** Oft kann das Visum im Land verlängert werden – an genügend Passfotos denken!

- Eine **Weiter- oder Rückreisebestätigung und/oder das Visum des Ziellandes** werden offiziell von vielen Ländern verlangt, doch selten kontrolliert. Die Konsular- oder Grenzbeamten möchten sicher sein, dass Sie auf eigene Kosten wieder ausreisen können und dem Land nicht auf der Tasche liegen. Wer ohne Ticket reist, zeigt Geld oder Kreditkarte vor. Manche Länder verlangen daher auch den Nachweis von »Geldmitteln«. Ersatzweise eignen sich: Gehaltsauszug, Kontoauszug, Bankbürgschaft, Kreditkarte, Arbeitsvertrag, vielleicht auch Hotelgutscheine oder Pauschalreisebuchungen. Eine schriftliche Einladung aus dem Zielland ist oft hilfreich.

☀ **Tipp: Passfotos** benötigen Sie unterwegs immer wieder für die unmöglichsten Permits und Sondererlaubnisse. Nehmen Sie genügend mit. Werden sie nicht gebraucht, haben Sie sehr persönliche Geschenke.

- Sehr selten fordern einzelne Länder **andere Papiere** wie eine Internationale Geburtsurkunde, Taufbescheinigung, ein Gesundheitszeugnis, einen Aids-Test, ein polizeiliches Führungszeugnis, eine Heiratsurkunde …
- **Fluggesellschaften** kontrollieren das Visum bereits vor dem Abflug. Nach den internationalen Gepflogenheiten sind sie nämlich verpflichtet, einen Fluggast auf eigene Kosten wieder zurückzutransportieren, der die Einreisebestimmungen des Ziellandes nicht erfüllt.

## Alles zur rechten Zeit

Die nötigsten Visa sollten Sie **vor der Abreise** beantragen. Manche Länder erteilen ein Visum bei der Einreise am Flughafen, seltener an Landgrenzen. Häufig erhalten Sie das Visum in den Nachbarländern, also im Laufe der Anreise.

Alle Visa am richtigen Ort, zur richtigen Zeit und mit dem richtigen Pass zu beantragen, ist eine Kunst. Um die Visaphase solide planen und organisieren zu können, müssen Sie vollständig und richtig über die Modalitäten Ihrer Reiseländer informiert sein, aktuell und möglichst schriftlich. Beantragen Sie Ihr Visum persönlich, können Sie vielleicht die Modalitäten im Rahmen des Erlaubten verhandeln. Erkundigen Sie sich beim zuständigen Konsularbeamten oder bei Visaagenturen auch nach Erfahrungswerten, etwa der Bearbeitungsdauer: am gleichen Tag, anderntags, 14 Tage? Einige Länder schalten das Heimatland ein, dann kann der Vorgang vier oder sechs Wochen dauern.

Schwierig ist es, mehrere **Transitvisa** aufeinander abzustimmen. Transitvisa gelten meist nur drei bis fünf Tage und sind manchmal im Land verlängerbar. Meist wird für die Ausstellung das Visum für das Zielland gefordert, das jedoch ebenfalls ein Transitvisum sein kann. Erstellen Sie sich eine **Kalenderübersicht** als Organisationshilfe:

▶ Tragen Sie den Abreisetag aus Deutschland und die angepeilten Einreisetage in visapflichtige Länder ein.

▶ Dann ziehen Sie von den Einreisetagen die Gültigkeitsdauer des Visums ab und markieren die errechneten Termine: Erst danach können Sie die Visa beantragen.

▶ Die anschließende Antragsphase umfasst zwei Tage Postlaufzeit, die Bearbeitungsdauer von durchschnittlich 1 bis 2 Wochen, wieder zwei Tage Postlaufzeit; dabei Wochenenden und Feiertage (auch die des Ziellandes) berücksichtigen!

▶ So addieren sich Antragsphasen leicht zu mehreren Wochen. Sie dürfen sich nicht überschneiden und müssen vor Ihrem Abreisetag abgeschlossen sein.

Andernfalls müssen Sie den **Ablauf beschleunigen:**

• Sie beantragen mit zwei Pässen zwei Visa parallel.

• Sie versenden die Unterlagen per Kurier oder als Eilsendung bei der Post.

• Sie bringen Ihre Unterlagen persönlich hin und holen sie auch wieder ab.

• Sie bitten um beschleunigte Bearbeitung, das kostet oft die doppelte Gebühr.

• Sie beauftragen eine Visaagentur.

☀ **Tipp:** Die gesetzlichen Bestimmungen des Ziellandes, die Gepflogenheiten der Konsulate und die praktische Umsetzung an den Landesgrenzen können widersprüchlich sein. Suchen Sie am besten das Gespräch mit erfahrenen Globetrottern in Clubs, Foren oder persönlich bei Globetrottertreffen.

 Autorinnenkollektiv, **Ohne Papiere in Europa.** Illegalisierung der Migration. Selbstorganisation und Unterstützungsprojekte in Europa. Schwarze Risse, Rote Straße, VLA.

**⁂ Tipp:** Kopieren Sie die Visa-Antragsunterlagen und vermeiden Sie widersprüchliche Angaben bei Folgeanträgen, auf Einreise- und Meldekarten.

**⁂ Tipp:** Beantragen Sie bei langen und komplizierten Reisen rund sechs Monate vorher einen Zweitpass.

Im Einzelnen besteht der **Vorgang** aus folgenden Schritten:

▶ Den Visumantrag bei der zuständigen Botschaft downloaden.

▶ Erfragen Sie die Adresse der Konsularabteilung der Botschaft, denn diese bearbeitet den Antrag.

▶ Ohne Pass ist die Reise vorbei, bevor sie begonnen hat. Versenden Sie daher Antrag und Pass als Einschreiben mit Rückschein an die Adresse der Konsularabteilung. Legen Sie einen selbst adressierten und eingeschriebenen frankierten Rückumschlag bei.

▶ Schreiben Sie im Antrag, auf Anschreiben und Umschlägen den Namen der diplomatischen Vertretung und des Landes formal korrekt, also Islamische Republik …, Königreich …

▶ Manche Botschaften verlangen, dass der Antrag persönlich abgegeben wird. Die Konsularabteilung kann in einem anderen Gebäude untergebracht sein und ist vielleicht nur von 9 bis 12 Uhr geöffnet. Ein adrettes Aussehen kann nicht schaden.

▶ Viele Konsularbeamte können kaum Deutsch! Verwenden Sie im Antrag möglichst die Landessprache. Erkundigen Sie sich, ob der Antrag in Englisch oder Französisch ausgefüllt werden sollte.

▶ Verwenden Sie aktuelle Passbilder mit einem geflegten Äußeren. In manchen Ländern wird das Äußere erheblich formaler und konservativer bewertet als in Deutschland. Frauen, die ein Visum für eine islamische Republik beantragen, sollten auf dem Antragfoto ein Kopftuch tragen.

▶ Vermeiden Sie im Antrag die Berufsangabe »Journalist«. Die sind oft nicht gern gesehen, weil sie so viele Fragen stellen. Bei der Berufsangabe »Geschäftsmann« könnte auf einem Geschäftsreisevisum bestanden werden. Unverfänglich sind Berufe, die nach gesichertem Einkommen und festem Wohnort klingen.

▶ Als Reisezweck sollten Sie immer »Tourist« angeben.

## Visaagenturen

Spezielle Agenturen übernehmen es, die Visa zu beantragen. Eventuelle Voraussetzungen zur Visaerteilung (etwa Einladungen, Hotelbestätigung …) müssen Sie jedoch selbst beschaffen. Vorteile: Zeiteffektiver Ablauf, die Anträge sind formal tadellos, die organisatorische Abwicklung läuft routiniert, die Agenturen sind den Beamten bekannt. Die **Kosten** bestehen aus:

- den normalen konsularischen Gebühren,
- den Gebühren der Vermittler von 30 – 80 € (je nach gewünschtem Bearbeitungstempo),
- eventuellen Kurierkosten,
- der Mehrwertsteuer.

**www-Einstieg:** CIBT Visum Centrale, Servisum, Visa Dienst Bonn, VES visa-express service, Russland-Visum: Vostok Berlin, VenTro Travel and Service

## An Impfbescheinigungen denken

Einige wenige Länder verlangen immer eine **Gelbfieber-Impfung**, viele andere nur dann, wenn Sie aus einem Gelbfieber-Infektionsgebiet einreisen, alternativ empfiehlt die WHO eine Quarantäne von sechs Tagen. Als Gelbfieber-Infektionsgebiet gelten mit unterschiedlichem Risiko viele Länder im *tropischen Afrika,* zwischen 15°N und 10°S. Besonders betroffen sind zentral- und westafrikanische Länder. Außerdem ist Gelbfieber in *südamerikanischen Ländern* endemisch. Aus Afrika oder Südamerika kommende Reisende werden in asiatischen Staaten besonders streng behandelt. Die Gelbfieber-Impfung ist zehn Jahre gültig und muss von einer autorisierten Gelbfieber-Impfstelle verabreicht werden – meist sind das die Gesundheitsämter, diese informieren auch über die aktuelle Situation in den betroffenen Ländern. Sie bescheinigen die Impfung im offiziellen Dokument der Weltgesundheitsorganisation WHO, den »Internationalen Bescheinigungen über Impfungen und Impfbuch«, das seit 2007 in neuer Form vorliegt.

**Tipp:** Falls Sie eine Pilgerreise, hadj, nach Mekka planen, müssen Sie eine **Meningokokken-Impfung** nachweisen.

**Andere Impfungen** werden weltweit nicht verlangt, als medizinischer Standard gelten die »International Health Regulations« der WHO. Akute Epidemien können das Verhalten der Grenzbeamten beeinflussen.

PAPIERE & GELD

## Weitere Papiere

Bei langen Reisen, besonders in abgelegene und sehr fremde Zielgebiete, können Sie gar nicht genug Ausweise, Dokumente, Bescheinigungen und Empfehlungsschreiben mitnehmen. Auch im Heimatland abgelaufene oder wertlose Papiere können nützlich sein. Da oft niemand versteht, was dort geschrieben steht, entscheiden Vielfalt und ein beeindruckendes Aussehen. Briefköpfe, Stempel, Fotos, Siegel, Unterschriften, Gebührenmarken, Perforationen und anderes mehr heben den Wert eines Dokumentes.

✳ **Tipp:** Der **Internationale Studentenausweis** (International Student Identity Card ISIC) verhilft oft zu einem Preisnachlass. Ausgabestellen finden Sie mit Ihrer PLZ auf ww.isic.de.

# ZOLL: WAS DARF MIT?

**Zollrechtliche Warenkontrollen an den EU-Binnengrenzen gibt es keine, da der Warenverkehr zwischen den EU-Staaten frei ist und Zölle nicht mehr erhoben werden.**

Allerdings gibt es Richtmengen für den privaten Verbrauch **(Reisefreimengen)** zu beachten, etwa 10 kg Kaffee, 90 l Wein, 800 Zigaretten … genaue Infos unter www.zoll.de, bei »Reise«.

Die **Kontrolleinheiten Verkehrswege** (KEV, früher Mobile Kontrollgruppen MKG) dürfen überall im Bundesgebiet Kontrollen durchführen, im grenznahen Raum (30 km) uneingeschränkt und darüber hinaus bei begründetem Verdacht. Diese Beamten sind Ermittlungspersonen der Staatsanwaltschaft.

▶ Wer kontrolliert wird, ist verpflichtet, sich auszuweisen und Auskunft über die mitgeführten Waren zu geben, Zolldokumente und Frachtpapiere vorzulegen, die Herkunft der Waren anzugeben, die Entnahme unentgeltlicher Proben zu dulden, die erforderliche Hilfe zu leisten und sich an Ort und Stelle körperlich durchsuchen zu lassen.

▶ Bargeld und gleichgestellte Zahlungsmittel wie Wertpapiere, Schecks, Wechsel, Edelmetalle und Edelsteine im Gesamtwert von 10.000 Euro oder mehr sind anzumelden, wenn die EU-Außengrenzen überschritten werden oder bei einer KEV-Kontrolle anzuzeigen. Darü-

✳ **Tipp:** Wenn Sie bei der Ankunft auf einem europäischen Flughafen den grünen Zollausgang wählen (anmeldefreie Waren), jedoch deklarationspflichtige Waren mitführen, kann neben den Einfuhrabgaben ein Zollzuschlag in höchstens derselben Höhe verhängt werden. Bei vorsätzlichem Verhalten droht die Strafverfolgung wegen Steuerhinterziehung, wenn ein Wert von 130 € überschritten wird.

ber hinaus haben Sie darzulegen, woher das Geld stammt, wer darüber verfügen darf und wozu es verwendet werden soll. Für unverzollte Waren, die die Reisefreimengen übersteigen, sind Einfuhrabgaben zu zahlen.

## Der Zoll an den EU-Außengrenzen

Die Einfuhr aus Drittländern in die EU ist begrenzt:

- Für Tabakwaren, Spirituosen, Kaffee, Parfüm und Treibstoff gelten Höchstmengen.
- Bis zu einem Warenwert von insgesamt 175 Euro dürfen Waren für den persönlichen Ge- oder Verbrauch mitgeführt werden. Das gilt nicht für Gold in unbearbeitetem Zustand oder als Halbzeug (Halbfabrikat).
- Waren, die diese Mengen- und Wertgrenzen überschreiten, müssen bei einem Zollbeamten mündlich angemeldet werden. Dieser berechnet die dafür anfallenden Abgaben. Ausschlaggebend für deren Höhe ist die Beschaffenheit und der Wert der Ware. Dieser wird anhand des Kaufbelegs ermittelt oder geschätzt.
- Die Einfuhrabgaben können pauschaliert werden, wenn der Wert der abgabenpflichtigen Waren je Reisendem den Betrag von 350 Euro nicht übersteigt.

**Tipp:** Die Reisefreimengen gelten nicht für Åland (Finnland), Athos (Griechenland), Kanaren, Französisch Guyana, Guadeloupe, Reunion, Martinique, Saint-Pierre und Miquelon und die britischen Kanalinseln. Helgoland und die Exklave Büsingen am Hochrhein gehören nicht zum Zollgebiet.

## Konsequenzen für die Reisevorbereitung

In drei Fällen kann eine gute Reisevorbereitung helfen, späteren Ärger zu vermeiden:

**Erstens bei der Ausreise aus Deutschland:** Nehmen Sie etwa ein teures Fahrrad mit, so können Sie dieses auf der Rückreise einfuhrabgabenfrei wieder in die EU mitbringen. Haben Sie das gleiche teure Rad jedoch in einem Drittland gekauft, werden bei der Wiedereinreise in die EU Einfuhrabgaben fällig.

▶ Lassen Sie sich für neuwertige, hochpreisige Waren (»Rückwaren«), die Sie bei Reisebeginn aus Deutschland ausführen, einen *Nämlichkeitsnachweis* ausstellen – insbesondere dann, wenn Sie keinen Kaufbeleg mehr besitzen.

**Zweitens bei der Anreise zum Reiseziel:** Manche Reisende transportieren völlig arglos Gegenstände, deren Einfuhr verboten sein kann. Da können aus heiterem Himmel die Salami, der Hustensaft oder die Zeitschrift zum Problem werden.

**Drittens bei der Rückreise:** Möglicherweise haben Sie Gegenstände ans Reiseziel gebracht, deren Einfuhr zwar erlaubt, deren Ausfuhr aber verboten ist.

▶ Informieren Sie sich über die Zollbestimmungen Ihres Reiseziels und der Transitländer.

▶ Sie können Probleme vermeiden, wenn Sie bereits bei der Einreise in Ihr Reiseland Dinge deklarieren, die bei der Ausreise beanstandet werden könnten.

## Verbote und Beschränkungen

Besonders aufmerksam wird der Warenverkehr zwischen der EU und Drittländern kontrolliert. Richten Sie Ihre Aufmerksamkeit insbesondere auf Gegenstände folgender Warengruppen:

Nur gucken: Das Washingtoner Artenschutzabkommen bezieht sich auch auf die Unterwasserwelt (hier in Indonesien)
Foto: Werner Göcke

Als **Antiquitäten** gelten meist Waren, die mehr als 100 Jahre alt sind. Aus Polen dürfen Sie jedoch nichts ausführen, was vor 1945 hergestellt wurde.

Das *Washingtoner Artenschutzabkommen, WA,* oder *Convention of International Trade in Endangered Species of Wild Fauna and Flora,* **CITES,** schützt in 150 Staaten mehr als 8000 Tier- und 40.000 Pflanzenarten.

▶ Informieren Sie sich vor dem Kauf etwa bei UNEP World Conservation Monitoring Centre.

Alle Länder ächten **Drogen,** deren Besitz, Erwerb, Verteilung, Ein- und Ausfuhr. Doch was sind Drogen? Versuchen Sie besser nicht, Alkohol in eine islamische Republik einzuführen. Zwischen Betäubungsmitteln und Medikamenten kann nicht eindeutig unterschieden werden. Melatonin, das in den USA als Mittel gegen Jet-Lag zu erwerben ist, darf nicht nach Deutschland eingeführt werden. Als Drogen gelten in der EU auch manche Arzneimittel, die z.B. Methadon, Morphin oder Codein enthalten. Problematisch wird es, wenn Zollbeamte Ihre mitgeführten Arzneimittel als Drogen einstufen, ↗ Seite 230, »Reiseapotheke«.

▶ Führen Sie eine Liste Ihrer Medikamente mit und lassen Sie sich deren Notwendigkeit vom Arzt oder Gesundheitsamt mehrsprachig bescheinigen.

**Druckerzeugnisse** können heikel sein. Mit dem Bild des Dalai Lama bekommen Sie in China Probleme, im Iran mit dem Playboy. In diesen Fällen wird die Einfuhr als subversiver Akt gewertet, da Sie landesübliche Wertvorstellungen unterlaufen oder die Staatsgewalt (vermeintlich) kritisieren.

Nicht zugelassene **Feuerwerkskörper** sind nach dem Sprengstoffgesetz verboten und strafbar; es wird stets ein Strafverfahren eingeleitet.

Folgende **Hunderassen** sowie deren Kreuzungen dürfen nicht nach Deutschland eingeführt werden: Pitbull-Terrier, American Staffordshire-Terrier, Staffordshire-Bullterrier, Bullterrier.

**Landeswährung:** Die eigene Währung wird oft politisch höher bewertet als es der Wirtschaftskraft des Landes entspricht. Für Reisende ist es dann interessant, die betreffende Währung außerhalb des Landes zu kaufen und einzuführen. Allerdings ist das oft verboten oder beschränkt. Viele Länder mit nicht frei gehandelten Währungen verlangen eine schriftliche Devisenerklärung bei der Einreise für die Devisen, für alle mitgeführten Zahlungsmittel oder gar für Schmuck, Wertgegenstände, Kameras. Auch der Rücktausch von Landeswährung in Devisen kann begrenzt sein. Informieren Sie sich vor der Einreise über Beschränkungen.

**Lebensmittel** und **landwirtschaftliche Produkte** verstoßen manchmal gegen religiöse Werte (Schweine-

**www-Einstieg:** Reisefreimengen, Barmittelverkehr, CITES, Washingtoner Artenschutzabkommen, Zollkriminalamt ZKA, Deutsches Zollmuseum, World Customs Organization WCOOMD

☀ **Tipp:** Wer Waren gewerblich einführt oder damit handeln will, wird bei Zuwiderhandlungen stets erheblich härter bestraft. Mitgeführte Waren sollten daher immer ausschließlich dem persönlichen Ge- und Verbrauch dienen und nur in entsprechenden Mengen mitgeführt werden.

PAPIERE & GELD

☀ **Tipp:** Die Beweislast liegt beim Reisenden. So müssen Sie nachweisen, dass Sie etwa hochwertige Kleidung vor der Reise in Deutschland gekauft haben. Die Einfuhr von Plagiaten ist strafbar, wird aber in der Regel nicht verfolgt, wenn die Waren keinen kommerziellen Charakter haben, im persönlichen Reisegepäck mitgeführt werden sowie einen Warenwert von 430 € (bei See- und Flugreisenden) bzw. 300 € in anderen Verkehrsmitteln nicht überschreiten.

☀ **Tipp:** Bei Elektronikartikeln ist über die Seriennummer eindeutig feststellbar, woher das Gerät stammt.

fleisch), manchmal wird die Übertragung von Tier- und Pflanzenkrankheiten gefürchtet, so nehmen bekanntlich Schweizer und US-amerikanische Zöllner die »Salami-Vorschrift« sehr ernst, selbst große Mengen Müsli können problematisch sein. Auch für die EU gelten strenge Vorschriften zur Einfuhr von Fleisch, Milch und daraus hergestellten Erzeugnissen aus Drittländern. Erzeugnisse tierischer Herkunft dürfen nur mit einem Gewicht bis zu 1 kg eingeführt werden.

**Plagiate** und Fälschungen von Marken und Produkten, also Imitate vom T-Shirt mit Markenlogo bis zur Schweizer Markenuhr aus Taiwan oder gecrackte Computer-Software. Entscheidend ist nicht der Wert, sondern das unerlaubte Kopieren.

**Tabakwaren** sind erlaubt, wenn der Einführende mindestens 17 Jahre alt ist: 200 Zigaretten oder 100 Zigarillos oder 50 Zigarren oder 250 g Rauchtabak oder eine anteilige Zusammenstellung dieser Waren.

**Technische Geräte:** Funk- und Tauchgeräte, professionelle Ton- und Bildaufnahmegeräte wecken in manchen Ländern den Verdacht, man wolle spionieren, schmuggeln oder für Presse, Funk, Fernsehen unzensierte oder sicherheitsrelevante Aufnahmen machen.

Bei Sicherheitskontrollen an Flughäfen wird schon mal geprüft, ob im Handgepäck mitgeführte Elektro- und Videogeräte funktionieren oder nur als Schmuggelattrappe genutzt werden. Um die Funktionskontrolle zu erleichtern, sollten Batterien oder Akkus voll sein.

Datenträger und Software, aber auch Daten auf Ihrem Rechner können aus Sicherheits- oder anderen Gründen verboten sein.

**Treibstoff** im eingebauten Haupttank eines Kfz sowie 20 l im Reservekanister sind einfuhrabgabenfrei.

**Waffen** sollten immer beim Zoll angemeldet werden, auch wenn es Antiquitäten sind. Springmesser sowie Faust- und Butterflymesser sind verboten, ebenso Stahlruten, Totschläger, Schlagringe, Präzisionsschleudern, Würgegeräte (»Nun-Chakus«), Wurfsterne. Wesentliche Teile von Schusswaffen wie Lauf, Ver-

schluss, Schalldämp-
fer, Griffstücke ste-
hen Schusswaffen
gleich. Gegenstände
mit Reiz- oder ande-
ren Wirkstoffen sind
verboten, es sei
denn, die Stoffe sind
als gesundheitlich un-
bedenklich zugelas-
sen, die Gegenstände
sind in Reichweite
und Sprühdauer be-
grenzt und tragen
zum entsprechenden

Nachweis dieser Voraussetzungen ein amtliches Prüf-
zeichen. Pfeffersprays zur Abwehr von Tieren sind nicht
verboten.

▶ Für Schusswaffen und Munition benötigen Sie immer
eine Waffenbesitzkarte, für das Führen auch den Waffenschein.

▶ Springmesser sind verboten, ausgenommen solche,
deren Klinge seitlich aus dem Griff herausspringt und
höchstens 8,5 cm lang ist, in der Mitte mindestens eine Breite von 20 % ihrer Länge aufweist, nicht zweisei-
tig geschliffen ist und einen durchgehenden Rücken
hat, der sich zur Schneide hin verjüngt. Soweit nur ein
Merkmal nicht erfüllt ist, greift das Verbot ein.

**Wertgegenstände:** Die Ein- und Ausfuhr von Gold,
Edelsteinen, Schmuck oder Kunst ist fast überall beschränkt bzw. genehmigungspflichtig.

▶ Heben Sie Kaufbelege auf, lassen Sie sich Zertifikate
ausstellen.

▶ Um sakrale Gegenstände auszuführen, benötigen Sie
meist eine Genehmigung – aber muss das sein?

## Schmuggel
Natürlich lässt sich Schmuggelware oberflächlich dem
Blick der Zöllner entziehen. Vielen Reisenden gilt

Verbotene Souvenirs:
Vom Zoll am Frankfurter
Flughafen konfiszierter
Affenschädel, präpariertes
Krokodil, Schlangen-
schnaps, Gürteltier-Uku-
lele, Koralle …
Foto: Annette Sievers, /www.petermeyer-
verlag.de/faro_darmstadt_2010.0.html

☀ **Tipp:** Nehmen Sie die
Wertvorstellungen ande-
rer Kulturen ernst, auch
wenn Sie sie nicht verstehen.

PAPIERE & GELD

291

**Tipp:** ↗ »Ein- & Ausreise sowie Behörden« im Outdoor-Buch.

Schmuggel als Kavaliersdelikt. Das sehen die Zollbeamten anders. Doch das schlechte Gewissen scheint sichtbar zu sein, denn den Profis entgeht bei einer gründlichen Durchsuchung selten etwas.

Schmuggel gilt als Straftat und kann ein Strafverfahren nach sich ziehen, mit der Konsequenz von Bußgeld und/oder Freiheitsstrafe. Der Schmuggel von Waffen, Rauschgift oder nach CITES artengeschützten Tieren und Pflanzen sowie Produkten aus diesen hat immer ein Straf- oder Bußgeldverfahren zur Folge.

Im Drittlandreiseverkehr kann anstelle eines Straf- oder Bußgeldverfahrens ein Zuschlag erhoben werden. Das setzt voraus, dass (a) die Zuwiderhandlung im Reiseverkehr begangen wurde; (b) die betroffenen Waren weder zum Handel noch zur gewerblichen Verwendung bestimmt sind; (c) der hinterzogene Einfuhrabgabenbetrag 130 Euro nicht übersteigt; (d) die betroffenen Waren nicht außergewöhnlich aufwändig versteckt wurden und (e) der Reisende innerhalb der letzten 6 Monate keine weitere Steuerstraftat verübt hat. In der Regel entspricht der Zuschlag der Höhe des hinterzogenen Abgabenbetrages.

# VORSORGEN FÜR DEN FALL DER FÄLLE

**Die Versicherungswerbung zeigt fröhliche, gesunde Menschen – sie sind gut versichert. Doch keine Versicherung bewahrt davor, zu erkranken oder einen finanziellen Schaden zu erleiden. Sie hilft lediglich, die finanziellen Folgen zu mildern. In welchem Umfang eine Versicherung Folgeschäden abpolstert, hängt von der gewählten Police ab. Nicht jede der angebotenen Versicherungen ist sinnvoll.**

Johann Christian Ginzrot, **Die Wagen und Fuhrwerke von der Antike bis zum 19. Jahrhundert** nebst Bespannung, Zäumung und Verzierung der Zug-, Reit- und Lasttiere. Prisma, 1981.

## Formalitäten auf der Straße

### Die Fahrerlaubnis

Wenn Sie motorisiert unterwegs sind, genügen innerhalb der EU Führerschein und Kfz-Schein. Außerhalb der EU kann erheblich mehr verlangt werden. Es gelten die unterschiedlichsten Einreisebestimmungen, manches kann verhandelt werden.

**Führerscheine** werden seit 1999 nur noch im Scheckkartenformat ausgegeben, mit EU-einheitlichen Schlüsselzahlen, z.B. 01 Sehhilfe, 01.02 Kontaktlinsen usw. Alte Führerscheine (grau oder rosa oder DDR) bleiben gültig, können jedoch freiwillig umgetauscht werden. Zuständig ist die Fahrerlaubnisbehörde (Straßenverkehrs-, Landratsamt), www.bund.de.

Die im alten Führerschein enthaltenen Rechte zum Führen von Fahrzeugen bleiben erhalten, werden jedoch künftig völlig anders eingeteilt, so gibt es auch einen Anhängerführerschein. Änderungen gibt es für Inhaber der Klasse 2, die ab dem 1.1.1950 geboren wurden. Ihre Fahrerlaubnis der Klasse 2 erlischt mit vollendetem 50. Lebensjahr. Sie kann nach einem Sehtest und einer ärztlichen Untersuchung um fünf Jahre verlängert werden.

Der Internationale Führerschein wird nicht überall anerkannt. Bei der Einreise nach China wird ein temporärer Führerschein ausgestellt – es sei denn, der Reisende ist älter als 70 Jahre. Da wir in der Gruppe mit Sammelvisum einreisten, hätten wir also nicht weiterfahren dürfen. Zurück ging aber auch nicht, weil dort die Visa fehlten. Also ging es dann doch und es hat nie einer beanstandet … (Klaus Bartels)

## Napoleons Schuld

▶ Der Fuhrmann führte die Pferde mit seiner stärkeren rechten Hand, er ging also links vom Fuhrwerk. Das war auch gut so. Denn wenn sich zwei Fuhrwerke auf den meist schmalen Straßen entgegen kamen, wären die Fuhrleute zwischen den Wagen zerquetscht worden. Auf allen Wasserstraßen dagegen fuhr und fährt man weltweit rechts – auch wieder wegen der starken rechten Hand, rechts ist Steuerbordseite.

Nun gut, aber weshalb hat sich dann an Land nicht der Linksverkehr durchgesetzt? Wegen Napoleon. Fuhrwerke hatten nämlich nicht überall in Europa die gleiche Bedeutung für den Überlandverkehr. Schiffe und Boote konnten größere Lasten über längere Strecken billiger und schneller transportieren. Also bevorzugte man Schiffe und Boote überall dort, wo es schiffbare Flüsse und Kanäle gab, nämlich in Frankreich, Deutschland, den Niederlanden, Belgien und anderen Ländern Kontinentaleuropas – nur eben nicht in den Alpenländern und in England. Kontinentaleuropa war fest in napoleonischer Hand, England nicht.

Also setzte Napoleon den Rechtsverkehr als verbindlich fest, weil dieser in seinem Herrschaftsgebiet vorherrschend war. Später setzten die europäischen Kolonialmächte ihr jeweiliges System auch in ihren Kolonialreichen durch. ◀

PAPIERE & GELD

Manche Länder verlangen den **Internationalen Füherschein** (USA, Kanada, Ägypten). Sie erhalten ihn gegen Gebühr beim Ordnungsamt. Voraussetzung ist jedoch der »neue« Führerschein im Scheckkartenformat (seit 1999).

**www-Einstieg:** Automobilclubs: ADAC, VCD, ÖAMTC, TCS, AvD, ACE, ACS, AAA …

## Die Zulassung zum Straßenverkehr

Der **Kraftfahrzeugschein** ist das amtliche Dokument, dass Ihr Fahrzeug zum Straßenverkehr zugelassen ist. Sie erhalten ihn bei der Kfz-Zulassungsbehörde (Straßenverkehrsamt). Voraussetzung für die Zulassung sind

- der Nachweis des Eigentums, belegt durch Kfz-Brief;
- die technische Eignung des Fahrzeugs, belegt durch die Hauptuntersuchung einer technischen Prüfstelle von TÜV, Dekra etc.;
- die finanzielle Sicherung möglicher Schäden bei Dritten, belegt durch die Kfz-Haftpflichtversicherung.

Nach außen erkennbar ist die Zulassung am Nummernschild mit der TÜV-Plakette. Als **Nationalitätskennzeichen** gilt innerhalb der EU-Staaten (und in der Schweiz) das blaue **Euro-Autokennzeichen.** Ohne Euro-Kennzeichen und ohne Nationalitätszeichen drohen in manchen EU-Ländern hohe Geldbußen. Außerhalb der EU wird das alte ovale **Nationalitätenschild** (11,5 x 17,5 cm) von manchen Ländern weiter gefordert. In Ägypten erhalten Sie bei der Einreise neue Kennzeichen in arabischer Schrift.

**Tipp:** Das Formular für den Europäischen Unfallbericht erhalten Sie online von vielen Anbietern als Download, ergänzt durch eine mehrsprachige Ausfüllhilfe.

## Kfz-Haftpflichtversicherung

Von Land zu Land ändern sich die Anforderungen des Gesetzgebers an die Versicherungssummen. Innerhalb der EU ist das bereits weitgehend vereinheitlicht. Innerhalb Europas schützt eine **Mallorca-Police** vor Unterversicherung, zu erhalten bei ADAC, R+V und anderen großen Versicherungen.

Außerdem beschränken die Haftpflichtversicherer den Gültigkeitsbereich ihrer Versicherungen. Mit der **Grünen Versicherungskarte** (IVK) bestätigt Ihre Haftpflichtversicherung die Gültigkeit der Versicherung für

**www-Einstieg:** Mallorca-Police, Europäischer Unfallbericht, Grüne Versicherungskarte, Kraftfahrzeugschein, GDV, Automobilclubs, Kfz-Versicherer

viele Länder außerhalb der EU und erleichtert so die Formalitäten nach einem Unfall.

▶ Fordern Sie gleichzeitig einen *Internationalen Versicherungsbericht* an.

Manche Länder, z.B. Tunesien und Türkei, bestehen auf einer ausdrücklichen Bestätigung der Versicherung für ihr Land oder verlangen an der Grenze den Abschluss einer **landeseigenen Haftpflichtversicherung.** Schwieriger ist es, eine **weltweit gültige Versicherung** zu finden.

Ein **Autoschutzbrief** ist sinnvoll bei Reisen mit erhöhtem Risiko außerhalb Deutschlands, besonders in den Nachbarstaaten der EU und rund ums Mittelmeer, mit älteren Fahrzeugen oder wenn Kinder mitfahren. Bei Panne, Diebstahl, Unfall oder Erkrankung wird Ihnen die Reise zum Zielort bzw. die Rückkehr zum Wohnort ermöglicht. Hinzu kommen Pannenhilfe, Abschleppdienst, Ersatzteil- oder Arzneimittelversand, Krankenrücktransport, Kinderrückholung, zusätzliche Übernachtungskosten u.a.

Schutzbriefe mit 87er und 93er Bedingungen beschränken ihre Leistungen meist auf Europa, solche mit 96er Standard umfassen meist auch eine Auslandsreisekrankenversicherung, haben einen größeren Geltungsbereich und zusätzliche Leistungen wie Ersatzschlüssel, Haushüter oder Vorschüsse für Rechtskosten und Kautionen.

Autoschutzbriefe erhalten Sie von vielen Haftpflichtversicherern und bei den Automobilclubs. Wenn für den Neuwagen eine »Mobilitätsgarantie« besteht oder ähnliche Leistungen in der Kfz-Versicherung eingeschlossen sind, lohnt sich ein Schutzbrief eher nicht.

Läuft die **Haupt- und Abgasuntersuchung** während der Reise ab? Außerhalb Europas ist die TÜV-Plakette so gut wie unbekannt. Doch kann es bei der Wiedereinreise nach Deutschland Probleme geben, schlimmstenfalls wird das Fahrzeug an der Grenze stillgelegt, wenn es den Straßenverkehr gefährden könnte.

※ **Tipp:** Einige Versicherungen streichen bestimmte Länder aus der Gültigkeit, etwa Marokko oder Algerien. Erklären Sie dem Sachbearbeiter, dass Sie stattdessen eine neue **Grüne Versicherungskarte** mit zeitlich eingeschränkter Gültigkeit haben möchten und schlagen Sie den passenden Zeitraum vor, etwa 4 Wochen. www.autoversicherung.com

※ **Tipp:** Mehr als sieben Stunden Fahrtzeit täglich erhöhen die Unfallgefahr erheblich. Fahrfehler kosten letztlich mehr Zeit. Wechseln Sie sich ab, das Leistungstief liegt in den frühen Nachmittagsstunden. Setzen Sie realistische Tagesziele: Autobahn max. 600 km, Landstraße max. 400 km, Piste max. 150 km und freuen Sie sich, wenn ausnahmsweise mal alles glatt läuft und Sie vielleicht ein bisschen mehr schaffen.

※ **Tipp:** ↗ »Mit dem eigenen Fahrzeug« im pmv-Outdoor-Buch.

# Checkliste: Budgetplanung

▶ Kopieren Sie die Tabelle zur Budgetplanung mehrmals, schätzen Sie die Kosten, variieren Sie sie und tragen sie in die rot unterlegten Zellen, die Summen in die blauen Zellen ein. Auf das daraus resultierende Mindestbudget schlagen Sie 30 % auf. Mit einem Betrag in dieser Größenordnung müssen Sie für die Reise rechnen. Alle Angaben zu den variablen Kosten sollten Sie in einem guten Individualreiseführer genannt finden. ◀

| | feste Kosten | variable Kosten | Summe |
|---|---|---|---|
| **Vorbereitungskosten:** | | | |
| Ausrüstung, Kleidung | | | |
| Visum, Pass, Bescheinigungen | | | |
| Impfungen, Medikamente | | | |
| Versicherungen | | | |
| Reise- u. Sprachführer, Karten | | | = |
| **Kosten für Individualverkehr mit Auto, Motorrad, Fahrrad:** | | | |
| Anschaffung | | pro 100 km | |
| Verbrauchskosten | | | x Strecke |
| Wartungskosten | | | x Strecke |
| Reparaturkosten | | | x Strecke |
| Ausrüstung und Ausstattung | | | = |
| **Kosten für öffentliche Verkehrsmittel:** | | | |
| An- und Rückreise | | pro 100 km | |
| Weiterreise im Land | | | x Strecke |
| öffentlicher Nahverkehr | | | = |
| **Kosten unterwegs:** | | pro Woche | |
| Verpflegung | | | x Dauer |
| Unterkunft | | | x Dauer |
| Eintritt, Veranstaltungen | | | |
| Andenken, Porto, Telefon | | | = |
| Sonstiges | | | |
| Sonstiges | | | |
| **Mindestbudget** | | | = |
| plus 30 % Reserve | | + | |
| **Reisebudget** | | | = |

Es ist ganz einfach: Entweder Sie wollen mit einem festgesetzten Budget in einer von Ihnen bevorzugten Art reisen, dann ergibt sich daraus die Reisedauer. Oder Ihre Zeit ist begrenzt, dann steigen Ihre Kosten für Dienstleistungen. Wie auch immer: Wahrscheinlich werden Sie sich später eher an die einfachen als an die kostspieligen Dinge erinnern.

# GELD – DIESES THEMA BEWEGT ALLE

## Zahlungsmittel

### Euro & US-Dollar

Seit dem 1. Januar 2002 gilt der Euro als Zahlungsmittel in allen Ländern der Europäischen Währungsunion, ↗ Seite 276. Ausgesprochen wird der Euro je nach Land als Öro (F, B, NL, L), Äro (GR), Juro (IRL), Ewro (S) oder E-uro (P, I, E).

Die Alternative zum Euro ist der US-Dollar, bei vielen Reisen ist man auf ihn angewiesen. Seine Symbolkraft ist oft höher als sein tatsächlicher Wert. Als Geschenk, Honorar oder Tauschmittel sind 1-Dollar-Noten daher besser geeignet und billiger als eine 5-Euro-Note. Alle anderen harten Währungen sind weniger verbreitet.

Hält man sich längere Zeit in einem Währungsraum auf, so sind größere Noten von Vorteil. Überall dort, wo Geschäftsleute Mengen Bargeld ins Ausland schaffen wollen, ist der Kurs für größere Noten besser. Kleinere Noten sind nötig für den Geldtausch bei der Ankunft oder Abreise.

Sie können nach Deutschland unbegrenzte Mengen an Bargeld importieren oder exportieren. In jedem Fall sollten Sie Beträge über der Meldefreigrenze von 12.500 Euro bei der Bundesbank melden (außenwirtschaftliches Meldewesen).

### Falschgeld

»Kunden prüfen eine Schale Erdbeeren genauer als einen Geldschein«, meint Dietmar Thiele, Leiter der Falschgeldstelle bei der Deutschen Bundesbank. Von

Mit Hinweisen von Alexander Barth

Alexander Barth (*1958) reiste quer durch Asien, besonders auf dem indischen Subkontinent und im arabischen Raum, und ist als Diplom-Betriebswirt viel in Ost-Europa und der GUS als freiberuflicher Trainer für Bankwesen unterwegs.
www.banktraining.de

www-Einstieg: Bureau of Engraving and Printing, Moneyfactory, Counterfeiting (Falschgeld)

PAPIERE & GELD

**☀ Tipp:** Vor der Reise, spätestens beim ersten Bankbesuch im fremden Land, sollten Sie sich eingehend nach den gerade kursierenden »Blüten« erkundigen oder ob alte Scheine durch neue ersetzt wurden.

dieser Unaufmerksamkeit profitieren die Fälscher. Deswegen gilt: Aufmerksamkeit ist Ihr bester Ratgeber!

Auf eine Million echte Euro-Banknoten kommen 23 Fälschungen (2004), zu 83 % betraf dies 50- und 100-Euro-Scheine. Die Scheine im Geldautomaten kommen direkt von der Bundesbank, dort erhält man mit geringerer Wahrscheinlichkeit Falschgeld. Über alle Merkmale echter Euro-Banknoten informiert die Europäische Zentralbank, die Deutsche Bundesbank verschickt einen Falschgeld-Leitfaden.

Dollars werden häufiger gefälscht: 100 – 200 Noten aus 1 Mio sind Blüten. Die vorletzte Serie neuer Noten begann 1996 mit der 100-Dollar-Note, es folgten die 50-$-Note 1997, die 20-$-Note 1998 sowie die 10- und 5-$-Noten 2000. Bisher waren alle Dollar-Noten grün und gleich groß. Doch die 20-$-Note der letzten Serie, die seit 2003 aufgelegt wird, hat auf der Vorderseite einen Irisdruck in grün-blau/pfirsich und auf beiden Seiten ein Wasserzeichen. Auf der Rückseite steht eine gelbe 20, eine Mikroschrift neben dem Sicherheitsstreifen »Twenty/USA«. Auf der Vorderseite rechts oben kippt die »20« von Rot nach Grün. 2004 erschien die 50-$-Note, 2006 folgte die 10-$-Note, 2008 die 5-$-Note. Die alten Noten bleiben gültig, werden aber erfahrungsgemäß immer weniger gern akzeptiert.

▶ Lernen Sie die landesüblichen Zahlzeichen und Banknoten zu unterscheiden.

**Was von der Zeche übrig blieb: Viele Scheine für wenig Bier in Ghana**
Foto: Ulla Siegmund

- Nehmen Sie möglichst »frische« Noten mit; beschädigte, beschriebene oder ältere Noten werden oft nicht akzeptiert.
- Stückeln Sie die Noten und die Anteile der Währungen.
- Das Risiko, Falschgeld aufzusitzen, ist beim Erstkontakt mit einer unbekannten Währung besonders hoch, also bei der Einreise.

## Währungen tauschen

Jeder Währungstausch kostet Geld. Die Währung des Ziellandes erhalten Sie meist günstiger vor Ort. Bei Nicht-EU-Ländern gilt: Fallen die Wechselkurse der betreffenden Währungen (= weiche Währung), wechseln Sie besser erst im Zielland, steigen sie (= harte Währung), wechseln Sie besser zu Hause.

☀ **Tipp:** Der deutsche **Zoll** veröffentlicht unter www.zoll-d.de Wechselkurse aller Länder. Man kann sogar nachschauen, wie der Kurs vor einigen Jahren stand!

- Verfolgen Sie bereits vor der Reise den Kurs der Landeswährung, beispielsweise mit den Währungsrechnern www.oanda.com und www.xe.net.
- Bei Ihrer Bank müssen Sie die »**Sorte**« meist bestellen, das ist der Fachbegriff für ausländisches Bargeld. Die Kosten dafür steigen im Allgemeinen, je seltener die Bank diese Sorte handelt. Die »Reisebank« finden Sie an großen Bahnhöfen oder Flughäfen; Sortenbestellungen werden online entgegengenommen und per Kurier zugestellt.
- Oft ist die Einfuhr ins Zielland beschränkt, fragen Sie die Bank oder das Konsulat vor dem Umtausch.
- In manchen Ländern werden außerhalb großer Städte oft nur vertraute Fremdwährungen und Zahlungsmittel akzeptiert. Bargeld wird immer zum schlechteren Sortenkurs getauscht, bei Kreditkarten und Reiseschecks erhalten Sie den besseren Geldkurs.

## Reiseschecks

Reiseschecks (*Travellers' Cheques*) werden in gängigen Währungen ausgegeben, gestückelt zu maximal 500. Weltweit bekannt sind die Schecks von American Express und Thomas Cook. Sie kosten einmalig 1 % Versicherung. Sie müssen jeden Scheck zweimal un-

PAPIERE & GELD

terzeichnen; erstmals beim Kauf, dann beim Einlösen. Gegen Vorlage bei einer Bank wird Ihnen der Betrag in der Landeswährung zum Geldkurs ausgezahlt, weitere Gebühren sind unzulässig, doch in vielen Ländern üblich. In manchen Ländern, etwa in den USA, werden die Schecks unmittelbar als Zahlungsmittel akzeptiert. Gestohlene oder verlorene Reiseschecks werden gegen Vorlage der Kaufbescheinigung kostenlos innerhalb weniger Tage ersetzt. Zuvor muss man ein »Plausibilitätsinterview« bestehen, das telefonisch bei länderspezifischen Telefonnummern durchgeführt wird.

⁂ **Tipp:** Lassen Sie Ersatzschecks an eine örtliche Bank liefern, nicht ins Hotel.

▶ Für Ersatzschecks benötigen Sie eine Liste der Schecknummern, auf der die eingelösten Schecks markiert sind, sowie den Kaufbeleg. Beides sollte getrennt aufbewahrt werden, kopieren Sie beides zusätzlich.

## EC-, Maestro- und Kreditkarten

Die **Maestro-Karte** (früher: EC-Karte) ist eine »Debit«-Karte, sie erfordert ein Girokonto: Online wird geprüft, ob das Konto gedeckt ist, dann wird der gewünschte Betrag abgebucht, die Landeswährung wird ausgezahlt. Übrigens wird beim Benutzen eines Geldautomaten der Magnetstreifen aufgefrischt, auch wenn Sie kein Geld abheben.

**www-Einstieg:** Sperr-Notruf, Kartensicherheit, Kartenschutz

Auch manche »Kreditkarten« werden als Debitkarten angeboten. Mit Ihrer Geheimzahl können Sie alle Maestro-Geldautomaten nutzen. Da die Banken meist eine Pauschalgebühr berechnen, ist es billiger, möglichst hohe Beträge abzuheben. In viele Ländern könnten Sie sich immer am Geldautomaten mit der Landeswährung versorgen, jedoch ist die Anzahl der angeschlossenen Geldautomaten von Land zu Land extrem unterschiedlich.

⁂ **Tipp:** Wie viele Geldautomaten in Ihrem Reiseziel dem jeweiligen System angeschlossen sind, finden Sie online bei Maestro, MasterCard, Visa, American Express, Diners Club, Postbank, Barclay's Bank.

Die verbreiteten **Kreditkarten** (Visa, Master, American Express, Diners) werden als »Charge-Cards« ausgegeben. Monatlich kommt eine Rechnung über die Gesamtsumme, diese wird dann vom Girokonto abgebucht – man erhält also maximal einen Monat zinsfreien Zahlungsaufschub, maximal in Höhe des Dispositionskredits Ihres Kontos.

Die klassische Kreditkarte wird heute meist als VIP- oder Gold-Karte ausgegeben. Sie dient zum täglichen Bezahlen nahezu beliebig hoher Beträge. Man erhält tatsächlich Kredit, der früher oder später mit mehr oder weniger Zinsen berechnet wird. Für diese Karten wird ein hohes Jahreseinkommen vorausgesetzt.

Alle Karten erfordern ein kontrolliertes Kaufverhalten: Wer seine Ausgaben nicht im Griff hat, erlebt eine böse Überraschung. Leider erheben die Karteninstitute außerhalb der EU meist Gebühren von 1 bis 2 %. Die Filialen der Kartengesellschaften und angeschlossene Banken zahlen auch Bargeld aus, dann sind die Gebühren mit 3 – 4 % recht hoch, allerdings kann man auf diesem Weg »harte Währungen« erhalten. Karten sind ideal, wenn Sicherheiten verlangt werden, etwa um einen Wagen zu mieten. Sie ersetzen dann eine Kaution; in den USA werden Mietwagen fast nur gegen Kreditkarte verliehen. Der meist genannte Vorteil – viele Millionen Akzeptanzstellen in nahezu allen Ländern – ist jedoch nur bei einem bestimmten Reisestil wirklich vorteilhaft. Je weniger städtisch und je ärmer Land und Gegend, desto weniger sinnvoll ist eine Kreditkarte für das tägliche Bezahlen.

## Vorbeugende Sicherheitstipps

▶ Wenn Sie zu zweit reisen, lassen Sie sich vor der Reise jeweils eine Zusatzkarte für die Kreditkarte Ihres Partners ausstellen und bewahren diese getrennt auf.

▶ Heben Sie unterwegs die Zahlungsbelege auf, denn es könnte falsch oder doppelt abgerechnet werden.

▶ Bei mechanischer Abwicklung vernichten Sie das Durchschlagpapier, damit können Belege gefälscht werden.

▶ Verteilen Sie Ihr Geld auf zwei bis drei Depots. Das ist sicherer, übersichtlich und kontrollierbar. Das Handgepäck ist schon per se ein favorisiertes Objekt für Diebe, da sollte nicht auch noch Geld drin sein:

☀ **Tipp:** Manche Automobilclubs und Versicherer bieten einen Sperrservice, der sich im Falle des Verlustes um alles kümmert: alle Karten sperrt, Ersatz liefert, Überbrückungsgeld zahlt. Viele Institute sind unter der zentralen Spernummer zu erreichen: +49/116116. Ihr Anruf wird kostenlos an die richtigen Sperrdienste weitergeleitet.

☀ **Tipp:** Viele Banken, Versicherungen und Firmen bieten Kreditkarten zu unterschiedlichen Konditionen an, manchmal ist das erste Jahr kostenlos. Ein Vergleich der Anbieter (z.B. von Focus) kann erhebliche Kosten sparen.

☀ **Tipp:** Mit der Postbank-Spar-Card können Sie jährlich zehn Mal weltweit kostenlos Geld abheben.

- Im **Geldgürtel** befinden sich am Körper unter der Kleidung die größten Geldvorräte, überwiegend Devisen. Dieser Platz ist sehr sicher, doch schwer zugänglich und sollte nie öffentlich benutzt werden. Große Beträge entnehmen Sie vorher im Hotel oder auf der Toilette.
- Im Alltag muss Geld in Landeswährung und meist kleinen Beträgen schnell verfügbar sein. Dafür bietet sich eine **kleine Geldbörse** an. Für Taschendiebe nahezu unzugänglich sind die vorderen Hosentaschen.
- Eine **Notreserve** befindet sich in Hotelsafe, Rucksack oder Koffer. Diese Stellen sind unsicher, sollten also nur 2 Tagesausgaben in bar, einige Schecks und eine zweite Kreditkarte enthalten.

☀ **Tipp:** Misstrauen Sie allen konspirativen Wechselgeschäften.

Lässt sich am Wertunterschied genug verdienen, gibt es auch einen **Schwarzmarkt** für Devisen. Das Risiko, dort Geld zu tauschen, ist hoch, der Gewinn ungewiss. Die im Land lebenden Ausländer kennen die Situation. Oft werden Sie angesprochen werden, da Sie als Ausländer zu erkennen sind. Dann ist die Gefahr groß, entweder einem Provokateur aufzusitzen oder von einem Gauner übers Ohr gehauen zu werden:

- Der Händler ruft »Polizei!« und läuft mit Ihrem Geld davon.
- Ihnen wird mit viel heimlichem Getue ein Briefumschlag überreicht, der angeblich den Tauschbetrag enthält.
- Ihnen wird Falschgeld angedreht oder alte, ungültige Scheine oder Scheine mit ähnlichem Aussehen, aber geringerem Wert.
- Geld wird Ihnen im Bündel vorgezählt, dabei sind einige Scheine gefaltet, liegen also auf der gezählten Seite des Bündels doppelt.
- Ständig wiederholtes Zählen, Handeln, Hin- und Herschieben deutet auf einen Taschenspielertrick hin.

### Im Verlustfall

Bei Verlust ist zunächst nur ein Stück Plastik weg. Damit der Schaden nicht größer wird, müssen Sie vorbereitet sein und schnell reagieren:

▶ Notieren Sie die Nummern aller Karten, deren Gültigkeit sowie die zuständigen Notrufnummern.

▶ Diese Angaben deponieren Sie im Gepäck, im Info-Paket zu Hause und im eMail-Safe, ↗ Seite 311.

▶ Melden Sie den Verlust jeder einzelnen Kreditkarte sofort beim Sperrservice.

▶ Notieren Sie Uhrzeit und Datum der Verlustmeldung, danach haften Sie in der Regel nicht mehr.

▶ Bei Diebstahl müssen Sie sofort Anzeige erstatten, Namen des Beamten notieren, Bestätigung erbitten.

## Online-Banking

Einerseits sollte man unterwegs auf **Online-Banking** verzichten. Andererseits wird empfohlen, Kontobewegungen wöchentlich zu prüfen. Die Widerspruchsfrist beträgt vier Wochen, also benötigt man zumindest die Zugangsdaten. Um sicher zu sein, dass man mit der Bank direkt verbunden ist, sollte man

▶ die **Webadresse** von Hand eingeben (und keinen Link benutzen) sowie

▶ sofort die **Kontenübersicht** aufrufen (diese Daten kann nur die eigene Bank anzeigen),

▶ prüfen, ob eine **verschlüsselte SSL-Verbindung** aufgebaut ist. Der Browser zeigt dann eine https://…-Adresse an sowie ein verriegeltes Schloss-Symbol.

▶ Bei jedem **systembedingten Abbruch** und jeder Aufforderung, eine zweite TAN anzugeben, die Bank verständigen.

## Geldtransfer ins Ausland

Ohne Karte ist es schwierig und teuer, Geld aus der Heimat zu erhalten:

• Sie lassen sich einen **Firmen- oder Privatscheck** per Post oder Kurier schicken. Vermerken Sie handschriftlich »Nur zur Verrechnung«, das beugt dem Missbrauch vor. Der Betrag wird dem Empfangskonto meist erst gutgeschrieben, wenn er dem Absenderkonto belastet wurde. Das kann dauern. Bei Verlust oder Diebstahl tragen Sie das Risiko.

☀ **Tipp:** Mögliche Überweisungsverfahren sollten Sie vor der Reise mit Ihrer Bank detailliert klären: Kosten, Dauer, Vollmachten, Ansprechpartner ... Läuft z.B. eine Überweisung von Frankfurt über New York nach Kongo, so berechnet jede beteiligte Bank Transaktionsgebühren und bei jedem Währungswechsel werden erneut Gebühren fällig!

- Sie lassen sich einen (garantierten, internationalen) **Bankscheck** (Bank Draft) per Post oder Kurier schicken. Der Bankscheck wird bei der Bank gekauft und sofort bezahlt. Nun garantiert die Bank, dass der Scheck eingelöst wird. Das beschleunigt die Gutschrift auf dem Empfängerkonto erheblich. Auch hier tragen Sie das Risiko bei Verlust und Diebstahl.

- Die **SWIFT-Überweisung** ist eine der schnellsten und sichersten internationalen Überweisungsmethoden (Society of Worldwide Interbank Financial Telecommunication). Theoretisch sollte der überwiesene Betrag innerhalb von 24 Stunden auf dem Konto des Empfängers eingehen. Die Kosten umfassen eine Kommission, Wechselgebühren sowie eine Überweisungsgebühr. Nicht jede Bank ist dem Swift-Verfahren angeschlossen. Erfragen Sie also zunächst **IBAN** (*International Bank Account Number*) und BIC (*Bank Identifier Code*) der Empfängerbank und teilen Sie diese Nummern dem Absender mit. Die IBAN besteht aus Länderkürzel (2 Stellen), Prüfziffer (2), Bankleitzahl (8), Kontonummer (10).

- Bei **anderen Überweisungsverfahren** ist es vorteilhaft, als Empfängerbank eine »Korrespondenzbank« der Absenderbank einzuschalten. Etliche außereuropäische Geldhäuser sind in der Bankenmetropole Frankfurt vertreten. Dort können Sie auch bar einzahlen oder ein Konto im Zielland eröffnen.

- **Geldtransfer-Dienstleister** wie Moneygram oder Western Union sind spezialisiert auf Geldtransfer für Kunden ohne Bankkonto, organisieren jedoch auch Überweisungen. Solche Transfers sind schneller und sicherer als alle anderen zuvor beschriebenen Verfahren, kosten jedoch 7 – 10 % des Überweisungsbetrags. Der Absender bringt Bargeld in eines der Agenturbüros und gibt an, in welchem Agenturbüro auf der Welt der Empfänger den Betrag abheben soll. Der Vorgang kann in Minutenschnelle abgewickelt werden.

- **Online-Banking** verschafft Ihnen den Internetzugang zu Ihrem Girokonto. Beantragen Sie den Zugang rechtzeitig vor der Reise bei Ihrem Geldinstitut. Weltweit können Sie dann von jedem Internetanschluss aus Ihr Konto verwalten. Beachten Sie dabei aber einige Sicherheitshinweise, ➚ »Internetcafé«, »Online-Banking«. Sicherer ist das m-TAN-Verfahren, dabei erhalten Sie die TAN aufs Handy.

▶ Wenn es Ihnen zu riskant ist, PIN und TAN mitzuführen: Im WISO-Datensafe vom Buhl können Sie wichtige Daten hinterlegen und online einsehen.

## Mit Geld haushalten

Ihr Reisebudget ist begrenzt und verteilt auf mehrere Währungen, auf Schecks und Bares. Setzen Sie Ihre Zahlungsmittel überlegt ein, auch hinsichtlich der nächsten Länder und des Geldes für die Heimkehr.

▶ Erfassen Sie Ihren **Devisenhaushalt** sorgfältig. Das ist wichtig für die Budgetplanung, im Falle eines Diebstahls oder Verlustes sowie bei der Devisenerklärung an der Grenze.

- *Zahlungsmittel:* Bar, Travellerscheck, Kreditkarte …
- *Währung:* mitgeführte Devisen, z.B. US$, £, Euro
- *Effektiver Kurs* nach Abzug der Gebühren
- *Wer* hat getauscht? Bei gemeinsamer Kassenführung.
- *Wofür* wurden Devisen getauscht? Flugticket, Visagebühren …

▶ Erfassen Sie zumindest Ihre größeren Ausgaben sowie solche Ausgaben, die Sie personenbezogen abrechnen wollen.

- *Wofür* wurde gezahlt? Unterkunft, Gebühren, Telekommunikation, Bücher & Karten, Ausrüstung & Reparatur & Ersatzteile, Arzt & Medikamente, Fahrkarten & Eintritt – Essen & Trinken ergeben sich aus dem Rest.

**Mehr Information**
Der **Bundesverband Deutscher Banken,**
www.bdb.de, informiert online und mit einer Broschüre über Sicherheitsrisiken beim Online-Banking.

### Ihre Devisen

| Datum | Ort | Bank/Geschäft | Zahlungsmittel | Währung |
|---|---|---|---|---|
| 13.10.12 | Accra | Forex Bureaus | bar | US$ |
| **Landeswähr.** | **Gebühren** | **Eff. Kurs** | **Wer?** | **Wofür?** |
| Cedi | … | … | … | … |

| Datum | Ort | Geschäft | Wofür? | Betrag |
|-------|-----|----------|--------|--------|
| 15.11.13 | Lomé | Werkstatt | Bremsen | ... |
| **Landeswähr.** | **Zahl.mittel** | **€** | **Wer?** | **Für wen?** |
| Cedi | Kreditkarte | ... | ... | ... |

- *Zahlungsmittel:* Bar, EC-Karte, Travellerscheck, Kreditkarte …
- *Euro:* umgerechneter Betrag
- *Wer* hat bezahlt? Nur nötig bei gemeinsamer Kasse.
- *Für wen* wurde bezahlt? Private Kosten bei gemeinsamer Kasse.
- Zwischensumme der Landeswährung bei Ausreise
- Summe der Ausgaben in Euro nach Zweck bzw. pro Person

▶ Vergleichen Sie Ihre Ausgaben wöchentlich mit Ihrem **Budget.**

▶ Ziehen Sie **Zwischenbilanz** beim Verlassen eines Landes:

- Summe der getauschten Devisen (€, US$ …) und der Gebühren
- Summe getauschter Devisen (Person 1, Person 2 …)
- Zwischensumme der Landeswährung bei Ausreise

# TELE-KOMMUNI-KATION

**www-Einstieg:** Deutsche Post, Telecom, Express Mail Service EMS, DHL, UPS, Speditionen: Kühne & Nagel, Schenker, Panalpina, Kuriere: UPS, FedEx, DPD …

**eMail ist zum Kommunikationskanal erster Wahl geworden und es gibt kaum noch Gründe, Briefe zu schreiben. Wenn es jedoch schnell gehen soll und Vertraulichkeit gewährleistet sein muss, gibt es seit 2011 die Möglichkeit des ePost-Briefes. Dazu müssen Sie frühzeitig eine ePost-Adresse beantragen. Eine Alternative bietet De-Mail.**

## Post

Benutzen Sie keine Briefkästen. Geben Sie **Briefe** und Ansichtskarten auf der Hauptpost ab und lassen Sie die Briefmarken sofort stempeln, damit diese nicht wieder abgelöst werden. Postlagernde Sendungen können auch unter Ihrem Vornamen abgelegt worden sein. Sie sollten wie folgt an Sie adressiert sein: NAME, Vorname//Poste restante//General Post Office//PLZ-Ortsname-LAND.

**Pakete** können per Luftfracht schnell und teuer verschickt werden. Per Seefracht dauert der Transport oft Monate, ist aber deutlich billiger. Der Transport über Land (surface) ist in Europa und von vielen asiatischen Ländern aus die günstigste Versandart. Zunehmend kann die Sendung im Internet verfolgt werden (tracking and tracing).

**Kurierdienste** setzen auf Schnelligkeit und befördern ohne zwischengeschaltete Sammelstellen direkt vom Absender zum Empfänger. In dringenden Fällen lassen sich so Dokumente, Medikamente oder Ersatzteile schnellstmöglich transportieren.

# Telefon

Das **Handy** heißt außerhalb Deutschlands *cellular* oder *mobile phone*. Wenn Sie damit im Ausland erreichbar sein wollen, muss erstens Ihr Netzbetreiber mit dem Netzbetreiber an Ihrem Reiseziel kooperieren *(International Roaming)* und zweitens muss Ihr Handy das dort verfügbare Netz (GSM 850, 900, 1800, 1900) erkennen. Beispielsweise verlangt das Funknetz in den USA und Kanada GSM 1900. Zudem kann die Art Ihrer Prepaidkarte das Roaming oder die Netzwahl beschränken. Auch UMTS-Handys nutzen unterschiedliche Standards, in Deutschland UMTS 2100.

Besonders teuer wird es, wenn Sie mit Ihrem Handy unter der gewohnten Telefonnummer im Ausland erreichbar sein wollen. Etwas billiger wird es, wenn Sie vor dem Verlassen Deutschlands die »bedingte Rufumleitung« abschalten, sonst entstehen durch einen ankommenden Anruf Kosten für bis zu drei Telefonate. Klären Sie mit Ihrem Netzanbieter, ob sich am Reiseziel Passwörter oder Vorwahlnummern ändern.

Besonders billig wird es meist, wenn Sie die eingebaute SIM-Karte am Reiseziel durch eine **SIM-Karte**

※ **Tipp:** Erfragen Sie die zugelassenen Maximalmaße, das Maximalgewicht und die Anforderungen an die Verpackung. Zusatzkosten können entstehen für Expresslieferung, Versicherung, Verpackung, Steuer, Zoll.

**So adressieren Sie richtig (DIN 5008):**
NAME, Vorname
Poste Restante
General Post Office
PLZ ORTSNAME (in der Landessprache)
LAND (von D auf Deutsch, sonst auf Französisch und/oder Englisch)

※ **Tipp:** Die Hauptpost, General Post Office, nennt sich in USA und Kanada Main Post Office, auf Spanisch Central de Correos und auf Französisch Bureau de Poste Centrale.

※ **Tipp:** Für Seefracht-Pakete, die nicht von der Post befördert werden, finden Sie weltweit in großen Häfen NVOCC-Spediteure (Non-Vessel Operating Common Carriers) mit LCL-Service (Less than container load).

**PAPIERE & GELD**

**www-Einstieg:** Telekom Deutschland, Vodafone, e-plus, O2, Roaminginfo, Dualband-, Triband-, Quadband-Handy, GSM Association, SIM-Lock, Netlock

☀ **Tipp:** Vor der Reise die »bedingte Rufumleitung« abschalten und Sim-Lock entfernen.

☀ **Tipp:** In vielen Ländern (nicht in Deutschland) erreichen Sie auch ohne SIM-Karte über 112 oder 911 (Nordamerika) die Notrufstelle.

**des dortigen Netzanbieters** ersetzen. Dabei ändert sich natürlich Ihre Nummer. Voraussetzung hierfür ist, dass Sie SIM- und Netlock entfernen. SIM-Lock oder Netzcode bindet das Handy an die bisherige SIM-Karte, Netlock bindet Sie an die SIM-Karten Ihres bisherigen Netzbetreibers. Beide können meist zwei Jahre nach Kauf bzw. Vertragsbeginn entfernt werden.

Mittels Handy können Sie auch eine Internetverbindung herstellen, eine zufriedenstellende Datenübertragung verlangt allerdings ein **UMTS-Netz.** Ein UMTS Mobilfunk-Modem kann auch in einem Netbook eingebaut sein oder als externer UMTS-Stick zum Verbinden genutzt werden.

Vergleichen Sie die Vertragskosten, es werden Tages- und Monatsflatrates, Datenpakete und Kombinationen abgerechnet. Kriterien sind Netzabdeckung, Übertragungsqualität, Abrechnungstakt (Wann ist ein Tag ein Tag?).

**Satellitentelefon** ↗ »Arktisches Trekking in Spitzbergen«.

**UMS:** Ein Unified Messaging Service bietet die Telefonnummer einer netzseitigen VoiceMailbox und ist bei Mobilfunkanbietern, VoIP-Anschlüssen und Festnetzanschlüssen verfügbar. Sie empfängt Telefonate, eMails, Faxe, SMS und wandelt diese ineinander um, sodass Sie eine Nachricht aufs Handy oder per eMail erhalten können.

**WLAN** – die im Gegensatz zu LAN kabellose Internetverbindung heißt in Südostasien, in den USA und anderswo *WiFi*. Internet-Clients (z.B. das Netbook) zeigen die verfügbaren Drahtlos-Netzwerke an. Das Passwort ist für die Kunden der Hot-Spots (Guesthouses, Cafés, …) meist kostenlos. Ungesicherte WLAN-Verbindungen können theoretisch von Dritten abgefangen und manipuliert werden; das Benutzen von Kennwörtern sollte man dann vermeiden.

Die passwortgeschützte Verbindung über den Router ist in der Regel sauber und sicher, erkennbar an der angezeigten WPA- oder der neueren WPA2-Verschlüsselung. Allerdings ist man natürlich Teil des Netzwerkes des jeweiligen Hot-Spot-Anbieters. Nicht auszuschließen bleibt, dass dieser selbst mit viel krimineller Energie, technischem Sachverstand und hohem Aufwand im Datenverkehr mitmischt. Eine dürftige Übertragungsqualität lässt sich verbessern, wenn man ein Netzwerkkabel an den Router anschließt.

## eMail

**eMails** sind wie Postkarten, jeder kann sie lesen und manche Provider lesen sie automatisch, damit kontextbezogene Werbung angehängt werden kann.

Bei (fast) allen Online-Zugängen muss man eine eMail-Adresse angeben, damit erhalten solche Adressen einen vergleichbaren Wert wie Kennwörter, werden jedoch erheblich laxer verteilt. Rechtlich sind eMails Geschäftsbriefen gleichgestellt.

Erhält ein Fremder Zugang zu einem Postfach, kann er die Zugangsdaten ändern und über die vorhandene Korrespondenz »Identitäts-Diebstahl« begehen. Sinnvoll ist es daher, **mehrere eMail-Accounts** für unterschiedliche Zwecke anzulegen:

- eine »Wegwerf-Adresse« für unterwegs;
- eine öffentliche für soziale Netzwerke wie Twitter, Flickr, Facebook;
- eine halb-öffentliche für Familie und Freunde;
- eine private für Bestellungen, Shops, Ebay;
- eine geheime für Banken;
- eine für berufliche Zwecke.

**www-Einstieg:** Wegwerfadressen: www.discardmail.com, www.nerv-mich.net, www.sofort-mail.de, www.center-mail.com, www.spamgourmet.com

☀ **Tipp:** Vermeiden Sie Adressen der Form Vorname@provider.de, info@Meine_Domain.de, webmaster@Meine_Domain.de, Meine_Name@Mein_Name.de. Solche Adressen werden automatisch generiert und systematisch mit Spam beschickt.

## Online sein

### Sicherheit im Internet-Café

Öffentlich zugängliche Computer in Hotels oder **Internet-Cafés** dürften in der Regel sowohl von Viren befallen als auch mit Spionage-Software (z.B. Keylogger, Trojaner) bestückt sein. Damit besteht die Gefahr, dass Daten und Passwörter mitgeschnitten werden. Dass man Daten und Passwörter nicht auf einem sol-

PAPIERE & GELD

**☀ Tipp:** Sofern man sich genötigt fühlt, relevante Informationen zu verschicken, sollte man diese (a) auf mehrere eMails verteilen und verzögert senden, (b) unkommentiert senden und (c) erklärende Hinweise später, in der letzten eMail, senden. Ausdrücke wie »Passwort« und »Geheimnummer« vermeiden.

chen Computer speichert, dürfte selbstverständlich sein. Weitere Gegenmaßnahmen sind eher bescheiden oder erfordern Sachkenntnis:

▶ **Kennwörter** über eine virtuelle Bildschirmtastatur per Mausklick eingeben. Windows XP bietet eine solche im Startmenü unter Ausführen mit dem Befehl osk, weitere virtuelle Tastaturen etwa bei www.andrej-koch.de.

▶ Vor und nach dem Surfen den **Browser-Cache leeren** (alias Browserverlauf, temporäre Dateien, Chronik). Findet sich meist unter Extras … Optionen – sofern man mit der Sprache und den Schriftzeichen des öffentlichen Computers klarkommt.

▶ Wenn es sich gar nicht vermeiden lässt, Daten über den USB-Stick mit fremden Rechnern auszutauschen, sollte dieser zumindest anschließend mit **Antiviren-Software** gründlich untersucht werden.

▶ Mit **Portable-Versionen** von z.B. Antivir und/oder Spybot auf einem USB-Stick könnte man den Wirt-PC scannen, doch das ist zeitraubend.

### Handy, Smartphone, Netbook, Notebook oder Internet-Café?

Als kleine Lösung bietet sich ein **Smartphone** an. Thomas Simoneit: »Damit kann man per WLAN eMail und News lesen und auf Webseiten surfen. Auch Navigation und GPS sind dabei. Noch besser: Man kann VoIP Telefonie nutzen, z.B. mit der kostenlosen Software Nimbuzz. Diese integriert Skype, StudiVZ und andere in einer Oberfläche.« Wer mehr möchte, sollte seine Bedürfnisse klären:

- Reiseberichte und andere Texte schreiben
- eMail abrufen und schreiben
- über das Internet Reise-Infos recherchieren oder Nachrichten lesen
- Bilder von der Digitalkamera speichern
- Musik hören
- über Skype telefonieren

Wem das genügt, der nimmt ein **Netbook** und fährt los. Überfordert ist ein Netbook durch grafisch anspruchsvolle Computerspiele, Videos und deren Bearbeitung.

Für unterwegs sind wichtig eine möglichst lange Akku-Laufzeit sowie ein möglichst guter (matter) Bildschirm für den Einsatz im Freien und bei viel Sonne. Die Schnittstellen des Gerätes müssen den Bedürfnissen entsprechen: externer Bildschirm, Kartenleser für die Kamera, Headset, USB-Stick, UMTS-Stick, Maus, externes optisches Laufwerk, Netzwerk usw. Zusätzlich können sinnvoll sein:

**Hier geht alles weg: Poststelle in Bangkok**
Foto: Christel Loock

- LED-Leuchte mit Klammer, um die Tastatur abends zu erleuchten
- USB Stick 1 zum Sichern der Daten
- USB Stick 2 zum Übertragen von Daten auf andere Rechner
- UMTS-Stick
- Netzwerkkabel RJ45
- Headset (Bluetooth).

## Die Daten sichern

Wer unterwegs ein intimes Tagebuch führt, vertrauliche eMails austauscht, wichtige Daten der heimatlichen Festplatte präsent hat oder gar Online-Banking machen möchte, sollte Daten und Netbook gut schützen. Sensible Daten müssen für Dritte dauerhaft unzugänglich sein, auch wenn der Datenträger verloren oder gestohlen wird. Das erfordert einigen Aufwand.

☀ **Tipp:** Wenn Sie hochsensible Daten sicher löschen wollen, genügt die normale Löschfunktion nicht. Abhilfe schafft etwa Sdelete, als Download bei Microsoft.

▶ **Benutzerkonten** einrichten und mit Kennwort versehen, ganz einfach in der Systemsteuerung. Das schützt vor neugierigen Mitbenutzern, ist für einen Hacker jedoch in einer Stunde zu knacken.

▶ Eine **Verschlüsselungssoftware** sichert den gesamten Datenträger.

PAPIERE & GELD

**Tipp:** Festplattenver-schlüsselungen zu benut-zen, zu importieren oder zu exportieren ist nicht in jedem Land erlaubt, siehe »Encryption regulations«, Cryptolaw.

Sicherheitslücken der installierten Programme sollten jeden Morgen durch **Updates** geschlossen werden, da-bei hilft etwa Secunia PSI. Ebenfalls täglich sollte die Antiviren-Software aktualisiert werden.

**Passwörter** organisieren: Die meisten Passwörter können mit Programmen geknackt werden, die im In-ternet zu finden sind. Ein sehr sicheres Passwort wie Df8V(f)dW ist

**Tipp:** Manche Sonder-zeichen fehlen auf Tasta-turen in anderen Ländern oder werden nicht bei al-len Dienstleistern ange-nommen.

- völlig sinnfrei und zufällig
- mindestens acht Zeichen lang
- besteht aus Groß- und Kleinbuchstaben
- enthält Zahlen und Sonderzeichen im Wortinnern.

Als Merkhilfe dient eine Liedzeile, ein Vers, ein Sprich-wort, im obigen Fall wäre das: Der frühe (8:00) Vogel (fängt) den Wurm.

Ein Passwort-Safe oder -Manager sichert die Viel-zahl von Zugangsdaten und Passwörtern: Keepass, Roboform, Mobilsitter.

### Die Daten organisieren

Vor Datenverlust, etwa nach einem Festplatten-Crash, schützen nur mehrfache **Sicherheitskopien:**

- Auf einem gesicherten **USB-Stick** oder auf einem USB-Stick mit Hardware-Verschlüsselung z.B: www.block-mastersecurity.com/product/secure-usb.
- Auf einem **Server**, in einem eMail-Account oder in ei-nem Serverspeicher. Zu finden unter dem Stichwort Webspace free.
- Über »**sharehoster**« wie rapidshare.com oder Picasa von Google kann man Daten, etwa Urlaubsbilder, (öf-fentlich) hinterlegen und Freunden über einen Link zu-gänglich machen. Das ist einfacher und schneller als umfangreiche Bildanhänge per eMail zu verschicken.

**www-Einstieg:** Gladinet Cloud, Windows Live, Google Docs, Amazon S3, box.net, Synchronisati-onssoftware: Microsoft SyncToy, Robocopy

Erst nach der Rückkehr zeigt sich ein Problem, das man besser vor der Reise bedenken sollte: Wie wer-den die Daten der Netbook-Festplatte mit den Daten auf dem heimatlichen Computer synchronisiert? Neue Dateien entstanden unterwegs, alte Dateien wurden geändert.

# REGISTER

# REGISTER

Länder, Orte, Stichworte, Personen

## 77 SCHÖNSTE ORTE RUND UM BERLIN

Ausflüge zu Schlössern, Seen und Sehenswürdigkeiten. Mit 166 Einkehrtipps
Wolfgang Kling

Zu den 77 schönsten Orten rund um Berlin: Raus aus der Stadt und rein in die Natur! Jedes Ziel ist mit der Bahn erreichbar. Bei allen Ausflügen gibt es zudem tolle Einkehrmöglichkeiten. Vom Schloss Rheinsberg im Norden bis Lübbenau im Süden ist für jeden der passende Ausflug dabei. Zum Radeln, Wandern, Einkehren. Mit Beschreibung, Einkehrtipps und farbigen Karten.

ISBN 978-3-89859-314-4
304 Seiten, 16 Euro [D]

pmv sorgt für umweltfreundliche Herstellung und klimaneutralen Druck. Gedruckt wird ausschließlich in Deutschland und auf FSC®-zertifiziertem Papier.

## HANNOVER MIT KINDERN

400 spannende Ausflüge und Aktivitäten im Herzen Niedersachsens
Kirsten Wagner

Was können Familien in Hannover und der Region unternehmen? Welche Radeltouren machen Kindern Spaß, wo kann der Nachwuchs paddeln lernen, wo die Familie schwimmen gehen? Antworten auf diese und 400 noch ungestellte Fragen gibt dieser konkurrenzlose Freizeitführer.

»Das Angebot an guten Hannover- und Niedersachsen-Führern ist spärlich, also unbedingt zugreifen!«
ekz Bibliotheksservice

ISBN 978-3-89859-418-9
304 Seiten, 16 Euro [D]

Alle »mit Kindern«-Titel mit lustigen Tier-Cartoons und Daumenkino!

## AUSFLÜGE MIT GENUSS: WEINFRANKEN

Wandern, Radeln, Einkehren
Barbi Lasar

Ob Freunde, Kinder, Großeltern oder gleich der ganze Globetrotterverein – dieser vielfältige Freizeitführer lockt jeden vor die Haustür. 86 x Einkehr, 29 x Einkaufen beim Winzer und Bauern. Kombiniert mit gemütlichen Wanderungen und knackigen Radtouren, urigen Mühlencafés und rustikalen Winzerhöfen: 20 vielseitige Ausflüge in Kombination mit der passenden Einkehr machen das Wochenende schöner.

»Genuss wird hier nicht nur aufs Kulinarische bezogen, sondern schließt den Augenschmaus, den die fränkische Landschaft mit Fluss, Wald und Weinbergen bereithält, mit ein.«
Fränkische Nachrichten

ISBN 978-3-89859-316-8
224 Seiten, 14,95 Euro [D]

### BERCHTESGADENER LAND & CHIEMGAU MIT KINDERN

Über 400 spannende Aktivitäten zwischen Rosenheim und Salzburg

Katja Faby, Antje Kindler-Koch

Wochenend- und Ferienspaß für die ganze Familie im Berchtesgadener Land und im Chiemgau mit kinderfreundlichen Beschreibungen, Adressen, Anfahrten, Öffnungszeiten und Preisen.

**ISBN 978-3-89859-427-1
272 Seiten, 16 Euro [D]**

### 33 SCHÖNSTE RAD-TOUREN RHEIN-MAIN

Radeln von leicht bis weit rund um Frankfurt

Mit Extra-Tourenkarte

Alexander Kraft

Das bringt Schwung ins Leben: Die schönsten Radeltouren in Rhein/Main. Vom Rheingau bis zum Vogelsberg, vom Taunus bis zur Bergstraße. Insgesamt 1549 km für Sportive, Familien und Genussradler. Mit Einkehr, Unterkunft, Extra-Karte und GPS-Daten zum Herunterladen.

**ISBN 978-3-89859-318-2
224 Seiten, 18 Euro [D]**

### GHANA

Praktisches Reisehandbuch für die »Goldküste« Westafrikas

Jojo Cobbinah

Ein Reisehandbuch von erster Güte für Individualreisende, Naturliebhaber und Kulturfreunde. Adressen und Hintergründe, Reisetipps und Wirtschaftsfakten, übers Essen und wie man sich die Hand gibt, von Wasserfällen und Sklavenburgen …
Ein einzigartiges Buch, kundig recherchiert und auf den Punkt gebracht von Jojo Cobbinah.

»Der mit Abstand beste Afrika-Reiseführer überhaupt.«
Studie Deutsche UNESCO-Kommission

**ISBN 978-3-89859-155-3
512 Seiten, 32 Euro [D]**

### KLIMANEUTRALER DRUCK

Klimabewusstes Handeln wird in Zeiten von Klimawandel und globaler Erwärmung immer wichtiger. Deshalb geht der Peter Meyer Verlag mit gutem Beispiel voran und unterstützt mit einer freiwilligen Ausgleichszahlung klimafreundliche Projekte. Zudem drucken wir alle Bücher und Prospekte ausschließlich auf FSC®-Papier. Mit dem Kauf unserer Reiseführer entscheiden Sie sich für den richtigen Weg.
Unsere Verlagsphilosophie und Nachhaltigkeitserklärung finden Sie unter www.PeterMeyerVerlag.de

Weitere Titel und aktuelle Informationen im Internet unter www.pmv-Verlag.de. Jetzt »Lesen & Ausfliegen« abonnieren!

☀ **pmv** PETER MEYER VERLAG

**pmv** PETER MEYER VERLAG

# UNTERWEGS IN DEUTSCHLAND & IM NAHEN AUSLAND

Berlin und Umge-
bung mit Kindern
978-3-89859-436-3
16 € [D]

Ausflüge mit Genuss:
München & Umge-
bung mit der S-Bahn
978-3-89859-315-1
14,95 € [D]

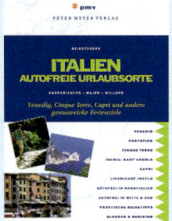

Italien – Autofreie
Urlaubsorte
978-3-89859-152-2
18,95 € [D]

Bodensee mit Kindern
978-3-89859-428-8
16 € [D]

66 schönste Aus-
sichten Hessen
978-3-89859-317-5
14,95 € [D]

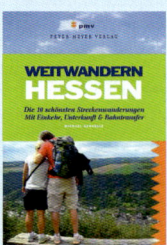

Weitwandern Hessen
978-3-89859-306-9
16 € [D]

*• Vielseitig, interessant geschrieben,
schön illustriert.*
*• Kompetent vor Ort recherchiert.*
*• Hochwertig ausgestattet.*
*• Sehenswertes, Wanderungen,
Radtouren, Ausflugslokale.*

Outdoor
978-3-89859-506-3
19,95 € [D]

*»Dolce vita – ohne Autos.
Diese Bücher passen in die Zeit.«
Der Tagesspiegel*